犯罪学・刑事政策の
新しい動向

藤本 哲也 著

日本比較法研究所
研究叢書
91

中央大学出版部

装幀　道吉　剛

はしがき

　人の一生とは予測できないものである。35年間教鞭を執ってきた中央大学を定年退職し、縁あって、2011（平成23）年4月、茨城県水戸市にある常磐大学の大学院被害者学研究科教授となって新任校へ赴任した。

　早いもので、すでに2年半が経過したが、これまで半世紀にわたって研究してきた加害者学（刑法学、犯罪学、刑事政策学）の研究成果を、被害者学の視点から見直すという作業に従事するとは思いもよらなかった。

　我が国において、被害者学を専門に研究する機関があるのは常磐大学だけである。常磐大学には、大学院に被害者学を専門に研究する院生が、数はそれほど多くはないが、世界各国から来校している。本年4月からは、博士課程ができたので、アフリカと韓国からの留学生が籍を置くことになった。また、著者が併任教授として席を置いている常磐大学国際被害者学研究所には、外国籍のスタッフも勤務している。そうした意味では、新しい学問の息吹が感じられるキャンパスである。

　「郷に入っては郷に従え」というが、いつの間にか著者の研究にも、被害者学的視点が加わるようになった。いままで加害者（犯罪者）を主たる対象としていた学問研究が、被害者という側面を考慮することなしには、成り立たないという現実に直面したのである。

　本書に収録されている論文は、加害者学と被害者学との狭間にある論文が多いと思うが、よくよく観察すれば、加害者学から被害者学への視点の転換を暗黙の裡に読み取ることができるかもしれない。本書には著者がここ3、4年間に発表した論文が収録されているが、そのためもあってか、全体としてみるとき、叙述の重複している箇所があることを予めお断りしておきたいと思う。データも改めることなく、原論文のままで収録した。

　また、これまでに著者の研究成果を追跡して頂いている読者には、多少の違

和感を覚える論述があるかもしれないが、それは著者の学問的興味の変遷の結果であると認識して頂ければ幸いである。

　本書の出版にあたっては、中央大学大学院で著者のリサーチアシスタントであった田﨑倭文香さん、常磐大学大学院で現在著者が指導している秋山千明さん、中央大学出版部の小川砂織さんにご助力頂いた。記して感謝の意を表したいと思う。

　　　2013（平成25）年6月23日

藤　本　哲　也

目　　次

　　はしがき

第1章　刑事政策の過去・現在・未来

　Ⅰ　はじめに …………………………………………………………… *1*
　Ⅱ　明治時代以降における我が国の刑事法の変遷 ………………… *1*
　Ⅲ　刑事政策におけるパラダイムの変遷 …………………………… *16*
　Ⅳ　おわりに …………………………………………………………… *33*

第2章　犯罪者のための社会再統合要因強化策

　Ⅰ　はじめに …………………………………………………………… *37*
　Ⅱ　諸外国の各刑事司法手続段階における社会への
　　　再統合要因の強化のための施策 ………………………………… *39*
　Ⅲ　我が国の各刑事司法手続段階における社会への
　　　再統合要因の強化のための施策 ………………………………… *47*
　Ⅳ　おわりに …………………………………………………………… *60*

第3章　刑事司法の各段階における非拘禁措置に
　　　　関する制度の特徴と課題

　Ⅰ　はじめに …………………………………………………………… *63*
　Ⅱ　日本における犯罪の現状と刑事施設の収容状況 …………… *64*
　Ⅲ　日本及び諸外国における非拘禁措置の施策 ………………… *65*
　Ⅳ　刑事司法の全段階で行われる施策 …………………………… *88*
　Ⅴ　おわりに …………………………………………………………… *92*

第4章　アメリカにおける警察段階での触法精神障害者に
　　　　対するダイバージョン

　Ⅰ　はじめに …………………………………………………………… *95*

Ⅱ　警察官基盤の特別警察対応モデル …………………………… *104*
　　Ⅲ　警察官基盤の特別対応プログラムの計画化 ………………… *115*
　　Ⅳ　プログラムを機能させる──活動するに
　　　　あたっての教訓の習得 …………………………………………… *125*
　　Ⅴ　お わ り に ………………………………………………………… *137*

第5章　ニュージーランドにおける精神障害者の 刑事手続に関する裁判官マニュアル

　　Ⅰ　は じ め に ………………………………………………………… *141*
　　Ⅱ　最近の著者の研究課題 …………………………………………… *141*
　　Ⅲ　ニュージーランドにおける知的障害犯罪者関連法 ………… *142*
　　Ⅳ　精神異常の認定 …………………………………………………… *152*
　　Ⅴ　知的障害法の対象となり得る者の他の方法について ……… *152*
　　Ⅵ　刑務所収容と特別拘禁命令 ……………………………………… *153*
　　Ⅶ　お わ り に ………………………………………………………… *153*

第6章　諸外国における薬物犯罪者の処遇モデル

　　Ⅰ　日本における薬物規制の状況 …………………………………… *155*
　　Ⅱ　日本における薬物犯罪の現状 …………………………………… *156*
　　Ⅲ　諸外国における薬物犯罪者の処遇の実態 …………………… *158*
　　Ⅳ　お わ り に ………………………………………………………… *178*

第7章　薬物犯罪者対策としてのドラッグ・コートと 治療共同体

　　Ⅰ　は じ め に ………………………………………………………… *181*
　　Ⅱ　ドラッグ・コート ………………………………………………… *182*
　　Ⅲ　治療共同体 ………………………………………………………… *195*
　　Ⅳ　お わ り に ………………………………………………………… *206*

第8章　危険性の高い性犯罪者に対する隔離政策

　　Ⅰ　は じ め に ………………………………………………………… *211*

Ⅱ　危険性の高い性犯罪者に対する情報の収集 ……………………… *211*
　　Ⅲ　オーストラリアの法と実務 …………………………………………… *213*
　　Ⅳ　他の国の法と実務 ……………………………………………………… *215*
　　Ⅴ　代　替　策 ……………………………………………………………… *217*
　　Ⅵ　治療的考慮 ……………………………………………………………… *220*
　　Ⅶ　人権への配慮 …………………………………………………………… *222*
　　Ⅷ　論議と結論 ……………………………………………………………… *223*
　　Ⅸ　おわりに ………………………………………………………………… *225*

第9章　アメリカにおける児童強姦死刑法の変遷

　　Ⅰ　はじめに ………………………………………………………………… *229*
　　Ⅱ　分析枠組としての社会政治的アプローチ ………………………… *230*
　　Ⅲ　コーカー判決後の最初の児童強姦死刑法の内容 ………………… *231*
　　Ⅳ　児童強姦死刑法の歴史 ……………………………………………… *233*
　　Ⅴ　怒りの再燃──ジェシカ法に向けて ……………………………… *243*
　　Ⅵ　性的暴力に対するフェミニズムと法的介入 ……………………… *246*
　　Ⅶ　加重事由と脆弱な被害者 …………………………………………… *250*
　　Ⅷ　おわりに ………………………………………………………………… *253*

第10章　諸外国におけるPFI刑務所について

　　Ⅰ　はじめに ………………………………………………………………… *261*
　　Ⅱ　PFI刑務所の発展過程 ………………………………………………… *262*
　　Ⅲ　諸外国における刑務所PFI事業 ……………………………………… *266*
　　Ⅳ　民営刑務所の効果 …………………………………………………… *278*
　　Ⅴ　おわりに ………………………………………………………………… *281*

第11章　ハワード・ゼアの修復的司法の手引き

　　Ⅰ　はじめに ………………………………………………………………… *285*
　　Ⅱ　修復的司法の概観 …………………………………………………… *286*
　　Ⅲ　なぜ今更手引き書なのか …………………………………………… *288*
　　Ⅳ　「修復的司法は……ではない」もの ……………………………… *292*

Ⅴ　修復的司法は、必要性（needs）や役割（roles）と
　　　　関係がある ……………………………………………… *297*
　　Ⅵ　修復的原理 ……………………………………………… *302*
　　Ⅶ　修復的司法の実務 ……………………………………… *320*
　　Ⅷ　2つの取組み──どちらを取るか ………………………… *334*
　　Ⅸ　おわりに──修復的司法は川である …………………… *337*

第12章　ノルウェーにおける修復的司法の起源
　　Ⅰ　被害者・加害者和解制度設立の背景 ………………… *341*
　　Ⅱ　法的な文脈 ……………………………………………… *348*
　　Ⅲ　政策と実施 ……………………………………………… *352*
　　Ⅳ　和解機関と組織数 ……………………………………… *356*
　　Ⅴ　和解の事例 ……………………………………………… *358*
　　Ⅵ　おわりに ………………………………………………… *361*

　　初　出　一　覧
　　索　　　　　引

第1章
刑事政策の過去・現在・未来

I　はじめに

　日本の近代化が始まった明治元年以来、平成の時代に至るまでの140余年間において、我が国の刑事政策が格段の進歩を遂げていることは、いまさら改めて指摘するまでもないであろう。この140余年間の刑事政策の歴史を概観するにあたって、どのように時代区分をし、いかなる分析枠組を用いて考察するかは、極めて難しい作業である。本章では、この140余年間の刑事政策の発展過程を、①第1次法改革期、②第2次法改革期、③第3次法改革期の3つに区分し、それぞれを、①大陸法継受の時代、②英米法継受の時代、③我が国独自の法形成の時代と命名して、その主たる立法動向や刑事法、特に刑事政策の変遷に焦点をあわせて、できるだけ簡単にその実情を素描してみたいと思う。しかる後に、我が国の刑事政策の過去・現在・未来の潮流を、刑事政策の理論的パラダイムの変遷そのものを分析枠組として、①応報的司法、②社会復帰的司法、③修復的司法の流れに沿って、分析・検討してみることにしたい。

II　明治時代以降における我が国の刑事法の変遷

1　第1次法改革期：大陸法継受時代（1880年～1945年）

(1)　刑法の制定

　明治時代における刑法典は、1868（明治元）年の「仮刑律」であり、次いで1870（明治3）年の「新律綱領」、さらには1873（明治6）年の「改定律例」と

相次いで刑法典が制定され、我が国において最初の統一的な刑法典が整備されたのである。しかしながら、これらの刑法典は、明治維新の王政復古を反映した律令刑法に、旧幕府の刑法を付け加えた封建的な刑法であるに過ぎず、近代的な刑法典とは程遠いものであった[1]。また、これに伴い、刑罰の執行内容を定めたものとして、1872（明治5）年に、香港とシンガポールを視察した、囚獄権正小原重哉によって起草された「監獄則」と「監獄則図式」が制定されたが、この監獄則は、翌年の1873（明治6）年に財政的な理由によって空文化されている。とはいえ、この監獄則においては、「獄ハ人ヲ人愛スル所以ニシテ人ヲ残虐スル者ニ非ス…」という宣言がなされ[2]、行刑法規において、当時の封建的であった刑法に先駆けて、一足早く近代化の萌芽が現れていたともいえるのである。

しかし、刑事法一般に関しての大陸法による本格的な近代化は、これ以降のことであり、刑法を始めとする刑事法制の非近代的な状況が一因となり、1858（安政5）年の欧米諸国との不平等条約締結の際には、欧米諸国に領事裁判権を与えざるを得ないという結果になったのである。そして、その不平等条約撤廃のために西洋法の継受を行い、法制の近代化を図ることが、政府にとって必須の課題となったのである。

明治政府は、1873（明治6）年にフランスのパリ大学のボアソナード（Gustave E. Boissonade de Fontarabie）を法律顧問として招聘し、彼が起草した草案に基づく420条からなる旧刑法が、1880（明治13）年に成立した。この旧刑法は、我が国最初の近代的な刑法典であり、当時のフランスのナポレオン刑法典とその他の国の大陸法を広範囲に取り入れたもので、全体として啓蒙主義的自由主義を基盤とするものであった。

この旧刑法における近代化の現われの主たるものとしては、第1に、第2条に「法律ニ正条ナキ者ハ何等ノ所為ト雖モ之ヲ罰スルコトヲ得ス」として罪刑法定主義を明文化したこと、第2に、第3条第1項に「法律ハ頒布以前ニ係ル犯罪ニ及ホスコトヲ得ス」として刑罰不遡及の原則を確立したこと、第3に、死刑を「絞」の1種に限定し、自由刑中心の刑罰体系を採用したこと、第4

に、仮出獄（現在の仮釈放）の制度を創設したこと等が挙げられる[3]。

そして、1881（明治14）年には、フランス法に依拠した刑法に合わせて、フランス・ベルギーの行刑法を参考にした「監獄則」が制定され[4]、大陸法継受による我が国の刑事法制の最初の近代化が成し遂げられたのである。これを「第1次法改革期」と呼ぶことができるであろう。

第1次法改革期における監獄則制定の意義としては、少年の収容施設である幼年監や懲治場が規定されたことである。少年については、旧刑法で刑事責任年齢を12歳としており、その上で20歳未満の少年につき、年齢に応じた異なる処遇を行っていた。自由刑に処せられた少年については、成人と区別され、監獄内の幼年監に収容されていた。また、行為時12歳未満で責任能力はなくても8歳以上の者であれば、情状により、16歳に達するまでの間、監獄内の懲治場に留置され、さらには行為時12歳以上16歳未満で、責任能力がないと認められた場合、情状により、20歳に達するまでの間、同様に懲治場に留置され、教科教育が施されることが、監獄則によって規定されていたのである。しかしながら、懲治場は、監獄内に置かれていたことから、少年の教科教育に悪い影響をもたらすとの批判が強かったため、1900（明治33）年には感化法が制定され、少年の感化教育を行う施設として、懲治場ではなく、府県単位で感化院が設立されたのである[5]。

また、監獄則のもう1つの意義としては、刑期が満了しても行き先がない場合、帰住先が決まるまで監獄内の別房に住ませるという「別房留置」の制度が規定されており、現在の更生保護の原点となる制度をみいだすことができる。しかしながら、この別房留置の制度は1889（明治22）年に廃止され、政府は、後に、更生保護について民間の協力を求める施策を積極的に奨励し、民間レベルにおける更生保護事業が本格的に始動することになるのである。

この別房留置の制度は、民間レベルにおける更生保護制度を創設するための直接的な契機となったといえるが、中でも更生保護事業の嚆矢といわれる、金原明善が静岡県に設立した「出獄人保護会社」は、その設立趣意書において、「有志ノ諸君ト共ニ本社ヲ設立シ、此不幸薄命ナル出獄者ヲ保護シ、彼等ヲシ

テ社会ノ門戸ニ入リ正当ナル職業ニ就カシメ、内ハ以テ吾人ノ幸ヲ増進シ、外ハ以テ社会ノ安寧ヲ維持セント欲ス。…」との記述がみられる。その主たる事業は、出獄者を収容して社内で授産を行うことではなく、会社が出獄者の身上を保証して、就職を斡旋することにあったようである。この金原明善こそが、我が国の更生保護事業の先駆者であるといっても過言ではないであろう[6]。

(2) 大日本帝国憲法の制定

1889（明治22）年にプロシア憲法を基盤に据えた大日本帝国憲法が制定され、これを機に我が国の法制は、フランス法制からドイツ法制へと変転していくのである。そして、ドイツの監獄学者であるクルト・フォン・ゼーバッハ（Kurt von Seebach）が、1889（明治22）年に来日し、彼の協力の下、同年、監獄則の全面改正が行われた[7]。

また、旧刑法についても、施行の年から批判があり、そのため司法省内部においては改正の議論が生じていた。大日本帝国憲法がドイツ法系となったことから、刑法においてもフランス刑法学ではなく、ドイツ刑法学の影響を強く受け、1907（明治40）年に、現行刑法が制定されたのである。この現行刑法と旧刑法の主な相違点は、第1に、条文数において、旧刑法では全430条であったものが、現行刑法では全264条へと縮減され、また、刑の上限と下限の幅を広くすることで、裁判官の裁量権の幅を広げたこと、第2に、刑の執行猶予を認めたこと、第3に、刑事責任年齢を12歳から14歳に引き上げたこと等が挙げられる。全体として、現行刑法は、近代学派の考えを大きく採り入れたものとなったのである[8]。

さらに、翌年の1908（明治41）年においては、ゼーバッハの理念を引き継いだ、内務省監獄事務官である小河滋次郎が、プロシア内務省監獄則を参考に監獄法を起草し、ここに監獄法が制定されたのである。当時、諸外国において、行刑法が制定されることが少なく、この監獄法の制定は、世界的にみても非常に画期的なことであったのである[9]。また、この年までに、数々の近代監獄の建築が行われ、煉瓦造りで、パノプティコン方式の六大監獄が東京、千葉、金

沢、奈良、長崎、鹿児島において建築され、1908（明治41）年は、我が国の近代行刑を考える上での重要な年となったのである[10]。

また、同年、横浜で興行師が幼い養女を虎の檻に投げ込み、瀕死の重傷を負わせるという「横浜興行師養女虐待事件」が発生し、これを契機として、出獄人保護所「原寄宿舎」を営んでいた原胤昭が、児童虐待防止事業に着手し、これが我が国で最初に児童虐待問題に正面から取り組んだ施策であったといわれている[11]。

(3) 大正デモクラシーから昭和初期の時代

大正時代には、大正デモクラシーの気風の中、行刑実務においても大幅に近代学派の思想が取り込まれるようになり、改善教育としての刑罰行政を表す「行刑」という用語が用いられるようになり、1922（大正11）年には「監獄」という名称が「刑務所」に改められた[12]。なお同年、大正少年法が制定され、18歳未満を少年とし、司法大臣の監督に服する行政機関である少年審判所を設置することで、それらの少年に対して保護処分を行うことを可能にしたのである[13]。また、この年には、浅草で貰い子がその養親に虐待されたあげく惨殺されるという、「浅草少女惨殺事件」が発生して、児童虐待防止事業を原胤昭から引き継いだ、日本救世軍の創始者である山室軍平が本事業を展開するに至っている[14]。

昭和の時代に入ると、1933（昭和8）年に、行刑累進処遇令が制定され、累進処遇制度が我が国の受刑者処遇制度の基本的制度となり、改善教育を標榜する行刑理念に基づき、処遇の累進的な差異に応じて段階的に受刑者の生活を社会生活に近づけていこうとする考え方が誕生したのである[15]。また、同年、児童虐待防止法が制定され、関東大震災後の金解禁と昭和の大恐慌による不況という現実を前にして生起した、貰い子殺し、親子心中、児童の身売り等の児童虐待事件から児童を守るための施策が展開されたのであり、また、児童虐待防止事業による被虐待児童の救済に法的根拠が与えられることになったのである[16]。

しかし、1941（昭和 16）年、太平洋戦争が始まり、行刑実務も軍事的影響下に置かれ[17]、時代は大きく戦時体制へと移り変わるのである。

2　第 2 次法改革期：英米法継受時代（1946 年〜 1989 年）

第 2 次世界大戦後、連合国軍の占領下、1946（昭和 21）年に、日本国憲法が制定された。ここに、日本国憲法を基軸とした、英米法継受による「第 2 次法改革期」が始まるのである。つまり、この第 2 次法改革期は、明治時代における「政治的近代化」にとどまるものではなく、日本国憲法で謳われた国民主権と基本的人権の尊重による「社会的近代化」を体現したものであった[18]。そして、この戦後の社会的近代化によって実現された刑事政策は極めて画期的なものであり、戦後の社会環境等の改善に加えて、諸々の近代的な刑事政策の総合的施策が功を奏し、我が国は世界で最も安全な国であると称されるに至るのである。

社会的近代化の具体的な例としては、まず、1947（昭和 22）年に、憲法第 73 条 7 号に基づき恩赦法が制定され、大赦、特赦、減刑、刑の執行の免除及び復権についての規定がなされたのである。また、恩赦法施行規則により、特赦、減刑、刑の執行の免除及び復権についても、本人の出願が認められ、恩赦を本人の改善更生その他の刑事政策の観点から運用する道が開かれることになった[19]。また、日本国憲法によって政教分離の原則が規定されたことにより、同年、官吏の身分を有する教誨師によって行われていた宗教教誨が、民間宗教団体による宗教教誨へと委譲されたのである[20]。さらにこの年、児童虐待の防止も含め、戦災孤児や乳幼児の保護を図ることが重要であるという認識から、児童福祉法が制定され、これにより、1933（昭和 8）年の児童虐待防止法は廃止され、新しく制定された児童福祉法に吸収されることになったのである[21]。

また、1948（昭和 23）年には、大正少年法が全面改正され、昭和少年法が制定された。この昭和少年法は、GHQ のバーデット・ルイス（Burdett G. Lewis）博士からの提案に基づき作成されたものであり、全米プロベーション協会の「標準少年裁判所法」を模範とした、当時アメリカで全盛期にあった「国親思

想」に基づき、保護優先主義の強い影響を受け制定されたのである。この昭和少年法の特徴としては、第1に、少年年齢を18歳から20歳に引き上げたこと、第2に、保護処分を課す機関を行政機関ではなく、司法機関である家庭裁判所としたこと、第3に、検察官の先議権を廃して全件送致主義を採用したこと等が挙げられる[22]。さらには、同年、受刑者分類調査要綱が制定され、受刑者の犯罪性、刑期、年齢、性別、健康度合い、改善の難易度による受刑者の分類基準が規定され、その分類に基づく各矯正管区単位での収容区分が整備されることになり、我が国において初めて、受刑者の科学的分類の体系化が図られたのである[23]。

1949（昭和24）年には、犯罪者予防更生法が制定され、更生保護に関する基本法として、恩赦、仮釈放、保護観察及び犯罪予防活動の助長に関する組織、少年及び仮釈放者に対する保護観察制度についての規定が整備された。また、1950（昭和25）年には、更生緊急保護法と保護司法が制定され、更生緊急保護法により、刑余者等に対する更生緊急保護制度の整備がなされ、そして保護司法により、犯罪者の改善更生と犯罪の予防のために地域活動を行う民間篤志家である保護司に関する規定が置かれたのである[24]。また、1953（昭和28）年には、篤志面接委員制度が導入され、受刑者処遇の社会化の一環として民間の有識者による面接指導が実施されるようになった[25]。さらに、1954（昭和29）年には、執行猶予者保護観察法が制定され、執行猶予者に対しては、仮釈放者等に比べて遵守事項が緩和された保護観察が実施されるようになったのである[26]。

この昭和20年代は、まさしく戦後の混乱期であり、食糧不足や生産設備の滅失、さらには戦地からの復員・帰還等による人口の急増、浮浪者や失業者の増加等により犯罪が急増し、とりわけ財産犯が増えたことは、当時の経済事情を率直に物語るものであったといえる[27]。戦災により、戦前の収容施設の3分の1を失ったがために、刑務所における収容人員が増大し、1950（昭和25）年には、過去最高の10万人を超える記録となり、刑務所は過剰収容の状態となったのである。しかしながら、1953（昭和28）年以降、戦後の数々の改革と急

速な経済的発展により、徐々に受刑者の増加は収まり始めた[28]。

　1955（昭和30）年に入ると、我が国経済は戦前の水準にまで達し、1956（昭和31）年に発行された経済白書においては、「もはや戦後ではない」と宣言したのである[29]。そして、1955（昭和30）年には、スイスのジュネーブで開催された第1回国連犯罪防止会議において、「被拘禁者処遇に関する国連最低基準規則」が議決され、これにより矯正における人道的・教育的処遇、規律維持等に関する一般的原則が規定され、また、現代の刑事施設や保護施設における被収容者処遇の最低限度のあり方を、被収容者の人権保障及び矯正処遇の双方から国際的に確認することになったのである[30]。

　1957（昭和32）年には、中野刑務所において分類センターが設立され、科学的な分類に基づく受刑者処遇が発足し、また、この頃から急速に発達するモータリゼイションとそれを背景に激増を続ける交通事犯受刑者に対応するために、1961（昭和36）年に名古屋刑務所豊橋刑務支所において集禁処遇が開始され[31]、1969（昭和44）年には、交通事犯受刑者を収容するための本格的な開放施設として、市原刑務所が開設されたのである[32]。そして、交通事犯受刑者以外の様々な開放の処遇も展開されるようになった。例えば、1961（昭和36）年には松山刑務所にて大井造船作業場が、1968（昭和43）年には広島刑務所にて有井作業場が、さらには1970（昭和45）年になると農業土木職業訓練施設として喜連川刑務支所が開設されるに至ったのである[33]。

　さらに、1966（昭和41）年には、監獄法施行規則の一部改正が行われ、独居拘禁期間の短縮、受刑者の交談禁止の緩和、一般新聞紙の閲読禁止の解除と一定の制限の下での閲読許可、頭髪について「丸刈り」以外の長髪の許可等、受刑者の生活上の改善が行われた[34]。また、1972（昭和47）年には、行刑累進処遇令が改正され、1948（昭和23）年の受刑者分類調査要綱に代えて受刑者分類規定が制定され、行刑累進処遇令は分類調査の実態と調和すべく大幅な改正が行われたのである。そして、1974（昭和49）年には、仮釈放及び保護観察等に関する規則が制定され、行刑累進処遇令からは仮釈放に関する章が姿を消し、累進処遇制度と仮釈放制度との直接的な関連が断たれ、従来、上級者のみに認

められていた優遇の多くが、下級者に対しても、個々の受刑者の処遇上の必要性により認められることになったのである[35]。

昭和30年代においては、工業開発が進んだことにより経済成長が進展したものの、1952（昭和27）年におけるサンフランシスコ講和条約、日米安全保障条約の各締結等による反対デモや労働争議などが多発し、政治的な主義主張の多様化と先鋭化は、1960（昭和35）年における安保改定阻止闘争を巡る公安事件や学生運動となって現れたのである[36]。また昭和40年代にも、高度経済成長によってもたらされた公害に対する反対運動や住民運動、さらには全学連や労働組合による反戦反核運動により、集団暴行事件等が多発した。この時代には、刑事施設において公安事犯者等が増大したために[37]、刑事施設において、保安対策を講じると同時に、被収容者の権利自由に配慮した様々な処遇が展開されるように、数々の努力がなされたのである。

昭和50年代に入り、第2次世界大戦後に多くの法令や制度の改正（監獄法施行規則、行刑累進処遇令、その他の訓令・通達の改正等）が行われたものの、基本法である監獄法については改正を行わなかったことに対して議論が生じ、監獄法改正の必要性が主張された[38]。そして、1976（昭和51）年には、「監獄法改正の構想」が発表され、受刑者の社会復帰の促進と、受刑者その他の被収容者の権利・自由の拡大・強化という二本柱が示された。

それを受け1980（昭和55）年に、被収容者の法的地位の明確化が強調された「監獄法改正の骨子となる要綱」が法務大臣に答申されたのである。その後、多少の紆余曲折を経た後、1982（昭和57）年4月28日に、「刑事施設法案」として国会へ提出されたが、残念ながら、この法案は廃案になった[39]。

なお、この法案よりも2年ほど遡るが、1980（昭和55）年には、犯罪被害者等給付金支給法が制定され、我が国においても、故意の犯罪行為により死亡または重度の身体上の傷害を受けた場合には、その被害者または遺族に対して、国が給付金を支給する制度が実施されるようになった。この制度創設の契機となったのは、1974（昭和49）年8月30日に東京丸の内にて発生した、三菱重工ビル爆破事件である。この事件は、ある政治グループによる無差別爆弾テロ

であったが、その際に、ビルの外にいた何の落度もなく死傷した大勢の人々が労災補償の対象にすらならないという現実に直面し、犯罪被害者の救済制度を制定することの必要性が高まったのである。そして、この制度制定過程において、通り魔殺人事件で一人息子を亡くした市瀬朝一さんによる「殺人犯罪の撲滅を推進する遺族会」の結成や一連の市民運動が果たした役割を忘れてはならないであろう[40]。また、1981（昭和56）年には、全国の警察職員からの寄付金を基にした、財団法人犯罪被害救援基金が設立され、犯罪被害遺児・重障害を受けた子弟に対する奨学金の給与や見舞金の給与等を行っている[41]。さらに、1983（昭和58）年には、カナダの女性監督であるアンヌ・ポワリエの映画である「声なき叫び」の上映運動に関わった女性たちから生まれた東京・強姦救援センターが設立された。これが我が国で最初の民間ボランティアによる強姦救援センターであるといわれている[42]。そして、同年、法務省からの要請に基づき、財団法人矯正協会内において刑務作業協力事業部（通称キャピック）が設立された。これは、我が国の行刑の歴史において初めて、刑務作業が第三者機関に委ねられたものであり、画期的な出来事であったといえるのである[43]。

　この昭和50年代においては、高度経済成長による都市化、またオイルショックを契機とした社会の享楽的風潮により、とりわけ少年非行が激増し、遊び型非行や家庭内暴力、校内暴力が多発したのがこの時期であったのである[44]。

　このように、戦後の昭和の時代においては、英米法の継受による法改革により、様々な刑事政策上の立法がなされたのである。この改革は、刑事政策の人道化、科学化、社会化という言葉で言い表すことができるように思われる。

　こうした法改革は、平成時代においても継承されていくことになるのであるが、平成の時代の法改革は、第1次法改革期のように大陸法継受でもなければ、第2次法改革期のように英米法継受でもなく、大陸法と英米法を一体化した我が国独自の法形成を目指す法改革期であり、これを、「第3次法改革期」と呼ぶことができるであろう。

3　第3次法改革期：我が国独自の法形成の時代（1990年〜現在）

1989（昭和64）年1月7日、激動と波乱の昭和の時代が終わり、平成の時代を迎えた。平成の時代こそ、新しい時代の幕開けであると喜び、我が国のさらなる繁栄の時代が到来したとの希望をもち、その希望は確信へと変わっていったのである。しかしながら、この確信は、バブル経済の崩壊を機に、失望へと変わっていくことになる。

1990（平成2）年に、東京都府中市にある「国際連合アジア極東犯罪防止研修所」（略称アジ研）が起草した、「非拘禁措置に関する国連最低基準規則」（いわゆる東京ルールズ）が、ハバナでの第8回国連犯罪防止刑事司法会議において採択された。

東京ルールズは、社会内処遇や非施設化の分野における国際的ガイドラインとして作成されたものであり、公判前段階、公判及び判決段階、判決後の段階において、できる限り非拘禁措置を活用すべきことを求めている。その一方、一般原理において、それぞれの国の政治的・経済的・文化的条件、刑事司法制度の目的、犯罪者及び被害者の権利、公共の安全、犯罪防止の観点等を考慮して非拘禁措置が実施されるべきであるとし、また、非拘禁措置の乱用を防ぐための人権保障の規定をも設けているのである。

「東京ルールズ」という、国際的な潮流を見事に捉えた社会内処遇のための重大な指針が、我が国において起草されたのである[45]。

また、1992（平成4）年には、犯罪被害救援基金の援助の下、東京医科歯科大学に「犯罪被害者相談室」が設置され、暴力的な犯罪によって被害を受けた者及びその家族の精神的なショックを取り除き、困難を乗り越えて普通一般の生活ができるように回復させるための援助を行うことが決定された。なお、この犯罪被害者相談室は、発展的に改組・社団法人化され、現在は、「公益社団法人・被害者支援都民センター」として被害者等の支援に向けた活動を行っている[46]。

この1992年は、バブル経済が崩壊し、大規模な企業倒産や不良債権の回収

をめぐって、我が国の経済及び国民生活全体に重大な影響を生じさせた年である。また、失業率はかつてないほど上昇し、終身雇用制は終焉を迎え、サラリーマンは日常的にリストラの危機にさらされ、退職後の悠々自適の生活を夢見ていた人々は、老後の豊かな生活が「夢のまた夢」であるという現実を突きつけられたのである。このような社会情勢が、犯罪や非行の発生に影響を与えたことはいうまでもない[47]。

1995（平成 7）年には、阪神淡路大震災と地下鉄サリン事件が発生し、これを契機として、犯罪被害者の問題やボランティア組織の重要性が再認識され、政府レベルにおいても、犯罪被害者への本格的な対応策が講じられることになった。また、同年、犯罪に遭い、被害を受けた人々を総合的に援助するための組織である「水戸被害者援助センター」（現：いばらき被害者支援センター）が水戸市に誕生し、現在も、法学や心理学の専門家によるカウンセリングや情報提供を通して、あらゆる犯罪や事故の被害者のための精神的・経済的な回復の援助を行っているのである[48]。

翌 1996（平成 8）年に、警察庁は、被害者対策の基本方針を取りまとめた被害者対策要綱を制定し、これに基づき、被害者に対する情報提供、相談・カウンセリング体制の整備、捜査過程における被害者の負担の軽減、被害者の安全の確保、また、警察のほか、検察庁、弁護士会、医師会、臨床心理士会、地方公共団体の担当部局や相談機関からなる被害者支援連絡協議会が、全都道府県レベルで設置されたのである[49]。さらに、1998（平成 9）年には、警察庁等の支援の下で、全国各地において民間被害者援助組織の設立を推進するための全国被害者支援ネットワークが創設され、このネットワークの活動によって、2009（平成 21）年 7 月 1 日現在、47 都道府県すべてにおいて、民間被害者援助組織が設立されるに至ったのである[50]。

1999（平成 11）年には、犯罪捜査規範が改正され、被害者の地位が法的に明確化され、また同年、検察庁において被害者等通知制度が設置され、被害者が死亡した事件またはこれに準じる重大な事件において、被害者等に通知の有無を確認し、被害者等が通知を希望する場合には、起訴・不起訴の事件の処理結

果、公判期日、判決結果等を通知することになったのである。さらには、同じく検察庁において、被害者支援員が配置され、被害者からの相談を受け、法廷傍聴の案内や付添い、記録閲覧請求の援助、刑事手続等の説明、被害者支援機関・団体とのネットワーク構築等の業務にあたっている[51]。

2000（平成12）年には、児童虐待防止法、ストーカー規制法、平成少年法が、また翌年の2001（平成13）年には、配偶者暴力防止法が制定されている。

このように、2000年以降、刑事政策立法が、議員立法という形において相次いで制定された。とりわけ、平成少年法は、少年事件の処分等の在り方の見直し、少年審判の事実認定手続の適正化の規定に加え、被害者等の申出による意見の聴取や記録の閲覧及び謄写、被害者等に対する通知等も行われ、少年事件における被害者への配慮の規定が置かれることになったのである[52]。

また、同年「刑事訴訟法及び検察審査会法の一部を改正する法律」と「犯罪被害者等の権利利益の保護を図るための刑事手続に付随する措置に関する法律」が制定された。この「刑事訴訟法及び検察審査会法の一部を改正する法律」（以下、刑事訴訟法等改正法と略称。）と「犯罪被害者等の権利利益の保護を図るための刑事手続に付随する措置に関する法律」（以下、犯罪被害者保護法と略称。）を合わせて、「犯罪被害者保護二法」と呼ばれる。

刑事訴訟法等改正法は、まず証人の負担軽減のための措置として、証人尋問の際の証人への付添い、証人の遮蔽措置、ビデオリンク方式による証人尋問、ビデオリンク方式による証人尋問の録画等の措置が設けられ、その他、親告罪であるいわゆる性犯罪の告訴期間の撤廃と被害者等による心情その他の意見の陳述等の規定が設けられたのである。

さらに、犯罪被害者保護法は、被害者の公判手続の傍聴、公判記録の閲覧及び謄写、被告人と被害者との民事上の争いについての刑事訴訟手続における和解（いわゆる刑事和解）の措置等が規定された[53]。

なお、この頃の犯罪の概況としては、1996（平成8）年以降、毎年戦後最多の記録を更新し、2002（平成14）年には、369万3,928件を記録した。これに連動して、2000（平成12）年には、刑事施設の収容人員は6万人を超え、翌

2001 (平成13) 年には、収容率が100%を超える状態になったのである。これ以降、刑事施設における過剰収容の問題が検討されるようになり、このことが、官民協同運営によるPFI刑務所の創設の契機となったことは周知の事実である。

また、2004 (平成16) 年には、犯罪被害者等基本法が制定され、本法によって「すべて犯罪被害者等は、個人の尊厳が重んじられ、その尊厳にふさわしい処遇を保障される権利を有する」ことが、基本理念として掲げられ、犯罪被害者等の権利利益を図るための総合的な施策を展開すべきことが、国の責務として規定されたのである[54]。

2005 (平成17) 年には、「刑事施設及び受刑者の処遇等に関する法律」が制定され、また2006 (平成18) 年に、その改正法である、「刑事収容施設及び被収容者等の処遇に関する法律」が成立し、約一世紀もの間、被収容者の処遇の基本法として用いられ続けてきた監獄法が廃止されることになったのである。

本法では、第30条において受刑者処遇の原則が掲げられ、矯正処遇の目標として、改善更生を目的とする社会復帰の原則を基盤とすることを明言し、第96条にて外部通勤作業、第106条にて外出・外泊制度のような社会復帰を促進する中間処遇制度が導入されることになり[55]、これによって時代の進展に沿った新しい犯罪者処遇の施策が展開されることになったのである。

2007 (平成19) 年にも、刑事政策立法上の大改革が行われた。すなわち犯罪者予防更生法と執行猶予者保護観察法を整理統合して一本化し、更生保護法が制定されたのである。この更生保護法においては、遵守事項の整理・内容の充実化が図られ、また保護観察官と保護司の役割区分の明確化も行われている。さらには、犯罪被害者等基本法を受け、被害者に対する対応策として、第38条及び第42条において「仮釈放等の審理において被害者等の意見等を聴取する制度」と、第65条に「保護観察対象者に対して被害者等の心情等を伝達する制度」が導入されている。いずれの施策も、犯罪被害者のための施策として、また犯罪者の処遇のための施策としてどのような効果をもたらすか、その運用が期待されるところであるが、いずれにしても、この更生保護法の制定に

より、今後 21 世紀の更生保護を支える基本法が新たに整備されたこととなり、世界に誇り得る更生保護制度の新たな百年の門出が、本法により担保されたといえるである[56]。

また、この年は、「犯罪被害者等の権利利益の保護を図るための刑事訴訟法等の一部を改正する法律」が成立したことにより、刑事訴訟法等が一部改正され、被害者参加制度や損害賠償命令制度が創設され、さらには、平成少年法の一部改正が行われ、触法少年の事件についての警察の調査権限の整備、少年院に送致可能な年齢の引き下げ、保護観察に付された少年が遵守事項を順守しない場合の措置の導入、一定の重大事件を対象とした国選付添人制度の導入がなされたのである[57]。また同年、民間のノウハウを活用したPFI刑務所である美祢社会復帰促進センター、喜連川社会復帰促進センター、播磨社会復帰促進センターの運営が開始され、翌2008（平成20）年には、島根あさひ社会復帰促進センターの運営が開始されたのである。これらのPFI刑務所においては、全刑事施設収容定員の約7％にあたる 6,000 人の受刑者を収容しており、これにより、既決と未決を合わせた全体の収容率は、2005（平成17）年には104％、2006（平成18）年には102.4％であったが、PFI刑務所の運営開始後における2007（平成19）年には、93.7％、2008（平成20）年には87.6％と減少傾向を示すまでになったのである。このように、PFI刑務所の創設により、過剰収容の緩和もさることながら、民間のアイディアを活用することにより、受刑者の社会復帰プログラムを充実させることが可能となったのである[58]。

そして、2008（平成20）年には、平成少年法が改正され、被害者等の権利利益の保護をより一層図るために、意見聴取の対象者の範囲の拡充、一定の重大事件の被害者等が少年審判を傍聴することができる制度及び家庭裁判所が被害者等に対して審判の状況を説明する制度の創設、少年事件記録の閲覧・謄写の範囲の拡大がなされたのである。

このように、平成の時代においては、様々な我が国独自の刑事政策的施策が導入され、とりわけ近年においては、犯罪被害者のための施策が積極的に創設されているのである。

以上、私は、我が国における明治時代以降の刑事法、なかんずく刑事政策の変遷を、大陸法継受の時代、英米法継受の時代、我が国独自の法形成の時代に分けて分析し、それぞれを第1次法改革期、第2次法改革期、第3次法改革期と命名したのであるが、こうした刑事法の変遷を、歴史的に年代を追って考察するのではなくて、刑事政策の理論的パラダイムの変遷に置き換えて考察するという手法もある。

　以下においては、「我が国の刑事政策の過去・現在・未来」を、「パラダイムの変遷」という分析枠組を用いて、検討してみることにしたいと思う。

Ⅲ　刑事政策におけるパラダイムの変遷

1　応報的司法パラダイム

(1)　「国家と犯罪者」の関係を中心としたパラダイム

　1880（明治13）年の旧刑法制定から1946（昭和21）年の日本国憲法制定に至るまでの「大陸法継受の時代」は、犯罪者に応報として刑罰を科し、犯罪者を施設内において処遇するという形で刑事政策が展開されていた。その意味において、この時代における刑事政策の理論的パラダイムは、「国家と犯罪者」を対象とした「応報的司法」であったといえるのである。

　ここでいう「応報的司法」とは、ただ単に刑罰の応報的性格のみを強調する司法ではなく、我が国の刑法理論の通説である相対的応報刑論の立場による司法を意味するものである。すなわち、相対的応報刑論は、応報刑論を基盤に置きつつ一般予防のみならず特別予防をも考慮するものであるが、相対的応報刑論は、刑事裁判段階においては応報的性質を認めながらも、行刑の段階においては刑本来の犯罪者の自由を拘束するという応報的性質は背後に退いて、受刑者の改善更生目的が表面に出てくるとされており、その背後に退いた刑罰の応報的性質とは、ここでは、犯罪者の自由を施設内において拘束するということを意味するのである。

　これに対して、刑事政策実務においては、「改善教育」あるいは「社会復帰

を犯罪者処遇の基本理念と考えており、犯罪者処遇にあたっては応報的側面を強調せず、このことが相対的応報刑論と刑事政策実務の異なる点であるといえるのである。とはいえ、この時代の刑事政策実務では、犯罪者の社会復帰は、主に「施設内処遇」を通して考えていたのであり、犯罪者の自由を施設内において拘束するという点においては、相対的応報刑論とその態様において一致するものがあったといえるであろう。

つまり、応報的司法とは、犯罪者の施設内処遇を中心とした対策を意味するものであったのであり、そのために、大陸法継受の時代においては、様々な施設内処遇の改革が試みられたのである。具体的には、すでに大陸法継受の時代の論述において明らかにしたごとく、1880（明治13）年の旧刑法においては自由刑中心の刑罰の体系化がなされ、仮出獄の制度が創設された。また、1881（明治14）年の監獄則においては、幼年監や懲治場、別房留置の規定が置かれ、1900（明治33）年の感化法では、感化院の設立、1907（明治40）年の現行刑法では、刑の上限と下限の幅を広くし、刑の執行猶予の制度が創設されている。そして1908（明治41）年の監獄法制定においては、進歩的な近代監獄の建築が行われており、また、1933（昭和8）年には、ドイツ法制をモデルとした行刑累進処遇令の制定がなされている。

これらのことから、大陸法継受の時代の刑事政策においては、専ら「国家と犯罪者」の関係に重点が置かれ、国家の刑罰体系を分析・検討し、それを解釈し適用するための論理構成や犯罪者の施設内処遇の改善、受刑者の法的地位の考察、そして、それらを推進するための刑事施設の改革等が提言されたのであり、ここにおける刑事政策の理論的パラダイムは、まさに、「応報的司法」であったといえるのである。

そうした意味において、この応報的司法は、我が国の刑事政策における犯罪者処遇のモデルの基礎を形成したという点において重要な意義を有しており、この応報的司法のパラダイムこそが、我が国における刑事政策の最初のパラダイムであったともいえるのである。

2 社会復帰的司法パラダイム

(1) 「地域社会と犯罪者」の関係を中心としたパラダイム

1946（昭和21）年の日本国憲法制定から1989（平成元）年に至るまでの「英米法継受の時代」においては、「施設内処遇から社会内処遇へ」という犯罪者処遇の世界的な潮流を受けて、我が国においても、犯罪者の「社会内処遇」を中心とした制度改革が行われた時期であり、この時代における刑事政策の理論的パラダイムは、「社会復帰的司法」を中核とするものであったといえる。つまり、この「社会復帰的司法」は、「地域社会と犯罪者」の関係を中心としたパラダイムである。

具体的には、戦後の日本国憲法を基軸としたGHQの改革によって、1947（昭和22）年の恩赦法、1949（昭和24）年の犯罪者予防更生法、1950（昭和25）年の更生緊急保護法と保護司法、1954（昭和29）年の執行猶予者保護観察法といった、犯罪者の社会内処遇を促進するための様々な立法が制定されるに至った。また、1955（昭和30）年の被拘禁者処遇に関する国連最低基準規則や1976（昭和51）年の監獄法改正の構想にみられるように、施設内処遇を一般社会の環境にできるだけ近づけるようにし、「非施設化政策」の下、施設内処遇から社会内処遇への移行を積極的に推進する施策が展開されるに至ったのである。

このような「地域社会と犯罪者」の関係を主体とする社会復帰的司法のパラダイムは、戦後の英米法導入の影響によるところが大きいことは確かではあるが、そもそもこの社会復帰的司法パラダイムは、その土台に応報的司法のパラダイムがあったからこそ、形成可能であったともいえるのである。つまり、大陸法継受の時代の応報的司法パラダイムにおいて、施設内処遇に関心が集中したことにより、矯正と保護との連携が重視され、矯正段階のなるべく早い時期において犯罪者を社会に復帰させるというダイバージョンの諸方策が生み出されるに至り、英米法継受による社会復帰的司法パラダイムの受容も比較的スムースに成し遂げられたといえるのである。

(2) 「地域社会と被害者」の関係を中心としたパラダイム

しかしながら、この英米法継受の時代において注目すべきことは、1980（昭和 55）年に犯罪被害者等給付金支給法が制定され、この制度の制定過程において、草の根レベルの被害者救援組織が形成され始めたことであり、また、1983（昭和 58）年においては、民間ボランティア組織である東京・強姦救援センターが設立されるに至ったことである。つまり、ここにおいては、「地域社会と被害者」の関係性へと、その関心の対象が移行していることが見て取れるのである。

それでは、この地域社会と被害者の関係性が、犯罪者の社会内処遇にどのような影響を与えたのであろうか。

この点に関しては、アメリカでは、すでに、被害弁償プログラムや被害者・加害者和解プログラムといったような、犯罪者の社会内処遇プログラムと被害者プログラムを合体した諸施策が展開されていた。被害弁償プログラムは、犯罪被害を受けた個人や組織体に対して金銭的賠償を行うことによって刑罰を回避するプログラムであり、これはアメリカでは、刑事司法システムの各段階において広く用いられているものである。

被害者・加害者和解プログラムは、もともとカナダに起源を有するもので、受刑者・コミュニティ協力事業団とメノー派教会との協力によって生まれたものであり、紛争解決の手段と被害弁償を結びつけた簡略な手続である。この被害者・加害者和解プログラムは、プログラム参加に同意した被害者と加害者が直接に面談を行い、この面談で被害事実と相互の感情が聴取され、被害弁償の合意が形成されるものであり、アメリカの各州において 300 以上のプログラムが実施されているのである。

アメリカにおいては、被害弁償プログラムや被害者・加害者和解プログラムは、被害者の救済と犯罪者の社会復帰の双方の目的を達成するための施策として展開されていたのであるが、我が国では、この時点では、犯罪者の社会内処遇と被害者プログラムは連動した形において考察されておらず、それぞれが独立したプログラムとして実施される状況であったのである。

こうした状況の合理的な説明としては、アメリカをはじめとする欧米先進主義諸国においては、1975（昭和50）年から1985（昭和60）年にかけて、すでに民間の被害者救援組織の基盤が確立されていたことが挙げられよう。例えば、アメリカのNOVA (National Organization for Victim Assistance)、イギリスのVS (Victim Support)、オーストラリアのVOCS (Victim of Crime Service INC.) は、その典型的な例である。そして、こうした被害者救済運動の影響を受け、1985（昭和60）年8月には、イタリアのミラノで開催された第7回「犯罪防止及び刑事司法に関する国際連合会議」において、その議題に「犯罪の被害者」を取り上げ、「犯罪被害者に関する司法の基本原則宣言」が決議・採択されるに至ったのである。

諸外国においては、この時期すでに被害者救済を、被害者の権利として捉えていたのであるが、我が国においては、この国連の基本原則宣言を受けて、被害者救済を国家的施策として採用するまでには、少なくとも、さらに10年の歳月が必要とされたのである。

こうした諸点から考えた場合、我が国における英米法継受の時代は、犯罪者の社会内処遇に焦点をあてた社会復帰的司法パラダイムが展開された時期であると同時に、被害者救済の必要性の萌芽がみられた大切な時期でもあり、この「犯罪被害者に関する司法の基本原則宣言」を契機として、我が国の刑事政策のパラダイムは、「社会復帰的司法」から次のパラダイムである「修復的司法」パラダイムへと移行することになるのである。

3 修復的司法パラダイム

(1) 「国家と被害者」の関係を中心としたパラダイム

1990年代、とりわけ1995年になると、阪神淡路大震災や地下鉄サリン事件の発生を契機として、被害者救済に関して国家的施策の必要性が提唱されるようになり、1996（平成8）年には被害者対策要綱が制定され、1999（平成11）年には犯罪捜査規範の改正、検察庁における被害者等通知制度、被害者支援員制度が実施された。さらには、2004（平成16）年においては、犯罪被害者等基

本法が制定されたことにより、2007（平成19）年の犯罪被害者等の権利利益の保護を図るための刑事訴訟法等の一部改正、2008（平成20）年の平成少年法改正を始めとする、数々の刑事司法段階における犯罪被害者保護の施策が展開されるに至った。つまり、1995年以降の刑事政策は、「国家と被害者」の関係に焦点をあてて、諸施策が展開されているといえるのである。このような被害者に視点をあわせた国家的施策の展開は、今後においても求められるであろうし、刑事政策において、被害者問題を論じることの重要性はますます高まるであろう。

(2) 「国家、地域社会、犯罪者、被害者」の4者関係を中心としたパラダイム

しかしながら、今後、我が国の刑事政策は、「国家と被害者」の関係からさらに進んで、新たな刑事政策のパラダイムへと進んでいくのではないかと予測される。つまり、今後、被害者は、新たな救済形態を求め、加害者との直接的な対話による救済方式を希望するかもしれず、また、国家と被害者との関係のみに着目した救済形態ではなく、国家、地域社会、被害者、加害者の4者関係を包摂した広範囲にわたる関係修復を試みることを、被害者は選択するかもしれないのである。すなわち、ここに、刑事政策における新たなパラダイムとして、「修復的司法」パラダイムが、我が国において展開されていくのではないかと推測されるのである。

修復的司法は、一般的にいえば、犯罪被害者の地位・役割を向上させ、被害者本人や害を被った地域社会に対して直接弁明する責任を課することに焦点をあわせたものであり、被害者と加害者の直接的な対話や、加害者による被害者の被害弁償等に代表されるごとく、より安全な地域社会の創造に向けて、地域社会の積極的参加の重要性を強調するものである。すなわち、修復的司法は、ミクロ・レベルにおいては、犯罪遂行時に発生する加害について、被害者への賠償を第1に優先させて考え、そして、マクロ・レベルにおいては、より安全な地域社会を構築するという必要性を考えることによって、犯罪への対応を模

索するのであり、そのためには、政府あるいは刑事司法が法秩序維持の責任を負い、地域社会が平和の修復・維持の責任を負うことによって、政府と地域社会が協働的・相補的役割を果たさなければならないということを意味するのである。そのような修復的司法を構築するためには、一般的に3つの基本的命題が必要不可欠であるとされている。

　第1の命題は、応報的司法が当事者主義的手続を通じて有罪を認定し、適切な処罰を科することに焦点をあわせることで、国家と加害者の関係を中心にしている一方で、修復的司法は国家、地域社会、被害者、加害者という、より広範な関係に関心を示しており、犯罪を単なる法規範以上のものと考え、犯罪によって影響を受ける4つの関係当事者である国家、地域社会、被害者、そして加害者に対する侵害であるとするのである。

　第2の命題は、修復的司法は、刑事司法のプロセスが、これらの損害の修復を支援するべきであるとしており、ここにおいては、修復的司法は古代の司法へと考え方が逆戻りしているともいえるのである。実際に、修復的司法の概念は、ニュージーランドの先住民マオリ族やオーストラリアの先住民アボリジニーの間で行われていたものに起源をもつといわれている。また、西サモアの伝統的な司法やアイルランドのケルト民族のブリーホン法（Brehon Law）にもその淵源があるとされている。すなわち、近代裁判権においては刑事法と民事法は分離していたために、被害者に対する損害修復は刑事裁判においてではなく、民事裁判へと対応を委ねてきたのであるが、修復的司法はそのような民事責任を刑事責任と同時に問うという意味において、刑事責任と民事責任が未分化であった時代の司法に逆戻りしているのではないかというのである。

　第3の命題は、修復的司法は、被害者、加害者、地域社会ができるだけ早い段階から、かつ可能な限り広い範囲において事件に関与することを要求する。このことは、秩序の基本的な枠組を維持する責任のある政府と、地域社会の平和と調和を修復する責任のある他の関係当事者との協力的な関係が必要であるとされている。すなわち、修復的司法における政府の任務は、地域社会の再建を促進するように、または少なくともその妨げとならないように機能すること

にあるのである。

　このように、修復的司法は、犯罪によって生じた損害の回復と将来的に損害の発生する可能性を減少させることに焦点をあてるものである。そして、修復的司法は、それを、①加害者が、自分の行動及び自分が原因となった損害に対して責任をとるように仕向けること、②被害者への救済を準備すること、③地域社会内部での被害者と加害者の再統合を促進すること、によって行うのであり、そしてこのことは、地域社会と政府の協働的な努力を通じてなされるのである。修復的司法は、多くの方法において、現行の刑事司法的慣行とは異なるものであり、まさに新しい刑事政策理論であるといえるのである。

　(3)　我が国における修復的司法：①岡山仲裁センター
　実は、我が国においてはすでに、いくつかの修復的司法の実践が試みられている。
　まず、我が国における修復的司法の実践例の第1は、「岡山仲裁センター」である。岡山仲裁センターは、1997（平成9）年3月に設立された弁護士会主催の紛争処理仲裁センターであり、全国で9番目に設立されたセンターである。高原勝哉弁護士が、少年間の集団暴行事件で仲裁人を引き受けたことを契機として、センターでは、いくつかの和解の試みが行われている。センターは、「当事者の自律的な紛争解決能力を最大限に尊重することによって、迅速で、納得のゆく解決を図る」ことを目的とし、具体的には①弁護士と外部専門家（不動産鑑定士、建築士、税理士、カウンセラー、土地家屋調査士等）との共同仲裁、②同席方式による手続の進行、③仲裁判断よりも和解斡旋の重視、④「仲裁人の判断の押しつけを慎み、当事者の感情を受容する」等の手法を導入している。1998年度から2009年度までに、岡山仲裁センターが取り扱った交通事故を除いた犯罪被害事件の申立事件数は、1,525件である[59]。
　このセンターの今後の課題は、第1に、仲裁人の説明責任や確認事項について検討することであるとされ、仲裁人は、相手方に手続を説明し、また相手方の参加意思を充分に確認し、加害者に対しては真摯に反省し謝罪する可能性が

あるか、被害者に対しては加害者に何を期待しているのか等を把握し、そして、被害者の二次被害防止の観点から仲裁手続を打ち切ることを考慮することも必要であるとしている。とりわけ、殺人、傷害致死、強姦などの重い事件で和解の試みが行われる場合は、民間支援団体の直接支援員の参加が求められることも考えられるとしている。また、被害者の怒りの感情に対して、それを抑制させるのではなく、それをうまく受け止めることができるスキルを、仲裁人に学習させることも重要であるとしている[60]。第2に、仲裁においては、両当事者が対話することに意義があり、和解の成立はその副産物に過ぎないということを、仲裁人が認識することが重要である。第3に、仲裁手続において、加害者側に弁護士がついている場合には、対等な関係を築くためにも、被害者に弁護士を選任することが望ましいとしている。今後の岡山仲裁センターの進展に注目していく必要性があろう[61]。

(4) 我が国における修復的司法：②被害者加害者対話の会運営センター

次に、我が国における修復的司法の実践例の第2のものとしては、千葉市に本部を置くNPO法人「被害者加害者対話の会運営センター」がある。センターは2001（平成13）年6月に設立されたものであり、千葉県内を活動領域とし、少年事件の修復的司法を行うNPO法人である。センターは「千葉少年友の会」会長であった弁護士の大塚喜一氏の呼びかけによって設立されたが、現在は、調停委員からなる「千葉少年友の会」、元調査官からなる「千葉ファミリーカウンセリングルーム」、そして千葉県弁護士会等から会員を募り、その会費を基に活動を展開している。センターへの修復的司法プログラムの申し込みは、被害者、加害少年、それぞれの家族、代理人弁護士等の誰からでも行うことができ、また電話やFAXで容易に申し込みをすることができる。対象となる事件は、少年による非行事件であれば何でもよいが、センターの修復的司法の実施には、非行事実を認めており、かつ両当事者が「対話の会」への出席に同意していることが要件となる。また、対話を行う時期は、審判前でも審判後でも、少年院送致等の保護処分前でも後でもよく、特に限定はない。また、

対話にあたって費用の負担はない。対話には両当事者と家族の他にも、地域社会の者も参加が可能である。

　事案によっては、民事裁判が継続していることもあり、対話が不利に用いられるのではないかという懸念を加害者側にもたせることになるため、対話は非公開とされ、録音や記録は一切取らない。対話の会の手順は、センターの運営委員が研修を受けた市民ボランティアである進行役2人を決め、この進行役が被害者、加害少年、家族等と面談し、それぞれの参加の意思や適格性を確認する。進行役が直接的に対話可能と判断したならば、当事者の都合のよい時間と場所を設定し対話を行う。対話は、被害者、その支援者、加害少年、親等がサークル状に座り、進行役が司会を務めて行われる。なお、被害者が直接的に加害少年と会うことを希望しない場合には、進行役が間に入り、謝罪や被害弁償の合意を間接的に行っているようである。

　そして、対話は、2人の進行役が司会者となり、4段階に分けて進行される。

　第1段階では、各参加者が犯罪によってどのような体験をしたかを話す。ここで、被害者は事件によってどれぐらい怖い思いをしたか、どのような後遺症をもったか等について話し、加害少年は、なぜ自分が犯罪を行ったのか、そして、今、自分が行ったことに対してどのように思っているか等を話す。

　第2段階では、質疑応答を行い、ここで被害者は、「なぜ自分を襲ったのか」等の不安に思っていることを、直接加害少年に質問することができる。

　第3段階は、被害回復や少年の更生のために何ができるかを話し合う時間であり、例えば、①高齢者施設でボランティア活動を行う、②荒らしてしまった被害者の庭の清掃を行う、③働いて月々1万円ずつ弁償する等の現実的で履行可能な償いが提案される。

　第4段階は、対話が合意に達した場合、合意文書を作成し、各参加者が署名しコピーを受け取る。合意によって定められた償いが実際に履行されているかについては、後日、進行役が確認し、履行されていない場合には、少年に履行を促したり、再度「対話の会」を開くようである[62]。

対話の会の実績に関しては、2001年6月から2010年6月までに59件の申し込みがあり、このうち21件について、対話の会が開かれたとのことである。対話の会で決定される合意は金銭賠償に限定されず、毎年墓参りをすること、性犯罪事案については、地図上で線引きした被害者の生活圏に入らないこと等に関する合意もなされているようである。

(5) 我が国における修復的司法：③兵庫県弁護士会「犯罪被害者・加害者対話センター」

我が国における修復的司法の実践例の第3は、兵庫県弁護士会「犯罪被害者・加害者対話センター」である。このセンターは、2009（平成21）年4月1日に開設され、①被害者・加害者間の直接的対話、②加害者の謝罪文を預かり、被害者が希望した場合に交付すること（謝罪文銀行）等を行っている。被害者と加害者の直接的対話は、被害者から申し込まれた場合、加害者からの場合も、双方の同意が必要であるとされ、またそれに加えて、このセンターは事案が対話にふさわしいものであるかどうかを綿密にチェックしている。

対話についての対象犯罪に限定はなく、対話がふさわしいかどうかについては個別的に判断されることになる。対話は、公平中立な立場に立つ手続進行委員によって進行され、手続進行委員は経験5年以上の兵庫県弁護士会の弁護士会員で、70歳を超えない者等とされている。この他にも、手続進行委員のアドバイザーである専門委員が存在し、その専門委員は、臨床心理士や精神医療関係の専門家で構成されている。

この手続を利用できる者は、犯罪被害者とその配偶者、直系または同居の親族等、犯罪加害者とその配偶者、直系または同居の親族等である。申込手数料は、8,000円に消費税を加えた金額である。現在、対話の申込件数は2件であるが、対話が実現した例は未だ存在しないようである。

あまり聞き慣れない言葉であるが、謝罪文銀行とは、加害者の謝罪文をセンターが預かって保管し、被害者が加害者の謝罪文を受取ることを希望するときに、センターが謝罪文を被害者に交付するものである。謝罪文銀行の手続の流

れは、加害者が申込書と謝罪文をセンターに提出した後、センターが審査し、被害者が謝罪文の受取りを希望した場合に、センターは謝罪文を被害者に送付する。被害者が謝罪文の受取りを希望しなかった場合には、申込受理から5年間はセンターが保管し、保管期限を過ぎたら、センターが謝罪文を廃棄する。謝罪文銀行の手続は、犯罪の加害者とその配偶者、直系または同居の親族等が利用可能であり、申込手数料は2,000円に消費税を加えた金額である。謝罪文銀行の申込み人数は、現在、11人であり、19人宛の19通の謝罪文を保管しているようであるが、謝罪文を受け取った被害者は未だいないとのことである。

センターは、運営してからまだ日が浅いため実践数が少ないが、謝罪文銀行は我が国初の試みであり、注目すべき施策である。今後、その動向を注意深く見守っていく必要性があるように思われる[63]。

(6) 我が国における修復的司法：④少年審判と修復的司法

我が国における修復的司法の実践例の第4として、少年審判と修復的司法がある。少年法に規定されている被害者等の申出による意見の聴取は、そのほとんどが審判期日外で行われるが、これを審判期日に行うと、被害者等が加害少年の前で意見を陳述することになり、その結果、被害者と加害少年との対話が可能となる。場合によっては、修復的な結果がもたらされる可能性があるのである。そのような実例として、2001（平成13）年5月に、井垣康弘裁判官が神戸家裁にて実現させた事例がある。

この事件は、2001（平成13）年3月31日、神戸市垂水区内の公園にて4人組の少年が、暴走族を巡るトラブルにより、同地区の19歳の少年に暴行を加え、その結果、被害者は翌日、急性硬膜下血腫で死亡したというものである。加害少年らは、同年5月に傷害致死容疑などで神戸家裁に送致された。その際に、被害者の父親である藤原さんが、主犯格の少年に、以下のような意見陳述をしたのである。

「あの子は身体の弱い子で、小学校の頃、開頭手術を受け死に瀕したが奇跡的に命を取り留め、家族は大喜びした。中学校の頃からいろいろと悪いことを

することが続き、去年少年院に入ることになったが、中では良く頑張り、クリーニング等の資格を取った。退院してきてからは、あの子は、目がきれいになっており、『お父さん、いつかはクリーニングの店を持つからね』と親を喜ばせてくれていた。その矢先に無残にも殺されてしまい、怒りと悔しさは言葉にならない。君の人生は長い。いつまでもくよくよしているばっかりでも困る。しかし、君らが殺したあの子のことは決して忘れないでほしい。毎年毎年あの子が死んだ日が巡ってくる。心から反省ができてから線香を上げに来てほしい。少年による『人殺し事件』が頻繁にある。こんなことが流行っては困る。あの子が最後の被害者であってほしい。そのためにも君には頑張ってほしい。」

すると、少年は立ち上がり泣きながら「すいませんでした。いつかお線香を上げに行かせてください。」と深々と謝罪の姿勢をみせたのである。すると、藤原さんは、少年に歩み寄り、「君も頑張れ。」と述べたという。藤原さんは、「息子と少年の姿が重なった。悲しみは変わらないが、今は『反省して線香を上げに来て』と思えるようになった。」と述べたのである。そして、審判後、加害少年は少年院から手紙を書き続け、仮退院後は、働いて得た金で弁償金を支払い続け、毎月のように被害者宅へお線香を上げさせてもらうために通い、その度に、被害者の父親から激励を受けたとのことであった[64]。このように、少年審判を活用した修復的司法の実例も存在するのである。

(7) 我が国における修復的司法：⑤西鉄バスジャック事件

我が国における修復的司法の実践例の第5のものとしては、2000（平成12）年5月3日に発生した西鉄バスジャック事件の被害者で、顔等を切られて重傷を負った山口由美子さんが、当時、京都医療少年院に収容されていた加害少年と、2004（平成16）年4月、6月、8月の計3回、対面を行った事例が存在する。山口さんは、長女が中学校時代に不登校であったことから、加害少年が高校に約10日間しか通学せず、事件に至る約2年間、自宅で引きこもっていたことに理解を示したという。加害少年が京都医療少年院から山口さんとの面会を打診する手紙を送り、山口さんも事件を起こした理由を知りたいとして、加

害少年との対面が実現した。

　1回目の対面において、法務教官に付き添われて現れた加害少年は、「大変なことをして申し訳ありません。」と山口さんに深々と頭を下げて謝罪し、それに対して山口さんは、「あなたのことを許したわけじゃない。これからの生き方をみているから。」と述べたという。この対面後、加害少年から山口さん宛てに手紙が届き、そこには「傷つけあうのが嫌で、人との付き合いを避けてきた弱い自分がいる。もっと心を開かなければ。」という文章が綴られていたそうである。2回目の対面では、10分ほど2人だけで話し合い、山口さんは「なぜ事件を起こしたのか。いつか教えて欲しい。」と述べたという。そして、3回目の対面では、加害少年は法務教官に付き添われて、亡くなった塚本さん（山口さんと一緒にバスに乗車した小学校教師で、当該事件によって死亡した）の墓前にて山口さんと対面し、そこで加害少年は、事件を起こした理由について何か話そうと試みたようであるが、顔を紅潮させ、落ち着きがなくなり、言葉が続かなかったという。そのとき、山口さんは、加害少年は被害者の墓前に立ったことによって、自分の加害行為を直視させられたのだと感じ、加害少年に「無理せんでいいよ。」と述べたという[65]。

　事件以降、山口さんは子どもの居場所の必要性を痛切に感じたことから、2002（平成14）年4月に「ハッピーバーグ」を開設し、不登校の子どもの居場所作り活動を行っている。また、少年院や刑務所にて被害体験の講話も行い、少年や受刑者に、なぜそのような加害行為を行ったのかについてきちんと向き合うことが必要であることを語っている[66]。

　この事例は、少年院において犯罪被害者と対面した修復的司法の事例であるが、この対面によって、加害少年は親との面会における言動に落ち着きがみられるようになったという。少年院での矯正教育の一環として、修復的司法が効果的であった事例の1つであるといえよう。

(8)　我が国における修復的司法：⑥修復的カンファレンス（少年対話会）
　我が国における修復的司法の実践例の第6のものとしては、2005（平成17）

年及び 2006 (平成 18) 年に警察庁が行った「修復的カンファレンス (少年対話会)」のモデル・パイロット事業が存在する。

これは、警察職員が司会者となり、非行少年、保護者、被害者等に対話の機会を提供するものであり、この少年対話会は、全国 47 都道府県警察において一斉に実施され、最終的に 56 件の対話が行われた。実施された 56 事例の非行内容としては、万引き 67.9％、建造物侵入 10.7％、自転車盗 7.1％の順に多かった。

この少年対話会は、非行少年の再非行防止、被害者の立ち直り及び地域社会における市民社会の安全と平穏の確保を目的とするものであり、事件送致前に実施する指導・訓戒及び被害者に対する支援の一環として行われた。対象事件については、保護処分や刑事処分を要しないと認められる事案を対象とし、被害者に対する二次的被害のおそれ等特別な事情が認められる事件、少年が非行事実を否認している事件、現に少年が身柄を拘束されている事件及び現に他機関に継続している事件については、対象外とした。また、性的な動機に基づく事件、告訴・告発にかかる事件及び共犯事件については、対象とするかどうか慎重に判断すべき事件であるとした[67]。

少年対話会への手続としては、まず、警察署の少年事件選別主任者等は、対象事件が発生した場合、非行少年及び保護者に対し、少年対話会の趣旨を説明し、参加の意向の有無を確認する。ここでは、少年対話会は捜査とは別個の手続であり、参加の有無が警察の処遇意見に影響を及ぼさないこと等が充分に説明される。そして、非行少年及び保護者が参加の意向を示した場合は、被害者に対して同様の説明を行い、参加の確認を行う。関係者すべてが、少年対話会の趣旨を理解し、参加の意向を示した場合は、後日、少年サポートセンターへと担当が引き継がれる。少年サポートセンターでは、個別面接により、再度、関係者の少年対話会の参加の意思を確認し、それが確認できたときは、関係者全員の同意書を作成し、その後、少年サポートセンターにて少年対話会が行われるのである。参加者は録音やメモを取ることができず、少年サポートセンターの担当者は、記録簿に少年対話会にかかる記録を掲載することになっている。

少年対話会後に、参加した加害少年、その保護者及び被害者等にアンケート調査を実施している。アンケート結果からは、少年対話会の実施数は多くはなかったとはいえ、少年対話会の参加者の満足度はおおむね高いという評価をすることができる。これらのことからすると、この少年対話会はモデル・パイロット事業であったとはいえ、警察段階における修復的司法の採用可能性に加えて、被害者側と加害者側の修復的司法に対する意識についても検討することができた、重要な事業であったと思われる[68]。

(9) 我が国における修復的司法：⑦その他

この他にも、我が国における修復的司法の実践として、とりわけNPO法人による取組みについては、岡山、千葉、兵庫の他にも、関西の被害者加害者対話支援センターやその支部の東京VOM、さらには仙台弁護士会においても、修復的司法の実務の基盤が形成されているようである。

また、従来から、刑事司法手続の各段階において行われている「示談」も修復的司法の1つであるといえるであろう。1993（平成5）年の犯罪被害者実態調査研究会による調査によると、財産犯被害者については、示談を行う理由として、加害者に物質的損害を回復させたいことを挙げる被害者がいる一方で、加害者に誠意を示させたい、謝罪させたい、自分の怒りを相手にぶつけたい等を挙げているのである。このことは、示談は被害者にとって物質的損害の回復ばかりでなく、精神的損害の回復にも役立っているという指摘もあり、示談は修復的司法の1つであるといえるであろう[69]。

(10) 応報的司法から社会復帰的司法へ、そして修復的司法へ

以上のような我が国の修復的司法の実践からみても分かるように、我が国の刑事政策のパラダイムは、着実に、「応報的司法」から「社会復帰的司法」へ、そしてさらには「修復的司法」へと転換しつつあるのではないかと思われる。まさに、我が国も、新しい刑事司法の未来を展望しつつあると推察されるのである。

元来、我が国の文化においては、その底流において「和をもって尊しとなす」という精神文化が存在するのであり、我が国古来の文化は、修復的司法の哲学と適合する基盤をもつと考えられる。そして何よりも、犯罪を行うことが、犯罪者個人の恥であるばかりでなく、家族、職場、地域社会の恥でもあると考える、我が国の「恥」の思想が、オーストラリアの犯罪学者ブレイスウェイト（John Braithwaite）教授の修復的司法を支える「恥の理論」に影響を与えたことから考えても、我が国における修復的司法のパラダイムの受容可能性はかなり高いものがあるといえるのではなかろうか。

(11) 我が国の刑事司法の未来像

それでは、修復的司法が我が国の刑事政策の未来像として発展していくためには、どのような修復的司法の構造形態を採用すべきなのであろうか。

我が国における修復的司法の実践をみるかぎりにおいては、様々な刑事司法段階における試みがなされており、それを実施し仲介する機関も、国家機関であったり、非国家機関であったり、様々な状況にある。

この点につき、修復的司法は、国家、地域社会、加害者、被害者の4者の関係とし、国家をも包摂する概念として整理し、4者それぞれの損害を修復するプログラムであるという定義に鑑みると、仲介者が国家機関である修復的司法プログラムと、非国家機関である修復的司法プログラムの双方を実現することで、バランスのとれた修復的司法プログラムが展開されるのではないかと考えられるのである。

具体的には、警察段階における少年対話会、少年審判や少年院での被害者と加害者の対話のように、警察段階、裁判段階、矯正段階における修復的司法を標榜することで、国家、加害者、被害者の3者関係を修復するプログラムを展開し、その一方で、保護段階や国家機関が担い手となれなかった事案についての修復的司法を、NPO法人等の非国家機関が実施することで、地域社会、加害者、被害者の3者関係を修復するプログラムを展開することが可能となるであろう。

この点、現在、我が国での非国家機関によって行われている修復的司法は、NPO 法人や弁護士会に限定されている。将来的には、多様な非国家機関が修復的司法プログラムに関与することによって、国家機関が行う修復的司法との連携を図る必要性があろう。

　いわば、国家機関が行う修復的司法プログラムと、非国家機関が行う修復的司法プログラムとを相互関係的に連動させることによって、国家、地域社会、加害者、被害者の4者関係を修復することを可能とする、より広範な実りある刑事政策が展開されるであろうと思われるのであり、まさに修復的司法こそが我が国の刑事政策を先導するものとなるのではないかと期待されるのである。

Ⅳ　おわりに

　以上においてみてきたように、我が国 140 余年の刑事政策は、時代区分としては、第 1 次法改革期、第 2 次法改革期、第 3 次法改革期に分けられ、外国法継受という点からは、大陸法継受時代、英米法継受時代、大陸法と英米法の両者を統合した我が国独自の法形成時代に区分することが可能で、犯罪者処遇という側面からは、施設内処遇、社会内処遇、被害者に視点を置いた処遇へと移行しており、刑事政策の重点の変遷という視点からは、「犯罪から犯罪者へ、そして被害者へ」と、その重点が変遷していることが読み取れるであろう。我が国の刑事政策は世界の潮流を見事に捉えている。そう考えるのは私一人であろうか。

1)　植松正『再訂刑法概論Ⅰ総論』勁草書房（1974 年）61-62 頁、大谷實『刑法講義総論　第四版』成文堂（1994 年）38 頁、西原春夫『刑法総論　改訂版［上巻］』成文堂（1995 年）17-19 頁、中山研一『刑法総論』成文堂（1982 年）35 頁。
2)　小野義秀「我が国行刑展開の軌跡」森下忠＝佐藤司＝小野義秀＝宮本惠生＝鴨下守孝『我が国行刑の展開』一粒社（1993 年）4 頁。
3)　植松・前掲注 1)・62 頁、大谷・前掲注 1)・38-39 頁、西原・前掲注 1)・19-20 頁、中山・前掲注 1)・36 頁。

4) 小野・前掲注2)・5頁。
5) 川出敏裕「特集・刑法典の百年　少年非行・少年犯罪」『ジュリスト』1348号（2008年）152-153頁。
6) 藤本哲也『犯罪学研究』中央大学出版部（2006年）294頁。
7) 小野・前掲注2)・5頁。
8) 植松・前掲注1)・62-63頁、大谷・前掲注1)・39頁、西原・前掲注1)・22頁、中山・前掲注1)・38頁。
9) 小野・前掲注2)・5-6頁。
10) 佐藤司「行刑理念と行刑建築」森下忠＝佐藤司＝小野義秀＝宮本惠生＝鴨下守孝『我が国行刑の展開』一粒社（1993年）54-55頁、尾崎道明「時空の中の矯正―歴史と世界の中で考える」『罪と罰』46巻3号（2009年）3頁。
11) 藤本哲也『犯罪学の窓』中央大学出版部（2004年）24-25頁。
12) 小野・前掲注2)・6頁。
13) 川出・前掲注5)・154-155頁。
14) 藤本・前掲注11)・25頁。
15) 藤本哲也『刑事政策概論［全訂第6版］』青林書院（2008年）235頁。
16) 藤本・前掲注11)・25頁。
17) 小野・前掲注2)・7-8頁。
18) 団藤重光『法学の基礎［改訂版］』有斐閣（2003年）59-60頁。
19) 藤本・前掲注6)・295頁。
20) 土屋眞一編『昭和の刑事政策』立花書房（1991年）136頁。
21) 藤本・前掲注11)・25頁。
22) 藤本・前掲注11)・52頁、川出・前掲注5)・155頁。
23) 小野・前掲注2)・9頁、土屋・前掲注20)・137頁。
24) 藤本・前掲注6)・295頁。
25) 法務省法務総合研究所編『平成元年版犯罪白書』432-434頁。
26) 藤本・前掲注6)・295頁、土屋・前掲注20)・160-161頁。
27) 藤本哲也『刑事政策20講』青林書院（1993年）6頁。
28) 小野・前掲注2)・8頁、前掲注25)・430頁。
29) 小野・前掲注2)・11頁。
30) 藤本・前掲注15)・36-37頁、前掲注25)・432頁。
31) 藤本・前掲注15)・384頁。
32) 前掲注25)・430頁。
33) 小野・前掲注2)・14-15頁。
34) 前掲注25)・432頁。
35) 藤本・前掲注15)・235-236頁。

36）藤本・前掲注27）・7頁。
37）小野・前掲注2）・11-16頁。
38）土屋・前掲注20）・134頁。
39）藤本・前掲注15）・261頁。
40）藤本・前掲注15）・459頁。
41）藤本・前掲注15）・470頁。
42）藤本・前掲注15）・469頁。
43）藤本・前掲注15）・249頁。
44）藤本・前掲注15）・335-336頁。
45）藤本・前掲注15）・37-41頁。
46）藤本・前掲注15）・471頁、http://www.shien.or.jp/ を参照のこと。
47）藤本・前掲注6）・19頁。
48）藤本・前掲注15）・471頁。
49）藤本哲也『犯罪学の森』中央大学出版部（2007年）19頁。
50）http://www.nnvs.org/network/index.html を参照のこと。
51）藤本・前掲注49）・21頁。
52）藤本・前掲注15）・345頁。
53）藤本・前掲注14）・79-87頁。
54）藤本・前掲注15）・472頁、白木功「『犯罪被害者等の権利利益の保護を図るための刑事訴訟法等の一部を改正する法律』の概要」『ジュリスト』1338号（2007年）48-49頁。
55）藤本・前掲注15）・219頁。
56）藤本・前掲注15）・319-326頁。
57）藤本・前掲注15）・345頁。
58）藤本哲也「PFI刑務所の意義と展望」『法律のひろば』62巻7号（2009年）4-5頁、法務省法務総合研究所編『平成21年版犯罪白書』59頁。
59）高原勝哉＝松岡もと子「岡山仲裁センターにおける被害者加害者対話の試み」『自由と正義』61巻9号（2010年）22頁。
60）高原＝松岡・前掲注59）・24頁。
61）藤本哲也「日本における修復的司法」『戸籍時報』638号（2009年）99頁、高原＝松岡・前掲注59）・21-24頁。
62）山田由紀子「『被害者加害者対話の会運営センター』の発足と実践」『自由と正義』53巻5号（2002年）58-67頁。
63）荻野淳「兵庫県弁護士会犯罪被害者・加害者対話センターの開設と実践」『自由と正義』61巻9号（2010年）16-20頁。
64）藤本・前掲注61）・100頁。

65) 『朝日新聞』2005 年 11 月 20 日朝刊。山口由美子「犯罪被害者から見た修復的司法」『自由と正義』61 巻 9 号（2010 年）31-33 頁。
66) 山口・前掲注 65)・33 頁。
67) 植木百合子「修復的カンファレンス（少年対話会）モデル・パイロット事業報告書の概要について」『捜査研究』680 号（2008 年）20 頁。
68) 藤本・前掲注 61)・101-102 頁。
69) 藤本・前掲注 61)・101 頁。

第 2 章
犯罪者のための社会再統合要因強化策

I　は じ め に

　最近の国際的な刑事政策において、1990（平成 2）年の「非拘禁措置に関する国連最低基準規則」（いわゆる東京ルールズ）をさらに進化させて、刑務所収容を最後の手段（ウルティマ・ラティオ）とするのではなく、社会内処遇を犯罪者の最後の砦とする新しい刑事政策が提唱されるようになったが、これはイギリスを中心とした、「ホワット・ワークス政策」に起因するもののようである。つまり、イギリスでは、アメリカでの「ナッシング・ワークス政策」ではなく、「何がうまくいくのか」（what works）という政策を推奨した結果、「犯罪者のための社会再統合要因強化策」（Measures for Strengthening Community Reintegration Factors for Offenders）が重要な基本政策として論じられるようになったのである。これは 1975（昭和 50）年以降、犯罪者処遇モデルとしての「公正モデル」が台頭し、多くの国が「医療モデル」を放棄して「公正モデル」を採用するようになって以来の新しい動向である。

　いまさら説明するまでもなく、世界における 20 世紀の犯罪者処遇理念の中核をなしたものは「社会復帰思想」であった。特にアメリカにおいては、1975（昭和 50）年までの 3 四半世紀の犯罪者処遇理念は、社会復帰思想に基づいたものであった。この社会復帰思想の基盤となる犯罪者処遇モデルのことを、「医療モデル」（medical model）と呼ぶのであるが、この医療モデルは、1973（昭和 48）年にオイルショックを迎えて経済不況が到来すると、医療モデルの標榜する社会復帰は夢であり、医療モデルの「全部が無効だ」（nothing works）との

結論がなされるに至るのである。結果として、連邦矯正局は、1975（昭和50）年に医療モデルを放棄し、社会復帰モデルからの撤退を宣言し、それに代わって刑罰の目的を「隔離」、「無害化」(incapacitation) とする「公正モデル」(justice model) を展開することになるのである。しかしながら、アメリカでは、この公正モデルの展開によって、刑務所収容率が高まり、過剰収容の事態に直面したため、監視や刑罰的色彩を伴った社会内処遇である「中間的制裁」(intermediate sanction) の諸方策を模索するに至るのである[1]。

これに対してイギリスでは、1975（昭和50）年以降、アメリカと同様に公正モデルが優位を占めたのではあるが、しかし、それは、アメリカのように社会内処遇に対して悲観的になるのではなく、「何がうまくいくのか」(what works) を具体的に調査し、効果的なプログラムを社会内処遇に積極的に採用していこうとする、「ホワット・ワークス政策」を展開した。このホワット・ワークス政策においては、認知行動療法に基づく犯罪行動プログラムを実施することの他にも、住居の確保や基本的技能の伸長（識字能力や基本的な計算能力）等の「社会再統合要因」(community reintegration factors) を促進させることをも目標に入れた刑事政策を展開しているのである[2]。

日本の法務省も、2009（平成21）年版の『犯罪白書』において「再犯防止施策の充実」を取り上げて特集を組んでいるのであるが、そこでの調査研究において、就労状況と居住状況等を安定させることが有効な再犯防止策となることを実証しており、また現実面においても、受刑者や出所者の就労支援や帰住先を安定させるような国家的施策を模索したところである。このように、世界的な動向として、今日、犯罪者の社会内処遇を実現するにあたっては、社会への再統合要因を強化することが求められている。そこで、以下においては、諸外国と日本で行われている各刑事司法手続段階における社会再統合要因強化策を紹介し、最後にその将来の課題について検討してみたいと思う。

II 諸外国の各刑事司法手続段階における社会への再統合要因の強化のための施策

1 公判前段階

(1) 保釈支援サービス (Bail Support Service)

これは、主にイギリスで展開されているサービスであり、被告人に保釈許可の障害となるような問題がある場合に、それを解消するためのサービスを提供することによって、保釈を促進するものである。イギリスでは、保釈支援サービスをマネージメントし、コーディネートするのは保護観察官であり、その保釈支援サービスの成果はプロベーションサービスの判決前調査報告書を通じて裁判所に提示され、量刑判断の一資料となるのである。保釈支援サービスの具体的内容としては、教育、職業訓練、社会的スキル・就労の援助、家族問題の解決と安定した家庭の確保、借財問題の解決、社会保障給付金の受給支援、薬物・アルコール・ギャンブル・怒りについての統制プログラムの提供などがある。また、保釈支援サービスと並行して、保釈住居支援サービス (Bail Accommodation Support Service) が展開されており、このサービスでは、被告人に特定の帰住先がない場合に滞在場所を提供するばかりでなく、様々な対人支援や生活環境調整が行われ、さらには退去後の被告人の住居確保の支援として、公営住宅または民間住宅への入居斡旋も行っている。現在では、保釈住居支援サービスは、民間企業であるクリアスプリングス社 (CleaSprings Management Ltd.) に運営を全面委託しており、クリアスプリングス社の担当職員がこれらの業務を担っているため、滞在者が退去後の住居が確保されないまま、退去させられることはない。この保釈住居支援サービスの利用者は、週14ポンドの利用料を支払うこととなるが、このサービスの利点は、居住場所の確保のみならず、保釈された被告人の多くが元の就労を継続できるという点や、無職の場合であっても充分な就労支援が行われるという点が挙げられる[3]。

(2) ドラッグ・コートプログラム（Drug Court Program）

ドラッグ・コートとは、薬物事犯者に対して、通常の裁判手続に代えて、裁判所の監視下で治療を受けるプログラムであり、判決前段階におけるドラッグ・コートプログラムは、プログラムに参加し、無事プログラムを修了した場合には公訴を棄却するというものである。ドラッグ・コートが最初に設立されたのは、1989年のフロリダ州デイド郡においてであり、現在では50州とワシントン D.C、グアム、プエルトリコでドラッグ・コートが採用されている。ドラッグ・コートでは、治療プログラム全般を監督するのは治療施設ではなく、裁判所であり、薬物事犯者は針治療、カウンセリング、アルコホリック・アノニマス（AA）やナルコティクス・アノニマス（NA）の12ステップの集団療法、尿検査などを受け、その結果を裁判官に定期的に報告するのである。プログラムにおいて参加者が良い成果を示した場合には、裁判官は参加者を誉めて、賞品を渡すこと等が行われ、最終的には公訴が棄却されるのであるが、参加者が途中でプログラムに失敗した場合には、通常の訴追手続への移行やその他の制裁（より重い治療プログラムの実施、地域での社会奉仕、ドラッグ・コートの陪審席に座ることなど）が科されることとなる。公判前段階におけるドラッグ・コートプログラムの参加条件は、州によって異なるが、主に非暴力的な犯罪者に限定しているようである。ドラッグ・コートは、伝統的な裁判手続を根本的に変化させており、ドラッグ・コートの裁判官は被告人の療法士であるかのごとくプログラムの進展を監督し、弁護人と検察官の関係も対立的ではなく、弁護士と検察官の一般的な役割は小さいものであるといえる[4]。このように、ドラッグ・コートは刑事拘禁ではなく、治療の可能性を模索することで、薬物事犯者の生活環境や身体の改善を図り、ひいては再犯を防止するという意味において、効果的な社会内処遇プログラムであると思われる。

2 公判及び判決段階

(1) 在宅拘禁（House Arrest）

在宅拘禁とは、プロベーションやパロールに付すことが危険であると考える

犯罪者や本制度がなければ刑務所に収容されたであろう犯罪者に対して、自宅、賃貸アパート、ホテルの一室を居住場所として、在宅のままその行動の自由を制限するものである。具体的には、在宅拘禁に付された者は事前に認可された特定の行動（通勤、通学、医療上必要のある場合の治療プログラムや禁酒会への参加、教会への出席等）を除いて、居住場所から外出することが一切禁止される。在宅拘禁にあたっては、個別的にスケジュール化された行動予定（一定の時間帯には、確実に特定の場所にいること）や対象者の特性に合わせた遵守事項が定められ、またそれらを実行させるための継続的な監視が行われる。この監視は、電子監視装置の使用やプロベーション・オフィサーのアトランダムな訪問によって行われ、監視料金が徴収されることが多い。在宅拘禁の対象者は、主に重罪の暴力犯罪を行った者は除外されるが、殺人で有罪とされた者に対しても行われた例があるようである。また、在宅拘禁には被害弁償や社会奉仕命令を併科されることがある。そして再犯や遵守事項違反があった場合には、在宅拘禁は速やかに取り消され、刑務所収容手続がとられる。このような在宅拘禁の利点としては、①施設収容にかかるコストの削減となる、②他の刑事的制裁と併科することができ、例えば被害弁償や社会奉仕命令と併科された場合、地域社会との再統合が可能となる、③妊娠中の女子受刑者やエイズ患者等に利用できる、④犯罪者の職業の喪失や家族の崩壊を回避することができる等が挙げられる。これに対して、①プライバシーを侵害する恐れがある、②刑期が長期化する傾向がある（刑務所収容1日分が在宅拘禁3日に換算されているところもある）、③本来ならばプロベーションの対象者となる者を取り込むことで、刑事司法の網が拡大される、④監視料金の徴収は、支払い能力のない者をプログラムから排除することになり、貧富の差の問題を生じさせる等の問題点も指摘されている。それに加えて、対象者の在宅拘禁プログラムを判断する公式の審査手続を置いているプログラムもあれば（ニューヨーク、フロリダ、ニュージャージーの各州）、そのような手続を置かずに単に特定の犯罪（暴力犯罪等）によって有罪となった者を除外しているだけのところもあり、この点も問題として挙げられる。とはいえ、在宅拘禁は就労支援や居住場所の安定に資するものであり、弾

力的な施策であるといえるであろう。

(2) 同意によるプロベーション（Consent Probation）

　同意によるプロベーションとは、逮捕された者が有罪判決かまたは自ら有罪と認める前に、プロベーションに同意するものである。具体的には、その者は同意によるプロベーションの手続に同意し、一般のプロベーション対象者と同様に、プロベーションの条件と遵守事項を守り指導に従うとの同意書に署名する。プロベーションの規則と遵守事項に違反した場合には、裁判所に連れ戻され、そこで元の犯罪について有罪判決を受け、その後、刑が決定することになる。そして、このプロベーションにおける遵守事項や生活環境調整の中で、様々な社会内処遇プログラムが展開されることとなる。

(3) 条件付釈放（Conditional Release）

　同意によるプロベーションとは異なり、犯罪者は有罪判決を受けるが、ある一定の条件を付けられた上で刑が免除されるものである。例えば、生活技能プログラム、薬物・アルコール処遇プログラム、性犯罪者処遇プログラム、ドメスティック・バイオレンスプログラム、教育・雇用プログラム、社会奉仕プログラム、民族文化プログラムを受講させる代わりに、刑が免除される条件付釈放が挙げられる。

(4) ドラッグ・コートプログラム（Drug Court Program）

　公判及び判決段階におけるドラッグ・コートプログラムは、公判で有罪の答弁を行うことで有罪の認定を受けるが、その後ドラッグ・コートに送られ、ドラッグ・コートプログラムに参加し、プログラムが無事修了するまで判決の言渡しが猶予されるか、判決の言渡しは受けるがプログラムが無事修了すれば刑の執行を猶予されるかのどちらかとなる。プログラムの内容や参加基準は、公判前段階におけるドラッグ・コートプログラムと同様である[5]。

3　判決後の段階

(1)　週末拘禁 (Weekend Imprisonment)

　週末拘禁は、週末だけ受刑者を施設内に拘禁し、それ以外は自由とするものである。この制度は、1943年のドイツ少年裁判所法の少年拘禁にその起源を有するといわれている。週末拘禁は、元来、短期自由刑に伴う悪風の感染と職場の喪失といった問題を回避するために考えられたものであるが、この制度は月曜日から金曜日までは家族と共に生活をしながら仕事に出かけ、週末のみ拘禁されるといったところに特色がある。すなわち、週末拘禁は、自由刑の純化の思想に基づき、自由刑から家族刑的・財産刑的要素を除去しようとするものであり、日常生活を破壊することなく受刑者を処遇しようとすることに意義があるのである。しかしながら、週末という施設職員が少ない日に多くの受刑者が施設に入ってくるために、施設職員の負担が増加してしまうという問題もあるようであり、週末拘禁が有用な犯罪者処遇方法になるためには多くの課題が残されているようであるが、現在のところ、アメリカ、フランス、ベルギー、オランダにおいて、週末拘禁が採用されている。

(2)　ハーフウェイ・ハウス (Halfway House)

　ハーフウェイ・ハウスとは、刑務所でも拘置所でもない、完全な拘禁施設と完全な自由生活の中間にあたる生活の場を総称するものであり、通常50名以下の犯罪者を収容する施設である。起源としては、1961年にアメリカのシカゴ、ニューヨーク、ロサンゼルスの各市において、連邦刑務所受刑者のために、釈放前の3、4か月を特別の施設に収容して外部に通勤させるという釈放前補導センターが開設されたが、これがハーフウェイ・ハウスの前身であるといわれている。このハーフウェイ・ハウスは、プロベーション対象者にとっては刑務所的な施設であり、パロール対象者にとっては非刑務所的な施設となる。また、ハーフウェイ・ハウスの施設は、刑務所内の一区画が利用されることもあれば、刑務所外の独立施設を用いることもある。独立施設のハーフウェ

イ・ハウスでは、モーテルやホテル、市内の居住地域の住宅を利用した小さな寮に似た施設を用いて、対象者は週日には私企業で得られた職場に通い、夜間と休日は施設で自由を拘束される。刑務所内の一区画が利用されるハーフウェイ・ハウスは、刑務所内にいることになるために、日本でいう釈放前の外部通勤作業的な性格を有することになるかもしれないが、その意義は重要視されている。ハーフウェイ・ハウスは、イギリスではホステル（hostel）、フランスではフォアイエ（foyer）と一般に呼ばれている。

(3) 混合刑（Split Sentence）

混合刑は、宣告刑のうち2か月ないし6か月をジェイルで過ごし、その後の3年ないし5年間、プロベーションを受けるものであり、これはプロベーション制度の一種の変型である。アメリカでは、この制度を活用している州は35州あるといわれ、アメリカにおける裁判官の間で好評を得ている刑罰の1つである。混合刑の対象者は、軽微な事件の犯罪者ではなく、通常ならば拘禁刑を受け、州もしくは連邦の刑務所に収容されるかまたは直ちにプロベーションの処分を受けることになる重罪犯である。つまり、混合刑の宣告によって、裁判官は重罪犯に対しても比較的短期の拘禁刑と共に、それに続くプロベーションを同時に命令することができるのであり、そういった意味で、刑務所に収容するほどでもなく、かといって直ちにプロベーションに付すには社会防衛上問題が残る犯罪者に対する刑罰となっているのである。この混合刑は、当然の如く、過剰拘禁を解消する策でもあるが、ショック・プロベーションともいわれており、一定期間の拘禁によって犯罪者を処罰し、その後、通常のプロベーションによって就労支援などの社会復帰を働きかけることができ、効果的な刑罰であるといわれる。混合刑は、アメリカを始め、世界の30か国で採用している。

(4) 社会内処遇センター（Community Treatment Center）

社会内処遇センターは、ハーフウェイ・ハウスと同様の趣旨をもつものであ

り、釈放前補導センター（prerelease guidance center）、多目的センター（community diagnostic and treatment center）、プロベーション・ホステル（probation hostel）、パロール・ホステル（parole hostel）とも呼ばれる。釈放前補導センターは、受刑者がその刑期の最後の数週間を居住する社会内の施設をいい、受刑者の社会への段階的復帰に寄与するものである。また、プロベーション・ホステルは、プロベーション・オフィスが実施するもので、プロベーションの一条件として当センターでの処遇を受けさせるものである。プロベーション・ホステルには、居住を必要とするもの（ニュージャージー州のハイフィールズ計画）と居住を必要としないもの（ユタ州プロボのパインヒルズ計画）がある。イギリスでは、1年を超えない期間内において、17歳から21歳までの青少年保護観察者を収容する、職業訓練の設備もあるようである。他方、パロール・ホステルは、日本における更生保護施設と同様のものであり、パロールを受けて施設の監督を受ける身分を有しない刑余者のために用意されているようである。

(5) デランシー・ストリート・プログラム（Delancy Street Program）

デランシー・ストリート・プログラムとは、アメリカのカリフォルニア州サンフランシスコを本部としてニューメキシコ、ニューヨーク、ノースカロライナ、ロサンゼルスで展開している犯罪者の社会復帰のための居住プログラムであり、これはミミ・シルバート（Mimi Silbert）とジョン・マーア（John Maher）によって設立されたデランシー・ストリート基金（Delancy Street Foundation）によって運営されているものである。デランシー・ストリート・プログラムでは、すべてのプログラム対象者に自立的な生活と職業的技能の付与、さらには高等学校卒業程度の学力を習得させることを目標としており、また居住の場においてはお互いを家族とみなして交流が図られているため、これはいわば自助・居住のための教育センターであるといえる。このデランシー・ストリート・プログラムにとどまる最低期間は2年であり、平均的な滞在期間は4年である。その間に、居住者は学術的及び職業的な技術を学習するばかりでなく、薬物前科者であれば薬物乱用防止プログラムに参加する。デランシー・ストリ

ート・プログラムが展開する職業訓練技術としては、引越し・運搬、レストラン及びケータリング・サービス、印刷及びコピーサービス、小売及び卸売業、交通補助サービス、特製品販売の広告、クリスマスツリーの販売と飾り付け、自動車サービスが挙げられるが、このうち、とりわけ有名であるのがレストラン業であるデランシー・ストリート・レストランである。このデランシー・ストリート・レストランは、1991年にサンフランシスコのサウス・ビーチでオープンした。ウェーターやコック等の従業員はすべて前科者であるが、オープン以来、多くの客からの支持を得ている[6]。

(6) ブートキャンプ（Boot Camp）

　ブートキャンプとは、もともと、アメリカ海兵隊の新兵訓練所のことで、軍隊経験のない新兵を短期間で訓練するところであるが、この訓練方法を犯罪者に対する社会内処遇の施策として採用したのが、ここで言うブートキャンプである。初期のブートキャンプは、軍隊調を色濃くし、処遇内容も厳しい肉体労働と体育訓練を中心とするものであったため、改善更生という観点からみた場合、必ずしも犯罪者のニーズに合ったものではなかったが、現在アメリカで行われているブートキャンプは、こうした軍隊式訓練一辺倒なものばかりではない。ブートキャンプは、当初、非暴力犯罪で有罪とされたおおむね30歳以下の若年成人を対象としていたが、現在では少年や女性を対象としたものも数多く存在する。収容期間は6か月以下で、短期集中的な処遇を特色としており、そのプログラムには薬物治療プログラム、教育プログラム、職業訓練プログラムなどが組み込まれている。また、ブートキャンプへの入所許可は裁判官が行う州もあれば、矯正施設の職員が行う州もある。ブートキャンプのプログラムを無事修了した場合には、そのまま釈放されるか、ブートキャンプ修了者のためのアフターケア・プログラムを受けるかのどちらかであるが、途中で脱落した場合には刑務所に戻され、刑に服することとなる。このブートキャンプの評価は、メリットとして、参加者に自尊心、責任、規律及び労働意欲を根づかせ、また教育上、職業上の技能を付与することにより、自分の能力に自信を持

ち、自己評価を高めることによって、連帯感や相互信頼感を醸成することが挙げられている。その反面、デメリットとして、軍隊式訓練の過酷さについての批判やブートキャンプのプログラムに脱落した場合には、刑務所に戻すよりも、ブートキャンプのプログラム内で問題を解決すべきではないかとの批判もあるようである[7]。

Ⅲ 我が国の各刑事司法手続段階における社会への再統合要因の強化のための施策

1 公判前段階

(1) 更生緊急保護

公判前段階における更生緊急保護は、起訴猶予を受けた者で、親族からの援助や公共福祉機関等の保護を受けることができず、またこれらの援助や保護だけでは改善更生することができないと認められる場合に、保護観察所において緊急に、食事給与、衣料給与、医療援助、旅費給与、就職援助、宿泊場所の供与、生活環境の改善・保護等の措置を行うものである。更生緊急保護は、刑事上の手続または保護処分による身体の拘束を解かれた後、6か月を超えない範囲内において行われるものであるが、その者の改善更生を保護するため特に必要があると認められるときは、さらに6か月を超えない範囲において行うことができる。更生緊急保護は、宿泊を伴う継続的な保護と、宿泊を伴わない一時的な保護があり、宿泊を伴う継続的な保護は、民間の更生保護施設に委託して行われる。なお、更生緊急保護申出者については、後述する試行雇用奨励金制度（トライアル雇用制度）、職場体験講習、身元保証制度による就労支援が適用される。

2008（平成20）年における起訴猶予者に対する更生緊急保護の総数は、1,876人であり、このうち食事給与381人、衣料給与116人、医療援助1人、旅費給与357人、更生保護施設等へ宿泊を伴う保護の委託は635人である[8]。

(2) 少年サポートセンター

　警察庁では、少年問題の専門家である少年補導職員や少年相談専門職員を中心とした少年サポートセンターを設立しており、街頭で補導した不良行為少年等に対して必要な支援活動を行っている。具体的には、少年サポートセンターは、少年の非行防止と保護のために、学校、児童相談所、市役所、家庭裁判所、保護観察所などと連携を取りながら少年の問題行動に対応し、少年の立ち直りに貢献している。例えば、北九州少年サポートセンターは2003（平成15）年4月7日に開設されたが、そこでは児童相談所、ダルク、学校等と連携を取り、薬物中毒少年の立ち直りのため、ダルクからの学校通学を実現させた全国初の試みがなされている。また、非行少年に対する相談活動や家庭環境の改善、保護者へのアドバイス等も実施されている。また、北海道警察の少年サポートセンターでは、関係機関とボランティア団体との連携によって少年の居場所づくりを行っている。具体的には、地元サッカー選手によるサッカー教室や少年サポートセンター職員を講師とした料理教室、障害者施設でのタオルたたみといったボランティア体験を行うことで、少年の非行防止のための積極的な取組みを実施している。このように、少年サポートセンターは、多機関連携によって、非行少年やその家庭に対する様々な支援を行うものであり、それは非行少年の改善更生と有害環境の浄化に積極的な効果をもたらしているようである[9]。

(3) 薬物事犯者に対する治療目的保釈プログラム

　これは、薬物事犯で逮捕され、起訴された刑事被告人の保釈中に、薬物研修を提供するプログラムであり、NPO法人［アジア太平洋地域アディクション研究所（Asia Pacific Addiction Research Institute：APARI）］（以下、アパリと略称する）によって展開されているものである。アパリは、全国に50か所以上ある民間の薬物依存症リハビリ施設であるダルク（Drug Addiction Rehabilitation Center：DARC）の内部にある薬物依存症の研究所である。本プログラムは、刑事訴訟法第93条第3項が、保釈にあたって「被告人の住居を制限しその他適当と思

われる条件を付すことができる」と規定していることから、被告人がアパリと密接な連携関係のある全国各地のダルクにおいて、薬物研修プログラムを受けることを条件に保釈決定を得て、そのプログラムの状況を裁判所に提出し、評価してもらうことを目標としている。このダルクでの薬物研修プログラムの内容としては、薬物依存症者同士のグループ・セラピーに毎日参加させること、専門家による個人カウンセリングを受けさせ、また薬物依存者の食事の用意や施設の掃除などを行わせることによって、生活習慣の改善や自立生活訓練を行っている。

このダルクやアパリは公的な援助を受けていないため、そのプログラムの利用は一定の経済力のある被告人に限定されているという実態もあるが（コーディネート料はアパリへ20万円、入寮費はダルクへ月額16万円）、薬物事犯者の再犯防止のための効果的なプログラムであるといえる。なお、アパリは、ギャンブル依存症が原因とみられる被告人への回復プログラムとして、ギャンブル・ダイバージョン・プログラムを展開しており、これについても、リハビリ施設「ワンデーポート」でのギャンブル依存症回復プログラムの受講を条件とした被告人に対する保釈プログラムが行われている（コーディネート料はアパリに20万円、入寮費はワンデーポートに毎月16万5,000円）。さらにアパリは、これらのプログラムについて、保釈中に限定せずに、判決及び判決後の段階におけるプログラムも展開しており、これについては後述する[10]。

2　公判及び判決段階

(1)　薬物事犯の執行猶予者に対する治療プログラム

2006（平成18）年10月2日の刑事訴訟法の一部改正によって、即決裁判（死刑または無期若しくは短期1年以上の懲役若しくは禁錮にあたる事件を除き、明白軽微な事件については、懲役または禁錮の言渡しをする場合は、刑の執行猶予の言渡しをしなければならない手続）が導入され、薬物事犯に対して執行猶予判決が多く出されることとなった。そこで、アパリが治療目的保釈プログラムと同じ内容のプログラムを、執行猶予者に対しても提供したのが、この薬物事犯の執行猶予者

に対する治療プログラムである。具体的には、執行猶予期間という薬物事犯者が薬物に手を出すリスクが高い時期に、ダルクにおける治療プログラムを受講させることで、薬物事犯者の再犯防止に向けた取組みを積極的に行うのである。ちなみに、裁判において執行猶予が付かず、実刑が科された場合においても、アパリが受刑者の身元引受人となり、刑務所内で通信教育を実施させ、釈放されたその日からダルクの施設に入寮させ、治療プログラムを受講させる手続も行っている[11]。

(2) 更生緊急保護

公判前段階で起訴猶予者に対して行われた更生緊急保護は、刑の執行猶予者、罰金または科料の言渡しを受けた者に対しても行われる。2008（平成20）年における刑の執行猶予者に対する更生緊急保護の総数は、1,358人であり、このうち食事給与267人、衣料給与92人、医療援助5人、旅費給与252人、更生保護施設等へ宿泊を伴う保護の委託635人である。また、罰金または科料の言渡しを受けた者に対する更生緊急保護の総数は、474人であり、このうち食事給与104人、衣料給与38人、旅費給与102人、更生保護施設等へ宿泊を伴う保護の委託は179人である[12]。なお、前述したように、更生緊急保護申出者については、後述する試行雇用奨励金制度（トライアル雇用制度）、職場体験講習、身元保証制度による就労支援が適用される。

(3) 保 護 観 察

保護観察とは、犯罪者や非行少年に通常の社会生活を営ませながら、遵守事項を守るように指導監督すると共に、必要な補導援護を行うことによって、その改善更生を図ろうとするものである。そして、公判及び判決段階における保護観察には、1号観察（保護観察処分少年：家庭裁判所の決定により保護観察に付された者）と4号観察（保護観察付執行猶予者：刑事裁判所の判決により刑の執行を猶予され保護観察に付された者）があり、これは、英米におけるプロベーションに属するものであるといえる。保護観察における処遇は、原則として、保護観察

官及び保護司の協働によって行われている。保護観察官は国家公務員であり、心理学、教育学、社会学その他の更生保護に関する専門的知識を有する者であり、保護司は法務大臣から委嘱を受けた民間篤志家である。保護観察官は、保護観察開始当初において関係記録や本人との面接で得た資料に基づき、処遇計画を作成し、その処遇計画に基づいて、保護司は対象者に直接的な指導・援助を行うのである。

保護観察における就労支援対策については、法務省が2006（平成18）年度から厚生労働省と連携し、無職の保護観察対象者（更生緊急保護申出者を含む）を職に就かせるために、試行雇用奨励金制度（トライアル雇用制度）、職場体験講習、身元保証制度を実施している。

試行雇用奨励金制度とは、1か月以上の試行雇用を実施する雇用者に対して、1か月分4万円、最大3か月分の奨励金が交付されるものである。

職場体験講習とは、刑務所出所者等に、実際の職場環境や業務を体験させることにより、その仕事に対する理解と関心を深め、就業への自信を付与するとともに、職場に適応しやすくすることを目的として、事業者に委託して実施するものであり、5日から1か月の講習を実施する事業者に対して委託費（1か月の場合、2万4,000円）を支給する。また、保護観察所等は、就職活動を容易にするための知識や技能の習得を目的としたセミナーの開催や、実際の事業所の実態等の理解を図ることを目的とする事業者見学会を開催している。

身元保証制度は、身元保証人がいないために就職が困難な者について、民間保証事業者（NPO法人）が身元保証を行うことにより、刑務所出所者等の雇用に不安をもつ雇用主に安心感を与え、雇用を促進する制度である。保証手数料1件4万円は、国と更生保護法人日本更生保護協会がそれぞれ2万円ずつを拠出し、雇用後1年の間に事故があった場合には、損害に対して、200万円を上限として、企業に見舞金を支払うものである。

このような就労支援の他にも、2006（平成18）年度からは、執行猶予者に対して、仮釈放者と同様に特別遵守事項が定められるようになったため、一定の条件を満たす者については認知行動療法に基づく性犯罪者処遇プログラム、覚

せい剤事犯者処遇プログラム及び暴力防止プログラムの受講を義務づけることが可能となった。また、2004（平成16）年4月から、このプログラムの受講が義務づけられていない者に対しては、必要に応じ、自発的意思に基づく簡易尿検査を行うことができるようになった[13]。

3　判決後の段階

(1)　刑務所内における就労支援指導

刑務所内での特別改善指導の1つとして行われる就労支援指導は、職業訓練受講者を対象としたものであり、SST等の指導方法によって、職業人として適切な態度、行動、知識を身につけることを目的としている。また、平成18年度からは、キャリアコンサルタント、産業カウンセラー等の資格を有する「就労支援スタッフ」を61の刑事施設と12の少年院に配置し、受刑者等に対する自己の職業適性についての指導を行っている。

さらに、2008（平成20）年度には、刑事施設における職業訓練科目を拡充し、CAD技術科、総合美容技術科を新設し、雇用情勢に応じた職業訓練を実施するよう努めているところである[14]。

(2)　学校教育

刑事施設及び少年院では、義務教育未終了の受刑者や少年院在院者に対して、教科教育を行っており、さらに学力の向上を図ることが円滑な社会復帰に資すると認められる者に対しては、高等学校の教科の内容に準ずる教科指導も行っている。2007（平成19）年度からは、法務省と文部科学省の連携により、刑事施設及び少年院を会場として高等学校卒業程度認定試験を実施している。2008（平成20）年度の受験者数は242人であり、合格者数は高卒認定合格者が86人、一般科目合格者が152人である。高等学校卒業程度の学力があると認められることによって、犯罪者の出所後の就職の選択肢が広がることとなり、円滑な社会復帰となることから、この高等学校卒業程度の学校教育の充実は重要なものであると思われる[15]。

(3) PFI 刑務所の処遇プログラム

　我が国には、民間のノウハウを活用したPFI刑務所が存在し、そのようなPFI手法を用いた刑務所としては、2007（平成19）年4月に運営を開始した山口県美祢市の「美祢社会復帰促進センター」、同年10月に運営を開始した栃木県さくら市の「喜連川社会復帰促進センター」、兵庫県加古川市の「播磨社会復帰促進センター」、2008（平成20）年10月に運営を開始した島根県浜田市の「島根あさひ社会復帰促進センター」がある。これらのPFI刑務所においては、民間のアイディアやノウハウを活用することで、受刑者の社会復帰プログラムを充実させることを特徴としており、そのプログラムの作成にあたっては、効果的と考えられる海外の事例も積極的に採用している。例えば、美祢社会復帰促進センターでは、全受刑者にコンピュータ教育を施すことを始めとして、薬物事犯を除き必要性が認められた受刑者に対する心理療法的なプログラムとしての反犯罪性思考プログラム、薬物事犯者に対する改善指導としてのアディクション・プログラム、受刑者の健康改善を図るフィジカル・エクササイズプログラム、また職業訓練としてもキャリア・ガイダンス、手話、点字等の多彩なプログラムが用意されており、また、日本ユニシス株式会社の社会貢献活動として、プログラム・システム設計科が設置されており、当該職業訓練終了後においては、最終的にIT関連企業に就職することが想定されている。さらには、生花、福祉用品の補修、図書補修等の社会貢献活動の成果物を高齢者家庭に提供することや、竹箸加工といった地域産業の育成協力も行っているところである。

　また、島根あさひ社会復帰促進センターでは、職業訓練としてパンの製造、介護福祉士や医事ITインストラクターの養成、点訳・音訳の教育も実施されているが、本施設において注目に値する社会復帰プログラムとしては、盲導犬パピー育成プログラムがある。これは、財団法人日本盲導犬協会の協力によって、受刑者がパピーウォーカーとして生後2か月の盲導犬候補の子犬を1歳になるまで育てる、社会化訓練プログラムであり、アメリカでは「ペット・パートナーシップ・プログラム」と呼ばれているものであるが、これによって受刑

者は社会貢献意識、責任感の醸成のほか、力に頼らない関係構築の学習を培うことで、釈放後、落ち着いた社会生活を送らせることを目標としている。

喜連川社会復帰促進センターでは、身体障害・知的障害を有する受刑者に対する職業訓練として、作業療法的な効果をもつ窯業やデザイン・モザイクの訓練を行っており、播磨社会復帰促進センターでも、身体障害・知的障害を有する受刑者に対する生活技能訓練（SST）プログラムなどの社会復帰プログラムを積極的に行っている[16]。

(4) 外部通勤作業

外部通勤作業とは、「刑事収容施設及び被収容者等の処遇に関する法律」（平成17年法律第50号）第96条に定められている制度であり、刑事施設の職員の同行なしに、受刑者を外部の事業所へ通勤させて、同事業所の業務に従事させ、または同事業所の職業訓練を受講させるものである。この外部通勤作業を実施することができる受刑者の要件は、①開放的処遇施設において処遇を受けていること、②第1種または第2種の制限区分に指定されていること、③仮釈放を許す決定がされていることである。我が国で外部通勤作業を実施できる施設は、網走刑務所（二見ヶ岡農場に限る）、市原刑務所、広島刑務所（有井作業場に限る）、松山刑務所（大井造船作業場）の4つである。

外部通勤作業の刑事政策的機能は、①施設生活から社会生活への突然の変化から生じるショックを和らげ、受刑者を段階的に社会復帰させる、②受刑者に規則的な勤務態度を養成することができる、③受刑者に新しい技術を習得させることができる、④賃金収入によって受刑者に経済上の責任観念を植え付けさせることで、家族に対する経済的責任を持たせることができる等が挙げられる。

この制度は、アメリカではワーク・リリース（work release）、フランスやイタリアでは半自由（semiliberte）と呼ばれている。

(5) 外出・外泊制

　外出・外泊制とは、「刑事収容施設及び被収容者等の処遇に関する法律」第106条に定められた制度であり、1日のうちの定められた時間内において、受刑者が刑事施設の職員の同行なしに刑事施設の外に出ることを認める外出制と、7日間を限度として、ある一定の定められた期間、受刑者が刑事施設の職員の同行なしに刑事施設の外に外泊することを認める外泊制のことである。この制度の趣旨は、受刑者の刑務所化を避けることの他にも、①受刑者の釈放後の帰住・就職先の準備を円滑にする、②社会的連帯の維持や再社会化を促進する、③模範的な規律遵守者に対する1つの賞遇となる、④家族関係を維持させる、⑤近親者の重病等の場合における往訪のために行う等が挙げられる。その一方で、この制度に対しては、①逃亡の恐れがある、②受刑者間に差別感情を醸成するなどの意見もあるが、世界の先進諸国の行刑実務の経験や受刑者の社会復帰の観点からみるならば、我が国における本制度の採用は妥当なものである。この制度は、アメリカでは帰休制（furlough）と呼ばれており、欧米諸国においてはほとんどの国がこの制度を採用している。

(6) 篤志面接委員制度

　篤志面接委員とは、成人や少年の矯正施設で被収容者と面接を行うことで相談に応じ、矯正指導、クラブ活動、レクリエーション、その他の活動の実施に協力する民間ボランティアであり、篤志面接委員は無給の非常勤国家公務員である。この篤志面接委員制度の起源は、19世紀のイギリスであり、エリザベス・G. フライ（Elizabeth G. Fry）が女子刑務所を訪問し、被収容者の余暇時間に相談活動を行ったことにあるとされている。それが20世紀になって「プリズン・ヴィジター」（prison visitor）として制度化され、その後、この制度がフランス、ドイツ、ロシア、スウェーデン、イタリア、ベルギーに広まったのである。日本は、第2次世界大戦前から、篤志面接委員制度の構想があったようであるが、制度化されたのは戦後であり、それにあたってはイギリスのプリズン・ヴィジター制度を参考にしたとされている。この篤志面接委員制度の意義

としては、相談活動によって被収容者の改善更生、社会復帰、心情の安定をもたらすことであり、また、拘禁生活でもたらされる閉鎖的な環境を一般社会にできる限り近づけ、国が行う矯正施設内での教育を補完することにある。

2008（平成20）年12月末現在の篤志面接委員の数は1,830人であり、篤志面接委員の担当部門の内訳は、更生保護（174人）、社会福祉（60人）、教育（346人）、法曹（106人）、文芸（272人）、宗教（299人）、商工（107人）、その他（466人）となっており、近年では、IT関連（その他）の篤志面接委員の数が増大しているようである。2008（平成20）年における刑事施設の面接内容の内訳については、精神的煩悶（1,502人）、家庭相談（324人）、法律相談（915人）、職業相談（417人）、教養（4,481人）、趣味（3,117人）、宗教相談（476人）、保護相談（949人）、その他（1,832人）となっている。このように、篤志面接委員は被収容者の就労支援や家族関係の維持に大きな役割を果たしており、その活動の発展が期待されるところであるが、最近では篤志面接委員の高齢化が目立ってきており（60歳以上が81.5％）[17]、そのため今後の課題として、就労関係の分野については若い年齢の篤志面接委員による相談活動を実施することで、一般社会における最新の職業技術についての情報を被収容者に提供することが挙げられる。

(7) 保 護 観 察

判決後の段階における保護観察には、2号観察（少年院仮退院者：地方委員会の決定により少年院からの仮退院を許された者）、3号観察（仮釈放者：地方委員会の決定により仮釈放を許された者）、5号観察（婦人補導院仮退院者：地方委員会の決定により婦人補導院からの仮退院を許された者）があるが、これは英米におけるパロールに属するものである。

なお、保護観察の内容については、公判及び判決段階における保護観察と同様である。

(8) 更生保護施設

　更生保護施設とは、①保護観察対象者、②懲役または禁錮の刑の執行終了者、③懲役または禁錮の刑の執行猶予者、④罰金または科料の言渡しを受けた者、⑤労役場出場・仮出場者、⑥起訴猶予者、⑦少年院退院・仮退院者、⑧婦人補導院退院・仮退院者等を宿泊させ、食事を給することのほか、就職援助、生活指導などを行う施設である。2010（平成 22）年 4 月 1 日現在、全国に 103 の更生保護施設が存在し、そのうち更生保護法人が 101、社会福祉法人が 1、NPO 法人が 1 によって運営されており、その内訳としては男子施設 89、女子施設 7、男女施設 6 である。収容定員の総計は、2,307 人である（男子成人 1,821 人、男子少年 308 人、女子成人 133 人、女子少年 45 人）。更生保護施設では、協力雇用主に依頼するなどして被保護者に対する就職援助や、掃除・洗濯などの日常生活を営むための知識・技術を習得させること等を行っており、さらには、生活技能訓練（SST）、酒害・薬害教育プログラムも展開している。2008（平成 20）年度では、42 の更生保護施設が SST を、23 の更生保護施設が酒害・薬害教育を行っている状況にある。

　これらの更生保護施設でとりわけ画期的であるのは、社会福祉法人による更生保護施設運営である。これは、2009（平成 21）年 3 月末に認可されたものであり、知的障害者の生活支援を行っている社会福祉法人によるものである。この参入によって、知的障害のある刑務所出所者等の専門的な社会復帰処遇を可能にし、また更生保護施設から福祉への円滑な移行も可能となった。この社会福祉法人の他にも、非行少年の自立を支援する NPO 法人も未成年者専用の更生保護施設の運営事業者として 2009（平成 21）年 8 月に法務省の認可を受け、さらにはホームレス支援を行っている NPO 法人も 2009（平成 21）年 7 月に一時保護事業に参入している。こうした更生保護法人以外の団体による参入については、更生保護施設全体の収容能力を拡大する意味でも、他分野の専門性を活かした処遇を導入する意味でも、今後より一層その促進に取り組むべきであろう[18]。

(9) 協力雇用主

　協力雇用主は、犯罪や非行の前歴のために定職に就くことが容易でない保護観察対象者等を、前歴を承知の上で雇用し、その改善更生に協力しようとする民間の事業主である。保護観察所では、保護司会、更生保護法人、更生保護女性会などの更生保護関係団体から協力を得て、協力雇用主の拡大に努めているところである。2009（平成 21）年 4 月 1 日現在、協力雇用主は、個人・法人併せて 7,749 人であり、協力雇用主に雇用されている保護観察対象者は 435 人である。協力雇用主の業種は、建設業 48.6％、製造業 15.8％、サービス業 12.4％である[19]。

(10) 更生保護女性会

　更生保護女性会は、女性の立場から地域の犯罪予防と犯罪者や非行少年の更生保護に協力し、犯罪のない明るい社会の実現に寄与することを目的とする民間有志女性団体である。更生保護女性会の活動の主なものは、①研究協議活動、②更生保護思想の普及活動、③犯罪予防活動、④矯正保護関係の施設や団体に対する協力・援助活動、⑤毎年 7 月に行われる「社会を明るくする運動」に参加すること、⑥矯正保護施設への慰問や物資的援助活動である。この更生保護女性会の活動の特色は、犯罪者や非行少年の更生保護を女性の立場、母の立場から行うこと、犯罪や非行防止に関する地域住民の関心を高める機能を果たすこと、会員はこの活動のために時間や労力、特技、金品を無償で提供すること等が挙げられる。2009（平成 21）年 4 月 1 日現在、更生保護女性会の地区会数は 1,309、会員数は 18 万 9,662 人である[20]。

(11) 全国就労支援事業者機構

　2008（平成 20）年 9 月、日本経済団体連合会、日本商工会議所、全国商工会連合会、全国中小企業団体中央会の経済団体と、新日本製鐵株式会社、トヨタ自動車株式会社等の企業関係者などが発起人となり、全国就労支援事業者機構を設立し、2009（平成 21）年 1 月に NPO 法人の設立認証を得て活動を開始し

ている。本機構は、経済界が事業者としての社会的責任をもつことで、協力雇用主の活動を支援すると同時に、刑務所出所者等の就労支援を行うことを目的とするものである。また、47都道府県においても都道府県就労支援事業者機構が設立され、全国就労支援事業者機構は、その都道府県就労支援事業者機構における協力雇用主の拡大や広報啓発の助成を行うことが予定されている。本機構は、出所者の就労支援の全国ネットワークを構築するという意味で画期的なものであるといえよう[21]。

⑿　自立更生促進センター

　自立更生促進センターは、特定の問題を抱え、民間の更生保護施設での受け入れが困難な矯正施設の出所者等の改善更生と自立を促進するため、保護観察所に附設した宿泊施設に宿泊させながら、保護観察官による指導監督や就労支援を行うものである。この自立更生促進センターのうち、宿泊させながら、特に農業の実習や職業訓練を行うものを就業支援センターという。前者に属するものが、福島自立更生促進センター（定員：20人）と北九州自立更生促進センター（定員：成人男子14人）であり、後者に属するものが沼田町就業支援センター（定員：少年12人）と茨城就業支援センター（定員：成人男子12人）である。この自立更生促進センターの設立によって、我が国において犯罪者処遇の入口での「調査センター」と出口での「自立更生促進センター」という2つの受け皿を準備したことになる。今後、自立更生促進センターが犯罪者の社会復帰に貢献することを期待したいところである[22]。

⒀　地域生活定着支援センター

　厚生労働省は、2009（平成21）年度に法務省と連携を図り、矯正施設の出所者等に対して福祉サービスの利用支援を行う地域生活定着支援事業を創設した。本事業の創設の契機となったのは、2006（平成18）年度から2008（平成20）年度にかけて行われた厚生労働省と法務省の調査研究であるが、そこでは高齢・知的障害受刑者の多くが福祉的支援を受けることがなく、帰住先もない

ことが多いこと、また、刑務所出所後、福祉サービスを受けるためには、複雑な事務手続を要することが問題点として挙げられたのである。そこで、これらの高齢・知的障害受刑者に対する福祉的措置の援助を積極的に行うために、厚生労働省は地域生活定着支援センターを都道府県事業として、各都道府県に1か所ずつ設置し、高齢・障害により矯正施設出所後において自立した生活を営むことが困難と認められる者に対して、保護観察所と連携を取りながら、矯正施設入所中の段階から福祉的支援を行うことによって、それらの者の地域社会への円滑な移行を図ることとしたのである。

本センターは、各都道府県が実施主体となるが、社会福祉法人やNPO法人等の民間団体に事業の全部または一部を委託することができるのであり、また本センターには、社会福祉士、精神保健福祉士等の専門的な職員を含めて、原則的に4人の職員が配置される。本センターの事業概要は、主にコーディネート業務、フォローアップ業務、相談支援業務、関係機関との連携の4つである。コーディネート業務は、本センターの職員が保護観察所と協働して、福祉サービスの対象となる高齢・知的障害受刑者と面接等を行い、対象者の福祉サービスの支援計画を作成するなどの生活環境調整を行うことである。フォローアップ業務は、本センターが対象者を受け入れた社会福祉施設等に対して助言を行うものである。相談支援業務は、対象者本人、その家族、更生保護施設、地方公共団体、福祉事務所、矯正施設からの相談に応じ、助言を行うものである。また、関係機関との連携を行うことで、必要に応じて関係機関とのケース会議や合同支援会議を開催し、対象者の受け入れ先を効果的に確保することに努めるのである。2010（平成22）年9月1日現在、この地域生活定着支援センターは31道府県（岩手県、山形県、栃木県、静岡県、滋賀県、和歌山県、山口県、佐賀県、長崎県、岐阜県等32か所）において設置されている[23]。

Ⅳ　おわりに

以上において、諸外国の各刑事司法手続段階における社会への再統合要因の

強化のための施策と我が国の各刑事司法手続段階における社会への再統合要因の強化のための施策について、その代表的なものを取り上げて紹介してみたが、こうした「社会への再統合要因」の強化を通じて犯罪者の効果的な社会復帰を図ることは、現在の国際的レベルの刑事政策において喫緊の課題であるといえるであろう。

我が国における犯罪情勢や諸外国の動向をみる限り、犯罪者に対する就労支援、安定した居住場所の確保は、とりわけ再犯防止のための有効な施策であると考えられる。そして、そうした施策を講じるにあたっては、多機関連携によって、専門性を活かした方策を検討することが肝要であるといえよう。

我が国においては、近年、福祉機関、医療機関、NPO法人が更生保護事業への新規参入を図ることにより、帰住先がなく、また高齢・知的障害者である出所者の社会復帰への具体的な方策を提供している状況にある。今後、これらの更生保護法人以外の団体による更生保護事業参入を促進していくためにも、様々な事業内容や事業形態を許容することや、委託費の在り方を専門的処遇に見合った額にすることなどを検討していく必要性があるであろう。

今後は、我が国及びアジア地域を中心とする諸国においても、各国関係省庁関係機関同士が積極的に連携を図ることにより、より充実した犯罪者の社会への再統合要因強化の施策が展開されることを期待したいと思う。

1) 藤本哲也「海外の社会内処遇の変遷について」『更生保護と犯罪予防』152号（2010年）8-11頁。
2) 法務総合研究所『法務総合研究所研究部報告28　英国の保護観察制度に関する研究』法務総合研究所（2005年）23頁、河原田徹「英国における社会内処遇の変革と『地域性』の再建」『矯正講座』24号（2003年）131-132頁。
3) 葛野尋之「勾留回避・保釈促進のための社会的援助」『立命館法学』321・322号（2008年）188-201頁。
4) 小沼杏坪監訳・小森榮＝妹尾栄一『ドラッグ・コート　アメリカ刑事司法の再編』丸善プラネット株式会社（2006年）61-65頁、法務総合研究所『法務総合研究所研究部資料54　米国及びカナダにおける拘禁代替策と早期釈放制度の現状』法務総合研究所（2007年）16頁。

5) 小沼監訳・小森＝妹尾・前掲注 2)・64 頁、法務総合研究所・前掲注 2)・16 頁。
6) 藤本哲也『犯罪学者のアメリカ通信』日本加除出版（2002 年）184-197 頁。
7) 藤本哲也『犯罪学者のひとりごと』日本加除出版（2001 年）116-122 頁。
8) 法務総合研究所編『平成 21 年版犯罪白書』太平印刷社（2009 年）80 頁、吉田研一郎「更生保護と社会福祉」『月刊福祉』93 巻 4 号（2010 年）14-15 頁。
9) 佐野裕子＝橘高耕太郎「少年サポートセンターによる少年保護のための取組み」『警察学論集』52 巻 12 号（1999 年）9-31 頁、小柳裕嗣「北九州少年サポートセンターの活動について」『青少年問題』52 巻 5 号（2005 年）44-47 頁。北海道警察の少年サポートセンターについては、http://www.police.pref.hokkaido.jp/info/seian/syounen/s_center/jump_plan.html 参照。
10) http://www.apari.jp/npo/ を参照。また、白鳥玲子「薬物事犯の実刑相当事案における治療目的保釈」『季刊刑事弁護』61 号（2010 年）131 頁をも参照。
11) 前掲注 10) のアパリホームページ参照。
12) 法務総合研究所編・前掲注 8)・80 頁。
13) 藤本哲也「満期釈放者の再犯防止対策」『戸籍時報』645 号（2009 年）98-99 頁、藤本哲也「刑事司法の各段階における非拘禁措置に関する制度の特徴と課題」『法学新報』116 巻 1・2 号（2009 年）14-15 頁。
14) 法務総合研究所編・前掲注 8)・291 頁、前澤幸喜＝白井健二＝斎藤晶絵「矯正における再犯防止施策の充実」『法律のひろば』63 巻 2 号（2010 年）36-37 頁。
15) 法務総合研究所編・前掲注 8)・68、290 頁、前澤＝白井＝斎藤・前掲注 14)・37 頁。
16) 藤本哲也「PFI 刑務所の意義と展望」『法律のひろば』62 巻 7 号（2009 年）5-8 頁、前澤＝白井＝斎藤・前掲注 14)・39 頁。
17) 福田紀夫「篤志面接委員活動を考える」『刑政』121 巻 4 号（2010 年）26-38 頁。
18) 藤本哲也「更生保護の課題と社会福祉法人参入の意義」『月刊福祉』93 巻 4 号（2010 年）23 頁、法務総合研究所編・前掲注 8)・81 頁。
19) 藤本哲也『刑事政策概論［全訂第 6 版］』青林書院（2008 年）329 頁、法務総合研究所編・前掲注 8)・83-84 頁。
20) 藤本・前掲注 18)・328 頁、法務総合研究所編・前掲注 8)・83 頁。
21) 幸島聡「更生保護における再犯防止施策の充実」『法律のひろば』63 巻 2 号（2010 年）49 頁。
22) 藤本・前掲注 13)・97-98 頁。
23) 藤本哲也「地域生活定着支援センター」『戸籍時報』652 号（2010 年）。

第3章
刑事司法の各段階における非拘禁措置に関する制度の特徴と課題

I　はじめに

　1990（平成2）年のハバナでの第8回国連犯罪防止刑事司法会議で採択された「非拘禁措置に関する国連最低基準規則」（いわゆる東京ルールズ）は、社会内処遇や非施設処遇の分野における国際的ガイドラインとして作成されたものであり、世界各国は、その法律的・経済的・社会的条件を考慮に入れながら、この東京ルールズを、指導理念として尊重し、刑事司法制度を運営していくことが期待されている。

　この東京ルールズは、内容的には、非拘禁措置の活用を促進するための基本的な諸原則を示すと共に、非拘禁措置に付された者の権利保障をも定めており、具体的には、その一般原理においては、非拘禁措置が、それぞれの国の政治的・経済的・文化的条件、刑事司法制度の目的のほか、犯罪者及び被害者の権利、公共の安全、犯罪防止の観点等を考慮して実施されるべきものとされており、またそこにおいては、非拘禁措置の濫用を防ぐための人権保障の規定をも設けているのである。

　この東京ルールズに関する調査が、2001（平成13）年の第10回国連犯罪防止刑事司法委員会において提出された。それによると、東京ルールズは、その採択以来、大多数の国の刑事司法制度の運営において重要なものであると認識されており、しかも、この東京ルールズに基づく刑事司法制度の運営に向けて、世界各国が多くの努力を行っている状況にあるとの説明がなされている。

この東京ルールズに加えて、2000（平成12）年のウィーンでの第10回国連犯罪防止会議で採択された、「犯罪と司法に関するウィーン宣言：21世紀の課題への対応」においては、矯正施設の被収容者の増大と過剰収容を抑制するための、効果的な拘禁の代替措置を設けることの重要性が求められており、また、2002（平成14）年の第11回国連犯罪防止刑事司法委員会、2005（平成17）年に開催された第11回国連犯罪防止刑事司法会議においても、非拘禁措置の優先的活用や、一般の人々に対する非拘禁措置の意義と効果についての広報活動を奨励している[1]。

そこで、以下においては、まず、日本の犯罪の動向と刑事施設の収容状況を簡単に述べ、次に、日本及び諸外国で展開されている、東京ルールズやウィーン宣言を充足させるような非拘禁措置の施策を前章と同じ手法を用いて、①公判前段階、②公判及び判決段階、③判決後の段階、④刑事司法の全段階の4つに分けて紹介したいと思う。

II 日本における犯罪の現状と刑事施設の収容状況

日本における刑法犯の認知件数は、1996（平成8）年以降、戦後最高を更新し、2002（平成14）年には369万3,928件となったが、その後、5年連続して減少し、平成19（2007）年は前年より18万6,144件減少し、26万9,883件となった。このように刑法犯認知件数が減少した要因としては、刑法犯認知件数の約6割を占めてきた窃盗が、2003（平成15）年以降、減少していることが挙げられる。

刑事施設の収容人員は、2007（平成19）年12月31日現在において、7万9,809人であり、刑事施設の収容率は、既決と未決を含めた全体で、93.7％である。2007（平成19）年12月31日現在において、収容人員が収容定員を超えている刑事施設は、全75施設中48施設であり、このような過剰収容は、刑事施設の職員の負担を増大させており、2007（平成19）年度の刑事施設職員1人当たりの被収容者負担率は、4.43人と極めて高い水準にある[2]。

Ⅲ　日本及び諸外国における非拘禁措置の施策

1　公判前段階

⑴　微罪処分

　微罪処分は、警察段階で行われる猶予制度であり、犯罪が軽微で刑罰を科す必要性が少ない犯罪者を刑事手続のプロセスからはずす処分である。微罪処分の根拠規定は、刑事訴訟法第246条但書であるが、この規定は、検察官から司法警察員にその処分権を委任したものとみられており、具体的には、犯罪捜査規範第198条において、司法警察員は、捜査した事件について、犯罪事実が極めて軽微であり、かつ、検察官から送致の手続を執る必要がないと予め指定されたものについては送致しないことができると定めている。このように、捜査官としての司法警察員の刑事政策的配慮によって、事件を警察段階において終了させることを微罪処分というのであるが、この微罪処分を行うにあたって考慮の対象となるのは、①被害僅少かつ犯罪軽微で、盗品等の返還その他被害の回復が行われ、被害者が処罰を希望せず、かつ、素行不良でない者の偶発的犯行で、再犯のおそれのない窃盗、詐欺、横領事件、及びこれに準ずべき事由のある贓物（盗品譲受け等）事件、②得喪の目的たる贓物が極めて僅少、犯情も軽微であり、共犯者のすべてについて再犯のおそれのない初犯者の賭博事件、③素行不良者でない者による偶発的犯行で、被害も軽微な粗暴犯（暴行・傷害等）である。この微罪事件の指定は、各地方検察庁の長である検事正が、管轄区域内の司法警察職員に対して行うが、告訴・告発事件及び自首事件は除外され、また、指定される事件は地方によって異なり、その処理年月日、被疑者の氏名、職業、住居、罪名、犯罪事実の要旨を1か月毎に、総括して微罪事件報告書という形で、検察官に報告することになっている（犯罪捜査規範第199条）。このようにして、報告を受けた検察官が微罪処分不相当と考える場合を除き、当該事件は、警察段階において終了することになるのである。

　なお、2007（平成19）年には、検挙人員中12万2,263人が微罪処分により処

理されている[3]。

　この微罪処分は、犯人に犯罪者としての烙印を正式に押さない点で利点があり、また、犯罪の大部分が財産犯であり、しかも財産犯の多くがごく軽微な事件であることを考えれば、微罪処分には再犯防止効果があるとされている。これらのことからも、微罪処分は、犯罪者を刑事司法制度の枠外に置く、ダイバージョンの一方策であり、刑事政策上、積極的な意味合いをもつ制度であると考えられる。

　ちなみに、中国においても、中華人民共和国新刑法第37条において微罪処分が規定されており、「犯罪の情状が軽微で、刑を科する必要のない場合は、刑事処罰を免除することができる。ただし、それぞれの事件の状況に基づいて、訓戒を与えるか、改悛誓約、謝罪表明、若しくは損害賠償を命ずるか、または主管部門が行政処罰若しくは行政処分を行うことができる」としている[4]。

(2)　勾留の取消し

　被疑者・弁護人等は、勾留の取消請求をすることができ、また、裁判官は、勾留の理由がなくなったとき、または勾留の必要がなくなったとき（例えば住居不定の被疑者に確実な身柄引受人が現れたような場合）、勾留を取り消すことができる（刑訴法第87条）。また、勾留が不当に長くなったと判断される場合も、裁判官は勾留を取り消さなければならない（刑訴法第91条）[5]。

(3)　勾留の執行停止

　裁判官は適当と認めるときは、被疑者を親族、保護団体、その他の者に委託し、または住居を制限して勾留の執行を停止することができる（刑訴法第95条）。例としては、病気治療のための入院、両親・配偶者等の重病または死亡、家庭の重大な災害、入学試験等の場合に、勾留の執行停止が行われている[6]。

(4)　起訴猶予

　起訴猶予とは、検察官が起訴・不起訴を決定するに際して、公訴を提起する

に足る嫌疑並びに証拠があり、かつ訴訟条件が具備されているにも拘らず、検察官の裁量によって起訴しないことを認める制度である。起訴猶予の根拠規定は、刑事訴訟法第248条であるが、そこでは、「犯人の性格、年齢及び境遇、犯罪の軽重及び情状並びに犯罪後の情況により訴追を必要としないときは、公訴を提起しないことができる」としている。日本の起訴猶予は、諸外国に例をみないほど広範に運用されているといわれており、2007（平成19）年度の起訴猶予率は、50.3％である[7]。

　この起訴猶予の刑事政策的機能としては、①本人に前科者であるというレッテルを回避し、本人の改善更生のための重要な契機をなす、②犯罪者は不当な刑罰権の行使による拘束から免れることができる一方で、国家は、この起訴猶予の理想的な実施により、無用な公判手続と費用の削減を図ることができる、③短期自由刑の代替手段として有用なものである、④家族の経済的困窮を避けることができ、一定の社会的地位のある者については、その資格剥奪を避けることができる等が挙げられる。

　しかしながら、このような起訴猶予制度の刑事政策的効用がある反面、過度の起訴猶予処分も、法の威信を失墜させ、犯罪者を増加させることになりかねない。そのため、起訴猶予制度を実効あらしめるためには、①行為者に対してことさらに国家権力による特別予防措置を講ずる必要がなく、また、保護関係の状況から考えて、将来あり得べき訴追で威嚇しつつ、本人の自覚に俟つだけで再犯の危険を防止し得る場合、②犯罪が比較的軽微であり、または社会がその審判・処罰を苛酷とみるような情状が認められ、ことさらに一般予防の問題を考慮する必要がない場合に、起訴猶予制度の運用を図ることが肝要であると思われる。

　なお、中国では、起訴猶予を「免訴」といい、人民検察院には、犯罪の嫌疑が十分にある場合でも、諸般の事情から公訴を提起して刑を科すまでもないと判断するときは、起訴を猶予する権限が与えられており（中国刑訴法第101条）、日本の起訴猶予制度と同様である。中国でも一般的に、起訴猶予は、それが適正に運営されるのであれば、犯罪者の改善更生と過剰収容の対策として有益な

制度であると評価されている。中国では、起訴猶予処分が比較的少ないとされており、それは比較的軽微な事件については、公安機関の段階で処分がなされ、真に刑事処分が必要とされるもののみが人民検察院に送致されてくるからであると説明されている。そして、中国の起訴猶予には、日本にはない不服申立、再審査の手段が認められている[8]。

(5) 略式命令手続

略式命令手続とは、簡易裁判所が、その管轄に属する軽微な事件について、検察官の提出した資料に基づき、公判を開かずに、書面審理のみで、100万円以下の罰金または科料を科すことができる制度である（刑訴法第461条）。略式命令の請求は、検察官が公訴の提起と同時に、書面で行い（刑訴法第462条）、その際に検察官は、被疑者に対して、予め、略式手続を理解させるために必要な事項を説明し、通常の規定に従い審判を受けることができる旨を告げた上で、略式手続によることについて異議がないかどうかを確かめなければならず、被疑者は、略式手続によることについて異議がないときは、書面でその旨を明らかにしなければならない（刑訴法第461条の2）。2007（平成19）年の簡易裁判所において略式手続により罰金または科料に処せられた者を罪名別にみると、道路交通法違反が76.4％（42万3,789人）、自動車運転過失致死傷・業務上過失致死傷が12.6％（7万92人）であり、また略式手続により窃盗で罰金に処せられた者は、5,729人、公務執行妨害で罰金に処せられた者は、1,094人であった[9]。このように、略式命令手続は、比較的軽微な事件について行われるものであるが、簡易迅速な手続によってもたらされる効率的な裁判の運営と、被告人の利益を鑑みれば、この略式命令手続は刑事司法において重要な役割を担っているといえる[10]。ちなみに、この略式命令手続は、交通事案に関しては、より簡易化した手続がとられており、1963（昭和38）年から実施された交通切符制度（「道路交通法違反事件迅速処理のための共用書式」）によって、告知表・免許証保管証、交通事件原票、徴収金原票、取締原票、交通法令違反事件簿等から構成されている交通切符が、複写式で検察庁や裁判所において共用できるよ

うになったため、交通事案における略式命令手続が迅速に行われるようになった。略式命令手続の約8割が道路交通法違反事件であるという現状から考えると、とりわけ、略式命令手続が交通犯罪に対して果たしている役割は大きいといえる。

(6) 訓戒、改悛誓約

中国における公判前段階の拘禁の代替策である。「訓戒」とは、犯人を口頭で非難すること、「改悛誓約」とは、犯人に改悛の書面（反省文）を提出させる処分である。

2　公判及び判決段階

(1) 罰　金　刑

日本おける財産刑としては、主刑としての罰金、科料のほか、付加刑としての没収が規定されている（刑法第15、17、19条）。罰金刑は、元来、短期自由刑との関係でその意義が論じられてきたが、ラベリング理論の導入によって、非施設化やダイバージョンといった社会内処遇の一方策として積極的に考えられるようになってきた。2008（平成20）年版『犯罪白書』によると、全事件裁判確定人員の86.8％が罰金刑であり、このように罰金刑が多用されるようになった理由としては、①近年における自動車の普及による道路交通法違反事件と業務上過失致死傷及び重過失致死傷、自動車運転過失致死傷罪の急激な増加、②近年における自由刑に対する不信の念の高まり、③ラベリングの回避という罰金刑の機能の再認識が挙げられる。このような罰金刑の長所としては、①罰金刑は犯罪の軽重を数量的に表現でき、その執行にも多くの費用を要しない、②本人に与えるショックが少なく、その苦痛も財産的なものに限られる、③短期自由刑の弊害を回避することができる、④初犯者、過失犯者に対してはショック効果が期待される等が挙げられる一方で、罰金刑の短所としては、①貧富の差によって効果が全く異なる、②執行が一時的なものであり、罰金を納付してしまえばそれまでという観念があり、刑罰としての効果が薄い、③罪を犯した

本人が支払わなくても刑罰の執行が可能であるから「刑罰の一身専属性の原則」に反する、④営利的犯罪に対しては無力である等が挙げられる。しかしながら、このような罰金刑の欠点を改善するために、検察庁法第32条に基づいて定められている徴収事務規程に基づく納付延期の許可、または一部納付許可という、いわゆる罰金の延納・分納の制度や、また罰金の執行猶予の制度を柔軟に活用し、さらには日数罰金制の採用や罰金不完納者に対する労役場留置を廃止して、社会奉仕命令を採用すれば、罰金刑の重要な意義が見出されるのではないかと思われる。

(2) 保　　釈

　勾留中の被告人に対しては、保釈金を納付させることで、暫定的に釈放させることができる（刑訴法第88条）。保釈は、請求によって行われ、請求があれば法定の例外にあたらない限り、これを許可しなければならない（権利保釈の原則）。保釈の請求権者は勾留されている被告人のほか、弁護人、法定代理人、保佐人、配偶者等一定の親族である（刑訴法第88条1項）。保釈の例外事由としては、①死刑、無期、短期1年以上の懲役または禁錮の事件であるとき、②前に死刑、無期、長期10年を超える懲役または禁錮にあたる罪についての有罪の宣告があったとき、③常習として長期3年以上の懲役、禁錮にあたる罪を犯した事件であるとき、④罪証隠滅を疑うに足る相当な理由があるとき、⑤被害者その他の者に害を加えまたは畏怖させる行為をすると疑うに足りる相当な理由があるとき、⑥氏名・住所が不明なとき等である（刑訴法第89条）。権利保釈が認められない場合でも、裁判所は、適当と認めるときは、職権で保釈を許可することができる（裁量保釈）。裁判所は、保釈に関する決定を行うには、検察官の意見を聴かなければならない。保釈保証金は、犯罪の性質、情状、証拠の証明力、被告人の性格・資産を考慮し、出頭を保証するに足る相当な金額でなければならない。さらに必要であれば、住居制限等の条件を付けることができる（刑訴法第93条）。保釈金の納付者は、保釈請求者でなくてもよく、裁判所は他の者に納付を許可することができる（刑訴第94条2項）。また、保釈の目

的・性質から、召喚を受け正当な理由がないのに出頭しないとき、逃亡または罪証隠滅のおそれがあるとき、被害者等に害を加えまたは畏怖させる行為をしたとき、住居制限等の条件に反したとき等の事由があれば、裁判所は保釈を取り消すことができる。この場合は、決定で保釈金の全部または一部を没収することができる。そして、刑の執行のための呼び出しに応ぜず、または逃亡したときは検察官の請求により、没収は必要的となる（刑訴法第96条）。保釈金が没収されなければ、保釈の消滅の際に還付される。保釈取消しの決定があった場合は、被告人は刑事施設に収容される（刑訴法第98条）。

このように、保釈制度は、保証金の没収と釈放の取消しという威嚇によって被告人の出頭を確保する一方で、無罪推定の原則による被告人の自由の拘束を回避する制度であるといえる[11]。2007（平成19）年の地方裁判所における通常第一審終局総人員の身柄状況をみると、保釈人員は8,928人であり、保釈率は15.5％となっており、また簡易裁判所における保釈人員は566人であり、保釈率は5.8％となっている[12]。

(3) 勾留の取消し

公判前段階における被疑者の勾留の取消しと同様である。

(4) 勾留の執行停止

公判前段階における被疑者の勾留の執行停止と同様である。

(5) 執行猶予

執行猶予とは、有罪判決を宣告する際、一定の条件の下に、言い渡した刑の執行を一定期間猶予し、猶予を取り消されることなく猶予期間を経過した場合には、刑を科さないとするものである。現行刑法は、その第4章において刑の執行猶予を規定し、3年以下の懲役・禁錮または50万円以下の罰金を言い渡すとき、原則として、①前に禁錮以上の刑に処せられたことのない者か、②前に禁錮以上の刑に処せられたことがあっても、その執行を終わり、または執行

の免除を得た日から5年以内に禁錮以上の刑に処せられたことのない者に対しては、情状により、1年以上5年以下の期間、執行を猶予することができるとしている（刑法第25条1項）。

この執行猶予の刑事政策的機能としては、①短期自由刑の弊害を回避するといった点や、②再び犯罪を行った場合には刑の執行猶予を取り消して実刑を科すという心理的強制によって再犯を防止し、本人に改善更生を促すといった特別予防の点が挙げられる。しかしながら、執行猶予は、有罪判決、刑の言渡しがある上、犯罪人名簿への搭載、種々の資格制限を伴うのであり、この点が執行猶予の短所とされている。また、裁判官は執行猶予を付けるとき、宣告刑を重くする傾向があるとされており、そうであるならば、執行猶予が取り消され、もとの宣告刑が執行されると、罪刑均衡の問題も生じる。これらについては、再考の余地のあるところである。

なお、2007（平成19）年の全事件裁判確定人員のうち、有期懲役の執行猶予者は4万3,271人、有期禁錮の執行猶予者は3,337人である[13]。

ちなみに、中国の執行猶予は中華人民共和国新刑法第72条で定められており、「拘留又は3年以下の有期懲役に処せられた犯人が、その犯罪の情状及び改悛の情に基づいて、刑の執行猶予を適用しても確実に再び社会に危害を及ぼすことがないと認められた場合は、刑の執行猶予を宣告することができる」とされており、執行猶予の観察期間は、第73条において、拘留については原判決の刑期以上1年以下とするが、2か月より少なくしてはならないとされ、また有期懲役については原判決の刑期以上5年以下とするが、1年より少なくしてはならないとされている[14]。

(6) 刑事和解

2000（平成12）年に公布された「犯罪被害者等の権利利益の保護を図るための刑事手続に付随する措置に関する法律」（平成12年法律第75号）では、刑事和解の措置を規定した。すなわち、被告人と被害者の間で、当該被告事件に係る被害について、民事上の合意が成立した場合には、被告人と被害者等が共同

して和解の申立ができることとし、裁判所において、その内容を公判調書に記載したときは、裁判上和解があった場合と同一の効果を有するものとしたのである。従来においても、刑事裁判の過程で被告人と被害者等の間で、被害弁償等にかかわる示談が成立することはあったが、示談には民事手続上強制執行力がないので、刑事裁判終了後被告人がこれを執行しなければ、被害者等は改めて民事訴訟を提起しなければならなかったのである。つまり、刑事和解はそのような被害者等の負担を軽減するための措置であるといえる[15]。

(7) 保護観察

保護観察とは、犯罪者や非行少年に通常の社会生活を営ませながら遵守事項を守るように指導監督すると共に、必要な補導援護を行うことによってその改善更生を図ろうとするものであり、日本における保護観察は、英米で言うところのプロベーションとパロールを総称したものである。日本における保護観察の対象となるものには、①1号観察：保護観察処分少年（家庭裁判所の決定により保護観察に付された者）、②2号観察：少年院仮退院者（地方委員会の決定により少年院からの仮退院を許された者）、③3号観察：仮釈放者（地方委員会の決定により仮釈放を許された者）、④4号観察：保護観察付執行猶予者（刑事裁判所の判決により刑の執行を猶予され保護観察に付された者）、⑤5号観察：婦人補導院仮退院者（地方委員会の決定により婦人補導院からの仮退院を許された者）の5つがある。これらのうち、1号観察と4号観察は施設収容を回避するためプロベーションに相当し、2号観察、3号観察、5号観察は施設処遇後になされるもので、パロールに相当するものである。すなわち、日本における保護観察は、施設収容を避けて犯罪者としての烙印を押さないようにするプロベーション型の保護観察と、プリズニゼイション（刑務所化）を避ける意味でのパロール型の保護観察という2つのものがあり、そういった意味で、英米におけるプロベーションとパロールの制度を合体させた、日本独自の制度であるといえる。

保護観察の期間は、①保護観察処分少年については、保護処分決定の日から20歳に達するまでであるが、20歳に達するまでの期間が2年に満たない場合

は2年である。しかし、例外的に、23歳まで認められる。②少年院仮退院者は、原則として出院の日から20歳に達するまでであるが、26歳を超えない範囲で例外が認められている。③仮釈放者については、出所の日から残刑期間の満了の日までである。無期刑の言渡しを受けて仮釈放を許された者は終身である。④保護観察付執行猶予者については、判決確定の日から執行猶予期間の満了の日までである。⑤婦人補導院仮退院者は、出院の日から補導処分の残期間の満了の日までである。

　保護観察における処遇は、原則として、保護観察官及び保護司の協働によって行われている。保護観察官は国家公務員であり、心理学、教育学、社会学その他の更生保護に関する専門的知識を有する者であり、保護司は法務大臣から委嘱を受けた民間篤志家である。2008（平成20）年1月1日現在、保護観察官は1,014人であり、保護司は4万8,919人である。保護観察官は、保護観察開始当初において関係記録や本人との面接で得た資料に基づき、処遇計画を作成し、その処遇計画に基づいて、保護司は対象者に直接的な指導・援助を行うのである。それに加えて、保護観察官は保護司から提出される処遇経過報告によって、対象者に必要な措置をとっている。

　保護観察には一般遵守事項と特別遵守事項があり、一般遵守事項は、保護観察を有効に実施する上で保護観察対象者が当然に守るべき事項であり、特別遵守事項は、保護観察対象者の改善更生のために特に必要とされる事項であり、この特別遵守事項に違反した場合は、仮釈放の取消し等の不良措置がとられることがある。

　現在、実効性の高い保護観察を実施するために、2004（平成16）年4月から覚せい剤事犯者の仮釈放者や保護観察付執行猶予者に対する「簡易尿検査」を行い、また2006（平成18）年度からは類型別処遇制度の「性犯罪等」の類型に認定された仮釈放者及び保護観察執行猶予者に対して、特別遵守事項として性犯罪者プログラムの受講を定めている。このようにして、現在、我が国においては、保護観察の充実強化のための新しい施策が次々と打ち出されている。

　以上が、日本における公判及び判決段階の非拘禁措置の施策であるが、諸外

国には、以下のような制度も存在する。

(8) 宣告猶予

　宣告猶予とは、裁判官が審理の結果、被告人が有罪であると認めた場合において、有罪判決の宣告を一定期間行わないか、あるいは刑の部分のみを宣告しないでおくものであり、前者を有罪判決の宣告猶予と呼び、後者を刑の宣告猶予と呼ぶ。有罪判決の宣告猶予は、さらに事実認定の手続自体を中止するものと、事実認定を済ませておくものがある。刑の宣告猶予も、刑を予め量定しておくものと、そうでないものとに分かれる。

　この宣告猶予は、19世紀中葉以来のイギリスの裁判上の慣習として形成されたものである。当時のイギリスの刑事裁判では、犯罪が軽微で再犯のおそれがないと認められる被告人を、有罪の認定の後、善行を保証させて釈放し、刑の宣告を留保することが行われ、このような制度がアメリカに渡り、アメリカでは宣告猶予と保護観察を結びつける法制が確立し、現在、この宣告猶予の制度は、ヨーロッパ諸国でも採用されるに至っている。日本においては、過去、幾度かその採用が試みられたが、未だ採用されるに至っていない。その理由としては、日本においては起訴猶予と執行猶予が充分に活用されていること、また検察官によって公訴の提起は極めて慎重に行われており、また法廷で軽い情状が現れたとしても公訴の取消しができるから宣告猶予の制度は必要としないこと、さらには宣告猶予制度が採用されれば刑事処分がますます寛大なものとなり、一般国民の法軽視の風潮や犯罪者の再犯の可能性があることが挙げられている。

　しかしながら、宣告猶予は起訴猶予や執行猶予とは違った利点をもつのである。具体的には、①刑の言渡しをしない宣告猶予は、執行猶予に比べて、犯罪者という烙印押しが少なく、しかも資格制限を伴わないので、公務員、弁護士、公証人等になることが可能であり、犯罪者の社会復帰を促進する効果が大きい、②宣告猶予は刑が留保されるので、再犯防止の心理的強制力は執行猶予よりも強い、③執行猶予を科す際に、裁判官は宣告刑を重く言渡すことがある

が、その場合執行猶予が取り消されたら、罪刑均衡上問題が生じるのに対し、宣告猶予はその問題を回避することができるといった利点が挙げられる。

このように宣告猶予は、犯罪者という烙印押しの回避と犯罪者の社会復帰を促進するために重要な施策であり、また犯罪者処遇の多様化と個別化が要請される今日の刑事政策の現状を鑑みれば、日本における宣告猶予の採用を再考することが期待される。

(9) 社会奉仕命令

社会奉仕命令とは、裁判所が拘禁刑を科し得る犯罪で有罪であると認定した場合に、本人の同意を得た上で、拘禁刑に代えて無報酬の奉仕作業を命ずる制度である。このように、一般的には、拘禁刑の代替手段として利用されているのであるが、イギリスやフランスのように、独立した刑として採用している国もあれば、アメリカのように、起訴猶予、執行猶予、仮釈放の一条件として活用している国もある。世界で最初に社会奉仕命令が制度として導入されたのは、1972（昭和47）年のイギリスにおいてであり、その後、アメリカ、ドイツ、フランス、イタリア、カナダ、オーストラリア、韓国、シンガポール共和国等30か国以上で社会奉仕命令が採用されている。

このような社会奉仕命令は、以下の3類型に分けることができる。まず、第1類型は、拘禁刑の代替手段としての社会奉仕命令である。この類型に属するイギリスの社会奉仕命令は、16歳以上の者が、拘禁刑によって処罰し得る犯罪について有罪と認定された場合、裁判所が他の処分に代えて命じることができるものであり、その無償作業の時間は40時間以上240時間以内（16歳の者については、40時間以上120時間以内）である。対象者は、特定された時間数を達成するまで、プロベーション・オフィサー等の担当官の指示する作業を1年以内に遂行する義務を負うのである。この義務に違反した場合は、裁判所は、社会奉仕命令を継続すると共に50ポンド以下の罰金を科すか、または社会奉仕命令を取り消し、その社会奉仕命令をしなかった場合に処分することが可能であった方法で、その者を処分することができる。対象者が就学中である場合

は、学校等に出席する時間を避けて奉仕作業が行われる。

次に、第2類型の社会奉仕命令として考えられるのは、労役場留置の代替手段としての社会奉仕命令である。例えば、1952（昭和27）年のイギリスの治安判事裁判所法によれば、治安判事裁判所で有罪となり罰金刑が科されたにも拘わらず、これを完納しない者に対しては、留置状に代えて社会奉仕命令を発することができたのである。また、アメリカでも、1966（昭和41）年にカリフォルニア州アラメダ郡において、罰金を支払うことができず、またジェイルに拘禁することにも問題のある女子の交通犯罪者に対する制裁として、社会奉仕命令が科されていたのであり、これと類似のものが、カナダやオーストラリアにも存在する。日本においては、罰金を完納できない場合の処置として、刑法第18条に労役場留置の規定があるが、この労役場留置は「金持ちがポケットから支払うものを、貧乏人は身体で支払う」との批判があることから、この労役場留置に代えて、社会奉仕命令の採用を提案することが可能である。

最後の第3類型の社会奉仕命令としては、保護観察の付随処分としての社会奉仕命令である。韓国では、1989（平成元）年に少年法に、そして1997（平成9）年に刑法において社会奉仕命令が採用されたのであるが、それはこの類型に属するものである。また、同様の施策として、日本においては保護観察における社会参加活動として、この類型の社会奉仕命令が実践されており、例えば特別養護老人ホーム在住者への介助補助や工場での自動車解体作業手伝いが行われているのである。

この社会奉仕命令の作業内容としては、①老人・知的障害者等の施設の塗装・営繕・庭園作業、②子供用の遊技場の整備、③器楽演奏による施設慰問、④少年のスポーツ競技の相手、⑤老人や障害者の介護・手助け、⑥駅舎・海岸・地域の清掃等が挙げられる。そしてこの社会奉仕命令を通じて、犯罪者には自らの社会的有用性を自覚させることが期待されると同時に、一緒に奉仕活動を行うボランティアからも社会的な態度を学ぶことが期待されるのであり、また、社会奉仕によって無償の労働力が提供されるという利点も存在するのである。この他にも、前述の労役場留置の回避や短期自由刑の弊害をも避けるこ

とができ、また実刑と執行猶予との差を解消することができるという利点も挙げられるが、その反面、日本におけるボランティア活動に対する意識の未成熟さや公衆の面前で奉仕活動を行うことは、施設内処遇よりも苛酷であるとの意見も存在する[16]。

とはいえ、このような世界の動向を受けて、法務省は、保護観察付執行猶予判決を受けた者や仮釈放者に行わせる社会奉仕命令の導入に向けた試案をまとめた[17]。この日本における試案が採用され、社会奉仕命令が犯罪者の円滑な社会復帰、再犯防止に役立つことを期待したいところである。

(10) 在宅拘禁

在宅拘禁とは、プロベーションやパロールに付すことが危険であると考える犯罪者や本制度がなければ刑務所に収容されたであろう犯罪者に対して、自宅、賃貸アパート、ホテルの一室を居住場所として、在宅のままその行動の自由を制限するものである。具体的には、在宅拘禁に付された者は事前に認可された特定の行動（通勤、通学、医療上必要のある場合の治療プログラムや禁酒会への参加、教会への出席等）を除いて、居住場所から外出することが一切禁止される。在宅拘禁にあたっては、個別的にスケジュール化された行動予定（一定の時間帯には、確実に特定の場所にいること）や対象者の特性に合わせた遵守事項が定められ、またそれらを実行させるための継続的な監視が行われる。この監視は、電子監視装置の使用やプロベーション・オフィサーのアトランダムな訪問によって行われ、監視料金が徴収されることが多い。在宅拘禁の対象者は、主に重罪の暴力犯罪を行った者は除外されるが、殺人で有罪とされた者に対しても行われた例があったようである。また、在宅拘禁には被害弁償や社会奉仕命令を併科されることがある。そして再犯や遵守事項違反があった場合には、在宅拘禁は速やかに取り消され、刑務所収容手続がとられる。このような在宅拘禁の利点としては、①施設収容にかかるコストの削減となる、②他の刑事的制裁と併科することができ、例えば被害弁償や社会奉仕命令と併科された場合、地域社会との再統合が可能となる、③妊娠中の女子受刑者やエイズ患者等に利用で

きる、④犯罪者の職業の喪失や家族の崩壊を回避することができる等が挙げられる。これに対して、①プライバシーを侵害するおそれがある、②刑期が長期化する傾向がある（刑務所収容1日分が在宅拘禁3日に換算されている所もある）、④本来ならばプロベーションの対象者となる者を取り込むことで、刑事司法の網が拡大される、⑤監視料金の徴収は、支払い能力のない者をプログラムから排除することになり、貧富の差の問題を生じさせる等の問題点も指摘されている。それに加えて、対象者の在宅拘禁プログラムを判断する公式の審査手続を置いているプログラムもあれば（ニューヨーク、フロリダ、ニュージャージーの各州）、そのような手続を置かずに単に特定の犯罪（暴力犯罪等）によって有罪となった者を除外しているだけのところもあり、この点も問題として挙げられる。とはいえ、在宅拘禁は単独の制度として用いることのほか、量刑に対して言い渡される諸条件の一部として用いることができるので、弾力的な施策であるといえるであろう。

(11) 裁判の停止

裁判の停止とは、裁判官が、通常6か月以上、事件の審理を停止して犯罪者を社会に戻し、裁判の停止中に当該被告人が別の犯罪を行わなければ、元の事件は棄却され、前科が付くことが避けられるものである。この制度は通常、再犯のおそれの少ない若年犯罪者に対して用いられている。

(12) 同意によるプロベーション

同意によるプロベーションとは、逮捕された者が有罪判決かまたは自ら有罪と認める前に、プロベーションに同意するものである。具体的には、その者は、同意によるプロベーションの手続に同意し、一般のプロベーション対象者と同様に、プロベーションの条件と遵守事項を守り指導に従うとの同意書に署名する。プロベーションの規則と遵守事項に違反した場合は、裁判所に連れ戻され、そこで元の犯罪について有罪判決を受け、その後、刑が決定することになる。

(13) 条件付釈放

同意によるプロベーションとは異なり、犯罪者は有罪判決を受けるが、ある一定の条件を付けられた上で刑が免除されるものである。

(14) 管　制　刑

管制刑（監視処分）とは、中国独自の非拘禁的措置の施策であり、犯人を拘禁しないが、その者の一定の自由を制限し、公安機関及び大衆の監督の下で教育及び改造を受ける処罰方法である。管制刑に処せられた者は、通常通りに、仕事をし、仕事が終わると自宅に戻って通常の生活を行う。しかし、管制刑に処せられた者は、公安機関の監督、監視の下で教育及び改造を受ける。基礎組織（居民委員会、村民委員会）または犯人の勤務先は監督に協力し、管制刑の執行期間中は、関係する大衆を集めて犯人の行動を評議させる。管制の期間は、3か月以上2年以下である。管制刑は、刑事罰である[18]。

3　判決後の段階

(1) 仮　釈　放

仮釈放とは、矯正施設に収容されている者を、刑期または収容期間の満了に先立って、一定の条件の下に一定期間仮に釈放して、一般社会において更生させることを図り、その期間を無事に経過したときには再び施設に収容することを免除する制度である。現行刑法は、懲役、禁錮につき改悛の状あるときは、有期刑は刑期の3分の1、無期刑は10年経過後、行政官庁の処分によって仮に釈放を許し得ることを定め（刑法第28条）、拘留及び労役場留置については、さらに要件を緩和し、情状によって何時でも仮出場を許し得ることを定めている（刑法第30条）。仮釈放の審理にあたっては、地方委員会は、①悔悟の情及び改善更生の意欲があるかどうか、②再び犯罪をするおそれがないかどうか、③保護観察に付することが改善更生のために相当であるかどうかを順に判断し、それらの基準を満たした者について、④社会の感情が仮釈放を許すことを是認するかどうかを最終的に判断して、仮釈放を許すかどうかが判断され

る[19]。なお、2007（平成19）年12月1日から、仮釈放審理において、被害者等から意見を聴取する制度が施行されており、被害者等から意見等を述べたい旨の申出があった場合は、当該意見を聴取することとされているが、この制度は、被害者が仮釈放に反対した場合は仮釈放を認めないという趣旨のものではなく、被害者の意見等を特別遵守事項の内容等を決定する際の斟酌事項ともするという趣旨のものである。

2007（平成19）年における仮釈放申請受理人員は1万8,128人、仮釈放申請棄却の比率は4.8％、仮釈放率は男子48.8％、女子74.6％である[20]。

なお、中国では、中華人民共和国新刑法第81条で仮釈放が定められており、「有期懲役に処せられた犯人が原判決の刑期の2分の1以上を執行され、又は無期懲役に処せられた犯人が実際に10年以上を執行されたときは、監獄の規則を真面目に遵守し、教育及び改造を受け入れ、改悛の行動が確かめられ、仮釈放しても再び社会に危害を及ぼすことのない場合は、これを仮釈放することができる」としているが、「累犯並びに殺人、爆発、強盗、強姦並びに身代金目的略取等の暴力的犯罪を犯したため、10年以上の懲役又は無期懲役に処せられた犯人に対しては、これを仮釈放してはならない」としている[21]。

(2) 外部通勤作業

外部通勤作業とは、「刑事収容施設及び被収容者等の処遇に関する法律」（平成17年法律第50号）第96条に定められている制度であり、刑事施設の職員の同行なしに、受刑者を外部の事業所へ通勤させて、同事業所の業務に従事させ、または同事業所の職業訓練を受講させるものである。この外部通勤作業を実施することができる受刑者の要件は、①開放的処遇施設において処遇を受けていること、②第1種または第2種の制限区分に指定されていること、③仮釈放を許す決定がされていることである。日本で外部通勤作業を実施できる施設は、網走刑務所（二見ヶ岡農場に限る）、市原刑務所、広島刑務所（有井作業場に限る）、松山刑務所（大井造船作業場）の4つである。

外部通勤作業の刑事政策的機能は、①施設生活から社会生活への突然の変化

から生じるショックを和らげ、受刑者を段階的に社会復帰させる、②受刑者に規則的な勤務態度を養成することができる、③受刑者に新しい技術を習得させることができる、④賃金収入によって受刑者に経済上の責任観念を植え付けさせることで、家族に対する経済的責任を持たせることができる等が挙げられる。

この制度は、アメリカではワーク・リリース、イギリスではホステル制、フランスやイタリアでは半自由と呼ばれている。

(3) 外出・外泊制（帰休制）

外出・外泊制とは、「刑事収容施設及び被収容者等の処遇に関する法律」第106条で定められた制度であり、1日のうちの定められた時間内において、受刑者が刑事施設の職員の同行なしに刑事施設の外に出ることを認める外出制と、7日間を限度として、ある一定の定められた期間、受刑者が刑事施設の職員の同行なしに刑事施設の外に外泊することを認める外泊制のことである。これは、諸外国で行われている「帰休制」と同様の制度である。この制度の趣旨は、受刑者の刑務所化を避けることの他にも、①受刑者の釈放後の帰住・就職先の準備を円滑にする、②社会的連帯の維持や再社会化を促進する、③模範的な規律遵守者に対する1つの賞遇となる、④家族関係を維持させる、⑤近親者の重病等の場合における往訪のために行う等が挙げられる。

この制度に対しては、①逃亡のおそれがある、②受刑者間に差別感情を醸成するなどの意見もあるが、世界の先進諸国の行刑実務の経験や受刑者の社会復帰の観点からみるならば、日本における本制度の採用は妥当なものである。

(4) 恩　　赦

恩赦とは、社会の変化や法令の改廃によって刑の執行の具体的妥当性が損なわれる場合があるため、行政権によって刑罰執行権の全部または一部を消滅あるいは軽減する制度である。恩赦には、大赦、特赦、減刑、刑の執行の免除及び復権の5種類がある（恩赦法第1条）。大赦とは、政令で罪の種類を定めて行

われ、有罪の言渡しを受けた者についてはその言渡しの効力を失わせ、有罪の言渡しを受けていない者については公訴権を消滅させる効力を有する（同法第2、3条）。特赦とは、有罪の言渡しを受けた特定の者について、その言渡しの効力を失わせるものである。減刑は、刑の言渡しを受けた者に対して、政令で罪もしくは刑の種類を定めて行う一般減刑と、刑の言渡しを受けた特定の者に対して行う特別減刑がある。減刑の内容は、死刑を無期懲役に改めるような刑の種類の変更、懲役や禁錮の期間の減軽、刑の執行の減軽及び執行猶予の期間の短縮がある。刑の執行の免除は、罪名や刑期はそのままであるが、その執行が免除されるものである。復権は、有罪の言渡しによって喪失または停止された資格を回復させるもので、政令によって一律に行われる一般復権と、特定の者に対して個別的に行われる特別復権とがある。

　このような恩赦は、行政権によって国家刑罰権の全部または一部を消滅させる行為である点で他のダイバージョンの制度と異なり、また行政権が司法権に干渉する三権分立の例外であるため、慎重な運用が望まれるところである。とはいえ、恩赦は、誤判の救済、社会の変化や法令の改廃に合わせて刑罰権を修正するという機能があり、その点を鑑みれば、恩赦制度本来の目的に立ち返りながら、適切な運用をすることが期待される。

(5) 中間処遇制度

　中間処遇制度とは、長期間にわたって刑事施設に収容されていた無期刑及び長期刑（執行すべき刑期が10年以上）の仮釈放者について、円滑な社会生活への移行を図るため、仮釈放当初の1か月間、更生保護施設に居住させて生活訓練等を計画的に実施するものである。特に、無期刑仮釈放者は、長期にわたり社会から隔離されていたため、社会情勢に疎く、また親族、地縁等との結びつきも希薄で、社会適応に困難であることから、この制度が実施された。

　また、現在、受刑者のうち、親族等の引受人がなく、かつ、民間の更生保護施設では受け入れ困難な者を仮釈放して宿泊させ、保護観察官による処遇と充実した就労支援を行い、その改善更生と自立を図る自立更生促進センターを整

備する準備が進められており、現段階では、2007 (平成19) 年10月から北海道沼田町での沼田町就業支援センターにて、少年院仮退院者等を宿泊させながら、農業実習と農業への就業支援が行われている[22]。また、成人のためには、茨城県ひたちなか市に、茨城就業支援センターがある。

これらの制度は、アメリカのハーフウェイ・ハウス、イギリスのホステルと呼ばれる制度と同様の制度であり、施設内処遇と社会内処遇の中間形態に属するものである。

以上が、日本における非拘禁的措置の施策であるが、以下においては諸外国における施策を紹介する。

(6) ハーフウェイ・ハウス

ハーフウェイ・ハウスとは、刑務所でも拘置所でもない、完全な拘禁施設と完全な自由生活の中間にあたる生活の場を総称するものであり、通常50人以下の犯罪者を収容する施設である。起源としては、1961 (昭和36) 年にアメリカのシカゴ、ニューヨーク、ロサンゼルスの各市において、連邦刑務所受刑者のために、釈放前の3、4か月を特別の施設に収容して外部に通勤させるという釈放前補導センターが開設されたが、これがハーフウェイ・ハウスの前身であるといわれている。このハーフウェイ・ハウスは、プロベーション対象者にとっては刑務所的な施設であり、パロール対象者にとっては非刑務所的な施設となる。また、ハーフウェイ・ハウスの施設は、刑務所内の一区画が利用されることもあれば、刑務所外の独立施設を用いることもある。独立施設のハーフウェイ・ハウスでは、モーテルやホテル、市内の居住地域の住宅を利用した小さな寮に似た施設を用いて、対象者は週日には私企業で得られた職場に通い、夜間と休日は施設で自由を拘束される。刑務所内の一区画が利用されるハーフウェイ・ハウスは、刑務所内にいることになるために、日本でいう釈放前の外部通勤作業的な性格を有することになるかもしれないが、その意義は重要視されている。ハーフウェイ・ハウスは、イギリスではホステルと一般に呼ばれている。

(7) 善　時　制

　善時制は、受刑者が刑務所内で善行を保持することにより、一定の法律的基準でその釈放の時期を早めることができる制度である。善時制は、1817（文化14）年にニューヨーク州で議会を通過した法律で、5年以下の刑を科された初犯の受刑者は善行によりその刑期の4分の1を縮減されると規定したところに始まるとされている。この法律の制定の後、1817（文化14）年から約60年間に連邦と約30の州に善時制が設けられた。善時制を適用された受刑者は、善時法の定めに従って裁判所の言い渡した刑期から一定の数（善時日数）を差し引いた時点で釈放される。この意味で、パロールによる釈放と類似するが、善時制は言い渡された刑期から一定の日数を差し引いた時点で釈放が必要的になるという意味で必要的釈放であること、また刑期満了までは取消可能であるという点で、パロールによる釈放と趣旨を異にしている。この善時制には、「通常善時」と「特別善時」とがあり、前者は善行保持を理由として1か月につき何日という形で一定の日数を刑期から差し引くものである。後者は、通常善時に加えて、特に勤勉に作業をしたなどの優れた行いがあった場合に善時単位日数（善時クレジット）を与えるものである。すなわち、前者は施設収容の最初の時点で自動的に善時単位日数が与えられるものであり、後者はその都度、特別な理由によって獲得されるものである。この善時制は、過剰収容対策のほか、受刑者の社会復帰、施設の規律秩序維持等の利点があるが、次第に善時制によって受刑者は入所の時点で刑期から計算上の全日数が差し引かれ、違反事由がある場合にのみ取り消されるようになったために、善時制は受刑者の賞遇というよりも当然の権利として運用されるようになった。また善時制の取消しが受刑者の懲罰として考えられるようになってしまったために、善時制に対する批判的な見方が多く現れ、善時制の廃止までが唱えられるようになった。事実、20世紀に入ってからペンシルバニア州、カリフォルニア州では一旦善時制を廃止しており、その他の州でも善時制は維持させながらも不定期刑の短期からのみ善時日数を割り引くシステムをとったり、善時制をパロール制度に従属させたりすることが行われた。しかしながら、不定期刑に対する批判が高まる

と、善時制に対する再評価が行われ、裁判官とパロール・ボードの裁量権の行使を制限するためにも、善時制を積極的に考え始め、実際に、1977（昭和52）年に不定期刑を廃止したカリフォルニア州は善時制を復活させたのである。このような善時制は運用次第で、受刑者の改善更生にうまく機能する制度であるといえよう[23]。

(8) 混 合 刑

　混合刑は、宣告刑のうち始めの2か月ないし6か月を拘置所で過ごし、その後の3年ないし5年間プロベーションを受けるものであり、これはプロベーション制度の一種の変型である。アメリカでは、この制度を活用している州は35州あるといわれ、アメリカにおける裁判官の間で好評を得ている刑罰の1つである。混合刑の対象者は、軽微な事件の犯罪者ではなく、通常ならば拘禁刑を受け、州もしくは連邦の刑務所に収容されるかまたは直ちにプロベーションの処分を受けることになる重罪犯である。つまり、混合刑の宣告によって、裁判官は重罪犯に対しても比較的短期の拘禁刑と共に、それに続くプロベーションを同時に命令することができるのであり、そういった意味で、刑務所に収容するほどでもなく、かといって直ちにプロベーションに付すには社会防衛上問題が残るという犯罪者に対する刑罰となっているのである。この混合刑は、当然の如く、過剰拘禁を解消する策でもあるため、ショック・プロベーションともいわれており、一定期間の拘禁によって犯罪者を処罰し、その後、通常のプロベーションによって社会復帰を働きかけることができ、効果的な刑罰であるといわれる。混合刑は、アメリカを始め、世界の30か国が使用している。

　なお、現在、法務省では刑の一部の執行猶予制度の導入に向けた試案をまとめており、この刑の一部の執行猶予は、刑務所で一定期間服役した受刑者が、残りの服役期間を猶予され、社会内で生活するものである[24]。この刑の一部の執行猶予の制度は、諸外国で行われている混合刑と類似の制度であるといえよう。

(9) 週末拘禁

　週末拘禁は、週末だけ受刑者を施設内に拘禁し、それ以外は自由とするものである。この制度は、1943（昭和18）年のドイツ少年裁判所法の少年拘禁にその起源を有するといわれている。週末拘禁は、元来、短期自由刑に伴う悪風の感染と職場の喪失といった問題を回避するために考えられたものであるが、この制度は月曜日から金曜日までは家族と共に生活をしながら仕事に出かけ、週末のみ拘禁されるといったことに特色がある。すなわち、週末拘禁は、自由刑の純化の思想に基づき、自由刑から家族刑的・財産刑的要素を除去しようとするものであり、日常生活を破壊することなく受刑者を処遇しようとすることに意義があるのである。しかしながら、週末という施設職員が少ない日に多くの受刑者が施設へ帰ってくるために、施設職員の負担が増加してしまうという問題もあるようであり、週末拘禁が有用な犯罪者処遇方法になるためには多くの課題が残されているようであるが、現在のところ、アメリカ、フランス、ベルギー、オランダにおいて、週末拘禁が採用されている。

(10) 社会内処遇センター

　社会内処遇センターは、ハーフウェイ・ハウスと同様の趣旨をもつものであり、釈放前補導センター、プロベーション・ホステル、パロール・ホステルとも呼ばれる。釈放前補導センターは、受刑者がその刑期の最後の数週間を居住する社会内の施設をいい、受刑者の社会への段階的復帰に寄与するものである。また、プロベーション・ホステルは、プロベーション・オフィスが実施するもので、プロベーションの一条件として当センターでの処遇を受けさせるものである。プロベーション・ホステルには、居住を必要とするもの（ニュージャージー州のハイフィールズ計画）と居住を必要としないもの（ユタ州プロボのパインヒルズ計画）がある。イギリスでは、1年を超えない期間内において、17歳から21歳までの青少年保護観察者を収容する、職業訓練の設備もあるようである。他方、パロール・ホステルは、日本における更生保護施設と同様のものであり、パロールを受けて施設の監督を受ける身分を有しない刑余者のため

(11) 減　　　刑

　アメリカではレミッションと呼ばれるものである。中国でも減刑の制度が存在し、受刑期間の行動に応じて服役している一定の犯人に対して原判決の刑罰を減刑することが行われている。減刑は、中華人民共和国新刑法第78条に定められており、「管制、拘留、有期懲役又は無期懲役に処せられた犯人は、刑の執行期間、監獄規則を真面目に遵守し、教育及び改造を受け入れ、改悛の情があるか、又は功績を立てた場合は、減刑することができる」としている。仮釈放と減刑の関係については、仮釈放された場合は原則として減刑することはできず、そのため観察期間を短縮することはできない。しかし、減刑した後、仮釈放することはでき、この場合、減刑後、仮釈放との間隔期間は原則として1年とされている[25]。

(12) 監獄外執行

　中国の制度であり、刑事訴訟法第214条で定められている制度である。病気や自分の子に授乳する等の特殊な理由で、一時的に監獄外で刑を執行する制度である[26]。

IV　刑事司法の全段階で行われる施策

(1) 示　　　談

　改めて説明するまでもないことであるが、裁判所外において、当事者同士で、紛争を解決することを示談という。これは、民法上の和解契約によるものであり、それに基づく法的拘束力が与えられるものであるが[27]、この示談において、加害者と被害者は、被害弁償等の話し合いを行い、また加害者は、被害者等に対して謝罪を行うのである。この示談は、刑事手続の各段階において行われ、その各段階における処分決定の際に考慮される情状の一資料にとどまる

とされている。具体的には、示談は、警察段階では微罪処分の決定、検察段階では起訴猶予の決定、公判段階では量刑の決定、矯正段階では仮釈放の審理の一資料となるのである。例えば、起訴猶予における「犯罪後の情況」として示談の成否が考慮され、また仮釈放においては、その許可基準の1つである「社会の感情」として、示談や慰籍の状況についての調査が行われるのである[28]。

1993（平成 5）年の犯罪被害者実態調査研究会の調査によると、財産犯被害者については、示談を行う理由として、加害者に物質的損害を回復させたいことを挙げる被害者がいる一方で、加害者に誠意を示させたい、謝罪させたい、自分の怒りを相手にぶつけたいこと等を挙げている。このことから、示談は被害者にとって物質的損害の回復ばかりでなく、精神的損害の回復にも役立っていることを示唆し、また、そのような示談は、刑事司法の各段階において、被害者と加害者の双方に「冷却期間」を与えるという重要な意義があると主張されている[29]。また、このような示談は、日本で行われている修復的司法の1つであるといえる。

以下においては、諸外国の施策について紹介する。

(2) 被害者・加害者和解プログラム

被害者・加害者和解プログラム（Victim Offender Reconciliation Program：VORP）は、もともとカナダに起源を有するものであり、アメリカでは、主に受刑者・コミュニティ協力事業団とメノー派教会との協力によって生まれた。最初のVORPは、1974（昭和49）年にオンタリオ州キッチナーで開発されたのであり、このVORPは、紛争解決の手段と被害弁償とを結びつけた手続であるといえる。具体的には、裁判所の指示に基づいて、当プログラムへの参加に同意した被害者と加害者が直接に面談を行い、この面談で被害者側と加害者側の相互の感情が聴取され、被害弁償の合意が形成される。その際、訓練を受けたボランティアの仲裁者が面談に参加し、当事者が和解に達するように助言するのである。このVORPで重視すべきことは、被害者が加害者に対して自己の怒り、苦しみ等の感情を直接的に述べる点であり、また、被害者は、自分がなぜ被害

者に選ばれたのかを加害者に尋ねることで、様々な疑問点を解消していく点である。このようにして被害者の感情を聞きながら、加害者は自分の行った罪の重さを知り、2度とこのような犯罪を行わないようにしようと改善更生を図ることがVORPで期待されるのである。このVORPは、主に軽微な犯罪を中心として行われているが、当事者側の要請があるならば、暴力犯にも行われているようである。このようなVORPは、刑務所拘禁の代替策として、また被害者救済の一方策として、そしてさらに近年においては、世界的に修復的司法の1つとしても注目されているものであり、今後、さらなる発展が期待される。

(3) 被害弁償

被害弁償は、犯罪被害を受けた個人や組織体に対して行われる金銭的弁償である。このような被害を受けた者に対して償いをするという考えは、昔から行われてきたものであるが、アメリカにおいてこのような考えが被害弁償プログラムとして制度化されたのは、1970年代に入ってからのことである。現在においては、被害弁償は刑事司法制度の各段階において広く行われている。この被害弁償は、当初は施設拘禁の代替策や加害者の社会復帰の方策として考えられたが、被害者運動の高まりや近年の修復的司法運動によって、被害者の救済の一方策としても考えられている。アメリカでは、犯罪は国家に対する侵害行為ではなくて、被害者個人に対して行われた侵害行為でもあるという修復的司法の考えに基盤を置き、被害弁償を行うにあたり、被害者と加害者の面談や対話も行うことで、より被害者救済を考慮したプログラムが展開されている。しかしながら、実際のところ、加害者がこのプログラムに参加することは少ないようであり、今後、被害者救済としての被害弁償を展開するにあたっては、加害者のプログラムへの参加を期待するところである。

(4) 電子監視システム

電子監視システムとは、対象者が予め指定された時間に、しかも予め指定された場所にいるかどうかを確認する遠隔監視システムである。この制度は、

1964（昭和39）年にシュウィッツゲーベル（Ralph Schwitzgebel）が最初に考案し、精神病院退院者やパロールに付された者を対象に小型受信機を携帯させ、その者の行動を監視したことに始まる。そしてこの電子監視システムは、マサチューセッツ州のケンブリッジとボストンでも用いられたのであるが、それが急速の進歩を遂げるのは1970年代後半になってからのことである。現在では、全米で約1万5,000人以上（未決を含めると約15万人）の犯罪者が電子監視に付されている。そして、この電子監視は、刑事手続のあらゆる段階で利用されているが、公判前段階においては、保釈の条件として電子監視が用いられ、特に保釈金なしで被収容者を釈放する場合に、この電子監視が求められる。また電子監視は、週末拘禁者や外部通勤者の監視に用いられ、プロベーション対象者のプロベーションの条件としても用いられる。この電子監視システムは、いずれも電話を用いるが、①プロベーション・オフィサーが対象者の自宅に電話をかけ、対象者が外出禁止時間帯に自宅にいるかどうかを確認するもの、②コンピューターが自動的に対象者の自宅に電話をかけて、音声や電子信号によって本人であるかどうかを確認するもの、③対象者の電話回線とコンピューターが連動しており、その電話に取り付けられた受信機へ無線信号を送信するシステムで、送信機を対象者の身体に直接取り付けるものがある。また最近では、テレビ画面を用いて本人を確認する方法やGPSの使用等の方法も用いられている。対象者に付ける送信機は、通常、首、手首、足首に取り付けられる。

　この制度の利点としては、妊娠している女子受刑者やエイズ等の伝染病にかかっている犯罪者に電子監視を用いることが可能である点や、週末拘禁者や外部通勤者を効果的に監視することが可能である点が挙げられる。しかし、送信機を足首に付けた場合、ドレスを着る女性には送信機が目立つこともあり、また首や手首に取り付けた場合でも、コンピューターの作業やレジャー等を行うときに支障がある点、また停電の際に、受信機であるコンピューターが停止して対象者を監視できなくなる等の問題点も指摘されている。

　なお、カナダは1987（昭和62）年、イギリスは1989（平成元）年、フランスは1997（平成9）年、ドイツ（ヘッセン州のみ）では2000（平成12）年、台湾で

は 2006（平成 18）年、また韓国でも 2008（平成 20）年に電子監視が実施されている[30]。このような世界の動向に倣って、日本においても電子監視の導入を検討する時期にきているように思われる。

V おわりに

　近年においては、人権思想が高揚し、刑罰の人道化あるいは犯罪者の改善更生・社会復帰を最優先させることが、重要な課題とされている。そのような意味において、現代の刑事政策には、刑罰のもつ社会的なスティグマの影響を考慮しながら、犯罪の重大性と犯罪者の特性に見合ったきめの細かい刑事制裁の在り方が求められるのであり、世界的にも「刑事制裁の多様化現象」が現れてきているといえる。しかしながら、それと同時に、世界的には、過剰収容対策も重要な課題とされ、これらのことを鑑みた場合、東京ルールズやウィーン宣言で採用された非拘禁措置の施策は、まさに国際的な潮流をとらえたものであると評価できる。この非拘禁措置の施策を利用し、過剰収容を解消するためには、日本においては、警察段階での微罪処分、検察段階での起訴猶予、裁判段階での執行猶予、矯正段階での仮釈放等の比率を上げていくことが、1つの方策であるといえる。また、日本の示談に見られるような、諸外国で展開されているダイバージョン的な機能をもつ修復的司法の施策を新たに展開していくことも、もう1つの方策として考えられるであろう。

　とはいえ、このような非拘禁措置の施策は、確かに過剰収容問題を解決するであろうが、これらの施策を多用することになると、国民の刑事司法制度に対する信頼を失い、犯罪への不安感を生み出し、結果として厳罰化の要求を生み出す危険性がある。厳罰化の要求を受け入れれば、再び過剰収容となり、結局のところは、堂々巡りとなるおそれがあるのである[31]。

　そのため、まず、非拘禁措置の施策を展開するにあたっては、一般国民の理解と支持を得ることが必要である[32]。地域社会の人々の理解がなくては、拘禁の代替的施策となる社会内処遇を展開することは不可能であり、そのためにも

一般国民に対する広報活動が必要となるであろう。

また、当然の如く、非拘禁措置を社会で展開するためには、十分な人員と予算の割り当てが必要となる。このことは、東京ルールズに関する調査結果の結論で述べられている通りである[33]。

さらには、犯罪者に対する就労支援を積極的に行うことが重要である。この就労支援は、実は、過剰収容を解消するための抜本的な解決策である。日本においては、前述した通り、北海道の沼田町就業支援センターと茨城県ひたちなか市の茨城就業支援センターが設立されており、また法務省は、厚生労働省と連携し、保護観察対象者等に対して、身元保証システム、セミナー・事業所見学会、職業体験講習、トライアル雇用事業等の就労支援策を推進している[34]。

このようにして、非拘禁措置の施策に加えて、一般国民への広報活動、十分な人員の確保と予算の割り当て、犯罪者に対する就労支援等を行っていくことが、現在、日本の刑事政策にとって緊急に求められている重要な政策課題であるように筆者には思われるのである。

1) 2009年3月11日、国連アジア極東犯罪防止研修所で行われた「第14回中国刑事司法幹部研修（国別特設）」において、「刑事司法の各段階における非拘禁措置に関する制度の特徴と課題」というテーマで講義することを依頼された。本章は、そのときの講義内容に訂正加筆したものである。詳しくは、国連アジア極東犯罪防止研修所第121回国際研修参照。http://www.unafei.or.jp/activities/kensyu_121.htm
2) 法務省法務総合研究所編『平成20年版犯罪白書』太平印刷社（2008年）2-3、57-58頁。
3) 法務省法務総合研究所編・前掲注2)・46頁。
4) 野村稔・張凌著『注解中華人民共和国新刑法』成文堂（2002年）79-81頁。
5) 田宮裕『刑事訴訟法［新版］』有斐閣（1996年）90頁。
6) 田宮・前掲注5)・90頁。
7) 法務省法務総合研究所編・前掲注2)・46頁。
8) 宇津呂英雄編『アジアの刑事司法』有斐閣（1988年）93頁。
9) 法務省法務総合研究所編・前掲注2)・51頁。
10) 田宮・前掲注5)・411-412頁。
11) 田宮・前掲注5)・259頁。

12) 法務省法務総合研究所編・前掲注2)・56頁。
13) 法務省法務総合研究所編・前掲注2)・49頁。
14) 野村稔・張凌・前掲注4)・116頁。
15) 藤本哲也『犯罪学の窓』中央大学出版部（2004年）86-87頁。
16) 藤本哲也「我が国の刑罰体系に社会奉仕命令を導入することの是非について」『戸籍時報』631号（2008年）94-98頁。
17) 『読売新聞』2009年2月2日朝刊。
18) 野村稔・張凌・前掲注4)・72、81-82頁。
19) 法務省法務総合研究所編・前掲注2)・70頁。
20) 法務省法務総合研究所編・前掲注2)・71頁。
21) 野村稔・張凌・前掲注4)・123-124頁。
22) 法務省法務総合研究所編・前掲注2)・78頁。
23) 藤本哲也編『アメリカ犯罪学事典』勁草書房（1991年）251-254頁。
24) 『読売新聞』2009年2月2日朝刊。
25) 野村稔・張凌・前掲注4)・119-120、125頁。
26) 野村稔・張凌・前掲注4)・123頁。
27) 加藤雅信『新民法体系Ⅳ　契約法』有斐閣（2007年）496頁。
28) 宮崎英生「示談に関する実務家の意識」宮澤浩一＝田口守一＝高橋則夫編『犯罪被害者の研究』成文堂（1996年）236、239頁。
29) 吉田敏雄「刑事司法における示談・被害弁償の意義」宮澤＝田口＝高橋編・前掲書235頁。
30) 川出敏裕「電子監視」『ジュリスト』1358号（2008年）116頁。
31) 藤本哲也『犯罪学の森』中央大学出版部（2007年）159-160頁。
32) 第121回国際研修・前掲注1)・2頁。
33) 第121回国際研修・前掲注1)・2頁。
34) 法務省法務総合研究所編・前掲注2)・78頁。

第4章
アメリカにおける警察段階での触法精神障害者に対するダイバージョン

I　はじめに

　「警察官によって銃撃されたメリーランド州の男性は、精神病を抱えていた。精神障害犯罪者は、精神病を抱えていても、最終的には、ジェイルに入ることになるのである。精神病は、頻繁に、警察官の銃撃の惨事を深刻化している状況にある」。

　アメリカにおいて、精神病者のために計画された地域社会内プログラムの創設は、1960年代と1970年代の非施設化の方策に従ったものではなかった。上記の新聞記事の見出しは、法執行機関、精神保健機関、その他の地域社会機関においては、精神病者の関係する状況により、障壁が生じていることを描写している。過去15年から20年にわたり、全米の法執行機関は、精神病者のために計画されたプログラムあるいは実務を、より一層積極的に展開している状況にある。こうしたアメリカでの施策は、アメリカと同様の過程にある諸外国の警察機関の指針となるものではないかと思われる。それゆえ、法執行機関、とりわけ警察官は、地域社会の精神保健機関との提携を通じて、精神病者の対応を改善してきており、これらの機関がどのようにして効果的なプログラムを創設し、それを維持するための障壁をどのように克服してきているかについて検討するために、本章では、アメリカで行われている精神病者に対する警察段階での施策について紹介してみたいと思う。

1　精神障害犯罪者の問題の性質

　時折、精神病の「犯罪化」として認識されている精神障害犯罪者問題の原因は、部分的ではあるが、非施設化、不適切もしくはアクセス不可能な地域社会の精神保健サービス、厳格な強制的民事拘禁基準に由来していると考えることができる。しかしながら、こうした問題そのものは、警察にも拡大していることは、明らかである。ある評論家が述べるところによると、「民衆は、何度も、警察官に精神病者の援助を求めている。なぜなら、警察官だけが、自由かつ24時間体制で、独自の可動性をもち、精神病者に対応する法的義務と、拘禁を行う法的権限を兼ね備えているからである」。これに対して、警察官は、自分たちが精神病者に効果的に対応していないことを認識してはいるものの、それでもなお、精神障害犯罪者の問題解決に責任があるとして、恐れずに問題に立ち向かっている状況にあるのである。

　しかしながら、警察官が精神病者と接触している程度についての研究においては、警察官は、この問題に言及するために、より活動的にならなければならないことを提唱している。例えば、ニューヨーク市においては、警察局は、6.5分に1回の割合で、精神病者に関係する要請に対応している。1年単位では、フロリダ州の警察機関職員は、4万回以上、精神病者の強制的診断のための移送を行っており、それは、フロリダ州の加重暴行もしくは不法目的侵入の逮捕数を超えるものである。バーミンガム、ノックスビル、メンフィスの警察局の事例研究において、ボーラム（R. Borum）等は、全体として、警察官は月に平均して6回にわたり、精神病者との接触を行っていることをみいだしている。

　また、警察官のサービス要請の大多数ではないとはいえ、警察官の精神病者との接触は、かなりの時間数を費やすものである。デキュイール（W. DeCuir, Jr.）とラム（H. R. Lamb）は、1985（昭和60）年においてロサンゼルス警察署では、精神病者の各サービス要請に28日間かかっており、2万8,000時間以上費やしたと推計している。ポグレビン（M. R. Pogrebin）は、コロラド州郊外の

警察署によって受領された60もの精神保健要請のデータを検討し、それらの要請に費やされる平均時間数は、74分であったことをみいだした。警察官が精神病者に対して任務を行った時間数は、取り扱い件数の割合と比較すると、不釣合いに多いことは明らかである。

精神病者に関係する警察要請には、精神保健施設への移送から、公共の安全に対して潜在的脅威を伴う状況までといった、広範囲にわたる状況が存在する。公共政策の議論においては、しばしば、警察官が負傷したり、武器をもっている精神病者を統制するために武力が用いられるという稀な状況が引き合いに出される。悲劇的あるいは非効率な結果というのは、資源の欠如や利用可能な資源には何があるのかについての警察官の知識が欠如していることからもたらされるということができるのである。

精神病者の要請に対応している場合、警察官にはわずかな選択肢しか存在しないことがある。それゆえに、警察官は、現場にいる精神病者を、ほんの短期間の危機解決手段や、ジェイルに連行することに依存してしまうのである。クック・カウンティのデータによると、現在、男性のジェイル被拘禁者のうち、重度精神障害者の割合は6.4％であり、女性のジェイル被拘禁者については、12.2％であるとしている。

全米中の警察機関が、精神病者に対する実務に挑戦し、精神病者への対応を改善するために、地域社会の精神保健機関との革新的な提携を結ぶことを展開し始めている。1996（平成8）年における10万人以上の人口をもつ174都市の調査データによると、78の警察局が、精神病者への特別対応を行っていることが明らかとなった。これについての国家的な研究においては、ディーン（M. W. Deane）とその同僚が、その精神病者への特別対応を3つのタイプに分けて、考察を行っている。第1の戦略は、「警察官基盤の特別警察対応」であり、そこでは、警察官は危機介入サービスを提供し、精神保健制度との連絡を行うための特別な精神保健訓練を受けるのである。調査によると、6つの警察署が、この第1のタイプの手法を採用している。また、ディーン等は、第2の戦略として、「警察官基盤の特別精神保健対応」について言及している。このタイプ

は、警察局は、警察官に現場での相談や電話相談を提供するために、精神保健コンサルタントを雇用するものである。調査によると、20の警察機関が、この第2のタイプの手法を採用している。52の警察機関は、第3の戦略を採用しており、それは、「精神保健基盤の特別精神保健対応」と呼ばれるタイプであり、場合によっては、「現場出動危機介入チーム」(Mobile Crisis Team) がこのモデルに含められることもある。

2　警察官の特別対応の広まり

「警察行政研究フォーラム」(Police Executive Research Forum : PERF) は、近年、文献において精神病者の特別対応を行っているとして特定された80の警察機関の調査を行った。そして、PERFスタッフは、上記のタイプの基準を満たす特別対応を行っている33の警察機関に電話でのインタビューを行ったのであるが、そのうち、警察官基盤の対応を採用している28の警察機関についての分析を行っている。それによると、「警察官基盤の特別警察対応」として、主として「メンフィス危機介入チームモデル」(Memphis's Crisis Intervention Team) を用いている警察機関が22件、「警察官基盤の特別精神保健対応」を用いている警察機関が6件であった。「現場出動危機介入チーム」のみを用いている警察機関については、本分析には含めていない。その理由は、このタイプは、結果として、警察訓練や警察手続に重大な変化を生じさせなかったからである。以下の表は、28の警察機関とそのプログラムについての概観である。

第4章 アメリカにおける警察段階での触法精神障害者に対するダイバージョン　99

表1　PERFによって分析された、警察機関における警察官基盤の特別対応

管轄	対応のタイプ	特別訓練の時間数	警察官の人数	対応を受けた人数
オハイオ州 アクロン警察署	CIT（Crisis Intervention Team）	新　人：警察大学校にて16時間 全警察官：8時間 特別チーム：40-72時間 通信司令官：0時間	498	223,019
ニューメキシコ州 アルバカーキ警察署	CIT	新　人：警察大学校にて56時間 全警察官：0時間 特別チーム：(CITやSWATについては) 　　　　　　40時間を1回 通信司令官：10時間	848	425,000
テキサス州 アーリントン警察署	全警察官にCIT	新　人：警察大学校にて8時間 全警察官：4時間（数回にわたる） 特別チーム：4時間（数回にわたる） 通信司令官：不明	498	302,886
ジョージア州 アナネクラーク・カウンティ	全警察官にCIT	新　人：0時間 全警察官：40時間を1回 特別チーム：0時間 通信司令官：40時間を1回	210	101,000
メリーランド州 ボルティモア・カウンティ	現場出動危機介入チーム（警察官・精神保健専門家の協働対応）	新　人：警察大学校にて40時間 全警察官：0時間 特別チーム：0時間 通信司令官：0時間 メンバー全員が訓練クラスに出席することが奨励されている。	1,807	754,292

オハイオ州 シンシナティ警察署	精神保健対応チーム（メンバイスCITモデルを模範としたモデル）。2つのモデルの違いは、警察官に対応するソーシャルワーカーが存在するかどうかにある。	新　　　　人：警察大学校にて20時間 全 警 察 官：8時間を1回 特別チーム：年40時間に加えて、8時間の発展訓練 通信司令官：0時間（計画中）	1,000	364,040
フロリダ州 デルレイビーチ警察署	CIT	新　　　　人：0時間 全 警 察 官：40時間 特別チーム：40時間 通信司令官：0時間	156	55,000
アラバマ州 フローレンス警察署	地域社会精神保健警察官（メンバイスCITモデル基盤）	新　　　　人：警察大学校にて2時間 全 警 察 官：年2時間 特別チーム：年120時間 通信司令官：2時間を1回	91	41,000
インディアナ州 フォート・ウェイン警察署	CIT	新　　　　人：警察大学校にて7時間 全 警 察 官：年1時間 特別チーム：年40時間に加えて、16時間の発展訓練 通信司令官：0時間	420	202,000
テキサス州 ヒューストン警察署	CIT	新　　　　人：警察大学校にて24時間 全 警 察 官：8時間を1回 特別チーム：年40時間に加えて、8時間の発展訓練	4,905	1,734,335
ミズーリ州 ジャクソン・カウンティ・シェリフ機関	CIT	新　　　　人：0時間 全 警 察 官：4時間を1回 特別チーム：40時間 通信司令官：年8時間	100	630,000

第4章 アメリカにおける警察段階での触法精神障害者に対するダイバージョン 101

テキサス州 ガルベストン・シェリフ機関	精神保健シェリフ（CITと同様 ―1975頃創設）	新　人：警察大学校にて25時間 全警察官：0時間 特別チーム：16時間 通信司令官：0時間	380	300,000
ミズーリ州 カンザス市警察局	CIT	新　人：警察大学校にて25時間 全警察官：0時間 特別チーム：40時間を1回 通信司令官：1時間を1回	1,278	435,146
テネシー州 ノックスビル警察署	全警察官にCIT現場出動危機 介入ユニットも利用可能（精神 保健専門家が最初に対応する か、あるいは警察との協働対 応）	新　人：警察大学校にて24時間 全警察官：年2回、計4時間 特別チーム：0時間 通信司令官：なし	392	174,000
ミズーリ州 リーズサミット警察署	CIT	新　人：警察大学校にて8時間 全警察官：0時間 特別チーム：40時間を1回 通信司令官：4時間を1回	103	70,500
ネブラスカ州 リンカーン警察署	全警察官にCIT	新　人：警察大学校にて8時間 全警察官：0時間 特別チーム：0時間 通信司令官：0時間	303	225,000
アーカンソー州 リトルロック警察署	CIT	新　人：警察大学校にて40時間 全警察官：2時間 特別チーム：40時間 通信司令官：0時間	571	181,157

カリフォルニア州ロングビーチ警察署	精神評価チーム（大学院レベルの教育を受けた警察官と精神保健専門家の協働編成）	新　人：警察大学校にて10時間 全警察官：年2時間 特別チーム：0時間 通信司令官：0時間	839	437,000
カリフォルニア州ロサンゼルス警察署	CIT システム内精神アセスメント対応チーム（SMART―警察官・精神保健専門家による二番目の協働対応） 精神評価ユニット（MEU―警察官が24時間利用可能なホットライン）	新　人：10-12時間 全警察官：年1回、計4時間 特別チーム：年8回、計40時間 通信司令官：年45分に加えて、1時間の発展訓練	9,324	3,501,487
テネシー州メンフィス警察署	CIT	新　人：警察大学校にて10時間 全警察官：1.5時間（1時間から2時間の間での変動有） 特別チーム：年8-32回、計40時間 通信司令官：年16時間に加えて、2時間の発展訓練	1,900	650,100
コネティカット州ミドルタウン警察署	現場出動危機介入チーム（通常は警察官・精神保健専門家の協働対応）	新　人：警察大学校にて8時間 全警察官：年2時間 特別チーム：年2時間 通信司令官：0時間	100	44,000
ミネソタ州ミネアポリス警察署	CIT	新　人：警察大学校にて12時間 全警察官：年2回2時間 特別チーム：年12回、計40時間 通信司令官：0時間	938	373,000

第4章　アメリカにおける警察段階での触法精神障害者に対するダイバージョン　103

機関	プログラム	訓練	警察官数	人口
メリーランド州モントゴメリー・カウンティ警察署	CIT	新人：警察大学校にて3時間 全警察官：40時間（任意） 特別チーム：40時間 通信司令官：40時間（任意）	1,072	846,000
コネティカット州ニューロンドン警察署	CIT	新人：警察大学校にて8時間 全警察官：3年ごとに3時間 特別チーム：最新情報では40時間 通信司令官：0時間	92	26,000
カリフォルニア州サンディエゴ・カウンティ・シェリア機関	精神科緊急対応チーム（PERT）（精神保健専門家と警察官の協働対応）	新人：警察大学校にて10時間 全警察官：0時間 特別チーム：月40時間に加えて、7時間の発展訓練 通信司令官：0時間	2,700	784,333
カリフォルニア州サンノゼ警察署	CIT	新人：警察大学校にて6時間 全警察官：0時間 特別チーム：年40時間に加えて、10時間の発展訓練 通信司令官：4時間を1回	1,400	909,100
ワシントン州シアトル警察署	CIT	新人：警察大学校にて4時間 全警察官：8時間を1回 特別チーム：40時間 通信司令官：場合による	1,262	534,700
フロリダ州セミノール・カウンティ・シェリア機関	CIT	新人：警察大学校にて2時間 全警察官：40時間を1回 特別チーム：40時間を1回 通信司令官：5時間を1回	342	365,000

II　警察官基盤の特別警察対応モデル

　前述したように、精神病者に対する警察官基盤の対応の2つのモデルは、1996（平成8）年の調査において特定化されたものである。一方のモデルは、特別に訓練を受けた警察官が、現場での危機対応を提供するものである。他方のモデルは、警察官と精神保健専門家が緊密な提携を結び、現場で協働して対応を図るものである。全米の管轄がそのような特別な警察対応を採用するにつれて、これらの2つのモデルを結合させたり、あるいは「現場出動危機対応チーム」と「警察官基盤のアプローチ」を結合させたりすることが生じている。これらの新興の実務は、刑事司法制度からのダイバージョンを行う目標を達成しようとするものであり、精神病者の処遇を改善するためのものである。

　本章では、主な事例として、テネシー州メンフィスとカリフォルニア州サンディエゴ・カウンティの事例を用いながら、2つの警察官基盤の中核となる要素を描写することから始めることにしたい。また、本章では、これらの管轄区域やその他の管轄区域においては、これらのモデル実務をどのように導入しているかについて、詳細な情報を提供し、他のモデルをしのいで、危機介入チーム（CIT）モデルを選ぶ合理性についての議論も紹介したいと思う。

1　特別対応モデルの中核となる要素

　警察機関は、1970年代より、精神病者に、より効果的に対応する方法についての経験をもつが、メンフィス警察署がCITモデルを計画するまでは、警察機関においては何等のモデルも存在しなかった。精神病者を巻き込む惨事を経験したり、あるいは警察官の間で要請に費やす時間量についての欲求不満がたまることなどが生じていた警察機関は、より一層メンフィスCITモデルを採用する状況となっているのである。他の警察機関は、精神保健専門家と協働することをも組み込んだ警察官基盤のモデルを採用しており、その上さらに、それ以外の警察機関は、この2つの取組みを結合させているのである。

警察機関や研究者は、上述した2つの警察官基盤のモデルの3つの中核となる要素を特定している。現在、公表されている「刑事司法・精神保健合意プロジェクト報告書」(Criminal Justice/Mental Health Consensus Project Report) においても、モデルの本質的な要素について概略化して論じている。モデルの中核となる要素は、用いられる警察対応の有効性を高めるものであると考えられており、それは、訓練、警察機関と地域社会の精神保健の資源との提携、警察機関の新たな役割を含むものである。各要素は、以下に述べる通りである。

(1) 訓　　練

　メンフィスCITプログラムは、「単なる訓練以上」の訓練をモットーとしているが、訓練は、プログラムの有効性の鍵となる要素である。メンフィスCITプログラムは、CIT警察官のための40時間の訓練カリキュラムを開発した。通信司令官もまた、訓練を受けている。そのカリキュラムには、精神病、刑事司法制度に関わった精神病者の見解、危機介入技術についての情報が組み込まれている。訓練者には、地方の精神保健のサービス提供者、精神病者とその家族、警察署職員、弁護士が含まれる。ロール・プレイの実施、精神保健施設の訪問、精神病者との対話のような実用的な経験は、CIT訓練の取組みの基礎である。

　警察と精神保健専門家との協働モデルには、それらに加えて、訓練に実際に関与することが組み込まれている。例えば、サンディエゴ・カウンティにおいては、「精神科緊急対応チーム」(Psychiatric Emergency Response Team : PERT) は、40時間の訓練に加えて、毎月、7時間の発展訓練を受けている。その訓練には、精神病のアセスメント、ネットワーク資源、臨床医の役割についての学習単元が組み込まれている。訓練チームには、精神保健専門家と警察職員が含まれているのである。

(2) 精神保健専門家との提携

　各モデルは、警察官が、毎日24時間すぐにアクセスすることができるとい

う、地域社会の精神保健資源の利用可能性に依存している。スティードマン（H. J. Steadman）とその同僚は、特別警察対応に利用可能な精神保健サービスの決定的な特徴として、個々の精神病者の受け入れ時に受け入れ拒否をしない政策と、警察官の受け入れの合理化を特定している。合意プロジェクト報告書も、同様の決定的な特徴について言及している。スティードマンが述べているように、これらの特徴は、精神保健サービスを「警察の役に立つ」ようにすることに加えて、精神病者に対する精神保健サービスを改善し、それにより、うまくいけばより良い結果をもたらすためのものである。メンフィス警察は、テネシー大学精神科サービスと提携を結び、緊急診断を必要とする者のための集中化した受け入れ施設を整備することに貢献した。

　危機的状況にあるが、緊急診断の基準を満たさない者に刑事司法制度ではない選択肢を警察官に提供するためには、補助的サービスにアクセスすることも必要とされる。メンフィスとサンディエゴ・カウンティにおいては、特別訓練を受けた警察官とチームが、危機安定化ユニット、現場出動危機介入チーム、ホームレス・シェルター、中毒治療施設のような地域社会内の資源との必要不可欠な連結を創設しているのである。

(3) 警察の役割

　CITモデルは、警察官の役割についての新たな概念を組み込むものである。警察官は、CIT警察官となることを志願し、特別に任命される。それに加えて、警察機関は、CITに関与しているとして、特別な記章の使用、儀式、賞、報酬、ときには金銭上の報酬を通じて、CIT警察官が特別チームと感じさせるための努力を行っている。

　警察官基盤の対応モデルは、精神保健基盤のモデルと異なるものであり、精神保健基盤のモデルにおける現場出動危機介入チームは、警察官の対応に次ぐ2番目の対応となっており、それは、警察官が10分から15分で現場に到着することができる、唯一の危機対応者であることを理由としている。素早い現場での対応を提供する警察官の能力は、すべての関係当事者の安全を保障するた

めの決定的事項である。警察官は精神保健専門家ではないが、CIT警察官は、現場での最初の精神保健アセスメントを行う。これは、警察官独特の職務である。

調査を行った警察機関の多くはCITを用いているが、CIT警察官は伝統的な特別チームではないことは明らかである。これらの機関においては、CIT警察官は特別な技術をもっているが、それらのCITの義務に加えて、パトロールを行う職務責任を保持している。それゆえに、CIT警察官は特別な役割を担っているが、行うことができる対応には限りがあるとされている。

(4) 他の要因

これらのモデルの中核となる要素に加えて、他の要因が、警察官の精神病者に対する対応の効果に影響を与えている。その他の要因には、①警察機関の指揮官が特別チームの効果的な対応に委ねる範囲、②警察機関と精神保健機関の間の信頼と意思疎通の程度、である。これらの要因については、後に、詳細に述べることにしたいと思う。

2 中核となる要素を実務に移行させること

これは言うまでもないことであるが、上述の中核となる要素は、個々の警察機関によって、地方の関心に取り組む特別手続や特別実務に移行されなければならない。最も効果的であるとされる手続の領域は、通信司令官や現場での対応である。

(1) 通信司令官

通信司令官に関係する幾つかの鍵となる手続的要素は、モデル対応を効果的に機能させることを保証するために必要とされる。ある警察機関の指揮官がインタビューで述べたところによると、「通信司令官は、CITプログラムを成功させるための重要な要素である」ということである。PERFの近年の研究においては、①通信司令官は要請の性質について、どれぐらいのアセスメントを行

うことができるのか、②警察機関は、コンピュータ技術派遣（Computer Aided Dispatch : CAD）システムで、警察官と接触した者をどれぐらい追跡しているのか、③どれぐらいの要請が、特別チームや特別警察官に委託されるのかについての判断を求めた。こうして、PERF は、以下の重要となる手続や実務を特定したのである。

(i) 要請の性質についてのアセスメント

　PERF のインタビューを受けた警察機関は、精神病者に関係した要請が通信司令官によってどれぐらい容易に特定されることができるのかについて、意見を異にした。「たいていの場合、精神病に関係した要請はかなり明確である」と述べた警察機関の代表者もいる一方で、「たいていの場合、警察官が現場に到着するまで、誰も精神病に関連した要請であることを認識することはできない」と述べる警察機関も存在した。このように複雑化している要素の1つとしては、精神病者の要請においては、頻繁に、危機的状況にある精神障害者の事案であると明確に述べられずに、むしろ治安紊乱行為あるいはドメスティック・バイオレンスの事案として、911 システムに連絡がつながっているという事実がある。

　幾つかの警察機関は、精神病者を特定することの困難さについて言及している。これらの問題について、通信司令官に訓練を提供している機関は、要請を受けた段階でアセスメントを行うことはそれほど難しくないとしている。調査を受けた約 13 の警察機関が、4 時間から 40 時間までの訓練を提供しているのである。長年の勤務経験をもち、特別な質問事項のプロトコルにアクセスする通信司令官に対しては、適切な情報を収集するためのより良い準備が行われることもある。PERF のインタビューを受けた幾つかの警察機関は、精神病者に対して、より良い関与を行うために定型的な質問事項を提供している。例えば、一部の警察機関においては、医薬品の使用、精神病の罹患歴、武器の利用可能性、危険性があった過去について尋ねることを要求しているのである。

　また、幾つかの警察機関は、精神保健危機施設と協働してプロトコルを展開し、そのような要請に対しては、ホットラインやケースワーカーを通じて、精

神保健サービス提供者から直接的に連絡がつながることを可能にしている。例えば、メリーランド州ボルティモア・カウンティにおいては、そのような要請の 30％は、「ボルティモア・カウンティ危機対応システム」（Baltimore County Crisis Response System）からの連絡要請であり、そのシステムは、危機的状況にある精神病者のための 24 時間体制のホットラインとして機能しているのである。ボルティモア・カウンティにおいて用いられているモデルは、警察官基盤の特別精神保健対応であり、パトロール・カーに警察官とソーシャルワーカーが同乗するものである。その他の地域社会においては、精神病者とその家族は、使用されている特別精神保健対応に精通しており、911 に電話をかけ、CIT 警察官や特別警察官を名指しで指名しているようである。

(ⅱ) 警察要請データの追跡

精神病者に関係する警察要請を促進するもう 1 つの方法は、繰り返しそのような事件が起きる現場を追跡することである。CAD システムでこのような情報を追跡する利点は、2 つ存在する。まず第 1 点は、通信司令官は、警察官が精神病者の状況に取り組むにあたって、より良い準備がなされた状態で現場に到着することができるように、警察官に対応する際に精神病者についての重要な過去の情報を提供することができる。第 2 点は、時折、警察資源の最大の濫用ともなる、繰り返し警察要請が行われている場所の中心部に対して、特別警察対応がどれぐらいうまく取り組んでいるかを、警察機関は CAD システムで評価することができるということである。繰り返し一定の場所に警察要請がなされるということは、パトロール要請を超えた補助的な要請が必要とされ得る、強固な問題を抱えていることを表しているからである。

PERF の調査では、警察機関が精神病者の警察要請を CAD システムで追跡するために用いている一定の戦略の範囲を特定している。多くの警察機関は、危険性があるとして問題視している全地域をしばしば「危険」地域として、旗印でマークを付けている。フロリダ州セミノール・カウンティで言及されているように、危険地域もしくは「特別な必要性がある」地域には、時折、精神病と関係がある危険地域もしくは特別な必要性がある地域が組み込まれている。

ジョージア州アテネクラーク・カウンティやアラバマ州フローレンスを含む一部の地域は、精神病に関係するすべての警察要請の場所を旗印でマークを付けている。また、その他の地域では、精神保健サービス提供者あるいは民事拘禁の入院患者を受け入れている精神保健サービス提供者のみを旗印でマークを付けているようである。

(ⅲ) 特別チームあるいは特別警察官の派遣

大部分の事案において、通信司令官が精神病者に関係する警察要請であると確信する場合には、通信司令官は、CITや警察官・精神保健チームを直接派遣することとなる。ほとんどの警察機関には、通信司令官に利用可能な勤務名簿があり、通信司令官は、パトロール中のCIT警察官をいつでも特定することができる。精神病者に関係している警察要請であるかどうか不確実な場合には、通信司令官は通常の手続に従い、利用可能なパトロール警察官を派遣することになる。仮にパトロール警察官が、精神病者に関係する状況を特定することができる場合には、パトロール警察官は通信司令官に連絡を取り、2番目の対応として、CIT警察官あるいは特別チームを要請する。カリフォルニア州サンノゼのような一部の地域においては、常に、持ち場の警察官を派遣し、その後、一定の状況が満たされる場合には、警察官がCIT警察官を要請するのである。

精神病者とその家族にとって重要な関心事は、通信司令官が、警察要請において、精神病者やその家族と意思疎通を図る際に用いられる言語についてである。多くの警察機関は、未だに10コードを用いている。例えば、アテネクラーク・カウンティにおいては、精神病者に関係する状況に対応するために、10-96コードが用いられている。その他の警察機関は、「発見状況」、「生活保護の確認」といったような一般的な用語を含む、これらの要請を描写するための簡易な言語を用いている。メンフィスでは、「精神障害者の警察要請」(Mental Disturbance Call) という用語を用いている。一部の警察機関は、その者の行動よりも、警察対応の性質に焦点を当てる言語を選んでいる。例えば、シンシナティとミズーリ州のジャクソン・カウンティは、「精神保健対応チーム」(Mental

Health Response Team）を表す「MHRT」、暴力事件の場合の「MHRTV」（Vは Violence、「CIT要請」という言語を用いている。その他の警察機関は、精神病者の行為を描写するにあたって、非差別的な言語を用いることに気を遣っており、通信司令官は、軽蔑的な言語を避けるように注意を払っている。

(2) 現場での対応

3つの課題が、精神病者に対する現場での警察機関の対応に重要なものとなっている。それらは、精神病であるかどうかのアセスメント、精神保健サービスの利用可能性・アクセス可能性、精神保健施設への移送である。

(ⅰ) 精神病であるかどうかのアセスメント

大部分の警察機関、とりわけCITモデルを用いている警察機関は、現場で精神病であるかどうかのアセスメントを行うための訓練を警察官に行っている。しかしながら、精神病であるかどうかのアセスメントを行う前に、現場は、警察官によって安定化されなければならない。CIT警察官は、危機レベルを減少させ、より平穏な環境を促進するための減少技術について、注意深く訓練されなければならない。そして、警察官は精神病を診断するのではなく、その代わりに、多くの精神病の共通形態であるサインと徴候、使用されている医薬品を認識するために、訓練されるのである。また、警察官は、その者の行動や経歴を明らかにするヒントとするため、家族構成員、友人、近隣から情報を求めるように訓練される。

チーム対応としての役割を担う精神保健専門家を含む警察官基盤のモデル――このモデルは、ごく頻繁に、伝統的なパトロール対応の後の2番目の対応として現れる――は、現場での精神保健専門技術よりも利点がある。そのようなチームは、時折、ソーシャル・ワーカーあるいは危機対応ワーカーを含んでおり、それらの者は、精神保健アセスメントに加えて、危機介入カウンセリングを行う。精神保健専門家は、ときには、過去の精神保健情報にアクセスし、それは現在の状況を明らかにする手助けとなっているのである。

カリフォルニア州ロングビーチにおいては、「精神評価チーム」（Mental

Evaluation Team: MET) が、現場対応を行っている警察官からの要請あるいは無線で要請を耳にした場合、制服パトロール警察官とカウンティの精神保健専門家がペアとなって要請に協働対応している。チームは、警察のマークのない車に乗ることで威圧的にならないこと、会話式の穏やかな取組みを用いることに焦点をあてている。チームの経験では、危機的状況にある精神病者に対しては、時折、少なくともチームの一人が好意的な関係を作り、そのチームのメンバーが、その後、先導を行うこととなる。

一部の地域社会では、精神保健サービス提供者は、緊急対応として、警察官と電話で話すことを実行している。CITと精神保健基盤対応を結合させている管轄においては、精神保健看護の専門家が、CIT警察官による要請がある場合には、現場に来ることも可能である。これらの専門家は、その者の精神病についての秘匿情報にアクセスすることができる。許容範囲の秘匿情報にアクセスする場合には、これらの専門家は、その者に最善の手法で精神病者に取り組むための情報を提供することがあるようである。

(ii) 精神保健資源へのアクセス

いったん現場の警察官によって、精神病であるとの決定がなされると、警察官は、精神病者を特別のサービス機関に委託あるいは移送することができる。それを行うためには、警察官は、どの精神保健サービスが利用可能であるか、どのサービスがその患者にとって適切であるかを認識していなければならず、また、施設が合理的な時間内でその者を診断することを確信しなければならない。

その者が緊急診断の基準を満たす場合には、警察官はその者を拘禁する。スティードマン等は、警察基盤のダイバージョン・プログラムとしての「特別危機対応現場」の重要性を特定している。PERFの調査は、多くの地域社会において、警察官は、診断を行うための1つ以上の「精神科緊急救命室」(Psychiatric Emergency Rooms) に関与することについての同意があることをみいだした。例えば、テキサス州アーリントンやアラバマ州フローレンスにおいては、近隣の病院に集中型の精神科緊急救命室があることにより、スムーズな受け入れが

できる手続を採用している。オハイオ州アクロンのような一部の管轄区域では、警察官は、ベッドが充分に利用可能である2、3の病院の精神科緊急サービスにアクセスすることができる。ミズーリ州リーズサミットにおいては、2つの病院施設が利用可能である。警察官は、強制入院が求められるか、任意入院が求められるのかに基づいて、いずれかの選択を行うのである。

その者が緊急診断の基準を満たさない場合には、警察機関は多様な戦略を用いることとなる。CIT警察官は、その者の送致を行うか、あるいは地方の精神保健サービスについての情報を提供する。一部の地域社会では、危機対応ワーカーが現場にやって来て、カウンセリングを提供したり、その者をシェルターやカウンセリング・センターへ連れて行く。例えば、フロリダ州デルレイビーチやメリーランド州モントゴメリー・カウンティにおいては、現場出動危機対応チームが現場に来て、精神保健アセスメントの手助けを行っている。他の地域社会では、警察官がその者に必要とされるサービスやシェルターに連れて行くことや（例：アテネクラーク・カウンティ、ボルティモア・カウンティ、ミズーリ州カンザス市）、CIT警察官がサービスを必要とする者と接触したことを精神保健サービス提供者に知らせることを行っている（例：アラバマ州フローレンス）。

(iii) 移　　　送

危機的状況にある者がわずかな資源しかない場合において、精神保健サービスにアクセスすることの大きな障壁とは、精神保健施設への移送を獲得することである。一部の警察機関は、一定の状況の下で、治療施設への移送を行うことが可能である。警察機関が、移送を行うかどうかの決定をするにあたって考慮する要素には、その者の医療状況、暴力行動やその潜在性、移送を希望していること等が含まれる。警察機関は、緊急診断のための精神保健施設への移送のために、その者に保護拘禁（Protective Custody）を行うことがある。

一部の管轄区域では、現場出動危機介入チームもしくはその他の精神保健サービス提供者と提携を結んでおり、その提携内容として、危機的状況にある者を必要とされるサービスに移送することについてのサービス提供者との間での取り決めがなされている。その他の管轄区域では、タクシー券の提供や、サー

ビスへの移送のために救急車の要請を行っている。

3 CITモデルを選択することの合理性

　PERFは、CITモデルを行っている警察機関に対して、CITモデルを選択した理由を尋ねている。多くの警察機関は、CITモデルは、効果的かつ現実的なモデルであることについて言及している。ヒューストン警察署からの回答者は、以下のように述べた。「最初に精神病者に対応する者に焦点をあてることが道理にかなっている。警察機関と精神病者の接触の最初の2、3分で、悪い状況となるか、良い状況となるかどうかが決定される。接触の最初の時点で、危機的状況を減少化させる方が良い。すべての警察署や勤務班の者に訓練が提供されることによって、我々はあらゆる場所にサービス適用を行うことができる。特別の中央チームを呼ぶにあたっては、時間がかかりすぎることがあり、集中型ユニットに関しては、多くの非稼働時間がある」。

　警察機関が、現場出動危機介入チームよりもCITモデルあるいは他の警察基盤対応モデルを選択する理由の1つは、暴力的状況を潜在的に統制する警察の役割の重要性にある。その合理性については、ロサンゼルス警察署からの回答者によって言及されている。「警察機関は、絶えず、現場での最初の対応者である。10分以下で済ませられる精神保健対応など存在しないであろう。我々は、暴力の潜在的状況を減少させなければならない。警察機関は、常に、危険な状況に位置している。そのような分野に対応することは、当然の如く、非臨床的なこととなる。CITモデルは、そのようなシナリオに取り組む唯一のモデルである。警察官は、現場で最初の対応を行う唯一の者であり、臨床医にとって危険な状況において、精神保健危機の専門技術を得る唯一の方法なのである」。

　コネティカット州ニューロンドンからの回答者は、警察機関の選択の理由を要約しており、以下のように述べている。「制服警察官に基づくモデルが道理にかなっている。例えば、日曜日の午前3時でも、我々は勤務しているからである」。

III 警察官基盤の特別対応プログラムの計画化

　精神病者に対する警察官基盤の特別対応の実施を導く方針は、必ずしも段階的ではなく、また画一的でもない。警察機関は、時折、突発的な事件——それは、頻繁に悲劇的な事件となる——を経験し、それにより、警察機関は精神病者に関する対応を変化させようと前進するのである。ここでは、PERFの調査を受けた警察機関の変化の原動力となった要因を概略化し、プログラム実施に向けた段階を示し、プログラムを効果的にすることができるプログラム目標について論じることにしたいと思う。

1　プログラムの原動力

　PERF調査は、警察機関に対して、プログラムの発展を導いている出来事を申請することを求めた。精神病者に関する悲劇的な事件は、しばしば、精神病者への対応を変化させる警察機関の決定の決め手となっていた。PERFの調査を受けた28の警察機関のうち、13の警察機関が、特別警察対応の発展の主な原動力として、この理由を挙げていたのである。悲劇的な事件には、警察官による精神病者の殺害が含まれており、その多くは、自殺であったり、自宅でバリケードを築いたものであった。その他の警察機関は、警察官が精神病者によって殺害された事件を挙げていた。これらの事件を検討していくと、事件に関係した警察機関は、時折、警察官が過去に精神病者と接触していたことをみいだしたのであった。そして、警察機関は、精神病者に関係する状況に、より効果的に介入し、また恐らく起こり得る将来の悲劇的事件を防止することを可能とするために、特別対応プログラムを展開しているのである。

　もう1つの度々起こるプログラムの原動力とは、警察官がますます多く精神病者と接触しているという現実であった。同一の精神病者が、時には、繰り返し警察官と接触しており、それは、警察機関が適切に精神病者のニーズを満たしていないことを表すものであった。これらの警察機関は、精神病者の問題に

対するより包括的な、長期間の解決策を展開することを求めたのであった。一部の警察機関は、緊急保護命令（Emergency Protection Order）の行使にかかる時間を減らすことを求めた。その他の地域社会では、精神病者とその家族構成員は、一部分の訓練を受けていない警察官によって行使される戦術が困難をもたらしていることをみいだした。

　プログラムの実施は、時折、警察職員と地域社会の精神保健従事者との間の、従前からの関係性によって助けられている面もあった。例えば、アクロン、シンシナティ、デルレイビーチにおいては、精神保健委員会の一員であったり、精神保健サービス提供者の委員であった警察職員が、問題についての対話を始めた。刑事司法制度と接触する精神病者に対応している両システムが、直面した問題についての理解を共有することで、次第にそれが公式化されたのであった。一部の事例では、精神保健サービス提供者が、警察官の手助けを申し出て、警察官に援助の手を差し伸べている。2つの管轄区域では、警察機関は、近隣の管轄区域において実施されている効果的なプログラムについて学習さえしていたのである。

2　プログラム実施段階

　存在する問題に対して何かが行われなければならないことについての合意が、いったん形成されたならば、警察機関はプログラムを計画し、実施する一連の段階を通過しなければならない。この段階には、数か月かかることもある。一部の事例では、数年かかったようである。例えば、リーズサミットでは、CITプログラムは、「他の警察機関が現在行っている地域のコンセプトを推進する必要性を特定するといった研究計画を行うことから始まり、2年もかかって実現したのである」。

　PERFが特定した、論理的帰結として導き出されるプログラム実施段階は、以下において示す通りである。しかしながら、調査を受けた警察機関の経験したところによると、幾つかの段階が同時に、またわずかに異なる順番で生じたり、また、それらが全く生じないということもあった。これらの段階は、地域

社会が、プログラムの計画や実施を前進させるにあたって参考に値する提案事項として提供されるものである。

(1) 利用可能なモデルの検討

　調査を受けたほぼすべての警察機関は、すでに展開されているモデルへの取組み——とりわけ、メンフィスのCITプログラム——を考慮することによって、プログラム発展の過程を開始していた。警察機関は、様々な理由で、メンフィスのプログラムを選択していた。その理由については、メンフィスのプログラムはCITモデルを発展させたプログラムであること、あまり補助的費用を必要としないように思われたこと、CITモデルは精神病者との接触の問題を減少させることに成功しているように思われたこと、などが挙げられている。一部の警察機関は、CITモデルは、パトロール任務を警察官から取り去らないことに感銘を受けていた。また、時として、一部の警察職員が、警察署長に対してプログラムの必要性を説得し、その選択肢についての調査の許可を得るなどして、一部の警察職員がプログラムの方向性を他者との間で共有し合った後、更なるモデルの調査が行われているのである。

　モデルの利用可能性については、協働的な場面や委員会、活動グループの場において検討されている。委員会には、擁護団体、精神保健サービス提供者、精神病者、警察機関職員、矯正関係者を含む、広範囲の利害関係者が含まれていた。会議の目標は、どのような新しいプログラムを組み込むべきであるのかについての同意を得ること、それに加えて、新しい取組みに対する地域社会の構成員の支援と貢献を得ることであった。例えば、地域社会の精神保健機関は、訓練のための時間と場所を提供することが求められた。

　一部の警察機関は、メンフィス、ロサンゼルス、ポートランドといった他の警察機関の視察を行った。視察チームには、「全米精神病連合」(National Alliance for the Mentally Ill : NAMI)といった擁護団体、警察官、警察署の監督者、地域社会内の精神保健サービス提供者スタッフが含まれていた。視察活動には、プログラム職員の訓練と会議に参加することが組み込まれていたのである。

(2) モデルを地域に採用すること

大部分の警察機関は、その管轄区域の条件や状況に合わせて選択されたモデルプログラムを採用しているようである。メンフィスのCITモデル、あるいはアルバカーキ、シアトル、サンディエゴといったような、メンフィスのモデルを採用した警察機関は、プログラムの発展を導いたといわれている。また、その他の機関は、ヒューストン、ロサンゼルス、ロングビーチにおいて、プログラムを調査・検証している。PERFの調査を受けた警察機関によって行われた、モデルの採用の種類については、後述することにしたい。

(i) 精神保健サービスの採用

上述したように、スティードマン等は、警察官が精神保健アセスメントのために精神病者を連れて行く集中型の受け入れ施設の重要性と、警察の委託を拒否しない政策の重要性について言及している。警察機関は、そのようなサービスを実施しようと奮闘・努力しており、そのコンセプトを地域に採用しているのである。コネティカット州ミドルタウンの回答者の意見においては、「提携を結ぶと、警察官の安全や市民の生活の質の増大を得ることができる」といったようなことが記されている。メンフィスモデルを採用した一部の警察機関は、1つの中心的な受け入れ施設とそれ以外の受け入れ施設との提携を発展させることを試みている。インディアナ州フォート・ウエインにおいては、ベッド数につき、個々の病院に負担を負わせすぎないように、第2の受け入れ施設が加えられることとなった。一部の警察機関は、警察官がアクセスすることができる補助的資源を付け加えている。例えば、アルバカーキでは、一面においては、どの施設も精神病者を「軽んじていない」ことを明確化するために、他面においては、「地域社会のための機会」を増大させるために、ホームレスのための保健看護施設を補助的資源として付け加えたのである。

一部の地域社会では、代替的資源を見出し、地域社会のニーズを満たし、現存のサービスを満たすための創造的な取組みが展開された。例えば、アーカンソー州リトルロックにおいては、警察署と緊急救命室との間の関係性が、緊張状態となったのであるが、それは、病院職員が危機的状況に陥っている精神病

者のために働くことに不満を抱いていたからであった。そこで、「危機安定化ユニット」（Crisis Stabilization Unit：CSU）を活用することによって、緊急救命室の役割が明確化された。すなわち、緊急救命室は、現在、危機的状況にある精神病者の包括的な監督というよりも、むしろ医療による安定化についてのみ責任をもつものとされたのである。

(ii) 適応訓練

　警察機関は、他のプログラムが行っている訓練カリキュラムや資源を、地方の状況、政策、法律等にあてはめている。カリキュラムの展開には、学習計画の作成、適切な論題の選択、訓練期間の長さを決定することが含まれている。一部の警察機関は、財政的拘束により、訓練にかかる全体時間を減少させ、また、個々の論題に費やす時間の割合に変更を加えた。例えば、シアトルでは、8時間の訓練で自殺予防を、もう8時間の訓練で意思疎通技術をまかなっている。アテネクラーク・カウンティでは、警察官のストレスについての理解を助けるために、心的外傷後ストレス障害（PTSD）に取り組むカリキュラムが存在する。サンノゼ警察署は、発達障害や脳外傷についての訓練を付け加えている。

　それに加えて、警察機関は、訓練参加者（一部の学校勤務の警察官、警察団体関係者、通信司令官）を特定し、一定の分野から訓練者を選び、養成することを試みた。プログラム選別の段階に至ると、一部の警察機関は、カリキュラムを展開し、訓練者を精神保健側との協働的環境の中で特定していったのである。擁護団体、社会サービス提供者、精神病者、政府職員が、このプロセスに組み込まれたことはいうまでもない。

　ヒューストンでは、警察官に対して現在の課題を提示させ続け、司令官とCIT警察官との接触を保持させる手助けとなる機会を提供するために、強制的な再教育訓練が付け加えられた。また、ヒューストンでは、CIT実習科目が行われており、そこでは警察官は、精神保健側との相互の学習を高めるために、危機介入センターでの職務を体験することとしている。精神保健ワーカーと警察官とが「共に支え合う」機会が、実習科目により育まれることとなったのである。アテネクラーク・カウンティでは、警察官グループが、精神保健施設を

訪問することができるし、シンシナティでは、40時間にわたる疑似体験が行われ、そこでは、警察官は2日間にわたり、ケース・ワーカーのところに行き、その役割を理解し、その理解を普及させることができるのである。

(iii) プロトコル適用についての対応

一部の警察機関は、初期のモデルを修正することで、プロトコルへの対応を行っている。アテネクラーク・カウンティの警察署は、メンフィスよりも小規模の機関であるため、警察署の指導者は、署員全員の訓練を行うことを決定したのである。その対応自体は、CITのために特別化されたものではなかったようである。署員全員が、プロトコルへの対応についての訓練を受けた。署員全員の訓練を行うことを選択した警察機関は、「特別訓練を受ける警察官になることを希望する警察官の実例がなく、自分たちで適切な行動をとる技術を得る必要性があったため、そのような措置を選択した」とのことであった。

PERFの調査を受けた幾つかの警察機関は、現場での対応を2番目に行うモデルの採用として行っている。例えば、ボルティモア・カウンティの計画者は、CITモデルは、重要となる精神病者のフォローアップの要素が欠けていると感じていた。そこで、この管轄区域では、「メンフィスで行われている訓練と、ロサンゼルスで行われている臨床医と警察官がペアとなる実務、及び在宅介入対応とを混合させたモデルを展開した」。プログラムにおける在宅介入は、「危機的状況にある精神病者に10日間のフォローアップを提供することで、病状の安定化のために短期間の訪問を行い、うまくいけば入院の必要性のリスクを減少させることができる」からである。また、シアトルとアルバカーキでは、犯罪者ではない事案などにおけるフォローアップを行うために、警察職員が用いられている。シアトルでは、警察官は、地方のメンタルヘルス・コートや州矯正局と密接に関わることも行っている。警察官は、精神病である受刑者の釈放前に、精神保健サービスを受けるのに適格かどうかを評価するために、その受刑者の記録の再調査を行っている。

ロサンゼルスやシンシナティでは、サンディエゴ・カウンティやボルティモア・カウンティで行われているような、パトロール・カーに警察官と精神保健

専門家が同乗するのではなく、特別訓練を受けた警察官が存在し、その警察官が伝統的な CIT 警察官としての対応を行うのであるが、必要とあれば、訓練を受けた精神保健専門家を現場で要請することも可能とされている。

(3) 地域社会を教育すること

 2、3 の警察機関は、NAMI あるいは他の資源を通じて、精神病者とその家族のための新しいプログラムに注目している。地域社会を教育するにあたっては、警察機関が精神病者の要請を取り扱う充分な準備がなされていること、精神病者が必要とあれば、自由に CIT 警察官を呼べるような実務を創設するべきであることを、地域社会に保証することが必要となるのである。

(4) 必要となる調査と認可を得ること

 緊急精神保健診断の警察機関の手続を変えることについては、様々な州、カウンティ、地方の警察官による認可を必要とする。一部の管轄区域においては、知事、カウンティ委員会、市評議会に対して、プログラムについての告知を行わなければならない。その他の地域社会では、市の法務官や警察署の専門職員は、適切な場所に適切な手続を保障するためのプログラム調査を行っているのである。

(5) 理論と実務の設定

 新しいプログラムを実施する上での次の段階は、適切な役割と責任を確立することである。警察機関と精神保健機関は、通信司令官の役割、パトロール警察官及び監督者の責任を含む、対応に関する一般命令と政策を展開している。一部の事例では、標準となる活動手続は、特別対応を実施したパイロットプロジェクトにならって展開された。それに加えて、警察官ではない職員の役割が明確に定められ、それが職員に伝えられた。例えば、緊急診断の受け入れ施設として選ばれた病院の看護師は、プログラムについて知らされ、警察対応の手ほどきを受けているのである。また、警察機関は、この段階の間に CIT 警察

官を募集し、その選別を行っている。

　プログラムが完全に実行される前に、一部の警察機関は、連絡の役割を果たす者あるいは委員会に対して、監督責任を正式に命じている。デルレイビーチにおいては、監督委員会が、CIT警察官が適切に用いられるかどうかを決定し、プログラム実施にあたっての適切な書類が整えられていることを保証しているのである。リトルロックにおいては、医療センターの精神科医が、病院の活動を監督する手助けを行っている。

　最後に、プログラムが完全に実行される前に、警察機関は、指名されたCIT警察官に用いられる特別な記章のデザインと、制服委員会によるその記章の認可といった細目についての取組みを行っている。プログラム開始の直前に、一部の警察機関は、情報キャンペーンを開始している。CIT警察官のメンバーは、警察機関の指揮官にプログラムを紹介するために、警察署の活動会議に出席しているのである。

3　目標とデータ収集の設定

　精神病者に対する警察官基盤の特別対応を含む、すべてのプログラムを展開させるにあたっては、最終的には、地域社会が特別対応を通じて達成したいと願う目標によって、先導されるべきである。PERFの調査を受けた警察機関は、広範囲のプログラム目標を描き、それについて述べている。一部の目標は、犯罪と薬物中毒を減少させることといった非常に高い目標となっており、また、すべての警察官に訓練を行うことといった極めて実践的な目標も存在する。

　プログラム目標を明確化することに加えて、特別対応における警察機関のパートナーは、プログラムが目標を達成しているかどうかを評価する方法を発展させなければならないのである。プログラムの評価を行うにあたっては、データ収集とデータ分析を委託することが必要となる。

(1)　精神病者に対するサービスの改善
　PERFの調査を受けた警察機関は、広範な制度目標を描いていた。例えば、

地域社会は、危機的状況にある精神病者を助け、不必要に患者を入院させることを減少させ、改善された治療の選択肢を提供することを望んでいた。つまり、危機的状況にある精神病者に対する適切な治療を提供することは、精神保健制度と刑事司法制度の協働を通じて達成されることができると、地域社会は信じているのである。警察対応の改善を通じて、警察官がより早く精神病者への介入を行うことにより、危機的状況にある精神病者が酷い状況になる前に、適切な治療を受ける可能性を増大させるのである。現場での精神保健アセスメントと危機介入を組み込む警察対応は、できるだけ早く精神病者の援助を行うために計画されている。一部の警察機関は、また、精神病者を緊急診断のために精神科緊急救命室に連れて行く必要性を減少させようと努めているのである。

(2) 警察機関の対応の能率の改善

地域社会は、また、警察対応全体の能率を改善することを求めている。例えば、警察機関は、緊急救命室の受け入れ過程を能率よくすることによって、危機的状況にある精神病者の警察要請にかかる時間を減少させようとしている。適切な数のCIT警察官が、個々の任務において精神病者の要請に対応することを保証することで、現場での待機時間を減少させることもできるのである。

(3) 警察機関の対応の有効性の改善

ある回答者によると、精神病者に対する警察機関の有効性を改善することによって、精神障害犯罪者が、回転ドアのように犯罪を繰り返すことを減少させることができるとしている。警察機関の対応の有効性を改善するためには、警察機関は、自分たちの役割は、精神病者に可能な限り最善の処分を与えることであると信じることが必要である。一部の警察機関においては、このプロセスに、精神病者が警察機関によって取り扱われる方法について「優れているかどうかを判断する基準」を設定することや、精神病者を適切な地域社会内処遇と連結させる「協働的な緊急対応システム」を展開することが組み込まれている。

(4) 刑事司法制度からのダイバージョン

多くの警察機関は、精神病者をジェイルからダイバージョンさせる目標を設定しているが、そのダイバージョンの制度は、精神病者のニーズを満たすようにそれほど整備されてはいない状況にある。ある回答者は、「ジェイル収容にふさわしくない精神病者をジェイルに入れないことと、公共の安全を守ることの2つを同時に成功させたならば、目標は達成されたといえるであろう」と述べている。

(5) 警察官と民間人の負傷を減らすこと

ほぼすべての警察機関は、警察官、市民、精神病者の安全を向上させることを目的としている。警察官基盤の特別対応は2つの方法によって、警察官の安全性を高め、精神病者を守っている。1つ目は、適切な危機減少化技術の訓練を提供することによる方法であり、2つ目は、より危険性の少ない武器を用いることを促進することによる方法である。しかしながら、人の生命を救うにあたって、その目標の達成はそれ程たやすいものではない。多くの地域社会は、精神病者の要請に対応する際の警察官と市民の負傷を減少させることを求めている。それらの負傷を減らす戦略としては、警察官と危機的状況にある精神病者との接触を短くすることや、地域社会の資源にアクセスすることができる現場の警察官に訓練を受けさせることが挙げられる。

(6) 精神病についての警察官の知識の改善

警察官基盤の特別対応の基盤となる訓練においては、警察官に精神病についての情報と精神病者との接触をうまく行う手段を提供しているようである。訓練カリキュラムでは、警察官に精神病者を拘禁する際の学識的なアセスメントを行う用意がなされている。一部の警察機関は、訓練における情報は極めて重要であるため、40時間の課程をすべての警察官に提供することを考えている。

(7) 地域社会の精神保健機関との効果的な提携

　地域社会の精神保健機関の利害関係者との関係性と公式的な提携に細心の注意を払うこともしない特別対応は、単に手直しが加えられたパトロール対応に過ぎない。精神保健サービス提供者との間の強固で、成功の可能性を秘めた活動関係と、擁護団体との生産的な関係性は、多くの地域社会にとっての重要な目標である。そうすることのメリットは、精神保健サービス設備の効率化が挙げられるであろう。また、それらについての情報交換を行うことで、密接な活動関係を築くことを可能とし、そのことが、それぞれの機関の間での非公式の連絡交渉や援助を高めることになる。カンザス市の回答者は、「目標は、直接的にお互いを理解し合うことであり、それにより、お互いが電話を取り上げ、電話をかけあうことができる」と述べている。

　一部の警察機関は、幾つかの犯罪被害者団体が精神病者に行っていることとほぼ同様に、精神病者との関係性を改善することを希望しているのである。フォート・ウエインの回答者が述べているように、このような手法で、精神病者は、警察署が「精神病者を援助する場所であって、傷つける場所ではなく、警察官は精神病者を援助することに誠実な関心を抱いていることを認識する」と述べている。

Ⅳ　プログラムを機能させる——活動するにあたっての教訓の習得

　これまでにおいて、精神病者に対する警察官基盤の特別対応の中核的要素を論じ、そして、プログラム実施に伴う段階を特定し、さらにはプログラム目標についても述べた。全米の調査を受けた警察機関の経験が、各モデルやモデルを実施する際に地域社会で採用される段階を描写するのに用いられた。また、多くの警察機関は、プログラムを実施するにあたって、困難に直面し、それを克服してきている。ここにおいては、PERFの調査を受けた警察機関が、どのようにしてその障壁を克服し、職員を選別し、資源を集め、コストに関する失

敗を回避しているのかについての更なる情報を提供したいと思う。

1　プログラムを実施するにあたっての障壁を克服すること

　警察官基盤の特別対応モデルを実施している警察機関は、プログラムを実施するにあたって生じる多くの障壁を克服しなければならない。PERFは、これらの障壁を2つのカテゴリーにグループ化している。1つ目は職員に関する障壁であり、2つ目は警察学的障壁である。職員に関する障壁には、警察と精神保健機関の専門家の間での「合意」を獲得することやそれらの提携によって信頼を得ることが含まれる。訓練カリキュラムの計画や管轄区域を超えて資源問題に取り組むことは、警察学的障壁の2つの例である。これらの障壁やそれを克服するための戦略は、以下で詳細に検討することにしたい。

(1)　職員に関する障壁

　多くの警察機関は、新しいプログラム実務を採用するにあたって、警察機関と精神保健機関の専門家から強い抵抗が生じていることを感じており、それは、通常の変化に伴う抵抗を超えたものであった。一部の警察機関については、警察官の抵抗は、プログラムの原動力についての認識に関係していた。例えば、シンシナティでは、一部の警察官と地域社会の構成員は、警察署が新しいプログラムを実施する唯一の理由は、司法省の圧力によるものであると信じていたのである。ある地域社会では、信頼のある病院からの合意を得ることが困難であったのであり、その理由は、病院側は危機的状況にある精神病者のための対応をすでに行っており、新しいプログラムを実施するためには利用可能な財政援助が付加されるべきであると考えたことによるものであった。つまり、新しいプログラムを実施し、地域社会と提携を結ぶにあたっては、地域社会内の資源に資金を投資することが条件とされているのである。

　警察機関による抵抗は、例えば、精神病者との接触の際に受け入れ施設で長く待たされるといったような、従前からの精神病者との接触にあたっての欠陥に基づくものであった。一部の警察官は、特別なジェイル・ダイバージョンの

取組みは、「伝統的な」ポリーシングと一致しないものであると信じていた。ある回答者が記したところによると、「我々の任務は犯罪者をジェイルに収容することであると考えるのが、警察文化である」と述べている。モントゴメリー・カウンティでは、警察を精神保健的役割に転換することに抵抗があったようである。当初、多くの警察官は、「我々は警察官であって、ソーシャル・ワーカーではない」と考えていた。その他の地域社会では、長年のポリーシング経験をもつ一部の警察官は、新しい取組みで教えられるものは何もないと感じていた。

プログラムの成功を証明することによって、警察官の間でプログラムへの信頼を得ることは、新しいプログラムに対する抵抗を回避し、克服するために用いられる1つの戦略であった。ある回答者が述べたように、「恐らく最も難しかった部分は、プログラムの成功を示すことによって、警察官の関心をもたらすことであった。プログラムにはメリットがあることを警察官に示すには、充分な時間が必要とされたのである」。小規模のパトロール地域では、プログラムが拡大する前に、最初にプログラムの成功を証明することが、警察官の抵抗に対するもう1つの解決策となった。ある地域社会では、最初の回に訓練を受ける警察官が「訓練をアピールするのに最もふさわしいセールスマンとなり、それが実際に、他の警察官にプログラムの価値を確信させるのによりよく機能したようである」。

多くの抵抗をもたらさなかった警察機関においては、プログラムを展開するにあたり、警察官、法執行団体、監督者がより早く関与したことで、信頼を得たようである。警察官の関与は、とりわけ重要であった。警察機関は、プログラムは安全性を高め、警察官の職務をより簡単にすることを意図したものであることを証明した。ある回答者は、この点を明確に、「最も初期の段階で下位レベルの合意を得ることは重要である。なぜなら、これらの事項が達成されるのを容易にするからである。警察官が街路で行っている貢献を忘れてはならない。警察官は最も重要な資源であり、警察官を開拓しなければ、重要な資源を見落としていることになる」と述べている。

警察官と精神保健サービス提供者との間の強力な活動関係を保持することが、もう1つの重要な障壁であった。長年にわたる警察官と精神保健機関との間に存在した誤解が、克服されなければならなかったからである。プログラム提携者の間に存在した誤解を克服するにあたり、お互いの役割を明確に定めることが求められたのである。例えば、ミネソタ州ミネアポリスでは、一部の擁護団体は、警察官の制服は精神病者を動揺させることとなるため、警察官は派遣されるべきではないと考えていたが、精神科医は、「警察官の役割は状況を統制するためには、確かに必要とされる存在である」と述べている。

　警察官と精神保健サービス提供者との間の緊密な関係を促進することも、また重要であった。フロリダ州セミノール・カウンティでは、「お互いを知ること、お互いがどこの者であるのかを理解すること、相手の立場に立ってお互いを知ることに障壁があった」と述べている。コネティカット州ミドルタウンでは、提携の重要となる部分は、「それぞれのパートナーの限界と能力を理解することである。例えば、現場出動危機介入チームの者は、精神病者の家に立入り、逮捕することを警察官に求めた。しかし、その精神病者には相当な理由がなかったため、警察官は、当然の如く、その精神病者を逮捕しなかった。」「いったんパートナーがお互いの役割と責任をよりよく理解することができる場合、お互いの間で提携が生まれるのである」。

　警察官と地域社会の精神保健機関との間の相互不信を克服することが、PERFの調査を受けた警察機関の大きな障壁であった。拘禁からのダイバージョンといった共有のプログラム目標に焦点をあてることが、1つの解決策となった。アルバカーキの回答者によると、「それぞれが激怒した体験をもっている。サービス利用者、警察官、サービス提供者がより良くなるために前進し、挑戦する上で、問題があった」との意見が述べられている。

　一部の地域社会は、警察官と精神保健サービス提供者の間の効果的な意思疎通を促進することによって、信頼あるプログラム提携を構築させようとしている。例えば、サンディエゴ・カウンティでは、「精神科緊急対応チーム」(PERT)のコーディネーターが、信頼に関する2つの問題を抱えていた。「1つは、プ

ログラムがやりがいのあるものであることについての地域社会の認識であり、2つは、パトロール・カーに臨床医が同乗することについて、警察官がそれを心の中では嫌がっていたことである。」それゆえに、PERTチームは、「警察官、精神病者、精神保健ワーカーとの間で、幾つかのフォーラムを開始し、そこで語り合うことを行った。そのメカニズムは、単純である。彼らが信頼し合うこと、そして、意思疎通を図ることが、問題となっていたのである。これらの問題を解決して、徐々に提携を築いていかなければならなかった」。

精神病者に対して警察官が武力を用いた事件が発生した後で、警察官の特別対応を展開した警察機関に対して、精神病者とその家族から大きな怒りが向けられた。地域社会の怒りに対する警察官の対応は、惨事に対する警察官の対応により、複雑化していた。例えば、ミネアポリスでは、警察官は、銃撃に関与した警察官に多大な影響が生じていることを理解していた。そのため、警察官は、プログラムの実施に消極的であり、また、地域社会から「包囲」されているといった感情を抱いていた。そのため、地域社会での障壁とは、自発的に新しいプログラムを行う警察官を派遣することにあったのである。

(2) 警察学的障壁

管轄区域や地域を超えたプログラムを取り扱うことは、一部の警察機関にとって、大きな警察学的障壁をもたらした。地方あるいは州全体のプログラムを調整するにあたり、市とカウンティの警察機関との間で、複雑な政治問題をもたらすことがあり、その間での交渉が必要とされた。警察機関と提携を結ぶ精神保健機関の専門家は、これらの政治的現実を目のあたりにした。もう1つ直面した警察学的障壁とは、新しいプログラムを現存の警察対応と統合させることであった。ミネアポリスからの回答者によると、「プログラムを警察署で統合させることが、プログラムの抹殺となり得ることもある。管轄問題で、プログラムを誤用することがあり、それにより、プログラムが用いられなくなることもある。(つまり、この事件は私の管轄だから、私が自分で解決すると考える。)また、CITが精神病者に関係する、すべての事件を取り扱う危険性もある。(つ

まり、この犯罪者は中毒傾向にあり、振る舞いにも異常があるため、CITを要請した方がよいとする。）しかしながら、警察官が新しい技術を用いているCIT警察官に遭遇した後は、CIT警察官に対する遺恨は、すぐになくなったということである。

　幾つかの警察機関は、訓練カリキュラムを展開し、そのためのインストラクターを準備することへの障壁に直面した。精神保健サービス提供者は、教える時間を設けることにかなり寛容であるが、ある警察機関においては、精神病者と擁護団体をカリキュラムに組み込もうとした場合、警察官との不和が生じるのではないかという懸念が生じた。警察官は、サービス利用者と擁護団体は「胸に一物がある」と考えていたが、彼らが警察官の援助を行っていると分かったとき、警察官の抵抗が減少したようである。また、ある警察機関は、まかなうことのできる情報量の問題から、新しい40時間までのカリキュラムには限界があり、問題が生じると考えているようである。

　新しい警察対応を実施するにあたり、警察機関が直面したその他の警察学的障壁としては、大量の警察要請の管理、政策認可を得ること、CADシステムで当番中の警察官に知らせること、といったような技術的変化を開始することが挙げられる。2つの警察機関は、財政援助を獲得することが障壁であると述べている。ある警察機関は、新しいプログラムにおける資金の問題は、警察署だけの問題なのではなく、警察署と精神保健機関との間での問題であると述べている。

2　CITモデルを用いる職員の選別

　警察官の自発的参加が、メンフィスCITモデルの下では、CIT警察官を選別する鍵となる要素である。PERFの調査を受けた警察機関は、職員を任命することは「機能的ではなく」、CIT警察官になることを選択する者が、チーム構成員となることについての同意があった。ロングビーチの回答者が述べているように、「強制的ではなく、関心のある警察官を獲得することは、あらゆる面で最善の策である」。自発的にCIT警察官となる場合、それらの警察官はよ

り協力的となる。それは、CIT警察官が「より機能的である」ことが求められる特別な理由からである。また、CIT警察官は、「精神病者の生活により効果的な職務を行った場合、報酬が与えられることで、より適格性を示し、動機づけられることもある」。

それにもかかわらず、PERFの調査を受けた一部の警察機関は、まず最初に、CITチームに警察官を任命するシステムを採用したのである。例えば、フォート・ウエインにおいては、指揮官が「いかにうまく危機的状況にある人質状況に対応したか」についての訓練を、優秀な成績で通過した警察官を選別し、それにより、それらの警察官を特別的な取組みに採用するという動機づけを、警察官に対して行った。そして、その次においては、最初に訓練を受けた警察官によって、CIT志願者が集められた。

CIT警察官の募集は、一般的には、通常の職務で行われているのと同様である。そこにおいては、広範囲の審査と選別過程を通過することになる。審査にあたっては、警察官とのインタビュー（精神病の知識を判断する）、過去の職務の実行の経歴調査（研修状況や苦情について調査する）、警察官の監督者との議論（過去において、その警察官がどのように精神病者と接触してきたか）、教育状況、長年のパトロール活動の状況等についての調査が行われる。カンザス市では、地域社会の精神保健機関のパートナーが、CITの構成員資格をもつ警察官とのインタビューに参加しているのである。サンディエゴ・カウンティでは、警察官は監督者の認可を得ることを要求している。

PERFの調査を受けた警察機関は、CIT警察官の選別で求められる知識、技術、能力、性格を特定している。精神病者の警察要請は複雑化しており、感情的にも非常に骨の折れるものである。それゆえに、警察機関は、以下で述べる一連の特質を警察官に求めているのである。

ヒューストンの回答者は、このことをうまく概略化している。「精神病者の要請に対応することは、通常の典型的な犯罪事件に対応することとは異なるものである。警察官は、精神病者が狼狽するのを避けるため、これらの事件において身体的な対応を行うにあたっては、統制的でない対応に切り替えなければ

ならない。結果として、通常、警察官が行っているのと異なる視座で、その場の状況に取り組む能力、すなわち忍耐力が重要となるのである」。

(1) 知　　識

　精神病についての正確な情報をもっており、それに加えて、精神病者を取り巻くスティグマを理解している警察職員が、CIT プログラムにとって重要となる。危機的状況にある精神病者に対応し、地域社会の資源と共に活動する経験をもつ警察官は、精神病者に関係する問題についてより良い理解を示している。家族や友人に精神病者が存在する警察官が、CIT 警察官に多く見受けられるようであり、例えば、カンザス市においては、「我々がインタビューを行った多くの警察官は、家族に精神病者が存在したり、社会学や心理学の知識があることを理由として、CIT 警察官を志願した」ことをみいだしている。

(2) 技術と能力

　調査回答者は、CIT 警察官の鍵となる特質として、積極的な聴き取りと効果的な尋問技術といったような意思疎通技術について、繰り返し言及している。これらの技術は、危機的状況を減少させる警察官の技術の基本的なものである。「権威主義的ではなく、精神病者を気にかけており、心配していることを示し」、また、注意深くなり、精神病者の微妙な行動を認識しているという態度を意識的に示すことも、危機を減少させる技術の本質的要素となるのである。

　調査回答者は、CIT 警察官は、「問題を平和的に解決する最も合理的で非対立的な手段をみいだし、危機が生じる以前の状態に戻す」ことができる「独自の思考回路をもつ者」でなければならない。伝統的な警察対応をあまり行わないことも、重要な要素である。ニューロンドンの回答者が述べているように、「警察官は、必要とあれば、すばやく強制力をもった対応を行うように訓練されている」。警察官は、このタイプの対応を捨て去らなくてはならない。

　しかしながら、同時に、CIT 警察官は、様々な地域社会内の資源からの援助を求め、それを受諾することを自発的に行わなければならないのである。そし

て、警察官は、地域社会の多くの人々と協働的に活動することができなければならない。

(3) 個人の性格

調査回答者は、広範囲にわたって、個人の性格について述べており、CIT警察官に適切な警察官をタイプ化している。ごく頻繁に、警察機関は、忍耐強く、穏やかな者を求めている。こうした性格特性は、極めて有用である。なぜなら、精神病者に対する対応は、時間がかかり、警察官に欲求不満をもたらすことがあるからである。最小限度の怒りのレベルと高い抑制力のレベルをもつ者は、接触した精神病者による挑発的な言葉に対して、不適切な対応を行うことをよりよく回避することができる。フォート・ウエインの回答者が述べたところによると、警察官は、「厚顔でなければならず、また人種的な差別や悪口を言ったり、男性らしさ、女性らしさを強調してはならない。警察官には人を苦しめない役割が求められるのである」。

創造力、柔軟性、心の広さ、精神病者に対する敬意と尊厳は、調査回答者によって特定されたその他の重要な特質である。また、多くの回答者は、優しさ、同情、精神病者の手助けをしたいという願望についても言及している。

3　資源の配置

PERFの調査を受けた警察機関は、新しいプログラムの発展を支えるために、多様な資源を用いていることを報告している。大部分の警察機関は、設備、職員、訓練学校、精神病者への対応で使用されている訓練形態について、在宅による訓練形態を用いていることを報告している。例えば、ヒューストン警察署は、部分的に自己訓練プログラムを行っており、そこでは、警察官の訓練を行うために用いられる資源、職員、心理学者は、すべて自前で済ませられるようになっている。フォート・ウエイン、ヒューストンを含む一部の警察署は、CITの役割に挑戦するにあたって、CIT警察官に特別手当を支給している。また、警察機関は、他の管轄区域の警察官を援助することも行っている。ジャク

ソン・カウンティ・シェリフ機関は、CIT 訓練にあたり、リーズサミット警察署の施設を利用している。

　PERF の調査を受けた警察機関の多くは、新しいプログラムを実施するにあたって、政府の財政的援助や非財政的援助を用いている。幾人かの回答者は、地方の精神保健機関や、州の精神保健省といったような州の機関からの財政援助を受けている。また、連邦の財政援助は、地方の「法執行定額助成金」(Local Law Enforcement Block Grants)、「物質乱用・精神保健サービス当局」(Substance Abuse and Mental Health Services Administration)、「保健・社会福祉省の定額助成金」などを通じて、利用可能とされている。また、政府機関は、警察官と精神保健専門家の協働対応の際の臨床医などといった、職員、病院や精神保健センターといったサービス提供の場所を提供しているのである。

　一部の回答者は、また、ユナイテッド・ウェイや民間組織、民間病院、NAMI といった、非政府組織の財政援助を獲得したことを報告している。とりわけ、NAMI は、警察機関のためにインストラクター、訓練参加者のための食事、訓練機材の援助を行っている。ロサンゼルス警察署は、民間から CIT 警察官の記章の寄付を受けている。製剤会社は、アクロン警察署の訓練の援助を行うために、機材を提供した。アルバカーキにおいては、「司法関係省庁コンソーシアム」(Forensic Interagency Consortium: FIC) による独自の資金戦略を用いて、警察官訓練のための資金を調達しているのである。

　最終的に、ミネアポリス、サンディエゴ・カウンティを含む多くの警察機関は、インストラクターや精神保健機関から、警察官の訓練のための時間、専門技術、財政援助の提供を受けているのである。

4　他の警察機関の「最も酷い失敗例」を回避すること

　PERF は、調査を受けた各警察機関に対して、精神病者に対する特別対応の展開を計画している他の警察機関に、鍵となるアドバイスを行うように求めた。回答者は、「精神病者に対する特別対応の際に、警察署が行った最も酷い失敗例とは何であるか」について尋ねている。それに対し、回答者は、本章で

議論された多くの論題——警察の役割、訓練、プログラム実施にあたっての警察署と精神保健機関との連携——について述べている。このアドバイスについては、後述する。

(1) 警察官の役割

　一部の警察機関は、CIT 警察官になることを強制しないことが、一番重要であることを繰り返して述べている。それらの警察機関は、「CIT 警察官になることの関心を誘い、関心をもった者のみを採用する」必要性があることを強調した。CIT に任命される警察官は、精神病者に効果的に対応するのに要求される、熱意と技術が欠落している。ジャクソン・カウンティの回答者は、「CIT を行う心と魂がなければ、危機的状況にある精神病者を正当に扱うことはできないであろう」と述べている。幾つかの警察機関は、「CIT プログラムへの自発的参加が重要であるため、全警察官の訓練を対象としたプログラムを行うことはできない」と考えていた。また、アクロンの回答者は、「警察官は経験が必要であり、その経験は訓練からは生まれない」と述べている。

(2) 訓　　練

　多くの機関は、全警察官に、CIT 警察官と同様の訓練を行うことを推奨していないのであるが、一部の警察機関は、全警察官が精神病に関する基本的問題と危機的状況を減少させる方法について、訓練を受けるべきであることを述べている。これらの警察機関においては、全警察官の訓練を行うことによって、警察署は、基本的にプログラムに対して支援しており、関与していることを表すものと考えられているのである。

(3) 精神保健機関との提携

　最も頻繁に言及される失敗例は、精神保健サービス提供者と提携を結ぶ上での失敗である。回答者は、他の警察機関に対して、特別警察対応は「単独行動をとる」ものではないことを考慮に入れる必要性があると警告している。アー

リントンの回答者は、「外部の資源を用いることをせず、精神病者に関わる状況を、単に警察機関の問題として取り扱うことが、酷い失敗例である」とした。警察署は、精神病者の問題に取り組むために、精神保健サービス提供者と協働することを他の管轄にしきりに促しているため、警察機関は、より効果的に精神病者の事案を取り扱うことができるのであり、また、地域社会に対してより良いサービスを提供することができるのである。

「万事心得ている」と考えている警察機関など、存在し得ないであろう。ミドルタウンの回答者が言うように、「これは非常に悪い失敗例である。問題を特定し、その問題をはっきり示すために地域社会にフィードバックさせ、どの社会サービス機関が除外されるかを確認することが、より責任のある取組みであるといえる。次に、会議を設置し、そこで最善の解決策を提案するために、共に活動する。単独行動をとり、合意による問題解決に取り組まなければ、問題が生じることとなる」。それに加えて、モントゴメリー・カウンティの視座からする最も悪い失敗例は、「すでにプログラムを行っている警察機関の調査を行わず、そこからヒントを得ずに、プログラムを展開すること」であるとしている。

一部の回答者によって言及された失敗例は、精神保健擁護団体を組み込み、プログラム発展の初期の段階で、特別対応にそれらの反応を具体化することである。擁護団体を組み込む上での目標は、2つある。1つ目は、情報を収集し、どの問題が地域社会に存在しているのかについてインプットすることであり、2つ目は、プログラムの支援を獲得することである。この点に関して、リーズサミットの回答者は、「一般的に、擁護団体には、まだ利用されていないエネルギーがたくさん存在する。擁護団体と接触を図り、集団思考による解決策により、手助けを求めることが必要である」と述べている。

(4) 警察署の関与

幾つかの失敗例は、警察機関が、プログラムに関与していないことからもたらされるものである。警察機関は、地域社会の精神保健サービスの目標に関わ

ることをせずに、プログラムを成功させることはできない。リトルロックの回答者が述べるように、「単に警察官の責任を最小化することだけに着目していると、精神病への対応を発展させることはできないであろう」。また、回答者は、警察署の関与が欠落していること、あるいは警察署長、精神保健サービス提供者、精神病者及びその家族、地域社会からの「合意」が欠落していることによってもたらされる困難についても、言及している。それに加えて、警察機関全体が警察署を通じてプログラムに導入されていない場合、問題が生じるとしている。例えば、「通信司令官や監督者が特別訓練を認識していないと、通信司令官は不適切に警察官を派遣することとなり、また、監督者がプログラムのコンセプトを理解していないと、CITのすべての能力を用いなかったりすることとなる」。調査を受けた回答者によって言及された更なる失敗例としては、プログラムについての考えが凝り固まっていること、地域社会のニーズを取り入れずに、他の管轄が行っているプログラム・モデルを採用すること、プログラム当初から人員が不足していること、などが挙げられている。

　最終的に、一部の警察機関は、最悪の失敗例は、全く精神病者の問題を無視していること、あるいはプログラム開始後、その問題解決をあきらめていることである。カンザス市では、CITは、精神病者の問題を解決するものと信じられている。警察署が行う最悪の事態は、精神病者についての特別部門の存在を無視したり、特別部門に問題解決を押し付けることである。警察機関は、警察と接触している精神病者の問題から逃れるのではなく、その問題に取り組まなければならない。「このことに取り組むために要求される事項は、根気強さである」と、ロサンゼルスの回答者は述べた。「危機的状況を管理するにあたっては、1回限りで対応策を考える傾向にあるが、真に前進するための取組みを行うためには、長い時間がかかるものである」としているのである。

V　おわりに

　以上がアメリカにおける警察段階での触法精神障害者に対するダイバージョ

ンの概要である。そのほとんどが精神病者に対する警察官基盤のダイバージョン・プログラムを実施するにあたっての指針であるが、我が国での対応と比べれば格段の相違があることが分かるであろう。

我が国での今後の触法精神障害者に対する警察での対応の参考となることを望む次第である。

参 考 文 献

Reuland, M., *A Guide to Implementing Police-Based Diversion Programs for People with Mental Illness*. U.S.A : TAPA Center for Jail Diversion and A Branch of the National GAINS Center, 2004.

Abram, K. and Teplin, L., "Co-Occuring Disorders among Mentally Ill Jail Detainees : Implications for Public Policy," *American Psychologist*, Vol. 46, 1991, pp. 1036-1045.

Borum, R., Diane, M. W., Steadman, H. J., and J. Morrissey, "Police Perspectives on Responding to Mentally Ill People in Crisis : Perceptions of Program Effectiveness," *Behavioral Science and the Law*, Vol. 16, 1998, pp. 393-405.

Council of State Governments, *Criminal Justice/Mental Health Consensus Project Report*. New York, 2002.

Deane, M. W., Steadman, H. J., Borum, R., Veysey, B., and J. Morrissey, "Emerging Partnerships Between Mental Health and Law Enforcement," *Psychiatric Services*, Vol. 50, 1999, pp. 99-101.

DeCuir, Jr., W., and R. Lamp, "Police Response to the Dangerous Mentall Ill," *The Police Chief*, October, 1996, pp. 99-106.

Ditton, P. M., *Mental Hralth and Treatment of Inmates and Probationers : Special Report*. Washington, D. C. : Bureau of Justice Statistics, 1999.

Finn, P. and M. Suillivan, *Police Response to Special Populations*. Washington, D.C. : Department of Justice, 1987.

Lamb, H. R., and L. E. Weinberger, "Persons with Severe Mental Illness in Jails and Prisons : A Review," *Psychiatric Services*, Vol. 49, 1998, pp. 483-492.

Lurigio, A., and Swartz, J., "Changing the Contours of the Criminal Justice System to Meet the Needs of Persons with Serious Mental Illness," *Criminal Justice*, Vol. 3, 2000, pp. 45-108.

Newell, L., "America's Homeless Mentally Ill : Failing Through a Dangerous Crack," *New England Journal on Criminal and Civil Confinement*, Vol. 15, 1989, pp. 277-299.

Pogrebin, M. R., "Police Responses for Mental Health Assistance," *Psychiatric Quarterly*,

Vol. 58, 1987, pp. 66-73.
G. Gaines and G. Corder (Eds.), *Policing Perspectives: An Anthology*. Los Angeles, CA: Roxbury Publishing Company, 1999.
Richman, B., Convit, A., and D. Martell, "Homelessness and the Mentally Ill Offender," *Journal of Forensic Sciences*, Vol. 37, 1992, pp. 932-937.
Steadman, H. J., Stainbrook, K. A., Griffin, P., Draine, J., Dupont, R., and C. Horey, "A Specialized Crisis Response Site as a Core Element of Police-Based Diversion Programs," *Psychiatric Services*, Vol. 52, 2001, pp. 419-422.
Teplin, L., "Keeping the Peace: Police Discretion and Mentally Ill Persons," *National Institute of Justice Journal*, July, 2000, pp. 9-15.
Vickers, B., *Memphis, Tennessee, Police Department's Crisis Intervention Team*. Washington, D.C.: Department of Justice, 2000.
Wachholz, S., and R. Mullaly, "Policing the Deinstitutionalized Mentally Ill: Toward an Understanding of Its Function," *Crime, Law and Social Change*, Vol. 19, 1993, pp. 281-300.

第5章
ニュージーランドにおける精神障害者の刑事手続に関する裁判官マニュアル

I　はじめに

　この2、3年、「精神障害者の犯罪」や「知的障害者の犯罪」に関する専門論文が数多くみられるようになった。これは、心神喪失者等医療観察法の施行と、再犯防止の観点から、新受刑者の約22％を占める知的障害者の犯罪が、注目されるようになったからであろうと思われる。以下においては、「ニュージーランドの精神障害者の刑事手続に関する裁判官マニュアル」について紹介してみたいと思う。我が国の刑事手続を考える上で参考資料となるであろうと思われるからである。

II　最近の著者の研究課題

　著者が2006（平成18）年に実施した「知的障害犯罪者の実態調査」は、厚生労働科学研究（障害保健福祉総合研究事業）「罪を犯した障がい者の地域社会生活支援に関する研究（田嶋班）」の一環として実施したものであるが、これは「地域生活定着支援センター」の提案となって結実した。引き続いて、2009（平成21）年度にスタートした「触法・被疑者となった高齢・障害者への支援の研究（田嶋班）」において、著者は、「刑事法学からの触法被疑者の実態調査と現状分析」を担当することになった。この研究の主たる関心は、刑事司法制度と社会福祉制度との連携にある。つまり、法務省サイドと厚生労働省サイドとの連

携のあり方の探求である。より具体的に言えば、微罪処分、不起訴、起訴猶予等により、刑事司法制度からダイバートされ、施設内処遇を受けることができず、また、帰るべき家庭からも拒絶され、居場所を喪失してしまう蓋然性の高い、知的障害犯罪者に対する法務省サイドと厚生労働省サイドとの支援の輪、すなわち、セーフティネットをどのように構築するかである。

　法務省保護局において、アンケート調査表を作成して、サンプル調査を実施していたが、2010（平成22）年3月末に研究の基礎資料となるデータが収集できたので、その分析を行っているところである。

　サンプル調査の結果の分析はもう少し時間がかかると思うので、本章では、実態調査とは離れて、もう1つの著者の研究課題である、欧文の文献並びに統計資料に基づいて、諸外国における知的障害犯罪者に対する刑事政策的・社会政策的施策について紹介するという研究課題の一環として、「ニュージーランドにおける精神障害者の刑事手続に関する裁判官マニュアル」について紹介してみることにしたいと思う。著者の研究の主たる関心事である警察段階や検察段階における施策ではないが、矯正段階の1つ手前にある裁判段階において、ニュージーランドでは知的障害犯罪者をどのように処遇するのか、その手続の実態を知ることができるからである。

　なお、本章で用いる資料は、2003（平成15）年に修復的司法の研究調査でお世話になったマッカレー（F. W. M. McElrea）裁判官から恵贈されたものである。ここに記して感謝の意を表したいと思う。

Ⅲ　ニュージーランドにおける知的障害犯罪者関連法

　ニュージーランドの刑事手続における被告人の精神状態は、①正式事実審理を受けることの適切性、②精神異常の抗弁、③量刑等と関連しているといわれる。

　2004（平成16）年までは、知的障害をもった被告人は、精神保健手続の下で取り扱われており、特定の施設がなかったがために、被害を受けることが多か

ったようである。しかしながら、2004（平成16）年からは、3つの関連法が制定されたがために、その取り扱いに変化がみられるようである。3つの制定法のうちの最初のものは、被告人が「精神障害」あるいは「精神異常」があるかどうかを決定するための手続を定めた法律であり、残りの2つは、精神病あるいは知的障害があるとされた者に対する、様々な決定過程を取り扱う法律である。

具体的に、その3つの法律とは、①「2003年刑事手続（精神障害者）法」(Criminal Procedure [Mentally Impaired Persons] Act 2003：ここでは手続法と略称する)、②「1992年精神保健（強制的評価及び処遇）法」(Mental Health [Compulsory Assessment and Treatment] Act 1992：ここでは精神保健法と略称する)、③「2003年知的障害（強制的保護及び社会復帰）法」(Intellectual Disability [Compulsory Care and Rehabilitation] Act 2003：ここでは知的障害法と略称する) である。

精神病者と知的障害者の双方は、法が介入する以前において、法的援助以外の救済手段を必要としていることはいうまでもない。精神病者については、危険性あるいは自己介護能力の重大な欠如といった状況がみられ、知的障害者については、意思疎通、家庭生活、コミュニティ・サービスの利用のような適応技術にかなりの欠陥があるからである。

これは意外に思われるかもしれないが、「精神障害」という用語は、ニュージーランドにおいては、法律上定義されていない。「精神障害」という概念は、確かに、「精神異常」と「知的障害」の両者を包摂するものではあるが、裁判を受けることの不適切性については、例えば、アスペルガー症候群の多くの事案では、その被告人に対する強制的処遇あるいは治療が可能ではないといったようなケースにみられるごとく、両処遇法から除外された事案において、多くみいだされるかもしれないのである。

これら3つの法律のもう1つの重要な側面は、一定期間の拘禁、あるいは特定精神保健患者もしくは危険性のない特別保護患者として、すべての期間にわたって特別保護施設に収容される被告人の法的資格に関する規定である。

また、公式文書の提出が手続法第38条により要求される。これは、保釈が

図1　正式事実審理を受けることの適切性：手続の概略

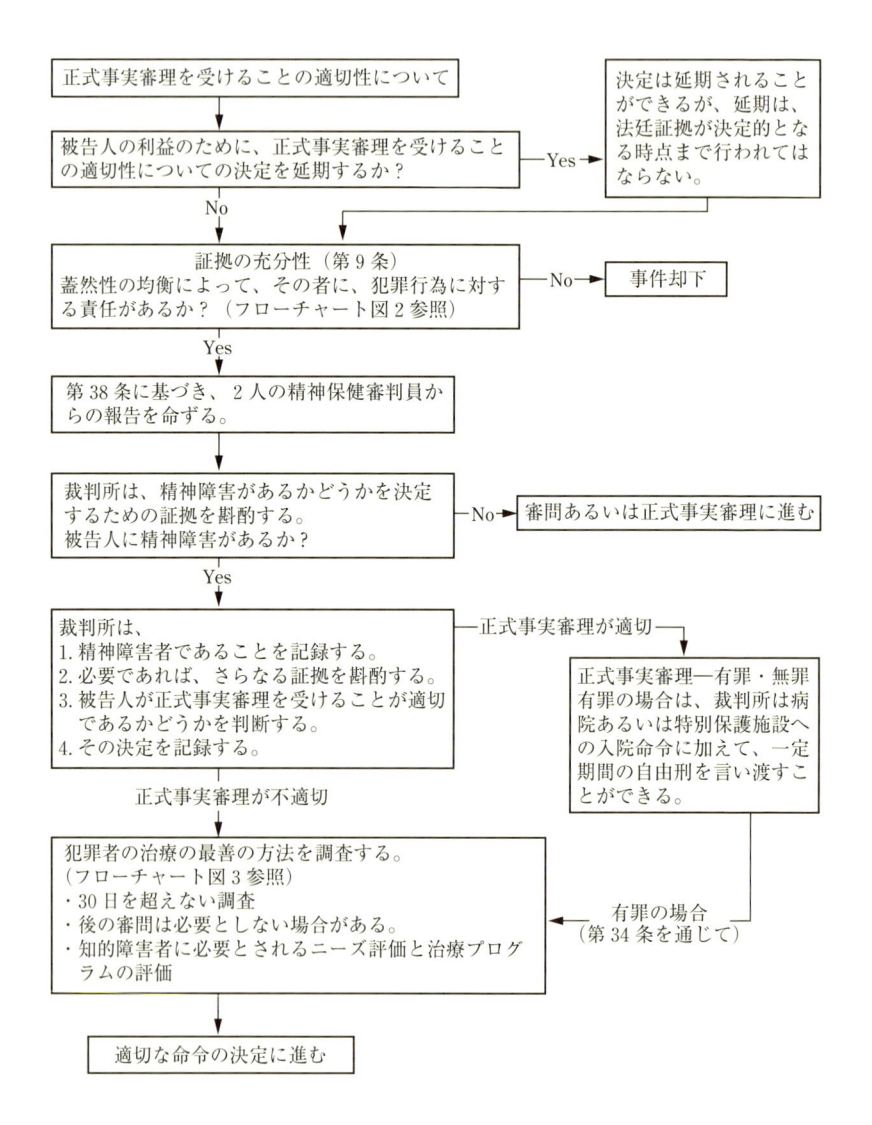

```
正式事実審理を受けることの適切性について
                │
                ▼
被告人の利益のために、正式事実審理を受けること           決定は延期されること
の適切性についての決定を延期するか？  ──Yes──→  ができるが、延期は、
                │                              法廷証拠が決定的とな
                No                             る時点まで行われては
                ▼                              ならない。
証拠の充分性（第9条）
蓋然性の均衡によって、その者に、犯罪行為に対す  ──No──→  事件却下
る責任があるか？（フローチャート図2参照）
                │
                Yes
                ▼
第38条に基づき、2人の精神保健審判員か
らの報告を命ずる。
                │
                ▼
裁判所は、精神障害があるかどうかを決定
するための証拠を斟酌する。              ──No──→  審問あるいは正式事実審理に進む
被告人に精神障害があるか？
                │
                Yes
                ▼
裁判所は、                            ─正式事実審理が適切─
1. 精神障害者であることを記録する。
2. 必要であれば、さらなる証拠を斟酌する。      正式事実審理―有罪・無罪
3. 被告人が正式事実審理を受けることが適切     有罪の場合は、裁判所は病
   であるかどうかを判断する。                院あるいは特別保護施設へ
4. その決定を記録する。                      の入院命令に加えて、一定
                │                          期間の自由刑を言い渡すこ
     正式事実審理が不適切                    とができる。
                ▼
犯罪者の治療の最善の方法を調査する。
（フローチャート図3参照）
・30日を超えない調査
・後の審問は必要としない場合がある。            有罪の場合
・知的障害者に必要とされるニーズ評価と治療プログ  （第34条を通じて）
 ラムの評価
                │
                ▼
適切な命令の決定に進む
```

別個に認められるのであれば、保釈に際して行われることになる。そして、次の優先事項は、刑事施設における拘禁である。拘禁の他の形態（例えばメーソン・クリニックへの収容）では、事前の評価を必要とすることになる。公式文書は、正式事実審理を受けることの適切性や精神異常の抗弁、あるいは量刑問題についても言及する場合があるのである。

さらに、被告人の犯罪への関与についての証明が手続の最初に要求されることはいうまでもない。起訴を基礎づける行為が最初にみいだされない場合には、被告人は、精神障害者の手続を受けることはできないのである。簡単に言えば、犯罪行為が証明されなければ、精神状態は問題とされないということになる。

この重要な新たに設定された手続段階は、盗んだクレジットカードを使ったのか、ナイフを使ったのか、車を運転したのかなど、いろいろな前提事実が証明されていない被告人を守ることになるのである。さらに、問題となる犯罪は、罰金刑などの財産刑ではなく自由刑によって処罰可能なものでなければならないのである。

精神障害者に関する刑事手続の5段階は、トロー対ニュージーランド警察（Trow v New Zealand Police）事件において、ニコルソン判事（J. Nicholson）によって確認されている。しかしながら、第1段階に進む前に、裁判所は、被告人に、あるタイプの精神障害の可能性があるのか、それとも他のタイプの精神障害の可能性があるのかについて注意を払うであろうし、また、通常は、専門家の鑑定書を要求するであろう。最初は、当然のことながら、1つの鑑定書のみを提出することが提案されるであろうが、この鑑定書は、公式手続にのせるための証拠的基盤を提供するものとなる。最初の鑑定書に問題があることが示された場合には、2つ目の鑑定書の提出が、精神障害に関する審問の開始命令と同時に、命ぜられることになるのである。

こうした精神障害者に関する刑事手続の5段階は、以下の通りである。

図2 証拠の充分性の決定（第9条 決定）

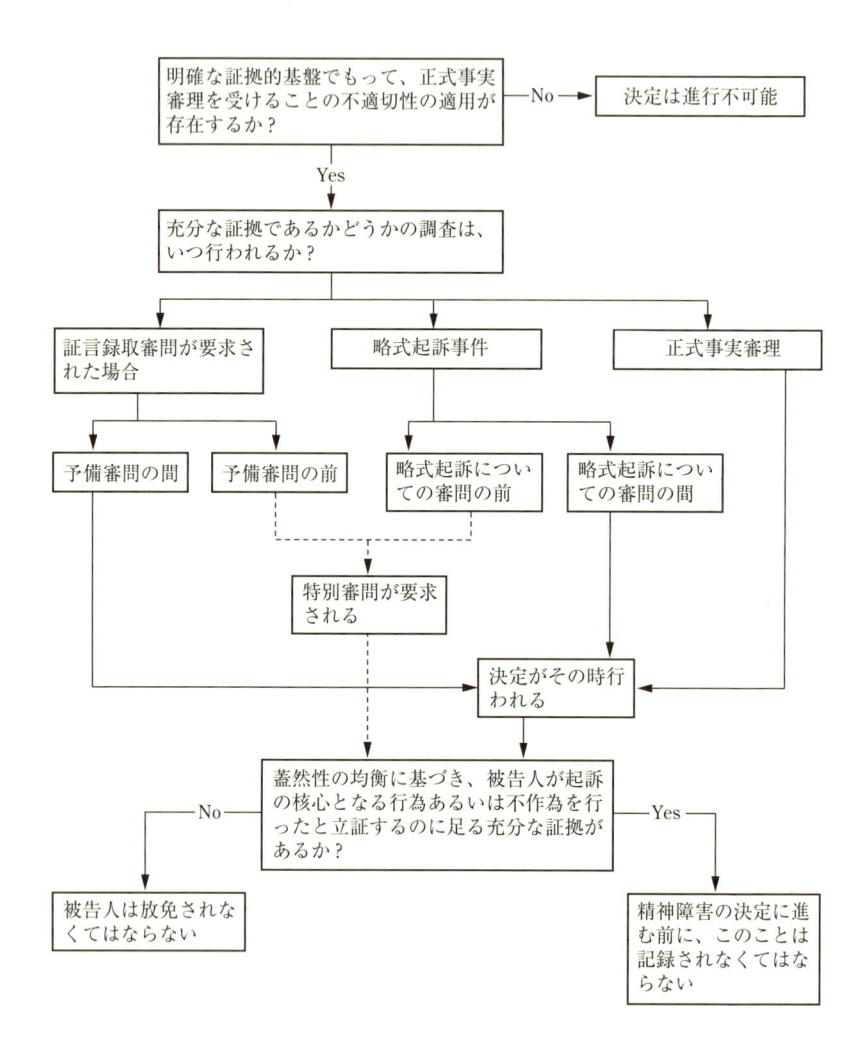

```
         ┌─────────────────────────────┐
         │明確な証拠的基盤でもって、正式事実│   No   ┌──────────────┐
         │審理を受けることの不適切性の適用が├──────→│決定は進行不可能│
         │存在するか？                  │        └──────────────┘
         └──────────────┬──────────────┘
                        │ Yes
                        ↓
         ┌─────────────────────────────┐
         │充分な証拠であるかどうかの調査は、│
         │いつ行われるか？               │
         └──┬──────────────┬──────────┬┘
            ↓              ↓          ↓
   ┌──────────────┐ ┌──────────┐ ┌──────────┐
   │証言録取審問が要求さ│ │略式起訴事件│ │正式事実審理│
   │れた場合        │ │          │ │          │
   └───┬──────┬───┘ └──┬────┬──┘ └──────────┘
       ↓      ↓        ↓    ↓
   ┌──────┐┌──────┐┌──────┐┌──────┐
   │予備審問│ │予備審問│ │略式起訴につ│ │略式起訴につ│
   │の間  │ │の前  │ │いての審問の前│ │いての審問の間│
   └──┬───┘└──┬───┘└──┬─────┘└──┬─────┘
      │       │        │           │
      │       └─ ─ ─ ┐ │           │
      │              ↓ │           │
      │    ┌──────────┐│           │
      │    │特別審問が要求││           │
      │    │される    ││           │
      │    └────┬─────┘│           │
      │         │      │           │
      │         │      │           ↓
      │         │      │    ┌──────────┐
      │         │      │    │決定がその時行│
      │         │      │    │われる    │
      │         │      │    └─────┬────┘
      │         ↓      ↓          ↓
      │    ┌──────────────────────────────┐
      │    │蓋然性の均衡に基づき、被告人が起訴│
   No │    │の核心となる行為あるいは不作為を行│  Yes
      ←────│ったと立証するのに足る充分な証拠が├────→
           │あるか？                      │
           └──────────────────────────────┘
                                          ↓
   ┌──────────────┐              ┌──────────────┐
   │被告人は放免されな│              │精神障害の決定に進│
   │くてはならない  │              │む前に、このことは│
   │              │              │記録されなくてはな│
   │              │              │らない          │
   └──────────────┘              └──────────────┘
```

1　犯罪の証拠の充分性の決定

これは、まさに手続法第9条にみいだされる新しい手続段階といえるものである。犯罪の証拠の充分性の決定は、略式起訴審問（summary hearing）の前、または略式起訴審問において（同法第10条）、あるいは証言録取審問の前、または証言録取審問において（地方裁判所判事はこれを指揮しなければならない：同法第11条）、若しくは明らかに陪審ではない正式事実審理において（同法第12条）取り扱われなければならないのである。通常は、「特別審問」（special hearing）を開くであろう。手続法は、何らの特別な手続について規定していない。実務においては、弁護士は、証拠が、しばしば証拠書面の方法で、反対尋問によってかあるいは反対尋問なしで、証明され得ることに同意するのである。しかしながら、裁判所は「被告人に不利な証拠」を考慮しなければならないため、例え「同意」があったとしても、事実の概要は表面的であってはならないのである。裁判所は、起訴された犯罪の基盤を形成している行為が証明されているかどうかの評定結果を、記録しなければならない。

証拠のより低い基準――蓋然性の均衡（on the balance of probabilities）――をここでは、適用する。この基準が満たされなければ、被告人は刑事手続あるいは処遇手続を経ることなく、放免されることになる（同法第13条第2項参照）。この基準が満たされれば、第2段階へ移行するのである。

2　精神障害の決定

精神保健法第14条第1項に基づき、裁判所は、2人の精神保健鑑定者（health assessors）から、被告人に精神障害があるかどうかの証拠の提示を受けなければならない。通常、精神病については、この精神保健鑑定者とは、精神科医を意味する。知的障害については、この精神保健鑑定者とは、心理学者、あるいは知的障害法第4条第1項に基づく、特定専門分野の鑑定者であることもある。

精神保健鑑定者による証拠は裁判所に提出されることになるが、そこでは、

その証拠は当事者あるいは裁判所によって要求される場合には、反対尋問によって検証される。通常、すでに命じられた2人の精神保健鑑定者は、報告書を作り、その内容を確認して、必要であればその内容を最新のものにし、いかなる質問にも答えることを宣誓するのである。報告書が提出されたならば、「仲裁付託の合意」(submissions：紛争当事者間の合意のこと) が斟酌されることもある。次に、裁判所は、蓋然性の均衡によって、被告人に精神障害があるかどうかを決定し、その結果を記録する。法はそのように規定してはいないが、被告人に精神障害がないと認定された場合は、刑事司法過程の次の段階に移されることになるのである。

3 正式事実審理を受けることの適切性の決定

　正式事実審理を受けることの適切性の決定を別個の段階とすることによって、手続法は、裁判所に、独立した過程として、正式事実審理を受けることの適切性の問題に焦点を当てることを要求している。しかしながら、実務では、第2段階で証拠を提示する証人と特別審問における証人とが同じであるため、第2段階は第3段階と合体していることが多い。多くの事案では、精神障害があると認定されると、すぐに、正式事実審理を受けることが不適切であるとされるのである。

　正式事実審理を受けることの不適切性は、精神障害のために、抗弁を行い、あるいは弁護士に抗弁を依頼することができないことを意味するのであり（手続法第4条第1項）、またそれは、答弁を行い、法的手続の性質、目的、可能な結果を適切に理解し、弁護士と意思疎通を図ることに無能力であることを意味するのである。P対ニュージーランド警察事件において、バラグワナス裁判官 (J. Baragwanath) は、包括的定義として一覧表にされた、3つの無能力のタイプ以外をも注目し、オーストラリア首都特別地域の立法に含まれた、より長い一覧表に注意を払っているのである。例えば、それは、陪審員を忌避する権利を行使し、法的手続の過程に従い、被告人に対して不利な証拠の効果を理解する能力である。

第3段階について、法は、裁判所は、両当事者に証拠を審議し提出する機会を与えなければならないと規定している（同法第14条第2項）。実務では、裁判所に提出された報告書は、2つの争点について言及することが多いようである。すなわち、精神障害の問題を取り扱う事案では、裁判所は、当事者に、何らかのさらなる証拠が必要とされるのかどうか、若しくは正式事実審理を受けることの不適切性とは別個の問題として、仲裁付託の合意がなされたかどうかについて尋ねるのである。

　P事件では、被告人には、正式事実審理を受けることの不適切性を確立するため、「挙証責任者」（proponent）としての責任があると判示されたが、ワーレン・ブルックバンクス（Warren Brookbanks）教授の見解では、争点は当事者主義の外に置かれているために、誰が法的責任を負うかについての争点は主として学問的なものであり、被告人は法的責任を要求されるべきではないとしているのである。争点は、むしろ、一方の当事者あるいは裁判官によって提起される可能性があるとするのである。

　裁判所が、これは被告人の利益の観点から判断されるべきであるとする場合には、正式事実審理を受けることの適切性についての決定は、延期されることがあるのである（同法第8条第1項）。もし被告人が放免される場合には、何らの決定も行われないのである。この延期は、すべての証拠が決定的となる時点を超えることはできないのである。

　精神障害者が正式事実審理を受けることが適切であるとみなされ、自由刑で処罰可能な犯罪で有罪が宣告される場合には、裁判所は、手続法第34条と第35条の要請に従い、犯罪者に対して、病院もしくは特別保護施設への入院を命ずることがあるのである（本文の最終段落を参照）。

4　調査命令

　被告人が正式事実審理を受けることが不適切であると判断された場合、あるいは精神異常のために放免される場合には、裁判所は、被告人を処遇するのに最も適切な方法を決定するために調査を行うことを命じなければならない（手

続法第23条第1項)。これらの調査は、命令が発せられてから30日以内に完了しなければならないのである。

手続法は、調査目的のための保釈、あるいは病院や特別保護施設への再入院について規定しているが、関係当局は、すでに必要な情報を獲得しており、それを裁判所に提出している場合がある。もし裁判所に提出された情報が必要にして充分である場合には、再入院は必要ではない。

複雑な事件では、手続法第23条の下での保釈あるいは再入院については、調査の遂行の猶予が命じられるべきである。知的障害者については、裁判所は、調査書が提出されていない場合には、知的障害法第3編の下でのニーズ評価と、その者が受ける治療プログラムの詳細が要求されるのである。

5 適切な命令の決定

実務的な選択肢としては、危険な人物については、精神保健法の下で特別患者として病院へ入院させるか、または知的障害法の下で特別保護患者として特別保護施設に入院させるかである（同法第24条参照。そこに手続が規定してある）。これらの選択肢（拘禁命令）が、最初に考慮されなければならない。

特別保護施設への入院が必要であると判断されない場合は、手続法第25条の下で、選択肢は、以下のようになる。

(1) 精神保健法の下での一般患者、若しくは知的障害法の下での（特別保護施設ではない施設での）特別保護患者となる。
(2) 拘禁命令ではなく、刑務所での拘禁刑を科す。
(3) 被告人の即時の釈放を命ずる。

各事案において、裁判所は、1人あるいはそれ以上の精神保健専門家（health professionals）からの証拠を得なければならない。精神保健法の下での命令が予期される場合は、この精神保健専門家は、精神科医でなければならない。知的障害の事案においては、知的障害があること、知的障害法第3編の下での評価

第5章 ニュージーランドにおける精神障害者の刑事手続に関する裁判官マニュアル　151

図3　適切な命令の決定（手続法第24-26条）

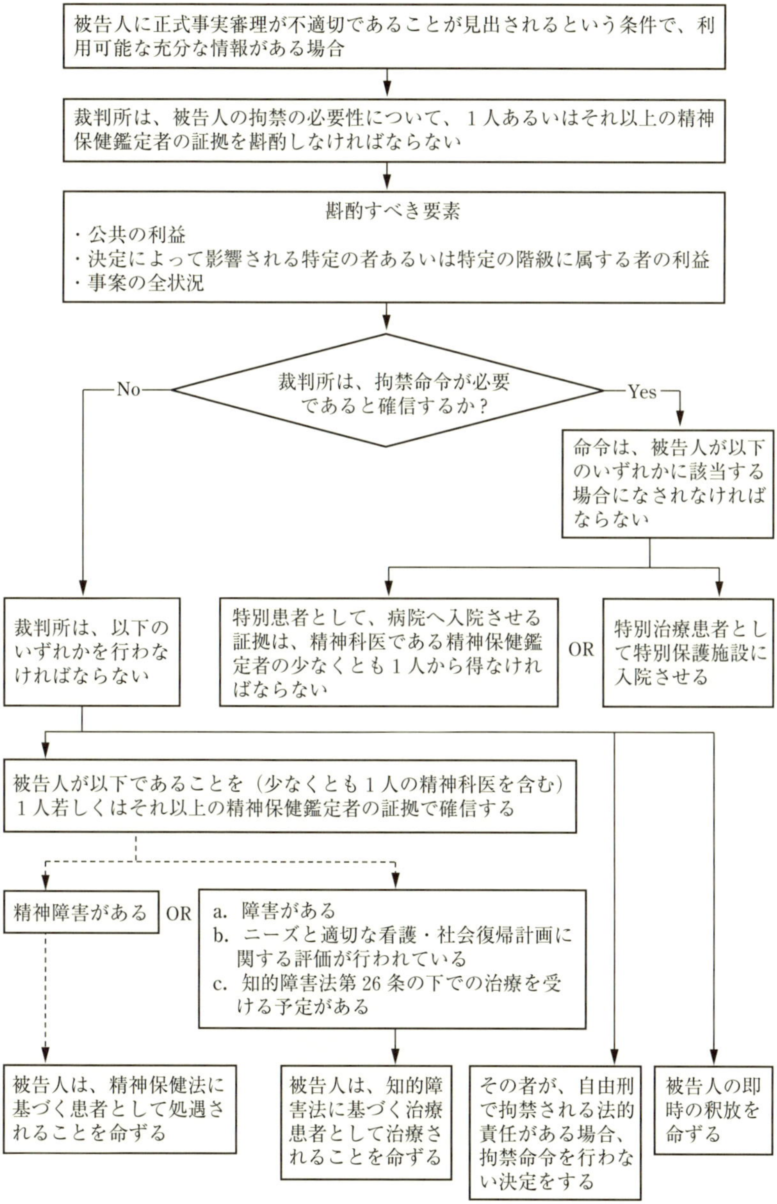

```
┌─────────────────────────────────────────┐
│ 被告人に正式事実審理が不適切であることが見  │
│ 出されるという条件で、利用可能な充分な情報  │
│ がある場合                                │
└─────────────────────────────────────────┘
                    ↓
┌─────────────────────────────────────────┐
│ 裁判所は、被告人の拘禁の必要性について、1人 │
│ あるいはそれ以上の精神保健鑑定者の証拠を斟  │
│ 酌しなければならない                      │
└─────────────────────────────────────────┘
                    ↓
┌─────────────────────────────────────────┐
│           斟酌すべき要素                  │
│ ・公共の利益                              │
│ ・決定によって影響される特定の者あるいは特  │
│  定の階級に属する者の利益                 │
│ ・事案の全状況                            │
└─────────────────────────────────────────┘
                    ↓
         ┌──────────────────┐
   ─No──│ 裁判所は、拘禁命令が │──Yes─
   │    │ 必要であると確信するか？│      │
   │    └──────────────────┘      │
   │                                    ↓
   │                        ┌────────────────┐
   │                        │ 命令は、被告人が以下 │
   │                        │ のいずれかに該当する │
   │                        │ 場合になされなければ │
   │                        │ ならない           │
   │                        └────────────────┘
   │                                    ↓
   │           ┌────────────────┐    ┌────────────────┐
   │           │ 特別患者として、病院│    │ 特別治療患者とし │
   │           │ へ入院させる証拠は、│ OR │ て特別保護施設に │
   │           │ 精神科医である精神 │    │ 入院させる      │
   │           │ 保健鑑定者の少なく │    └────────────────┘
   │           │ とも1人から得なけ │
   │           │ ればならない      │
   │           └────────────────┘
   ↓
┌─────────────────────────────────────┐
│ 裁判所は、以下のいずれかを行わなければならない │
└─────────────────────────────────────┘
   ↓
┌─────────────────────────────────────────┐
│ 被告人が以下であることを（少なくとも1人の精神科医を含む）│
│ 1人若しくはそれ以上の精神保健鑑定者の証拠で確信する    │
└─────────────────────────────────────────┘
   ↓
┌────────────┐     ┌──────────────────────────┐
│ 精神障害がある │ OR │ a. 障害がある                │
└────────────┘     │ b. ニーズと適切な看護・社会復帰計画に│
                    │    関する評価が行われている       │
                    │ c. 知的障害法第26条の下での治療を受 │
                    │    ける予定がある                │
                    └──────────────────────────┘
   ↓                    ↓
┌──────────┐  ┌──────────┐  ┌──────────┐  ┌──────────┐
│被告人は、精 │  │被告人は、知 │  │その者が、自 │  │被告人の即  │
│神保健法に  │  │的障害法に  │  │由刑で拘禁さ │  │時の釈放を  │
│基づく患者と │  │基づく治療  │  │れる法的責任 │  │命ずる     │
│して処遇され │  │患者として治 │  │がある場合、 │  └──────────┘
│ることを命ず │  │療されること │  │拘禁命令を行 │
│る         │  │を命ずる    │  │わない決定を  │
└──────────┘  └──────────┘  │する       │
                              └──────────┘
```

がなされたこと、及び同法第26条の下での治療プログラムを受けることについての証明がなければならない（手続法第25条参照）ことになっている。

Ⅳ　精神異常の認定

精神異常の抗弁は、いかなる犯罪においても利用することができる。手続法の第20条は、①被告人が精神異常の抗弁を持ち出す場合、②検察官が、精神異常によって無罪とすることが唯一の合理的な裁決であることに同意し、③裁判官が、専門家の証拠によって、被告人が犯行時、法的に精神異常であったということに確信を得た場合には、正式事実審理あるいは審問の必要性がないことを規定している。裁判官は、精神異常のために無罪であるとの認定を記録しなければならないのである（他の条項については、手続法第20条を参照されたい）。

そのような認定が行われる場合には、正式事実審理が適切でないとされた者と同様に、上述の（調査と拘禁命令についての）第4段階と第5段階が適用されるのである。

特別患者からの身分の変更についての決定は、保健大臣（Minister of Health）によって行われる。また、上訴の権利は、様々な段階で生じるのである（同法第16～19条、20～22条、29条参照）。

Ⅴ　知的障害法の対象となり得る者の他の方法について

精神異常もしくは正式事実審理に不適切であるとされた場合の他に、ある者については、自由刑の一期間として、あるいは刑の言渡しの代わりに、知的障害法の対象となることがある。それらの者は、手続法第34条の下で、強制的保護及び社会復帰命令の対象となるのである。

Ⅵ　刑務所収容と特別拘禁命令

以下のいずれかの方法で、処遇施設若しくは保護施設における安全拘禁命令を行う、新たな権限が設けられている（手続法第28条と第34条）。

(1) 安全拘禁命令に加えて、拘禁刑を科す（同法第34条1項(a)）。
(2) 刑の言渡しの代わりに安全拘禁命令を科す（同法第34条1項(b)）。
(3) 何らかの他の事件ですでに一定期間の拘禁刑に服した者について、安全拘禁命令を科す（同法第28条）。
(4) 後に一定期間の拘禁刑に服する者について、安全拘禁命令を科す（同法第28条第1項）。

最近の2つの事案においては、被告人が治療施設あるいは保護施設の患者である間は、拘禁刑の刑期が進行しており、もし少しでも刑期の残りがあるならば、刑務所に戻ってその残りの刑に服することになるのである。

Ⅶ　おわりに

以上が、ニュージーランドにおける精神障害犯罪者に対する刑事手続に関する裁判官マニュアルの全貌である。これは一般向けの説明マニュアルではなく、マッカレー裁判官がニュージーランドの全裁判官に配布したマニュアルであるため、幾分専門的ではあるが、ニュージーランドにおける知的障害犯罪者の刑事手続を知る上において、貴重な文献であると思う。この文献が、我が国の知的障害犯罪者の刑事手続を検討する際の参考資料となれば幸いである。

資料源：McElrea, F. W. M., "Bench Book Material re Criminal Procedure for Mentally Impaired Persons," *FWMM final edition*, March 5, 2007.

第6章
諸外国における薬物犯罪者の処遇モデル

I 日本における薬物規制の状況

　日本においては、薬物犯罪を規制する法律として、「麻薬及び向精神薬取締法」、「あへん法」、「大麻取締法」、「覚せい剤取締法」が存在する。これらの法律は「薬物四法」と総称されている。しかしながら、日本においては、麻薬等の薬物には属さないが、シンナー及び接着剤等の有機溶剤乱用事犯も、薬物乱用として論じるのが一般的である。そして、この有機溶剤乱用を規制する法律として、「毒物及び劇物取締法」が存在する。これらの法律は、薬物の輸出入、製造、譲渡、譲受、使用、所持等を規制しており、その内容は対象となる薬物によって異なるのである。
　また、1988（昭和63）年には、国連において、「麻薬及び向精神薬の不正取引の防止に関する国際連合条約」（麻薬新条約）が採択されたことにより、それを批准するための国内担保処置として、「国際的な協力の下に規制薬物に係る不正行為を助長する行為等の防止を図るための麻薬及び向精神薬取締法等の特例等に関する法律」（平成3年法律第94号）（以下、麻薬特例法という）が成立した。従来の薬物四法は、主として規制薬物の製造・流通や乱用を直接規制していたのに対して、麻薬特例法は、国際的規模における規制薬物の不正取引に関する収益が、再び同種の不正取引に再投資されることにより、その乱用が拡大しているという現実を踏まえて、これらの収益を剥奪することを目的としたものである。そのため、麻薬特例法においては、業として行う不法輸入等の罪（第5条）、薬物犯罪収益等隠匿・収受罪（第6条、7条）が創設されると共に、没

収・追徴の保全手続も定められた[1]。

さらに、1997（平成9）年には、内閣府において、薬物乱用対策推進本部（現：薬物乱用対策推進会議）が設置され、「第3次薬物乱用防止5か年戦略」及び「薬物乱用防止戦略加速化プラン」による取組みが、現在、実施されている。また、法務省においても、再犯防止対策推進会議において、「再犯防止施策の今後の展開：就労・福祉による支援を中心として（中間とりまとめ）」を発表し、効果的な支援を実施する必要性があるものの1つとして、薬物犯罪者等の指導・支援の強化の検討を行っているところである[2]。

これらの施策の背景には、日本においては、従来、これらの法律で処罰される薬物犯罪者を、その呼び名の通り「犯罪者」として捉えることで、刑事司法機関内で厳格に対応することにその主眼が置かれていたことが挙げられる。しかしながら、薬物犯罪の依存性・常習性という特殊な性格に鑑みた場合、薬物犯罪者を「病人」と捉えることで、薬物犯罪者を刑事司法制度からダイバートさせ、刑事司法機関の枠を超えた多機関連携による、より専門的な施策を展開し、薬物犯罪者の再犯の危険性の除去を効果的に行う必要性のあることが、現在、認識されつつあるのである。

そこで、本章においては、まず日本における薬物犯罪の現状をごく簡単に紹介し、その後、諸外国で展開されている薬物犯罪者の処遇方法を、「犯罪者モデル」と「病人モデル」に分類することによって、薬物犯罪者に対する効果的な処遇の在り方について検討してみたいと思う。

II　日本における薬物犯罪の現状

日本の薬物犯罪者のうちその多くを占めているのは、覚せい剤取締法違反者である。日本の覚せい剤乱用には、3つのピークがみられる。第1のピークは、検挙人員が5万人を超えて5万5,664人となった1954（昭和29）年であり、2番目のピークは、その数が2万4,372人と半減した1984（昭和59）年であり、1997（平成9）年には、その数は2万人以下の1万9,937人となったが、これ

が3番目のピークである。

　最近では、覚せい剤取締法違反の検挙人員は、2001 (平成13) 年以降、おおむね減少傾向にあり、2009 (平成21) 年においては、1万1,873人となっている。2009 (平成21) 年における覚せい剤事犯の起訴率は83.4％、起訴猶予率は6.9％となっており、一般刑法犯の起訴猶予率43.2％と比べると、その数値は著しく低いのである。また、通常第1審における覚せい剤事犯者の科刑状況をみると、実刑率は59.9％、執行猶予率は40.1％となっており、一般刑法犯の執行猶予率である55.6％と比べるとその数値は低い。また、覚せい剤事犯者に対して科される実刑や執行猶予の期間は、年々長期化している傾向にある[3]。

　次に、大麻取締法違反の検挙人員をみると、2001 (平成13) 年以降、増加傾向にあり、2009 (平成21) 年には、3,087人まで増加し、2000 (平成12) 年の約2.5倍となった。大麻取締法違反者の起訴率は58.9％、起訴猶予率は34.0％であり、覚せい剤取締法事犯と比べると、初犯者の割合が高く、また年齢層も低い状況にある[4]。

　麻薬取締法違反の検挙人員は、2001 (平成13) 年以降、増加傾向にあったが、2009 (平成21) 年においては429人となっており、前年と比べると28.6％減少した。麻薬取締法違反者の起訴率は61.8％、起訴猶予率は21.0％となっている[5]。

　あへん法違反の検挙人員は、2009 (平成21年) においては、28人と一貫して減少傾向にあり、また、起訴率は21.4％となっている[6]。

　これらの事実を踏まえて考えた場合、日本においては、薬物犯罪に対しては、取締りの強化と罰則でもって対応をしている状況にあり、総じて薬物犯罪に対しては厳格な法律の運用を行っているといえる。例えば、薬物犯罪の中核をなす覚せい剤取締法についてみてみると、単純所持や自己使用については10年以下の懲役 (第41条の2、第41条の3)、営利目的の輸出入や製造については無期懲役 (第41条) まで科すことが可能となっており、運用面だけでなく、法制面においても厳格な対応を採っていることが理解できる[7]。これは改めて指摘するまでもなく、日本の刑事司法が、薬物犯罪者を「犯罪者」と捉える犯

罪者モデルに立脚していることにその理由があると考えられるであろう。

しかしながら、犯罪者モデルによって、薬物犯罪者に対して厳格な対応を行ってはいるものの、とりわけ覚せい剤事犯者の再犯の可能性が高いことが、法務省法務総合研究所の研究によって報告されている。それによると、ある犯罪によって有罪判決を受けた者が同じ罪名の犯罪をおかす割合は、覚せい剤取締法違反が最も高く、窃盗よりも高い数値を示しているのである[8]。こうした事実からすると、果たして犯罪者モデルによって薬物犯罪者に対して厳格な法執行を行うことが、本人の薬物からの離脱にどの程度の効果があるのかという疑問が生じてくるであろう。そうした意味からも、日本にとっては、諸外国で展開されている病人モデルの施策が、参考となるのではないかと思われる。

そこで以下においては、諸外国における薬物犯罪者の処遇の実態を、「犯罪者モデル」と「病人モデル」とに分けて分析し、薬物犯罪者に対する多様な施策について検討していきたいと思う。

Ⅲ 諸外国における薬物犯罪者の処遇の実態

1 犯罪者モデル

(1) 即決裁判手続（日本）

2004（平成16）年に成立した「刑事訴訟法等の一部を改正する法律」（平成16年法律第62号）によって、即決裁判手続が創設された。この手続は、争いのない明白軽微な事件について、原則として即日判決を言い渡すものであり、その判決においては、懲役・禁錮の言渡しをする場合には、刑の執行猶予の言渡しをしなければならないものである。具体的には、即決裁判手続は、検察官が捜査段階において、被疑者の同意を得るなどすることによって、起訴と同時に即決裁判手続の申立てを行い、公判期日の冒頭手続において、被告人は起訴状記載の訴因について有罪である旨の陳述を行う手続であり、アメリカで採用されているアレインメントと類似の制度である。なお、アレインメントは被告人の有罪答弁に基づき事実審理を経ずに有罪とされる制度であるが、即決裁判手続

においては、事実審理自体は省略されない点において、両者は異なる制度設計となっている[9]。

このように、この即決裁判手続は、簡易かつ迅速に公判審理及び裁判を行うことによって、公判手続の合理化・効率化を図ることを目的とするものなのであるが、2009（平成21）年の地方裁判所において即決裁判手続に付された罪名別人員をみると、覚せい剤取締法違反1,140人、道路交通法違反934人、入管法違反800人、大麻取締法違反442人、窃盗312人、麻薬取締法違反53人、公務執行妨害18人、住居侵入14人、その他320人となっており[10]、即決裁判手続に付された事件の40.5％が薬物関係事案であることが分かる。

このことから、都道府県警察は、薬物犯罪者で即決裁判手続により執行猶予判決が見込まれる者などに対し、薬物再乱用防止に関する自主的な努力の一助となるべく、起訴後、捜査が終了し、なお警察施設に勾留されている期間を利用し、対象者に任意でパンフレットの閲覧及び配布を行うことにより、薬物再乱用防止に関する基礎的な知識や官・民の相談先に関する情報を提供している[11]。

また、警察庁と薬務部門、民間団体等との連携による薬物再乱用防止に関する取組みを促進するために、栃木県警察では、薬物事犯により検挙され、初犯等で執行猶予判決が見込まれる者に対して、栃木県が実施する「薬物再乱用防止教育事業」の概要を説明し、その後、栃木県薬務課の職員が対象者と面接を行い、対象者の任意で、民間団体である栃木ダルクにおける薬物再乱用防止プログラムを受講させる取組みを行っている[12]。

具体的には、薬物再乱用防止プログラムにおいては、月4回開催される講習会を10回受講し、県が作成したアンケートにより回復の度合いが判定され、教育の継続の必要性が判断される。講習では薬物の再使用に至る生活習慣や行動と思考のパターンの見直しに目を向け、どのようにしたらそのパターンを変えることができるのかを、ブレインストーミングやロールプレイング、絵を描く療法によって答えを導いていくカリキュラムを行っている。

また、受講者には、任意で不正薬物を検出する尿検査も行っており、薬物か

らの離脱の達成感や家族に対する信頼回復に役立てている。そして、本プログラムを進めるにあたっては、本人の努力に加えて、家族の適切な対応が必要不可欠となるため、本人がプログラムを申し込んだ後、家族に対しても面談を行い、栃木県精神保健福祉センターで実施している「薬物依存症家族ととともに考える会」に参加してもらい、回復につながる対応方法を学習する機会を与えている。

さらに、プログラムを終了した者に対しては、麻薬取締員が定期的に連絡を取り、3年間の経過観察指導を行うこととしているのである[13]。

本プログラムは現在進行中であり、今後、プログラムの効果についての評価・検討を積み重ねていく必要性があるものと思われる。そして、より多くの自治体において、栃木県と同様の取組みを展開させていくことで、薬物依存に対する治療体制を全国的に拡大させていくことが期待される。

(2) 保釈中の刑事被告人に対する薬物研修プログラム（日本）

本プログラムは、特定非営利活動法人アジア太平洋地域アディクション研究所（略称：アパリ）(Asia-Pacific Addiction Research Institute：APARI) によって展開されているものである。アパリは、全国約50か所ある民間の薬物依存症リハビリ施設であるダルク（Drug Addiction Rehabilitation Center：DARC）の内部にある薬物依存症研究所であり、ダルクと密接な連携を図りながら、薬物犯罪者に対して様々な支援を行い、薬物研修プログラムをコーディネートする業務を行っている。アパリによって展開される薬物研修プログラムは、基本的には対象者がダルクに入寮し、そこにおいてグループ・セラピー、生活習慣の改善、自立生活訓練等が行われることになっている[14]。

具体的には、アパリは、薬物事犯で逮捕され、起訴された者について、保釈期間中にアパリの薬物研修プログラムを受講することを条件に保釈決定を得る活動も行っている。これは、刑事訴訟法第93条第3項が、保釈に際し、「被告人の住居を制限しその他適当と思われる条件を付することができる」としていることから、ダルクの施設で薬物研修を受けることを条件に保釈決定を得るこ

とができれば、薬物事犯の被告人は再犯防止に向けたプログラムを受講することができ、その進捗状況を裁判所によって評価してもらうことができるからである。そして、プログラムの進捗状況が評価され、被告人に執行猶予の言渡しがなされた場合には、継続してアパリの薬物研修プログラムを受講することも可能であり、また、被告人に実刑の言渡しがなされた場合であっても、アパリが受刑者の身元引受人となり、刑務所収容中も連絡を取り合い、通信教育を行わせるなどの援助を行い、刑務所から釈放された場合には、その日からダルクの施設に入寮させ、薬物研修プログラムを受講させることなども行っている[15]。

これまでにアパリで保釈プログラムを実行した被告人の数は、この6年間で約150人であり、受刑中にアパリを身元引受人とした受刑者の数は、この6年間で約20人である。しかしながら、このアパリによる薬物研修プログラムは未だ制度的なものとなっておらず、必ずしもこのプログラムが裁判所によって受け入れられるとは限らないということ、また覚せい剤事件における保釈率は極めて低い数値であること[16]、さらには、保釈プログラムを行うにあたっては、アパリへのコーディネート料20万円、ダルクへの入寮費月額16万円を支払うことが必要となるという点において[17]、保釈プログラムの利用者が限定されていることが、本プログラムの今後の課題であろう。

(3) 刑事施設での薬物依存離脱指導（日本）

日本の刑事施設における薬物事犯受刑者の多くは、覚せい剤取締法違反であり、2009（平成21）年における覚せい剤取締法違反入所受刑者人員は6,086人である。この数値は、入所受刑者総数の21.5％であり、そのうち、789人は女子であり、女子入所受刑者総数の36.4％を占めている[18]。

薬物事犯受刑者に対しては、改善指導の中でも、特定の事情を有する受刑者に対して行われる特別改善指導として、「薬物依存離脱指導」が行われている。薬物依存離脱指導は、①薬物依存症を正しく理解させる、②薬物依存に係る自己の問題を理解させる、③薬物を使用しない生活のための具体策を考えさせる、ことを目的としている。そして、この目的を達成させるために、標準プロ

グラムが用意されている。

　標準プログラムのカリキュラムは、「オリエンテーション」から始まり、「薬物の薬理作用と依存症」、「薬物を使用していたときの状況」、「薬物使用に関する自己洞察」、「薬物使用の影響」、「薬物依存からの回復」、「薬物依存離脱に関する今後の決意」、「再使用防止のための方策（危機場面について）」、「再使用防止のための方策（対処スキルについて）」、「出所後の生活の留意事項と社会資源の活用」の10項目であり、これを受刑者同士のグループワークにより、1単元50分を12単元行い、3か月から6か月の期間において実施している。指導にあたっては、民間協力者としてダルクの援助も得ており、現在、全国77庁の刑事施設のうち、76庁において薬物依存離脱指導が行われている。年間受講者数は約4,000人となっている[19]。

　さらに、2010（平成22）年度からは、薬物依存離脱指導プログラムの多様化を図るために、刑事施設4庁と外部有識者の協力によって、新プログラムである「薬物依存回復プログラム」が策定され、当該施設4庁でこの試行が行われている。薬物依存回復プログラムにおいては、認知行動療法とリラプス・プリベンションの手法が取り入れられており、①薬物依存と再使用のメカニズムに関する知識を身に付けさせること、②出所後、薬物の再使用を防止するためのスキルを身につけさせること、を達成させるために策定されたワークブックやマニュアルに基づき、1単元60分を12単元行い、3か月～4か月の期間において実施されている[20]。

　薬物依存離脱指導の効果については、職員や受刑者から相当の効果があるとの意見が寄せられているようであるが、今後、薬物依存離脱指導及び薬物依存回復プログラムを受講した受刑者の再犯率等のデータを集積することで、更なる効果検証を行い、プログラムの充実強化のために修正を図っていく必要性があるのではないかと思われる。

(4)　保護観察対象者に対する類型別処遇（日本）

　日本の保護観察処遇においては、犯罪・非行の態様に応じて処遇が類型化さ

れた「類型別処遇」が採用されている。そのため、薬物依存がある保護観察対象者は、「シンナー等乱用対象者」あるいは「覚せい剤事犯対象者」の類型に該当し、体系化された処遇指針や留意事項に沿って、効果的な処遇が行われている。

　一部の保護観察所では、医療関係者を講師に招き、覚せい剤事犯対象者の類型認定者の保護者・引受人に対して、本人に対する接し方の改善、薬物乱用の有害性に関する知識等を付与する講習会や座談会を開催しており、2009（平成21）年度においては、12庁の保護観察所で37回実施され、延べ469人の保護者・引受人が参加しているのである[21]。

　また、保護観察対象者のうち、暴力的犯罪を繰り返していた者で、覚せい剤事犯、シンナー乱用等のいずれかの類型に認定された者及び極めて重大な暴力的犯罪を行うなどした者については、「特定暴力対象者」と指定し、保護観察官が、頻繁に対象者やその家族と面会することによって、生活状況の把握に努めるようにし、問題が生じた場合には、迅速に始動を行うほか、関係機関とも連携して、保健医療機関での薬物依存治療処遇を行っている[22]。

(5)　簡易薬物検出検査を活用した保護観察処遇（日本）

　覚せい剤事犯の保護観察対象者に対しては、その者の自発的意思に基づく簡易薬物検出検査（簡易試薬による尿検査または唾液検査により、覚せい剤使用の有無を推定する検査）を活用した保護観察処遇が実施されている。本制度は、覚せい剤を使用していないことを示す結果を積み重ねることで、断薬意志の維持及び促進を図ることを目的とする制度であるが、検査結果が陽性の場合には、保護観察官は対象者に対して警察等へ自ら出頭するように説得し、それに応じない場合には警察等に通報することになる。2009（平成21）年の簡易薬物検出検査の実施件数は7,639件となっている[23]。

(6)　覚せい剤事犯者専門的処遇プログラム（日本）

　保護観察対象者のうち、覚せい剤の自己使用により保護観察に付された者

（保護観察付執行猶予者については、規制薬物の使用を反復する傾向が強い者に限る）に対して、その傾向を改善するために専門的処遇プログラムを受けることが特別遵守事項として義務づけられている。

覚せい剤事犯者専門的処遇プログラムは、保護観察官が5回にわたって、認知行動療法等の専門的知見に基づき対象者と面接を行い、ワークシートに書き込ませるなどの方法で認知のゆがみや自己統制力の不足を考えさせるものである。また、ロールプレイングによる指導も行われる。

具体的には、覚せい剤事犯者専門的処遇プログラムは、簡易薬物検出検査と教育課程で構成される全5課程を、おおむね2週間に1回の頻度で、指定された日時に保護観察所に出頭させて行い、最長保護観察開始後6か月以内に全課程を終了することとされている。2009（平成21）年における覚せい剤事犯者専門的処遇プログラムの開始人員は、1,308人（仮釈放者963人、保護観察付執行猶予者345人）であった。

なお、特別遵守事項として覚せい剤事犯者専門的処遇プログラムの受講が義務づけられていない者及びプログラム課程を終了した者については、自発的意思に基づく簡易薬物検出検査が実施されるのである[24]。

(7) 治療監護処分（韓国）

韓国においては、薬物規制法令として「麻薬類管理に関する法律」（Act on the Control of Narcotics, etc.）、「薬物不正取引の防止に関する特別法」（Special Act against Illicit Drug Trafficking）、「社会保護法」（Social Protection Law）が存在する。その中心を占めるのは、麻薬類管理に関する法律であるが、麻薬類管理に関する法律に違反し、禁錮以上の刑に該当する罪を犯した者で、再犯の危険性があり、特殊な教育・改善及び治療の必要があると認められる者については、社会保護法による「治療監護処分」を科すことが可能となる。

具体的には、検察官が、薬物犯罪者のうち、治療が必要であると判断した者について、管轄地方裁判所に対して監護を請求し、管轄地方裁判所は、審理を経た後、判決で監護を宣告する。治療監護の宣告を受けた者は、治療監護所

(Institution of Forensic Psychiatry) に収容され、治療のための処遇が行われる。なお、治療監護処分は、刑務所での拘禁刑と併科されることになるため、治療監護所での処分が終了した後、刑務所に移送され、刑の執行を受けることになる。その際には、治療監護所での処分執行期間は刑期に算入されるため、刑務所ではその残刑が執行されることになる。その意味において、本処分はダイバージョンと結合した強制的処分制度ではないものと考えられる。また、治療監護処分の対象者は、薬物犯罪者に限定されておらず、常習犯罪者、精神障害者等もそれに含まれているため、本処分は薬物犯罪者に対する専門的な処分ではないことにも注意を要する[25]。

治療監護所は、法務部保護局の管轄下に置かれており、忠清南道公州市に1庁のみ設置されている。同所に収容されている者のうち、薬物中毒者の占める割合は2003（平成15）年において11.3％であった。薬物中毒者に対する治療プログラム期間は6か月であり、薬物療法、心理社会的介入（認知行動療法）、作業療法（織物、粘土細工、絵画、楽器演奏、園芸）、職業訓練（コンピュータ、左官、タイル、壁紙技術等）が行われている[26]。

(8) 刑事施設における薬物乱用受刑者更生プログラム（韓国）

本プログラムは、韓国において刑事施設に収容されている薬物事犯受刑者に対して科されるプログラムである。プログラムの内容の主な構成要素は、心理社会的介入（樹木画テスト、実存分析療法 [existential psychotherapy]）、フィットネスセラピーで構成されている。前者の実施回数は全部で10セッションあり、後者は毎日90分実施されているようである。

なお、刑事施設においては乱用者、密売、製造といった違反態様ごとに居室や工場を分ける配慮がなされており、また、外部交通や差し入れによって薬物が施設に持ち込まれることを防止するために、薬物事犯受刑者に対しては、月に1度、強制的に尿検査が実施されている[27]。

(9) 薬物犯罪者に対する保護観察処遇（韓国）

韓国における薬物事犯の保護観察対象者は、再犯の危険性の高さから、集中的監督保護観察対象者（intensive supervised probationer）に分類される。また、対象者は、保護観察所への初回出頭時に、保護観察官から尿検査を実施することが説明され、同意書に署名する。集中的監督保護観察対象者は、頻繁な尿検査を受けることになり、結果が陽性であった場合には、大検察庁科学捜査課に検査を依頼することになっている[28]。

(10) 薬物療法センター出頭命令（Attendance Pharmacotherapy Center Order）（韓国）

本命令は、刑の執行猶予判決を受けた成人及び家庭法院により保護観察と薬物療法センター出頭命令を併科された16歳以上の少年に対して科されるものである。本命令は200時間内の期間で行われるが、少年の短期保護観察の場合には50時間を超えることができない。

本命令は、保護観察官によって執行されるが、性別や薬物の種類によってグループ化され、内容としては、基本的には週に1回、1か月から2か月の間、薬物に関する認知のゆがみや誘惑に対する対処療法訓練（coping skill training）が実施されることになっている[29]。

(11) 薬物犯罪者集禁施設（マレーシア、タイ）

マレーシアやタイにおいては、薬物犯罪者をまとめて拘禁する施設が存在する。マレーシアにおいては、刑期3年以下の薬物犯罪者を集禁する施設として、ジュレブ刑務所（Institution of Julebu Drug Rehabilitation）やセレンバン刑務所があり、また刑期が3年を超え6年以下の薬物犯罪者を集禁する施設としては、カジャン刑務所が存在する。

このうち、ジュレブ刑務所は中警備刑務所となっており、施設内においては、アメリカのデイトップの手法に、マレーシアの文化や宗教を取り入れた治療共同体プログラムが実施されている[30]。

一方、タイにおいては、バンケン薬物依存者中央矯正施設（Bangken Central Correctional Institution for Drug Addicts）が、薬物関連事犯者を原則的に収容する専門施設となっており、本施設内には、処遇上特別な注意を要する者についての超重警備区画があることが特徴である。施設における処遇としては、治療共同体プログラムによる処遇に加えて、職業訓練、教科教育、宗教教育、瞑想訓練等も行われており、また矯正局による抜き打ちの尿検査も実施されているようである。

さらに、タイにおいては、軍施設を利用した薬物処遇プログラムも存在する。具体的には、薬物事犯の受刑者で刑期の3分の1を終え、残刑が1年から3.5年である者であり、かつ50歳未満のタイ国籍者でプログラムに適合する者については、陸・海・空軍の軍事基地の兵舎を利用した、治療共同体プログラムが展開されており、このプログラムは施設内処遇から社会内処遇へ移行するための中間処遇施設としてうまく機能しており、修了者の多くが刑務所に再収容されることが少ないという結果が出ているようである[31]。

ここにおいては、マレーシア及びタイの薬物犯罪者集禁施設を、刑務所という施設へ収容するという意味合いから、「犯罪者モデル」として紹介したが、基本的には、マレーシア及びタイにおいては、薬物犯罪者の処遇について、次に述べるところの「病人モデル」に属しているものと考えられる。その意味において、薬物犯罪者を専門の刑務所において拘禁するこの施策は、例外的な施策であるといえるであろう。

2 病人モデル

(1) 1983年薬物依存者（処遇及び更生）法による薬物処遇更生センターへの収容・社会内監督（マレーシア）

マレーシアにおいては、「1983年薬物依存者（処遇及び更生）法」（Drug Dependants [Treatment and Rehabilitation] Act 1983）により、警察またはリハビリテーションオフィサーが、薬物依存者であると合理的に疑われる者を、24時間検査のために拘束することができる。そして、医師によってその者が薬物依

存者であると診断された場合には、治安判事は、①2年間の薬物更生センター (Drug Rehabilitation Centre) における処遇とその後2年間の社会内監督、または②2年間から3年間の社会内監督を命じるのである。

薬物更生センターは内務省薬物対策庁の所管であり、全国に28か所存在し、各薬物更生センターにおいては、治療共同体、宗教療法、職業療法等の方法を用いて処遇を行っている。このうち、治療共同体による処遇を行っている「ペルサダ薬物処遇更生センター」(PERSADA Drug Treatment Rehabilitation Center) においては、アメリカのデイトップ・インターナショナルのプログラムを基盤とした治療共同体プログラムを実践しており、元受刑者で、刑務所内の治療共同体プログラムに参加した者も、プログラム実施者として関与しながら、疑似家族的な雰囲気による、様々なセッションやカウンセリングが行われている[32]。

また、1983年薬物依存者（処遇及び更生）法による社会内監督は、全国に93存在する薬物対策庁所管の社会内処遇事務所（District Office）における、リハビリテーションオフィサーが中心となって行われており、①定められた場所に居住すること、②許可なく居住地区を離れないこと、③定められた日時に警察に出頭すること、④危険薬物を消費、使用、所持しないこと、⑤指定された日時・場所で尿検査を受けること、⑥政府から提供されたリハビリテーションプログラムに参加することといった条件が課されることになる。これらの条件違反を犯した者は、3年以下の拘禁刑または3回以下のむち打ち若しくはその併科となっている[33]。

(2) 1987年中毒性物質法、1973年薬物乱用法による薬物乱用者処遇専用施設への収容・社会内処遇（シンガポール）

シンガポールにおいては、トルエンを含む中毒性物質については、「1987年中毒性物質法」(Intoxicating Substances Act 1987) によって、それ以外のあへん系の薬物については「1973年薬物乱用法」(Misuse of Drug Act, Cap 185) によって規制が行われている。そして、これらの法律よる薬物犯罪者は、起訴されず

に、中央麻薬統制局長の行政命令により、社会内処遇あるいは薬物乱用者処遇施設への収容が言い渡されることになる。

具体的には、1987年中毒性物質法の対象者については、血液検査結果と専門医の判定を基にして、中央麻薬統制局長によって命令が下されることとなるが、社会内処遇が言い渡される場合のその期間の上限は12か月であり、薬物乱用者処遇施設への収容が言い渡される場合のその期間の上限も、12か月となっている。薬物乱用者処遇施設からの釈放については、月1回、一般市民による検討委員会（Review Committee）によって判断されることになり、薬物乱用者処遇施設からの釈放者は、必要的に12か月の中央麻薬統制局職員による指導監督下に置かれる。

一方、「1973年薬物乱用法」の対象者については、尿検査結果と専門医の判定を基にして、中央麻薬統制局長によって命令が下されることになるが、社会内処遇が言い渡される場合のその期間の上限は2年であり、薬物乱用者処遇施設への収容が言い渡される場合のその期間の上限は3年となっている。薬物乱用者処遇施設からの釈放については、6か月ごとの検討委員会の判断によって決定されることになり、薬物乱用者処遇施設からの釈放者は、必要的に2年間の中央麻薬統制局職員による指導監督下に置かれるのである[34]。

(3) 2002年薬物乱用者更生法による施設内処遇・社会内処遇（タイ）

タイにおいては、「2002年薬物乱用者更生法」（Narcotic Addict Rehabilitation Act 2002）によって、薬物犯罪者に対するダイバージョン制度が確立されている。具体的には、捜査官は、2002年薬物乱用者更生法の対象者を裁判所へ勾引し、裁判所は薬物使用者または薬物依存者であるかどうかを検証するための薬物乱用者更生センター送致を決定する。その後、薬物乱用者更生センターは、検証結果を、薬物乱用者更生委員会小委員会（Sub-Committee of Narcotics Addict Rehabilitation Committee）に報告し、それを受けて小委員会が、その者が薬物依存者または使用者であると決定した場合、6か月から3年の間における薬物乱用者更生計画に基づく施設内・社会内処遇が行われる。そして、更生期

間満了後、小委員会により更生結果が良好であると判断された場合には、当該薬物犯罪に係る被疑事実については、起訴が免除される。その一方で更生結果が良好でないと判断された場合には、小委員会は検察官に通知し、検察官はその被疑事実について起訴を行うことになる。

更生計画における施設内処遇を行う施設としては、薬物乱用者更生センター、医療センター、青少年観察保護センター、官公庁の施設などが挙げられ、それらの更生計画対象施設は、全国に41か所あるようである。また、とりわけ厳重な拘禁を必要とする者については、重警備施設への収容が行われることになる。

更生計画における社会内処遇については、保護観察官と保護司、領土防衛ボランティア（Territorian Defense Volunteers）、地域保健ボランティアの協働によって行われることになる。この社会内処遇を実施するにあたっては、「犯罪者モデル」において紹介した、軍キャンプが利用されることがあり、例えば、パクスクアドロン陸軍キャンプ（Royal Thai Army, Pak Squadron Military Camp）においては、薬物乱用者更生法対象者の社会内処遇施設として250名を対象とした基礎的軍事訓練、職業訓練、保健教育、哲学、音楽療法、生活態度改善などの処遇プログラムが展開されている[35]。

(4) 2000年警察権限及び責務法による薬物ダイバージョン・プログラム（オーストラリア）

オーストラリアにおいては、「2000年警察権限及び責務法」（Police Powers and Responsibilities Act 2000）の第211条に基づいた、警察段階における薬物ダイバージョン・プログラムが展開されている。具体的には、これは50グラム以下の大麻所持の被逮捕者で、かつてダイバージョンに付されたことがなく、暴力犯罪の前歴がない者などを対象にしたプログラムである。ダイバージョンが決定されると、対象者は薬物ダイバージョン評価プログラム（Drug Diversion Assessment Program）への参加が義務となり、そのプログラムの成績に応じて起訴が免除されることになる[36]。本プログラムは、制度的には、マレーシア、

シンガポール、タイのプログラムと類似している。

(5) ドラッグ・コートプログラム（アメリカ、オーストラリア、カナダ）

ドラッグ・コートとは、薬物犯罪者に対して、通常の裁判手続に代えて、裁判所の監視下で治療を受けさせるプログラムであり、総合的な監督、薬物検査、処遇プログラム、褒賞、制裁を通じて、薬物犯罪者を専門的に取り扱う裁判所のことである。ドラッグ・コートプログラムの中には、判決前段階におけるドラッグ・コートプログラムと、公判及び判決段階におけるドラッグ・コートプログラムが存在する。前者は、起訴されてすぐに裁判を受ける権利を放棄して、ドラッグ・コートプログラムに参加し、無事プログラムを修了した場合には公訴を棄却するというものである。後者は、公判で有罪の答弁を行うことで有罪の認定を受けるが、その後ドラッグ・コートに送られ、プログラムに参加し、プログラムが無事修了するまで判決の言渡しが猶予されるか、判決の言渡しは受けるがプログラムが無事修了すれば刑の執行が猶予されるか、のどちらかとなる。

ドラッグ・コートの発祥の地はアメリカであり、1989（平成元）年、フロリダ州デイド郡においてであるが、その設立の背景には、薬物犯罪者の再犯の増大や刑事施設の過剰収容などが挙げられている。その後、アメリカでは、1994（平成6）年に「暴力犯罪統制及び法執行法」（Violent Crime Control and Law Enforcement Act of 1994）が制定されたことにより、司法長官が州及び地方政府のドラッグ・コートプログラムに対して連邦補助金を交付することができるとの規定がなされたことから、現在では50州とワシントンD. C.、グアム、プエルトリコにおいても、ドラッグ・コートが設立されている。その他の国では、オーストラリアではニュー・サウス・ウェールズ州において1998（平成10）年に、カナダでもオンタリオ州トロントにおいて1998（平成10）年に設立されている。

ドラッグ・コートでは、治療プログラム全般を監督するのは治療施設ではなく、裁判所であり、薬物犯罪者は、針治療、カウンセリング、アルコホリック・アノニマス（AA）やナルコティクス・アノニマス（NA）の12ステップの

集団療法、尿検査などを受け、その結果を 1 週間から 4 週間に 1 回、法廷に出廷して裁判官に定期的に報告するのである。プログラムの最終的な判断は裁判官によって行われるが、その過程においては、検察官、弁護人、プロベーション・オフィサー、施設関係者なども関与する。プログラムにおいて参加者が良好な成果を示した場合には、裁判官は参加者を誉めて賞品を渡したり、裁判所への出頭回数を減らしたりすることが行われている。最終的な目標は、ドラッグ・コートプログラムを無事に修了させることであり、その場合においては、修了証が裁判官から授与され、被告人の逮捕記録の抹消、公訴の棄却、あるいは判決の言渡しの猶予や刑の執行の猶予がなされる。その一方で、参加者が途中でプログラムに失敗した場合には、通常の訴追手続への移行、刑罰やその他の制裁（より重い治療プログラムの実施、地域での社会奉仕、ドラッグ・コートで数日間法廷の陪審席に座る、ジェイルでの短期の拘禁など）の言渡し及び執行がなされることになる。

　ドラッグ・コートプログラムの参加条件は、国や州によって異なるが、主に非暴力的な犯罪者に限定しているようである。ドラッグ・コートは、伝統的な裁判手続を根本的に変化させており、ドラッグ・コートの裁判官は、被告人の療法士であるかのごとくプログラムの進展を監督するのであり、また、弁護人と検察官の関係も対立的ではないため、弁護士と検察官の一般的な役割は小さいものといわれている[37]。

　このように、ドラッグ・コートは、刑事拘禁ではなく、治療の可能性を模索することで、薬物犯罪者の生活環境や身体の改善を図ることを目的としており、ひいては再犯防止や費用削減を図ることができるという意味においても、効果的なダイバージョン・プログラムであるといえるであろう。

(6)　薬物治療及び検査命令（イギリス）
　イギリスでは、「1998 年犯罪及び秩序違反法」第 61 条、第 64 条による薬物治療及び検査命令（Drug Treatment and Testing Order：DTTO）が 2000（平成 12）年から施行されている。

対象者は16歳以上の薬物中毒者、あるいは薬物の乱用傾向があり、薬物処遇を必要としている者であり、プロベーション・オフィサーは、その適格性についての判決前調査を行う。それに基づき、裁判所がDTTOを決定すると、DTTOに処遇条件（居住型施設への入所あるいは通所）と検査条件（検査の頻度）が付され、また、確認聴聞（対象者は最低月に1回出廷し、プロベーション・オフィサーから文書による処遇経過と検査結果報告がなされる）も義務づけられることとなる。DTTOの期間は、6か月以上3年未満である。DTTOの期間中においては、対象者は、プロベーション・オフィサーの監督下に置かれ、処遇条件と検査条件の状況は、プロベーション・オフィサーに報告されることとなり、その結果は、確認聴聞における処遇経過・検査結果報告に記されることになる。

裁判所は、確認聴聞における報告を検討し、対象者が良好な成績を収めていると認めた場合は、命令内容の緩和や確認聴聞を開催せずに文書による審査を行うことができ、逆に対象者の成績が良好ではない場合は、確認聴聞の開催、命令内容の強化、元となる犯罪について処断することができることになっている[38]。

このイギリスにおけるDTTOは、諸外国で展開されているドラッグ・コートと類似の制度であると考えられよう。

(7) 危険薬物条例による薬物嗜癖治療センター拘禁命令（香港）

香港における薬物規制法令の基本法は、「危険薬物条例」（Dangerous Drugs Ordinance）であり、同条例第54条Aでは、単純所持、自己使用（同条例第8条）、薬物施用器具所持（第36条）の薬物犯罪者等は、薬物嗜癖治療センター（Drug Addiction Treatment Center : DATC）拘禁命令の対象となる。具体的には、判決前調査である矯正局長のDATC収容適格性報告書（Suitability Report）に基づき、裁判官が裁量によってDATC処分を判断する。報告書には医師による診断書、薬物嗜癖、治療歴、社会的背景、犯罪歴等が記されており、報告書作成のために必要であれば、3週間を超えない範囲で拘禁することが可能である。

DATC収容期間は、拘禁命令発布の日から2か月以上12か月未満の不定期

となっており、施設の成績評価委員会が定期的に改善状況を評価し、釈放時期を決定する。そして、釈放後においては、釈放日から12か月の間、矯正局長の指定する機関あるいは職員の監督に服することになる。釈放後の監督命令に従わない場合には、再収容命令を発布することができ、DATC拘禁命令の期間満了日または再収容命令により身体拘束がなされた日から4か月のいずれか一方の長期の期間が再収容期間とされている。

なお、DATC被拘禁者の行状が不良な場合においては、行政長官の許可を得た後、DATC拘禁期間の上限を超えない範囲において刑務所に移送することができ、また、刑務所において、受刑中の者でも、DATC処遇が適当であると判断され、かつ残刑が12か月未満の者であれば、行政長官の許可を得て、DATCに移送することが可能となっている[39]。

この香港におけるDATC命令は、諸外国で展開されているドラッグ・コートと類似の制度であると考えられよう。

(8) 非刑罰化プログラム（オランダ）

オランダにおいては、1976（昭和51）年の「改正あへん法」（Opium Act）により、大麻が他の薬物と区別されるようになった。大麻系薬物（マリファナ、ハシシ等のいわゆるソフトドラッグ）と大麻以外の依存性薬物（ヘロイン、コカイン、アンフェタミン、LSD等のいわゆるハードドラッグ）の二極化路線を採っている。具体的には、ハードドラッグについては比較的厳しい処置を行う一方で、ソフトドラッグについては、個人的な使用目的での30グラム未満の販売、製造及び所持は、軽罪（1月の拘禁刑及び／または2,250ユーロの罰金刑）となっており、これらの行為は犯罪化されてはいるものの、警察と検察庁の薬物ガイドラインにおける法執行の優先度合いは低くなっているため、結果として、実際に処罰される可能性は低くなっており、非刑罰化されている状況にある。そして、オランダでは、コーヒーショップにおいて1人につき1日当たり5グラムまで大麻を販売することが許されている。また、大麻は2003（平成15）年における「あへん法」の改正により、患者は医師の処方により大麻を入手すること

が可能となり、医療用大麻事務所は、法的な要件の下において大麻の品質を管理し、供給する任務を行うことができるようになった。

　オランダにおいてこのような施策が採れる背景の1つとしては、「ハームリダクション」（harm reduction）の徹底が挙げられる。すなわち、ハームリダクションとは、薬物使用者が、薬物を止める意思あるいはその能力がない場合における、それらの者に対する自身や他者に対して引き起こす危険を減らすための支援をいい、薬物使用を完全に排除できないという現実を認め、まず使用者や他者に、安全で実利的な施策を展開することを徹底させるプログラムをいうのである。このハームリダクションの考えにより、オランダでは個人的な使用目的での30グラム未満の販売、製造及び所持については非刑罰化し、そして、コーヒーショップにおいては5グラムまでの販売を許可することで、大麻の使用者がハードドラッグのような、より有害な薬物を使用することを防ぎ、さらにはHIVウイルスや肝炎ウイルスへの感染をも食い止めることが可能となると考えているのである。

　また、ハードドラッグについてのハームリダクションについても、「メタドン・プログラム」（ヘロインの代替物質として、依存症者にメタドンという合成あへん剤を供給することで、禁断症状の緩和とヘロインの使用の中止を目指す治療法）や「注射針供給プログラム」（使用済みの汚染された注射針を介してHIVウイルスや肝炎ウイルスを引き起こすことを防止するために、注射針を供給するプログラム）として展開されている[40]。

　当初、大麻の非刑罰化やメタドン・プログラム、とりわけ注射針供給プログラムについては、薬物使用を推奨するものではないかとの批判も存在したのであるが、オランダにおける政策は、ハームリダクションに基づく徹底した「病人モデル」の展開と考えられるのであり、そのような意味において、興味深い施策であるといえるであろう。

　(9)　プロジェクト・オンブレ（Proyecto Hombre）（スペイン）
　プロジェクト・オンブレは、スペインにおける薬物中毒者に対する治療共同

体である非営利団体プロジェクト・オンブレ協会が行うプログラムである。スペインでは、アフリカ大陸、アメリカ、南米から違法薬物が流入しており、会社員、主婦、若者などといったあらゆる階層の者の薬物乱用の問題に直面したため、1985（昭和60）年に薬物に関する国家計画（Plan Nacional Sobre Drogas：PNSD）を策定し、国家的施策として薬物対策を立ち上げた。その結果として、スペインにおいては、公営・民営の薬物治療リハビリ施設が多数存在するのであるが、その中でもこのプロジェクト・オンブレが、厳格ではあるが、薬物からの離脱に最も確実にして効果的なプログラムであるといわれており、スペインの薬物対策を先導する存在である[41]。

「人間計画」を意味する言葉であるプロジェクト・オンブレは、1984（昭和59）年に設立され、設立者がイタリアの治療共同体の団体を視察したことがその契機となっている。イタリアのプログラムは、アメリカの治療共同体であるデイトップ・ビレッジのプログラムを基盤とし、それに家族と協働して行う「動機づけ段階」を加えた治療共同体であった。そして、プロジェクト・オンブレの設立者はこのイタリアのプログラムを、スペイン流にアレンジしたのであり、それがプロジェクト・オンブレの治療共同体プログラムである[42]。

プロジェクト・オンブレ協会は26の支部があり、そのうちマラガ支部のプログラムがよく知られているが、プログラム全体は3つの段階から構成されている。第1段階は動機づけ段階であり、ここにおいては通所センターに6～11か月の間、家族の送迎で通い、家庭や生活の問題、司法問題などの外的な圧力による動機を内面化させていき、治療共同体段階へ移行するための動機づけを形成する。第2段階は治療共同体段階であり、4～10か月の間、治療共同体施設に入寮し、共同生活を営む。第3段階は社会復帰段階であり、11～18か月の間、社会復帰セラピーセンターに入寮し、あるいは通所センターに通いながらプログラムを無事修了させることを目標とする。利用者と家族は、各段階を進行するたびに、治療契約を結ぶこととなっている[43]。

特に重要なのは第2段階である治療共同体段階であり、マラガ支部の治療共同体は80人を収容する施設である。運営・医療、食物倉庫、調理、ランドリ

一、修繕、庭園の6つの部署に分かれて小社会が形成されている。そして、各部署はピラミッド型の5階級構造となっており、階級が上がるにつれて自由度や小遣いの金額が増え、少しずつ社会化していくシステムとなっている。最下層は労働者（Trabajador）であり、仕事や生活に慣れ、それを覚えることがその任務とされている。責任者（Responsible）は、労働者の上の階層であり、毎日の仕事の計画を立てることに加え、新しい入寮者の世話を行う。監督役（Supervisor）は、責任者の上の階層であり、館内の仕事と部署内のメンバーの監督を行う。調整役（Coordinador）は、監督役の上の階層であり、動機づけ段階にいる者をサポートし、毎日部署内のメンバーの様子を把握し、日誌を付けることをその任務とする。オペレーター（Operador）は最上層であり、セラピストとして、また全体を統括する者として活動することがその任務となる。この他にも社会復帰段階目前の者は、長老（Anciano）という特権階級となり、部署での仕事の分担はなく、館内の出来事や仲間のサポートを行うことになる。利用者は問題がない限り、徐々に階級が上がることになっているが、行動によっては階級が下がることもある。また、担当する部署は、定期的に配置換えが行われる[44]。

例えば、灰皿を置いてある以外の場所で煙草の吸殻が発見された場合、調整役はオペレーターと監督役に報告する。監督役は名簿に基づき一人ひとりを尋ね、煙草を吸った者を探す作業を行い、それでも見つからない場合には、オペレーターが全員を招集することになる。このように、部署を構造化し、それぞれの役割を分担させることによって、自分の行動は、他人の行動にも影響を与えることを認識させることに重要な意味があるとされているのである[45]。

入居者は、約1か月が経過すると、週末に帰宅することとなり、家族との週末プログラムが行われることになる。調整役になるまでは、週末プログラムには家族の送迎が必要となるが、調整役になると一人で帰宅することも可能となる。週末プログラムは、家族関係の向上を図ることや現在の家族状況を認識する上で重要な役割を果たしている。また、週末プログラムを通じて、どのような家族関係を構築しているかを把握し、それをサポートするために家族プライ

ベート・ミーティングを行い、オペレーターをオブザーバーとして入居者と家族が自分の考えを述べていく場を提供しているのである[46]。

IV おわりに

　以上、諸外国で展開されている「犯罪者モデル」と「病人モデル」における薬物犯罪者の処遇の方法について紹介してきた。
　以上のような概観から明らかなことは、諸外国の薬物依存を有する犯罪者の処遇に関する趨勢は、「病人モデル」に依拠していることが理解できるのではないかと思われる。「病人モデル」においては、「刑罰」ではなく、「治療」が再犯防止と更生につながるという考えが基盤に存在することはいうまでもない。この病人モデルの基盤にある考えを、近年においては、「治療法学」(Therapeutic Jurisprudence) と呼んでおり、そこには、治療によって犯罪者の抱える問題を解決することによって、再犯防止を目指すという、「治療介入的なアプローチ」が見られるのであり、本章で紹介したマレーシア、タイ、シンガポール、香港、アメリカ、オーストラリア、カナダ、イギリス、オランダ、スペインにおける「病人モデル」に基づく施策は、まさに1960年代に世界的規模で進展をみた「治療共同体構想」と、近年において注目されている「治療法学」の理念に適うものであるといえるであろう。
　いまさら改めて指摘するまでもなく、このような治療共同体や治療法学の視点からすれば、犯罪者の抱える薬物依存の問題は、できる限り早期に治療を行った方が、犯罪者自身ひいては他者にとっても好ましいことであるということになり、マレーシア、シンガポール、タイ、オーストラリア等で行われている、警察段階での薬物治療を条件としたダイバージョンの施策等が、それに適ったものであると考えられるであろう。
　しかしながら、これらの病人モデルに基づくプログラムを検討するにあたっては、実証研究を継続的に行い、それを緻密に分析していく努力が必要である。諸外国における実証研究の中には、ドラッグ・コートプログラムを展開す

ることにより、再犯の防止に貢献することができたということに加えて、ジェイルや刑務所の拘禁費用の削減や裁判所に係争する事件数を減らすことができたという、興味深い報告もなされている。

それゆえに、これら病人モデルを展開している諸外国の実情を研究し検証していくことで、今後、日本においても、治療共同体や治療法学に基づく効果的な処遇の在り方について刑事政策の最重要課題と位置づけて検討することが期待されるのである。

1) 藤本哲也『刑事政策概論［全訂第6版］』青林書院（2008年）392、402-404頁。
2) 小島まな美「刑事施設における薬物事犯受刑者処遇の現状」『ジュリスト』1416号（2011年）30頁。
3) 法務省法務総合研究所編『平成22年版犯罪白書』（2010年）参照。
4) 法務省法務総合研究所編・前掲注3) 参照。
5) 法務省法務総合研究所編・前掲注3) 参照。
6) 法務省法務総合研究所編・前掲注3) 参照。
7) 川出敏裕「薬物犯罪対策の現状と課題」『ジュリスト』1416号（2011年）10頁。
8) 染田惠ほか「再犯防止に関する総合的研究」『法務総合研究所研究部報告』42号（2009年）38頁。
9) 藤本哲也「即決裁判手続について」『戸籍時報』663号（2010年）89-90頁。
10) 法務省法務総合研究所編・前掲注3) 参照。
11) 高尾裕司「『薬物対策重点強化プラン』の策定について」『警察学論集』64巻3号（2011年）58頁。
12) 高尾・前掲注11)・59頁。
13) 厚生労働省編『平成22年版厚生労働白書』347-348頁。
14) http://www.apari.jp/npo を参照。
15) http://www.apari.jp/npo を参照。
16) 川出・前掲注7)・15頁。
17) http://www.apari.jp/npo を参照。
18) 法務省法務総合研究所編・前掲注3) 参照。
19) 小島・前掲注2)・31-32頁。
20) 小島・前掲注2)・33-34頁。
21) 法務省法務総合研究所編・前掲注3) 参照。
22) 法務省法務総合研究所編・前掲注3) 参照。

23) 法務省法務総合研究所編・前掲注 3) 参照、田中一哉「薬物事犯対象者に対する保護観察の現状」『ジュリスト』1416 号（2011 年）36 頁。
24) 法務省法務総合研究所編・前掲注 3) 参照、田中・前掲注 23)・37 頁。
25) 法務総合研究所『研究部報告 27　アジア地域における薬物乱用の動向と効果的な薬物乱用者処遇対策に関する調査研究』法務総合研究所（2005 年）161、171 頁。
26) 法務総合研究所・前掲注 25)・171 頁。
27) 法務総合研究所・前掲注 25)・172-173 頁。
28) 法務総合研究所・前掲注 25)・174 頁。
29) 法務総合研究所・前掲注 25)・174 頁。
30) 法務総合研究所・前掲注 25)・198 頁。
31) 法務総合研究所・前掲注 25)・297-298 頁。
32) 法務総合研究所・前掲注 25)・192-196 頁。
33) 法務総合研究所・前掲注 25)・200-201 頁。
34) 法務総合研究所・前掲注 25)・228-231 頁。
35) 法務総合研究所・前掲注 25)・264、289-299 頁。
36) 法務総合研究所『研究部報告 34　薬物乱用の動向と効果的な薬物乱用者の処遇に関する研究』法務総合研究所（2006 年）76 頁。
37) 藤本哲也「犯罪者のための社会再統合要因強化策に関する一考察」『法学新報』117 巻 3・4 号（2010 年）91-92 頁、小沼杏坪監訳・小森榮＝妹尾栄一『ドラッグ・コート　アメリカの刑事司法の再編』丸善プラネット株式会社（2006 年）61-65 頁、法務総合研究所『研究部報告 54　米国及びカナダにおける拘禁代替策と早期釈放制度の現状』法務総合研究所（2007 年）16 頁。
38) 法務総合研究所・前掲注 36)・169 頁。
39) 法務総合研究所・前掲注 25)・134-135 頁。
40) 寺田明代「オランダにおける薬物依存症者への支援」『関西福祉科学大学紀要』5 号（2001 年）123-132 頁、オランダ外務省ホームページ　http://www.minbuza.nl/en/You_and_the_Netherlands/About_the_Netherlands/Ethical_issues/FAQ_Drugs を参照。
41) 薬物依存症者家族連合会『プロジェクト・オンブレ研修報告』（2009 年）10 頁。
42) 薬物依存症者家族連合会・前掲注 41)・11 頁。
43) 薬物依存症者家族連合会・前掲注 41)・12 頁。
44) 薬物依存症者家族連合会・前掲注 41)・46、48 頁。
45) 薬物依存症者家族連合会・前掲注 41)・50 頁。
46) 薬物依存症者家族連合会・前掲注 41)・59 頁。

第7章
薬物犯罪者対策としてのドラッグ・コートと治療共同体

I　は じ め に

　これは私独自の考えかもしれないが、諸外国で展開されている薬物犯罪者の処遇モデルは、「犯罪者モデル」と「病人モデル」の2つに分けることができると思う。
　「犯罪者モデル」とは、薬物犯罪者を、その呼び名の通り「犯罪者」として捉えることで、刑事司法機関内で厳格に対応することにその主眼を置くものである。
　これに対して「病人モデル」とは、薬物犯罪の依存性・常習性という特殊な性格に鑑みて、薬物犯罪者を「病人」と捉えることで、薬物犯罪者を刑事司法制度からダイバートさせ、刑事司法機関の枠を超えた多機関連携による、より専門的な施策を展開し、薬物犯罪者の再犯の危険性の除去を効果的に行う必要性のあることを強調するモデルである。すなわち、「病人モデル」においては、「刑罰」ではなく、「治療」が再犯防止と更生につながるという考えが基盤に存在するのである。
　諸外国の薬物依存を有する犯罪者の処遇に関する趨勢は、「病人モデル」に依拠しているといえるのであり、以下、本章で紹介する「ドラッグ・コート」と「治療共同体」の施策は、まさに「病人モデル」の理念に適うものであるといえよう。
　また、近年においては、この「病人モデル」の基盤にある考えを、「治療法

学」(therapeutic jurisprudence) と呼んでいる。治療法学は、治療的司法 (therapeutice justice) とも呼ばれるが、治療によって犯罪者の抱える問題を解決することで、再犯防止を目指すという、「治療介入的なアプローチ」を目指すものであり、行動科学などの成果を活用しながら、薬物犯罪者に対して創造的な解決方法を探求し、法律家のもつパラダイムの再構成をも迫るものである[1]。

とはいえ、日本では、薬物犯罪者に対して「犯罪者モデル」を採用しており、法制面と運用面の両者において厳格な対応を行っている状況にある。しかしながら、現在においては、この「犯罪者モデル」による薬物犯罪者に対する厳格な法執行が、本人の薬物からの離脱にどの程度の効果があるのかという問題も生じてきている。具体的には、法務総合研究所の研究部報告によると、罪名を問わず再犯自体を行う「一般的再犯危険性」の高さを基準にした罪名別再犯率は、窃盗 (44.7%) が一番高く、その次に覚せい剤取締法違反 (41.6%) という順位となっているのであるが、同じ罪名の犯罪を繰り返す「同一罪名再犯危険性」の高さを基準にした罪名別再犯率となると、状況は変わり、覚せい剤取締法違反 (19.4%) が最も高いという実証データが示されているのである[2]。このデータからするのであれば、果たして犯罪者モデルによって薬物犯罪者に対して厳格な法執行を行うことが、本人の薬物からの離脱にどの程度の効果があるのかという疑問が生じてくるであろう。そうした点から考えた場合、日本においても、諸外国で展開されている病人モデルの施策が、参考となるのではないかと思われるのである。

そこで第7章でも触れたが、本章ではさらに詳しく、諸外国で展開されている病人モデルの施策である、ドラッグ・コートと治療共同体について検討してみたいと思う。

II　ドラッグ・コート

ドラッグ・コートとは、薬物犯罪者に対して、通常の裁判手続に代えて、裁

判所の監視下で治療を受けさせるプログラムであり、総合的な監督、薬物検査、処遇プログラム、褒賞、制裁を通じて、薬物犯罪者を専門的に取り扱う裁判所のことである。第7章でも紹介したが、ドラッグ・コートプログラムの中には、判決前段階におけるドラッグ・コートプログラムと、公判及び判決段階におけるドラッグ・コートプログラムが存在する。前者は、起訴されてすぐに裁判を受ける権利を放棄して、ドラッグ・コートプログラムに参加し、無事プログラムを修了した場合には公訴を棄却するというものである。後者は、公判で有罪の答弁を行うことで有罪の認定を受けるが、その後ドラッグ・コートに送られ、プログラムに参加し、プログラムが無事修了するまで判決の言渡しが猶予されるか、判決の言渡しは受けるがプログラムが無事修了すれば刑の執行が猶予されるか、のどちらかとなる[3]。

　ドラッグ・コートでは、治療プログラム全般を監督するのは治療施設ではなく、裁判所であり、薬物犯罪者は、針治療、カウンセリング、アルコホリック・アノニマス（AA）やナルコティクス・アノニマス（NA）の12ステップの集団療法、尿検査などを受け、その結果を1週間から4週間に1回、法廷に出廷して裁判官に定期的に報告するのである。プログラムの最終的な判断は裁判官によって行われるが、その過程においては、検察官、弁護人、プロベーション・オフィサー、施設関係者なども関与するのであり、裁判官はそれらの者の報告を基にしながら、プログラムの参加または除外の決定、審判の開催、処遇経過報告書のチェック、引致状の発布などといったように、プログラム全体を監督する役割を果たすことになる。

　プログラムにおいて参加者が良好な成果を示した場合には、裁判官は参加者を誉めて賞品を渡したり、裁判所への出頭回数を減らしたりすることが行われている。最終的な目標は、ドラッグ・コートプログラムを無事に修了させることであり、その場合においては、修了証が裁判官から授与され、被告人の逮捕記録の抹消、公訴の棄却、あるいは判決の言渡しの猶予や刑の執行の猶予がなされるのである。その一方で、参加者が途中でプログラムに失敗した場合には、通常の訴追手続への移行、刑罰やその他の制裁（より重い治療プログラムの

実施、地域での社会奉仕、ドラッグ・コートで数日間法廷の陪審席に座る、ジェイルでの短期の拘禁等）の言渡し及び執行がなされることになる[4]。

ドラッグ・コートプログラムの参加条件は、国や州によって異なるが、主に非暴力的な犯罪者に限定しているようである。ドラッグ・コートは、伝統的な裁判手続を根本的に変化させており、ドラッグ・コートの裁判官は、被告人の療法士であるかのごとくプログラムの進展を監督するのであり、また、弁護人と検察官の関係も対立的ではないため、弁護士と検察官の一般的な役割は小さいものといわれている[5]。

このように、ドラッグ・コートは、刑事拘禁ではなく、治療の可能性を模索することで、薬物犯罪者の生活環境や身体の改善を図ることを目的としており、ひいては再犯防止や費用削減を図ることができるという意味においても、効果的なダイバージョン・プログラムであるといえるであろう。

以下においては、アメリカ、オーストラリア、カナダにおけるドラッグ・コートの施策と、厳密にはドラッグ・コートは存在しないが、それと類似の施策を行っているイギリス、香港、日本の制度を紹介したいと思う。

1　アメリカ

アメリカは、ドラッグ・コートの発祥の地であり、ドラッグ・コートは、1989（平成元）年に、フロリダ州デイド郡において始まったといわれている。その設立の背景には、薬物犯罪者の再犯の増大や刑事施設の過剰収容などが挙げられている。その後、アメリカでは、1994（平成6）年に「暴力犯罪統制及び法執行法」(Violent Crime Control and Law Enforcement Act of 1994) が制定されたことにより、司法長官が州及び地方政府のドラッグ・コートプログラムに対して連邦補助金を交付することができるとの規定がなされたことから、現在では50州とワシントンD. C.、グアム、プエルトリコにおいても、ドラッグ・コートが設立されている状況にある[6]。

例えば、カリフォルニア州アラメダ郡のサンリアンドロ・ヘイワード上位裁判所におけるアルコール・ドラッグ・トリートメントコート（San Leandoro-

Hayward Superior Court Alcohol and Other Drug Treatment Court）は、カリフォルニア州刑法第1000.5条に規定する軽罪及び重罪を犯した成人犯罪者を対象にしたドラッグ・コートである。しかしながら、当該犯罪が暴力事犯である場合、また薬物関連犯罪の前科がある場合には、対象者から除外されることとなる[7]。

　手続としては、まず警察がドラッグ・コートプログラムの対象となる被疑者についての逮捕報告書（police report）を作成し、その書面で被疑者にドラッグ・コートプログラムへの参加の勧告を行う。その後、被疑者は地方検事局（District Attorney's Office）に送致され、地方検事局は、最初の審問までにドラッグ・コートプログラムの参加資格要件を審査し、また、その要件を満たしていることの決定を行い、ドラッグ・コートに当該事件を送付する。そして、裁判官は被告人に対し、ドラッグ・コートプログラムの契約内容について説明し、プログラム参加の意向について確認する。プログラム参加に同意を示した被告人には、48時間以内にサービスコーディネーターとの面接が行われ、そこにおいてサービスコーディネーターは、プログラムの内容などの説明と、参加者のニーズに応じたプログラム計画を作成することになる。

　プログラムに参加するにあたっては、手数料がかかり、毎月50ドルの支払いが必要である。しかしながら、カリフォルニア州の財政援助を受けている場合や家族の収入が基準額以下の場合においては、毎月25ドルの支払いとなっている[8]。

　プログラムは、裁判所と契約を結んでいるプロバイダが実施しており、薬物犯罪者に対する処遇内容としては、個人・家族カウンセリング、薬物教育、12ステッププログラム、薬物検査（予告なしに、毎週アトランダムに実施される）、教科教育、職業訓練、ボランティア活動等が存在する。

　プログラムを成功させた場合においては、褒賞として、上位プログラム段階への移行、旅行の許可、アラメダ郡における行事への招待などが行われ、最終的にすべてのプログラムを無事修了したならば、当該犯罪についての起訴は取り消されることとなる。その反対にプログラムが不成功の場合には、制裁とし

てジェイルへの拘禁、グループ・ミーティングや個人カウンセリングの開催などが行われ、場合によってはドラッグ・コートプログラムを中止し、当該犯罪について通常の訴追手続へ移行することもある[9]。

以上が、サンリアンドロ・ヘイワード上位裁判所におけるアルコール・ドラッグ・トリートメントコートの概要である。カリフォルニア州政府の報告によると、ドラッグ・コート対象者が、通常の刑事手続に付された場合においては、1人あたり約5,400ドルものジェイルの拘禁費用がかかるため、ドラッグ・コートプログラムを行うことによってその拘禁費用が削減されるとの見解が示されている。この点については、今後、追跡研究が必要であるが、ドラッグ・コートプログラムは、薬物犯罪者への処遇効果の側面ばかりでなく、費用便益の側面からも非常に有効であることが証明されているのである[10]。

2　オーストラリア

オーストラリアにおいて最初にドラッグ・コートが設立されたのは、1998（平成10）年、ニュー・サウス・ウェールズ州においてであるが、現在においては、この他にも、ビクトリア州、クイーンズランド州などでドラッグ・コートが設立されている。

このうち、2000（平成12）年に設立されたクイーンズランド州での最初のドラッグ・コートである、ビーンリィ（Beenleigh）ドラッグ・コートは、「2000年薬物乱用更生（裁判所ダイバージョン）法」（Drug Rehabilitation [Court Diversion] Act 2000）及び「2000年薬物乱用更生（裁判所ダイバージョン）規則」（Drug Rehabilitation [Court Diversion] Regulation 2000）によって運用されているものである。これは、治安判事が、集中的薬物更生命令（Intensive Drug Rehabilitation Order）を被告人に宣告するというものである。対象者は、18歳以上の成人の薬物依存者で、有罪の宣告を受ければ拘禁刑が予想される者である。当該犯罪が性犯罪や暴力犯罪である場合には、集中的薬物更生命令の適用はなされない[11]。

治安判事が、集中的薬物更生命令を科すにあたっては、矯正局の社会内処遇

官が判決前調査報告書に記載する事項（家族状況、就労状況、年齢、薬物乱用歴等）や、保健省のコーディネーターによる報告書（精神状況・身体状況、プログラムの選択肢の記載等）を参考にして判断する。治安判事が、薬物更生命令を科す場合における最大限の期間は、18か月である。

プログラムは3つの段階に分かれており、第1段階は「断薬期」(drug free) であり、その期間は4か月から6か月で、尿検査とドラッグ・コートへの出廷頻度は毎週である。第2段階は「安定期」(stable) であり、その期間は4か月から6か月で、尿検査とドラッグ・コートへの出廷頻度は2週間に1回となる。最終段階は「再統合期」(re-integration) であり、その期間は4か月から6か月であり、尿検査とドラッグ・コートへの出廷頻度は月1回となる。

対象者の成績が良好であれば、次の段階へ進むことができ、また逆に成績が不良であれば段階が落とされることになり、成績の不良が続いて完全なプログラムの失敗であると判断された場合には、当該犯罪について刑罰が科されることになる[12]。

なお、クイーンズランド州では、このドラッグ・コートが効果的に機能しているかについての評価研究がなされており、とりわけ2003（平成15）年に行われたクイーンズランド州南東部の研究には興味深いものがある。例えば、本研究は、クイーンズランド州南東部のドラッグ・コートを成功裡に修了した処遇群と対照群の再犯率を比較したものであるが、具体的な数字を示せば、ドラッグ・コートを成功裡に修了した処遇群の再犯率は34%であるのに対して、ドラッグ・コートを拒否した者の再犯率は61%、ドラッグ・コートに失敗した者の再犯率は72%となっている。また、再犯者の再犯までの平均日数については、ドラッグ・コートを成功裡に修了した処遇群は653日であったが、ドラッグ・コートを拒否した者については436日、ドラッグ・コートを失敗した者については318日であったことを明らかにしている。これらのことから、クイーンズランド州南東部においては、ドラッグ・コートが効果的に機能していると評価できるとの結論が導出されているのである[13]。

3 カ ナ ダ

カナダでは、1990年以降、徐々に過剰収容の問題に対する関心が高まり始めたことにより、犯罪者を刑務所に拘禁するにあたっての経済的コストの問題や、とりわけ薬物犯罪者については裁判所と病院の間を往復しているだけであるといったような問題が提起された。そのため、より効果的な刑事司法制度を実現させるために、カナダでは1996（平成8）年にカナダ刑法の一部改正が行われ、様々な拘禁代替措置の法制度が導入されるに至ったのである。またそれにより、州政府は州独自の拘禁代替措置を導入することが可能となり、その一環として、各州においては、薬物犯罪者に対する拘禁代替措置の1つとしてドラッグ・コートが設立されるに至った[14]。

カナダで最初にドラッグ・コートが設立されたのは、オンタリオ州トロントにおいてであり、それは1998（平成10）年のことである。その後、2001（平成13）年にブリティッシュ・コロンビア州バンクーバーにおいて設立され、現在ではアルバータ州カルガリー、サスカチュワン州レジェニナ、マニトバ州ウェニペグ、オンタリオ州オタワとダラムを加えた、総計7か所においてドラッグ・コートが設立されるに至っている[15]。

このうち、トロントにおけるドラッグ・コートについては、その対象者はコカインまたはヘロインに関連した犯罪で起訴された、非暴力犯の薬物依存者である。対象者は、最初にオンタリオ州立病院にある薬物中毒・精神衛生センターにおいて選別され、その後、検察官の同意によって、正式にドラッグ・コート対象者として決定される。対象者は判決前段階におけるドラッグ・コートプログラムか、あるいは公判段階におけるドラッグ・コートプログラムのいずれかの方式が採用され、主に対象者に前科がある場合などにおいては、後者の方式が採られることとなる。そして、対象者がプログラムを成功裡に修了した場合には、前者においては公訴が棄却され、後者においては刑の執行が猶予されることになる[16]。

対象者は、治療プログラムとして個別または集団カウンセリング、メタドン

療法、尿検査、社会奉仕活動、職業訓練、学校教育等を行いながら、当初においては1週間に2度出廷する義務が課せられることになる。また、賞罰も行われ、成功裡にプログラムを進行させた褒賞として賞詞や出廷頻度の軽減などがなされ、罰としては、叱責やドラッグ・コートプログラムからの離脱が命令されるのである。

トロントにおけるドラッグ・コートの運営費用は、対象者1人あたり約8,000ドルであり、その対象者を州刑務所に収容した場合における年額経費、約5万ドルと比べると、大幅なコストの削減が実現可能であるとしている[17]。

しかしながら、トロントにおけるドラッグ・コートにおいては、プログラムの参加者の多くが無職であるため、プログラム修了時までに雇用の機会をつくることが必要であり、また女性も相当数存在することから、女性に有用なプログラムを案出すること、さらにはドラッグ・コートと連結したより多くの薬物中毒治療施設を設立することが、今後の課題であるとされている[18]。

4 イギリス

(1) 薬物治療及び検査命令

イギリスにおいては、ドラッグ・コートは存在しないが、「1998年犯罪及び秩序違反法」(Crime and Disorder Act 1998) 第61条、第64条による「薬物治療及び検査命令」(Drug Treatment and Testing Order: DTTO) が2000 (平成12) 年から施行されており、このDTTOが、ドラッグ・コートと類似の制度であると思料される。

DTTOの対象者は16歳以上の薬物中毒者、あるいは薬物の乱用傾向があり、薬物処遇を必要としている者であり、プロベーション・オフィサーは、その適格性について、判決前調査を行う。それに基づき、裁判所がDTTOを決定すると、DTTOに処遇条件(居住型施設への入所あるいは通所)と検査条件(検査の頻度)が付され、また、確認聴聞(対象者は最低月に1回出廷し、プロベーション・オフィサーから文書による処遇経過と検査結果報告がなされる)も義務づけられることになる。DTTOの期間は、6か月以上3年未満である。

DTTOの期間中においては、対象者は、プロベーション・オフィサーの監督下に置かれ、処遇条件と検査条件の状況は、逐次プロベーション・オフィサーに報告されることとなり、その結果は、確認聴聞における処遇経過・検査結果報告に記入されることになる。

裁判所は、確認聴聞における報告を検討し、対象者が良好な成績を収めていると認めた場合は、命令内容の緩和や確認聴聞を開催せずに文書による審査を行うことができ、逆に対象者の成績が良好ではない場合は、確認聴聞の開催、命令内容の強化、元となる犯罪について処断することができることになっている[19]。

5 香　港

(1) 危険薬物条例による薬物嗜癖治療センター拘禁命令

香港においては、ドラッグ・コートは存在しないが、危険薬物条例による薬物嗜癖治療センター拘禁命令が、ドラッグ・コートと類似の制度であると考えられる。

香港における薬物規制法令の基本法は、「危険薬物条例」(Dangerous Drugs Ordinance) であり、同条例第54条Aでは、単純所持、自己使用（同条例第8条）、薬物施用器具所持（同条例第36条）の薬物犯罪者等は、薬物嗜癖治療センター (Drug Addiction Treatment Center: DATC) 拘禁命令の対象となる。具体的には、判決前調査である矯正局長のDATC収容適格性報告書 (Suitability Report) に基づき、裁判官が裁量によってDATC処分を判断する。報告書には医師による診断書、薬物嗜癖、治療歴、社会的背景、犯罪歴等が記されており、報告書作成のために必要であれば、3週間を超えない範囲で拘禁することが可能である。

DATC収容期間は、拘禁命令発布の日から2か月以上12か月未満の不定期となっており、施設の成績評価委員会が定期的に改善状況を評価し、釈放時期を決定する。そして、釈放後においては、釈放日から12か月の間、矯正局長の指定する機関あるいは職員の監督に服することになる。釈放後の監督命令に

従わない場合には、再収容命令を発布することができ、DATC 拘禁命令の期間満了日または再収容命令により身体拘束がなされた日から4か月のいずれか一方の長期の期間が再収容期間とされている。

なお、DATC 被拘禁者の行状が不良な場合においては、行政長官の許可を得た後、DATC 拘禁期間の上限を超えない範囲において刑務所に移送することができ、また、刑務所において、受刑中の者でも、DATC 処遇が適当であると判断され、かつ残刑が 12 か月未満の者であれば、行政長官の許可を得て、DATC に移送することが可能となっている[20]。

6 日　　本

(1) 即決裁判手続（日本）

2004（平成 16）年に成立した「刑事訴訟法等の一部を改正する法律」（平成 16 年法律第 62 号）によって、即決裁判手続が創設された。この手続は、争いのない明白軽微な事件について、原則として即日判決を言い渡すものであり、その判決においては、懲役・禁錮の言渡しをする場合には、刑の執行猶予の言渡しをしなければならない。具体的には、即決裁判手続は、検察官が捜査段階において、被疑者の同意を得るなどすることによって、起訴と同時に即決裁判手続の申立てを行い、公判期日の冒頭手続において、被告人は起訴状記載の訴因について有罪である旨の陳述を行う手続であり、アメリカで採用されているアレインメントと類似の制度である。なお、アレインメントは被告人の有罪答弁に基づき事実審理を経ずに有罪とされる制度であるが、即決裁判手続においては、事実審理自体は省略されない点において、両者は異なる制度設計となっている[21]。

このように、この即決裁判手続は、簡易かつ迅速に公判審理及び裁判を行うことによって、公判手続の合理化・効率化を図ることを目的とするものであるが、2009（平成 21）年の地方裁判所において即決裁判手続に付された罪名別人員をみると、覚せい剤取締法違反 1,140 人、道路交通法違反 934 人、入管法違反 800 人、大麻取締法違反 442 人、窃盗 312 人、麻薬取締法違反 53 人、公務

執行妨害18人、住居侵入14人、その他320人となっており[22]、即決裁判手続に付された事件の40.5％が薬物関係事案であることが分かる。

このことから、都道府県警察は、薬物犯罪者で即決裁判手続により執行猶予判決が見込まれる者などに対し、薬物再乱用防止に関する自主的な努力の一助となるべく、起訴後、捜査が終了し、なお警察施設に勾留されている期間を利用し、対象者に任意でパンフレットの閲覧及び配布を行うことにより、薬物再乱用防止に関する基礎的な知識や官・民の相談先に関する情報を提供している[23]。

また、警察庁と薬務部門、民間団体等との連携による薬物再乱用防止に関する取組みを促進するために、栃木県警察では、薬物事犯により検挙され、初犯等で執行猶予判決が見込まれる者に対して、栃木県が実施する「薬物再乱用防止教育事業」の概要を説明し、その後、栃木県薬務課の職員が対象者と面接を行い、対象者の任意で、民間団体である栃木ダルクにおける薬物再乱用防止プログラムを受講させる取組みを行っている[24]。

具体的には、薬物再乱用防止プログラムにおいては、月4回開催される講習会を10回受講し、県が作成したアンケートにより回復の度合いが判定され、教育の継続の必要性が判断される。講習では薬物の再使用に至る生活習慣や行動と思考のパターンの見直しに目を向け、どのようにしたらそのパターンを変えることができるのかを、ブレインストーミングやロールプレイング、絵を描く療法によって答えを導いていくカリキュラムを行っている。

また、受講者には、任意で不正薬物を検出する尿検査も行っており、薬物からの離脱の達成感や家族に対する信頼回復に役立てている。そして、本プログラムを進めるにあたっては、本人の努力に加えて、家族の適切な対応が必要不可欠となるため、本人がプログラムを申し込んだ後、家族に対しても面談を行い、栃木県精神保健福祉センターで実施している「薬物依存症家族とともに考える会」に参加してもらい、回復につながる対応方法を学習する機会を与えている。

さらに、プログラムを修了した者に対しては、麻薬取締員が定期的に連絡を

取り、3年間の経過観察指導を行うこととしているのである[25]。

　このように、薬物犯罪者が即決裁判手続において執行猶予判決が下され、その後、当該犯罪者が薬物再乱用防止プログラムを受講した場合、この即決裁判手続はドラッグ・コートと類似の制度となるものと考えられる。しかしながら、厳格な意味においては、即決裁判手続における執行猶予判決は、薬物再乱用防止プログラムと連動しておらず、あくまでも執行猶予判決が下された後、本人の薬物からの離脱のために任意でプログラムを実施しているに止まるものである。そのため、諸外国で行われているドラッグ・コートプログラムのように、薬物再乱用防止プログラムが裁判官主導で行われているわけでもなく、それにあたっての定期的な出廷も、当然の如く必要がないのである。そのような意味において課題が残る点も存在するが、現時点においてドラッグ・コートが存在しない我が国においては、この制度を有効に活用する意義はあるものと思われる。

　なお、栃木県の本プログラムは現在進行中であり、今後、プログラムの効果についての評価・検討を積み重ねていく必要性があるように思われる。そして、より多くの自治体において、栃木県と同様の取組みを展開させていくことで、薬物依存に対する治療体制を全国的に拡大させていくことが期待される。

(2)　保釈中の刑事被告人に対する薬物研修プログラム

　上記においては、即決裁判手続に付された薬物犯罪者に対するプログラムを紹介したのであるが、以下においては、通常の裁判手続における薬物犯罪者に対する治療プログラムを紹介したい。

　本プログラムは、特定非営利活動法人アジア太平洋地域アディクション研究所（略称：アパリ）(Asia-Pacific Addiction Research Institute：APARI) によって展開されているものである。アパリは、全国約50か所以上ある民間の薬物依存症リハビリ施設であるダルク（Drug Addiction Rehabilitation Center：DARC）の内部にある薬物依存症研究所であり、ダルクと密接な連携を図りながら、薬物犯罪者に対して様々な支援を行い、薬物研修プログラムをコーディネートする業務

を行っている。アパリによって展開される薬物研修プログラムは、基本的には対象者がダルクに入寮し、そこにおいてグループ・セラピー、生活習慣の改善、自立生活訓練等が行われることになっている[26]。

具体的には、アパリは、薬物事犯で逮捕され、起訴された者について、保釈期間中にアパリの薬物研修プログラムを受講することを条件に、保釈決定を得る活動も行っている。これは、刑事訴訟法第93条第3項が、保釈に際し、「被告人の住居を制限しその他適当と思われる条件を付することができる」としていることから、ダルクの施設で薬物研修を受けることを条件に保釈決定を得ることができれば、薬物事犯の被告人は再犯防止に向けたプログラムを受講することができ、その進捗状況を裁判所によって評価してもらうことができるからである。そして、プログラムの進捗状況が評価され、被告人に執行猶予の言渡しがなされた場合には、継続してアパリの薬物研修プログラムを受講することも可能であり、また、被告人に実刑の言渡しがなされた場合であっても、アパリが受刑者の身元引受人となり、刑務所収容中も連絡を取り合い、通信教育を行わせるなどの援助を行い、刑務所から釈放された場合には、その日からダルクの施設に入寮させ、薬物研修プログラムを受講させることなども行っている[27]。

これまでにアパリで保釈プログラムを実行した被告人の数については、この6年間で約150人であり、受刑中にアパリを身元引受人とした受刑者の数は、この6年間で約20人とされている。

この保釈期間中におけるアパリの保釈プログラムは、その進捗状況が評価され、執行猶予判決が下された場合においては、そのシステムはドラッグ・コートと類似しているとも考えられる。しかしながら、覚せい剤事件における保釈率は極めて低い数値であり[28]、また保釈期間中という限定的な期間で効果的な処遇を行わなければならないということ、そして仮に効果的な処遇が行われ、それが成功裡に終わったとしても、本プログラムが制度的なものとなっていないため、執行猶予判決が必ずしも下されるとは限らないこと、さらには、保釈プログラムを行うにあたっては、アパリへのコーディネート料20万円、ダル

クへの入寮費月額 16 万円を支払うことが必要となるという点において[29]、保釈プログラムの利用者が限定されているということが挙げられる。これらの点が、本プログラムの今後の課題であろう。

III 治療共同体

　日本において、2010（平成 22）年 12 月 14 日の「犯罪対策閣僚会議申合せ」により、「再犯防止対策ワーキングチーム」が設置された。これは、再犯者による犯罪が社会に多大な影響を及ぼしていることから、関係省庁が緊密に連携し、刑務所出所者等の社会復帰支援を始めとして総合的な再犯防止対策を検討・推進するためである。

　著者も、「再犯防止対策ワーキングチーム幹事会」の要請により、「有識者ヒアリング」の一環として、2011（平成 23）年 4 月 15 日、「刑務所出所者等の総合的な再犯防止対策」と題して講演を行った。そこにおいては、①満期保釈者の再犯防止対策と②性犯罪者の再防止対策に特化して意見を表明したが、我が国での再犯率が高いのは、むしろ覚せい剤と窃盗である。そこで、本章においては、薬物乱用再犯防止対策の一手段としての「治療共同体」について紹介してみたいと思う。

1　治療共同体の概念

　治療共同体の概念そのものは、1940 年代のイギリスに始まり、1950 年代のアメリカにおいて新しい展開をみせ、1960 年代には世界的に急激な進展をみたものである。我が国において治療共同体構想が具体的に取り上げられたのは、PFI 刑務所である「島根あさひ社会復帰促進センター」の「薬物離脱プログラム」においてであり、東京都立多摩総合精神保健福祉センターでは、アルコール・薬物特定相談事業として「再発予防プログラム」が提供されており、NPO 法人としては、栃木ダルクにおける薬物乱用と依存症への取組みが知られている。以下においては、治療共同体とはどのようなものかについて、具体

例を挙げて紹介してみよう。

 まず、治療共同体の概念であるが、治療共同体（Therapeutic Community）とは、ある個人の直接的な環境あるいは生活環境を変えることで、その環境の圧力とそこに生活している個人の欲求との相互関係を組織的・意図的に組み合わせることにより、そこで生活している個人の行動そのものを変えることを目的とする組織をいうとされている。

 そこでは、協働的で科学的に裏づけられた処遇プログラムの配分が必要であり、また、環境と一体となってこれらのプログラムを操作し、そこでの経験全体が、自然に改善効果が上がるように意識的にデザインされた施設を用意することが必要となるのである。

 したがって、治療共同体とは、施設内処遇の一断面を問題とするのではなく、施設全体を問題とするところに特徴があるといえるであろう[30]。

 つまり、医師が患者に一方的に治療を施し、医療スタッフと患者とのコミュニケーションも乏しいというような、患者に発言力がない依存的な環境においては、患者は自助努力の機会が奪われており、結果として社会復帰が困難であるとの理論的前提が、治療共同体の考えには存在するのである。

 そのため、治療共同体においては、医療関係者から患者という上から下へのコミュニケーションだけではなく、患者から医療関係者、患者同士のつながりといった下から上へのコミュニケーション、あるいは横同士のコミュニケーションが重要であると考えられている。

 このように、治療共同体は、あらゆる者が意見を述べ、治療決定などに参加する機会が与えられることを求めるものであり、一人ひとりの力が最大限に生かされるような環境づくりを設定することで、本人の社会復帰の促進を図ることにその目的があるのである[31]。

2　治療共同体の沿革

 この治療共同体は、もともと精神医学の分野において発達したもので、その先駆的存在は18世紀及び19世紀のモラル・トリートメントであるといわれて

いる。

　このモラル・トリートメントの企図したものは、第1に、精神病者についての伝統的な観念を変えること、第2に、個々人の人間的資質を利用するような風土を施設の中において育むことであり[32]、そのようにして精神病者を人間として処遇し、彼らの社会的環境を利用することで、個々人の能力を開発するという手法は、当時においては画期的な試みであったのである。

　その後、第2次世界大戦直後のイギリスでは、精神医学分野において戦争に付随した問題を解決する必要性に迫られたため、治療現場での社会的要因の重要性が認識されるに至った。1946（昭和21）年、イギリスの精神科医であるメイン（T. F. Main）は、「治療施設としての病院」という論文を発表し、ノースフィールド陸軍病院で行われていたプログラムを紹介するにあたり、「治療共同体」という用語を用いたのである。この論文が、治療共同体を概念化した最初の論文であったといわれている[33]。

　このメインによって概念化された治療共同体は、後にイギリスの精神科医であるジョーンズ（Maxwell Jones）によって臨床的・論理的に展開され、戦時受刑者の処遇や産業ノイローゼ・ユニットにおける社会不適応者に対する処遇に際して、治療共同体の観念を取り入れたのである。

　とはいえ、当初においては、治療共同体は、概念の不明確さなどを理由に、イギリス以外の国においてはそれほどの発展をみなかったのであるが、アメリカにおいてゴフマン（E. Goffman）が、精神病院の研究を行い、「全制的施設」という概念で精神病院の社会構造を明らかにしていくにつれて、処遇環境やその組織形態の改善の重要性が認識されるようになり、その結果、アメリカにおいても1950年代後半から、治療共同体の概念が注目を浴びるようになった[34]。そして、この頃からアメリカでは、治療共同体の観念が矯正の分野に導入され始めるようになり、1960年代に入ると、世界的にも急激な進展をみせたのである[35]。

3 治療共同体の特徴

　治療共同体は、集団のダイナミックスや相互作用理論等の精神医学的・心理学的な処遇技術を用いる処遇方法としての側面をもつことの他に、組織構造的・施設管理的側面を併せもつものであり、主に3つの特徴から成り立っている。

　第1に、治療共同体は、共同参加型の治療プログラムであり、治療共同体においては、患者は、グループ・ミーティングで医療関係者と共に処遇決定、運営計画などに参加する機会が与えられ、そこで自己の考えを自由に述べることが許される。そのため、ややもすれば、従来、処遇に関して消極的にしか関与していなかった患者が、積極的に関与する方向へとその態度を変えるのである[36]。

　第2に、施設の社会構造・社会関係の変化である。患者も自由に医療関係者とコミュニケーションをとる機会が充分に与えられることで、医療関係者と患者との構造がピラミッド型の上下関係ではなく、対等な関係が築かれるようになり、より一体感を醸成しやすい民主的運営形態に移り変わる結果をもたらしている。いわば、このような形で、医療関係者と患者との固定観念を解体し、院外の社会におけるルールと同様の民主的ルールに従った環境構築を目指す取組みが、治療共同体なのである[37]。

　第3に、職員の役割が、専門家としての役割から非専門家としての役割へと変化すること挙げられており、治療共同体においては、患者自身が職員の行動や態度に影響を与え、治療者としての役割を担っていると考えられているのである[38]。

　これら3つの組織構造的・施設管理的側面と処遇方法としての側面が相まって、治療共同体の概念が構成されているのであり、それらが治療共同体の共通の基盤であると考えられているのである。しかしながら、諸外国で行われている治療共同体は多種多様であり、対象者や個人差に応じて、共同参加形態も、職員と患者が共に行うものから、運営は職員のみが行うものまでのバラエティ

第 7 章　薬物犯罪者対策としてのドラッグ・コートと治療共同体　199

が存在するのである[39]。

4　治療共同体の具体例

ところで、諸外国で行われている治療共同体は、現在、統合失調症等の慢性精神疾患患者、人格障害者、学習障害児童、ホームレス、アルコール・薬物等の物質濫用者等の処遇に取り入れられている。しかしながら、近年では、薬物中毒者に対する処遇として、治療共同体が注目されており、その取組みの代表例としては、以下のものが挙げられよう。

(1)　アミティ（Amity）

1958（昭和33）年にアメリカのカリフォルニア州オーシャン・パークにおいて匿名禁酒会（Alcoholics Anonymous）の修了者であったデデリッチ（Charles Dederich）がシナノン（Synanon）という治療共同体団体を設立した。

シナノンでの治療共同体の取組みは、薬物中毒者にも適用され、薬物依存からの離脱を目指す者たちが共同生活を行いながら、毎日行われるセミナー・ディスカッションやグループ・ディスカッションに参加することで、運営や処遇決定に共同参加し、集団心理療法を行うというものであった。

しかしながら、シナノンは、次第に宗教団体へと変質化してしまい、それに疑問を感じたナヤ・アービター（Naya Arbiter）が数人の仲間とともに、アリゾナ州ツーソンで新しい共同体を創設した。それがアミティである[40]。

創設者の1人であるアービターは、崩壊した家庭に育ち、10代の頃から麻薬の密売に関与し、薬物中毒者であった。彼女は、18歳で薬物関係の罪に問われ、その際にシナノンに入り、薬物からの離脱に成功したのである[41]。

アミティとは、ラテン語で「友愛」、「友情」を意味し、誇り、希望、人間性、ユーモアを大切にすることをモットーとしながら共同生活を行い、薬物や暴力などからの離脱を図ることを目的として、治療共同体を行う非営利団体であり、カリフォルニア州やニューメキシコ州等で活動を展開している。

アミティの20万平方メートルの敷地においては、塀もフェンスもない。建

物はカラフルにペイントされ、アットホームな雰囲気が醸成されており、プールや娯楽施設も存在する。入居者は100人程度であり、そこで一定期間共同生活を営みながら、薬物からの離脱を試みるのである。入居期間中、入居者は午前中、大学や仕事に通い、また炊事、洗濯、買物、園芸、修繕等の治療共同体を運営するための役割任務を負い、午後にミーティングやワークショップにおいて運営計画を話し合い、また自分の体験について語ることなどが行われている。

自己の経験を語ることについては、1970年代に、著名な精神分析家であるアリス・ミラー（Alice Miller）が「加害者の多くは、かつての被害者である」と主張したことに依拠しており、自己の加害体験を吐露し、潜在していた被害体験を掘り起こすことで、過去に距離を置き、過去を捉え直すことができると考えられているのである。

そうはいうものの、封印されていた過去を解き明かす作業は、激しい感情の表出を伴うこともあるため、ミーティング・ルームには円形テーブルにお香やキャンドルが設置されており、対話がしやすい環境設定がなされているようである[42]。

アミティでは、「安心して語り合える場の確保」が不可欠であるとされており、それには①エモーショナル・リテラシーの育成（感情を在りのままに受け止め、理解し、表現する能力を高めること）、②人格的教育（入居者を犯罪者としてではなく、1人の人間として扱う）、③当事者スタッフの積極的採用（薬物問題や受刑体験をもつ者で、アミティのプログラムを受けて回復した者に、専門的なトレーニングを受けさせ、カウンセラーの資格を取得させ、彼らはインターンの後にスタッフとして採用される）、④被害者性・加害者性双方への視点の確保（加害者は同時に被害者であることが多いということを理解する）、⑤コミュニティという発想への展開（自分が変わることで、周囲も変わると考えること）、⑥過去の記憶と徹底的に向き合う（過去の記憶を辿り、原因を追及する）ことが条件であるとされている[43]。

現在、アミティでは共同生活プログラムの他にも、刑務所内においてアミティのプログラムを行うことや、社会復帰後におけるフォローアップとしての支

援も行っており、アミティの活動は広範囲にわたっている。例えば、カリフォルニア州ドノバン刑務所では、アミティが薬物依存者のためのプログラムを展開しており、そこでは服役中の受刑者が実際にスタッフとして働いている[44]。

このプログラムの評価としては、プログラムを受講していない受刑者は再犯率が75％であるのに対して、プログラムを受講していた受刑者は再犯率が28％となっており、プログラムを受講していない受刑者の再犯率の約3分の1の数値であることが明らかとなっている。

しかしながら、プログラムを受講した受刑者は、出所後においても継続的なフォローアップの支援がなされており、そうした支援なしでは、プログラムを受講していない受刑者と再犯率が同一になる可能性があるという結果も出されている。そうした意味においては、刑務所内でアミティのプログラムを受講した上で、さらに社会内での継続的なケアが必要であることが認識されているのである[45]。

日本の島根あさひ社会復帰促進センターでは、アミティのスタッフのスーパーバイズにより策定された、日本版の治療共同体プログラムが展開されている。センターの治療共同体ユニットは、受刑者60人で構成されており、食事、作業、運動、入浴をユニット単位で行い、ユニットの受刑者は、自己の体験を振り返り、関係性の修復や道徳心の向上のためにはどのようにすればよいのかなどを考えるプログラムが組み込まれているのである[46]。

(2) デイトップ・ビレッジ（Daytop Village）

アメリカのデイトップ・ビレッジとは、アミティと同様にシナノンの活動に影響を受けた治療共同体であり、デイトップは1963（昭和38）年に精神科医と保護観察官が中心となって創設された社団法人である。

デイトップ・ビレッジの本拠地はニューヨーク州にあり、その他にも23の施設が存在する。現在、デイトップは世界治療共同体連盟の設立に重要な役割を果たしており、世界各国の治療共同体のモデルともなっている。デイトップの研修を受け、デイトップ・モデルを採用する国は約60か国あるともいわれ

ているのである[47]。

　デイトップ・ビレッジにおいては、薬物中毒とそれに伴う問題からの離脱のために、若年層から成人までの、年齢や性別によるプログラムを提供しており、共同生活プログラム、通所プログラム、アウトリーチセンターに加え、家族会や地域サービス部門として高齢者への配食、予防教育事業スタッフ養成訓練センターが存在する[48]。

　具体的には、デイトップのプログラムは5つの段階に分かれている。第1段階はエントリー・オリエンテーションであり、ここにおいては簡単な共同体の仕事を行いながら、治療共同体の規律を理解し、共同体や職員に慣れることを目標とする。第2段階は集中的治療期であり、共同体における複雑な仕事を行い、薬物使用者としての行動を修正していく。第3段階は再入準備期であり、共同体において指導的役割を担わせ、治療共同体の外への再社会化を目指し、家族関係の再構築にも取り組むのである。第4段階は再入期であり、スタッフ予備生としての訓練を行いながら、再発の問題に取り組み、カウンセリングや12ステッププログラムを受講する。第5段階はアフターケアであり、定期的に治療共同体を訪問し、グループのファシリテーターとして活動を行い、薬物のない生活習慣を身に付ける。これら5つのプログラム段階を行うにあたり、それぞれのプログラムにそれぞれの施設が提供されており、入居者は段階を経る毎に施設を移り換えるシステムとなっている[49]。

　デイトップ・ビレッジの入居者の大多数は公的扶助により入居しており、州が長期治療を認可しているため、1年前後の長期的な治療が可能となっている。また、デイトップ・ビレッジは、男女各130人の施設をいくつももつ大規模な施設であるため、治療共同体の入居者の任務が混乱することもあり、そのため「ピア・チェッキング」という共同体の仲間同士の監視に重点を置いて運営がなされている[50]。

(3)　プロジェクト・オンブレ（Proyecto Hombre）

　プロジェクト・オンブレは、スペインにおける薬物中毒者に対する治療共同

体である、非営利団体プロジェクト・オンブレ協会が行うプログラムである。スペインでは、アフリカ大陸、アメリカ、南米から違法薬物が流入しており、会社員、主婦、若者などといったあらゆる階層の者の薬物乱用の問題に直面したため、1985（昭和60）年に薬物に関する国家計画（Plan Nacional sobre Drogas：PNSD）を策定し、国家的施策として薬物対策を立ち上げた。その結果として、スペインにおいては、公営・民営の薬物治療リハビリ施設が多数存在するのであるが、その中でもこのプロジェクト・オンブレが、厳格ではあるが、薬物からの離脱に最も確実にして効果的なプログラムであるといわれており、スペインの薬物対策を先導する存在である[51]。

「人間計画」を意味する言葉であるプロジェクト・オンブレは、1984年に設立され、設立者がイタリアの治療共同体の団体を視察したことがその契機となっている。イタリアのプログラムは、アメリカの治療共同体であるデイトップ・ビレッジのプログラムを基盤とし、それに家族と協働して行う「動機づけ段階」を加えた治療共同体であった。そして、プロジェクト・オンブレの設立者はこのイタリアのプログラムを、スペイン流にアレンジしたのであり、それがプロジェクト・オンブレの治療共同体プログラムである[52]。

プロジェクト・オンブレ協会は26の支部があり、そのうちマラガ支部のプログラムがよく知られているが、プログラム全体は3つの段階から構成されている。第1段階は動機づけ段階であり、ここにおいては通所センターに6〜11か月の間、家族の送迎で通い、家庭や生活の問題、司法問題などの外的な圧力による動機を内面化させていき、治療共同体段階へ移行するための動機づけを形成する。第2段階は治療共同体段階であり、4〜10か月の間、治療共同体施設に入寮し、共同生活を営む。第3段階は社会復帰段階であり、11〜18か月の間、社会復帰セラピーセンターに入寮し、あるいは通所センターに通いながらプログラムを無事修了させることを目標とする。利用者と家族は、各段階を進行するたびに、治療契約を結ぶこととなっている[53]。

特に重要なのは第2段階である治療共同体段階であり、マラガ支部の治療共同体は80人を収容する施設である。運営・医療、食物倉庫、調理、ランドリ

一、修繕、庭園の6つの部署に分かれて小社会が形成されている。そして、各部署はピラミッド型の5階級構造となっており、階級が上がるにつれて自由度や小遣いの金額が増え、少しずつ社会化していくシステムとなっている。最下層は労働者（Trabajador）であり、仕事や生活に慣れ、それを覚えることがその任務とされている。責任者（Responsible）は、労働者の上の階層であり、毎日の仕事の計画を立てることに加え、新しい入寮者の世話を行う。監督役（Supervisor）は、責任者の上の階層であり、館内の仕事と部署内のメンバーの監督を行う。調整役（Coordinador）は、監督役の上の階層であり、動機づけ段階にいる者をサポートし、毎日部署内のメンバーの様子を把握し、日誌を付けることをその任務とする。オペレーター（Operador）は最上層であり、セラピストとして、また全体を統括する者として活動することがその任務となる。この他にも社会復帰段階目前の者は、長老（Anciano）という特権階級となり、部署での仕事の分担はなく、館内の出来事や仲間のサポートを行うことになる。利用者は問題がない限り、徐々に階級が上がることになっているが、行動によっては階級が下がることもある。また、担当する部署は、定期的に配置換えが行われる[54]。

例えば、灰皿を置いてある以外の場所で煙草の吸殻が発見された場合、調整役はオペレーターと監督役に報告する。監督役は名簿に基づき一人ひとりを尋ね、煙草を吸った者を探す作業を行い、それでも見つからない場合には、オペレーターが全員を招集することになる。このように、部署を構造化し、それぞれの役割を分担させることによって、自分の行動は、他人の行動にも影響を与えることを認識させることに重要な意味があるとされているのである[55]。

入居者は、約1か月が経過すると、週末に帰宅することとなり、家族との週末プログラムが行われることになる。調整役になるまでは、週末プログラムには家族の送迎が必要となるが、調整役になると一人で帰宅することも可能となる。週末プログラムは、家族関係の向上を図ることや現在の家族状況を認識する上で重要な役割を果たしている。また、週末プログラムを通じて、どのような家族関係を構築しているかを把握し、それをサポートするために家族プライ

ベート・ミーティングを行い、オペレーターをオブザーバーとして入居者と家族が自分の考えを述べていく場を提供しているのである[56]。

(4) ダルク（Drug Addiction Rehabilitation Center : DARC）

日本において、治療共同体の理念に基づき薬物依存症者の回復を支援する施設として、ダルクが存在する。ダルクは、1985（昭和60）年に近藤恒夫らによって創設された薬物治療施設である。薬物依存症者であった経験をもつ近藤が、欧米の治療共同体をモデルとした、回復者主導型施設の設立を強く希望したことにより創設された施設であり、またそれは刑務所と社会の間の中間処遇施設として機能しているものでもある。

ダルクの事業目的は、薬物依存症者に共同生活の場を提供し、薬物を使わない生き方のプログラムを実践することによって、薬物依存からの回復をしていくためのモデルを提供することにあり、具体的には、ナルコティクス・アノニマス（NA）の12ステップに基づいたプログラムを実践していくことで、薬物からの離脱を図っていくものである。

プログラム内容としては、ダルクの施設に入寮しながら、基本的に1日3回、グループ・ミーティングを行い、それに加えてボランティア活動、スポーツ、レクリエーション、自助グループセミナー、ダルク支部との合同合宿セミナーに参加することが行われる。

入寮者には担当スタッフが付くが、担当職員はすべてダルクにおいて薬物離脱が成功した回復スタッフである。そのスタッフが定期的にカウンセリングを行い、その状況は週に一度のスタッフ会議において検討される。また、スタッフは本人からの相談に加えて、生活指導、金銭管理、健康管理、就労援助の任務を担っており、さらには入寮者の家族からの相談にも対応し、本人との接し方のアドバイスや福祉事務所、病院、弁護士との連携窓口としての役割も果たしている。このように、基本的には回復スタッフがプログラムの管理をすることになるのであるが、薬物依存者の中には、合併症、虐待、自殺願望などといった問題を抱えている者も少なくないため、これらの者に対しては、専門家に

よる治療プログラムが行われている。

プログラム期間は個人により差があり、退寮まで早くて6か月程度、場合によっては1年以上を要することもある。とはいえ、ダルクでは退寮者の孤立を防止するため、アフターサポートプログラムとして、退寮後においても通所できるようにし、担当スタッフが常時相談できる体制を整備している[57]。

ダルクは、全国に約50施設以上存在しており、現在では、その活動は多方面にわたっている状況にある。例えば、刑務所出所者の支援ばかりでなく、受刑者に対して行われる薬物依存離脱指導をサポートすることや、また上述したように、警察段階において警察庁などと連携を図り、薬物再乱用防止プログラムを薬物犯罪者に受講させる取組みを行っている[58]。このような刑事司法制度における支援の他にも、地域社会や学校などの場において講演活動を行うことや、また国際協力機構（JICA）との共同事業として、フィリピンの薬物依存症者に対する草の根支援プロジェクトへの参加、韓国における薬物治療センターへの協力も行っているようであり[59]、現在においては、ダルクは、我が国の薬物依存症者に対する支援を先導している状況にあるといえる。

Ⅳ　お わ り に

以上、薬物犯罪者に対するドラッグ・コートと治療共同体について考察した。

まず、ドラッグ・コートについては、諸外国においては2つの方策、すなわち、ドラッグ・コートを創設する方策と、ドラッグ・コートを創設せずに現存の裁判所を利用してドラッグ・コートと類似の制度を創設するか、または猶予制度を活用して治療を条件としたダイバージョンを試みる方策のいずれかが採用されていることが明らかになったかと思う。そして、後者に属するもののうち、現存の裁判所を利用してドラッグ・コートと類似の制度を創設している国としては、イギリス、香港、日本が存在するのであり、また、猶予制度を活用して警察段階などにおいて薬物治療を条件としたダイバージョンの施策を行っ

ている国としては、本章では紹介しなかったが、マレーシア、シンガポール、タイなどが存在する。

　諸外国におけるその方策の導入にあたっては、各々、法制度などの諸事情を勘案しており、日本においても様々な検討すべき課題があるのではないかと思われる。この点につき、ダルクの創設者である近藤恒夫は、ドラッグ・コートの創設ということも検討に値するものではあるが、まず現存の猶予制度を活用し、薬物犯罪者に専門的な治療を行わせることを条件にダイバージョンをすることができるような施策を創設することに、現実的可能性を見出し得るとしている。また、それにあたっては、刑事司法制度が進むに従って、薬物犯罪者に対する治療的介入の余地は少なくなることに加えて、薬物依存の問題はより深刻化していくという事態を勘案し、警察段階のような刑事司法制度の早い段階での治療的な介入が好ましいとしており[60]、そのような意味において、マレーシア、シンガポール、タイの制度は参考に値する制度であると思われる[61]。

　また、治療共同体についてであるが、諸外国における治療共同体については、アミティ、デイトップ・ビレッジ、プロジェクト・オンブレ等の治療共同体においても、基本的には同じ社会構造を有しており、階級が上昇していくほど責任感と自由度が増していくというシステムをとっており、これらの治療共同体は、世界における治療共同体の中でもより民主的なプログラムとして構成されているように推察される。

　しかしながら、治療共同体の前提となる理念を実現するにあたっては、収容人数も重要なメルクマールとなるものと思われる。前述の通り、デイトップ・ビレッジでは大多数の者が収容されているため、治療共同体における各自の任務遂行や秩序維持に困難をきたす事態が生じているようである。入居者本人の自主的な統制と他者による統制とが相まってこそ治療共同体の本来の理念が達成されるのであり、それには適切な人数配分の検討も必要となるものと思われる。

　また、デイトップ・ビレッジやプロジェクト・オンブレにおいて、家族関係の構築に向けられたプログラムが展開されている点は、注目に値する。とりわ

け、プロジェクト・オンブレにおいては、そのようなプログラムが充実しているものと考えられる。その基本構想にあるように、薬物中毒者本人の回復と家族の参加は切り離せないものであり、そのため入寮1か月後という早期の段階から週末プログラムが展開されており、家族関係の構築や家族状況の把握にいち早く対応している点は、本人の回復の点からも重要な施策であると思われるのである。こうしたことから勘案して、将来、日本において、ドラッグ・コートや治療共同体の施策を展開するにあたっては、諸外国の実情を詳細に研究し、緻密に検証していくことが必要であろう。

1) 法務総合研究所『研究部報告42 再犯防止に関する総合的研究』法務総合研究所（2009年）180頁。
2) 法務総合研究所・前掲注1）・38頁。
3) 藤本哲也「犯罪者のための社会再統合要因強化策に関する一考察」『法学新報』117巻3・4号（2010年）91-92頁、法務総合研究所『研究部報告34 アジア地域における薬物乱用の動向と効果的な薬物乱用者処遇対策に関する調査研究』法務総合研究所（2005年）244-245頁、小沼杏坪監訳・小森榮＝妹尾栄一『ドラッグ・コート アメリカの刑事司法の再編』丸善プラネット株式会社（2006年）61-65頁。
4) 小沼監訳・小森＝妹尾・前掲注3）・61-65頁。
5) 藤本・前掲注3）・91-92頁、小沼監訳・小森＝妹尾・前掲注3）・61-65頁、法務総合研究所『研究部報告54 米国及びカナダにおける拘禁代替策と早期釈放制度の現状』法務総合研究所（2007年）16頁。
6) 法務総合研究所・前掲注3）・242頁、小沼監訳・小森＝妹尾・前掲注3）・61-65頁。
7) 法務総合研究所・前掲注3）・246頁。
8) 法務総合研究所・前掲注3）・248頁。
9) 法務総合研究所・前掲注3）・246-248頁。
10) 法務総合研究所・前掲注3）・248頁。
11) 法務総合研究所・前掲注3）・78頁。
12) 法務総合研究所・前掲注3）・78頁。
13) 法務総合研究所・前掲注3）・51頁。
14) 法務総合研究所・前掲注3）・122頁。
15) マリカ・オーマツ著・指宿信＝吉井匡訳「トロントにおける問題解決型裁判所の概要：「治療的司法」概念に基づく取組み」『立命館法学』314号（2007年）202頁。

16) 法務総合研究所・前掲注3)・122-123頁。
17) 法務総合研究所・前掲注3)・123頁。
18) マリカ・オーマツ著・指宿＝吉井訳・前掲注15)・203頁。
19) 法務総合研究所・前掲注3)・169頁。
20) 法務総合研究所・前掲注3)・134-135頁。
21) 藤本哲也「即決裁判手続について」『戸籍時報』663号（2010年）89-90頁。
22) 法務省法務総合研究所編『平成22年版犯罪白書』（2010年）参照。
23) 高尾裕司「『薬物対策重点強化プラン』の策定について」『警察学論集』64巻3号（2011年）58頁。
24) 高尾・前掲注23)・59頁。
25) 厚生労働省編『平成22年版厚生労働白書』347-348頁。
26) アパリホームページ http://www.apari.jp/npo を参照。
27) アパリホームページ http://www.apari.jp/npo を参照。
28) 川出敏裕「薬物犯罪対策の現状と課題」『ジュリスト』1416号（2011年）15頁。
29) アパリホームページ http://www.apari.jp/npo を参照。
30) 藤本哲也「治療共同体」藤本哲也編『演習ノート刑事政策［改訂第7版］』法学書院（2003年）178頁。
31) 藤岡淳子「刑務所の民主化と再犯率低下をめざして」島根県立大学PFI研究会編『PFI刑務所の新しい試み―島根あさひ社会復帰促進センターの挑戦と課題』成文堂（2009年）172-173頁。
32) 藤本・前掲注30)・178頁。
33) 石川正興「受刑者処遇制度における治療共同体論」『早稲田法学会誌』27号（1976年）4頁、法務総合研究所・研究部報告34・72頁。
34) 石川・前掲注33)・5-6頁。
35) 藤本・前掲注30)・179頁。
36) 藤本・前掲注30)・179頁、石川・前掲注33)・7頁、法務総合研究所・前掲注3)・73頁。
37) 藤本・前掲注30)・179頁、石川・前掲注33)・7-8頁、宮永耕「薬物依存者処遇におけるサービスプロバイダとしての治療共同体について」『龍谷大学矯正・保護研究センター研究年報』5号（2008年）20頁。
38) 藤本・前掲注30)・179頁、石川・前掲注33)・8頁、法務総合研究所・前掲注3)・73頁。
39) 石川・前掲注33)・8頁、法務総合研究所・前掲注3)・72頁。
40) 法務総合研究所・前掲注3)・72頁、石塚伸一「犯罪者の社会復帰と自助グループの役割」『法学セミナー』548号（2000年）74頁、宮永・前掲注37)・20頁。
41) 井出眞理子「アミティ京都講演会リポート」『法学セミナー』548号（2000年）63

頁、坂上香「暴力の連鎖を断つための『語り』―米国の NPO「アミティ」から学ぶ」『更生保護』56 巻 6 号（2005 年）18 頁。
42) 坂上・前掲注 41)・18-19 頁、http://www.cain-j.org/Amity/W_Amity.html を参照。
43) 坂上・前掲注 41)・19-20 頁。
44) http://www.cain-j.org/Amity/W_Amity.html を参照。
45) 藤岡・前掲注 31)・173-174 頁。
46) 堀内美奈子「PFI 刑務所の矯正プログラム」島根県立大学 PFI 研究会編『PFI 刑務所の新しい試み―島根あさひ社会復帰促進センターの挑戦と課題』成文堂（2009 年）137 頁。
47) 法務総合研究所・前掲注 3)・73 頁、『平成 20 年度社会福祉士・精神保健福祉士海外研修・調査事業報告書』・引土論文・ 7 頁。
48) 前掲注 47)・ 7 頁。
49) 前掲注 47)・15-16 頁。
50) 前掲注 47)・25 頁。
51) 薬物依存症者家族連合会『プロジェクト・オンブレ研修報告』（2009 年）10 頁。著者が座長を務めた報告書である、内閣府『平成 22 年度「スペインにおける青少年の薬物乱用対策に関する企画分析報告書」』（2011 年）も参照のこと。
52) 前掲注 51)・11 頁。
53) 前掲注 51)・12 頁。
54) 前掲注 51)・46、48 頁。
55) 前掲注 51)・50 頁。
56) 前掲注 51)・59 頁。
57) 東京ダルクホームページ http://tokyo-darc.org/ を参照。
58) 高尾・前掲注 23)・59 頁。
59) 近藤恒夫「薬物事犯における非裁判化・社会内処遇の可能性」『ジュリスト』1416 号（2011 年）40 頁。
60) 近藤・前掲注 59)・40-41 頁。
61) これらの国については、藤本哲也「諸外国における薬物犯罪者の処遇モデル」『法学新報』118 巻 7・8 号（2011 年）33-63 頁参照。

第8章
危険性の高い性犯罪者に対する隔離政策

I　はじめに

　ここで紹介する危険性の高い性犯罪者に対する隔離政策は、2005（平成17）年6月と8月において、デイビッド・バイルズ教授（David Biles）がオーストラリア首都特別地域政府（Australian Capital Territory 以下、ACT政府と略称する）のために準備した報告書に、報告書の準備後の新たな展開を考慮に入れて加筆・修正した新しい報告書の要約版である[1]。著者が2007（平成19）年1月から3月までの3か月間、超短期在外研究でオーストラリア国立大学ロースクールに客員研究員として滞在した折に、オーストラリアで著名な犯罪学者、ブレイスウェイト（John Braithwaite）教授、グラボスキー（Peter Grabosky）教授、バイルズ（David Biles）教授にお会いする機会があったが、その際に、日本の専門家にぜひ紹介したいと考えて、バイルズ教授に贈呈していただいたのが本論文である。本論文は、オーストラリアの性犯罪者の現状と法政策の実際について知るためには格好の論文であると思う。そこで、以下において、その全貌を紹介することにしたいと思う。

II　危険性の高い性犯罪者に対する情報の収集

　危険性の高い性犯罪者に関する報告書の必要性は、ACT政府管内の性犯罪者が、短期9年、長期12年の不定期刑の長期を満了した後に、ニュー・サウス・ウェールズ州の刑務所から釈放された事案に関するメディア報道によって

促進されたものである。受刑者Aは、刑務所にいる間、仮釈放による釈放の可能性を辞退し、性犯罪者処遇プログラムに参加することを拒絶した。釈放直後、Aは児童に対するさらなる重大な性犯罪と、その児童の継父を殺害するに至った。Aは、現在、ニュー・サウス・ウェールズ州でかなり長期の刑に服しているが、釈放後に再犯を防止するための手段が講じられるべきであったかどうかという問題が提起され、この事案は、ACT政府の政治的関心の的となった[2]。

そうした関心の付加的な要素として考えられるのは、2007（平成19）年に、ACT政府が独自の刑務所を開設するので、もはや有罪を宣告された犯罪者を、ニュー・サウス・ウェールズ州へ自動的に送致しなくてすむという事実であろう。また、もう1つの付加的な要素としては、ACT政府は、人権法（Human Right Legislation）を制定したオーストラリア唯一の法域であるということである。

2005（平成17）年7月半ばの計画の初期の段階では、イギリス、カナダ、ニュージーランドに加えて、オーストラリアの全法域に、情報を収集するための要請書を発送することが主な任務であった。その情報というのは、危険性の高い性犯罪者の行動を削減するために制定された特別立法、この種の犯罪者に対して、長期が無期限の不定期刑（indefinite sentences）若しくは不定期刑（indeterminate sentences）を科すことが可能な一般刑法における何らかの条項、これらの条項の下で取り扱われている犯罪者の数、これらの対策の有効性を証明する何らかの証拠等を含んだ詳細な情報を要請したのである。かなり豊富な関連情報が利用可能となった段階で、さらなる海外の情報源として、アメリカが付け加えられた。

計画の後半段階は、危険性の高い性犯罪者に特別の関心のある個人や団体との面接を遂行することが主な仕事であった。これらの面接の対象者には、ACT最高裁判所の首席裁判官、ACT警察署長、ACT矯正局長（ACT Director of Corrective Services）、ACT量刑管理委員会（ACT Sentence Administration Board）の委員長、多くの関連組織や地域社会内若しくは政府の各省間の委員会が含まれている。

III オーストラリアの法と実務

　法と実務に関するこの調査は、その当時オーストラリアでは、ヴィクトリア州とクイーンズランド州だけが、危険な性犯罪者についての特別立法を制定していたことを明らかにしている。ヴィクトリア州の法律である、「重大な性犯罪者監視法」(Serious Sex Offender Monitoring Act) は、2005（平成17）年5月26日に施行されている。この法律は、危険性の高い性犯罪者に対して、刑務所における刑期の満了後、若しくは仮釈放命令に服した後、15年間、地域社会における保護監督を受けるように、裁判所によって命令される可能性のある規定が設けられている。そのような命令の対象である犯罪者は、指定された住居で生活し、矯正職員によって同行されることなしにはその住居を離れることができないという要求を含む、成人仮釈放委員会（Adult Parole Board）の指示と指導に服することが求められるのである。これらの者は、また、その行動に電子監視を付けることが要求されるかもしれない。バイルズ教授によれば、報告書を準備していた当時、非常に厳格な条件を伴う1つの命令が実行され、もう1つの命令が裁判所によって検討中であったとのことである。

　ヴィクトリア州では、裁判所が、21歳以上の重大な犯罪者に、長期が無期限の不定期刑を科する条項がある。「1991年量刑法」(Sentencing Act 1991) の18条の下で、長期が無期限の不定期刑が、裁判所独自の主導権によって、若しくは公訴局長官（Director of Public Prosecutions）による申立てによって、科せられるかもしれないが、これは、以下に掲げるような理由で、犯罪者が、地域社会に対する重大な危険性の、高度な蓋然性があるという条件を満たしたときにのみ、科すことができるのである。その理由とは、①その者の精神状態、経歴、年齢、健康状態、②重大な犯罪の性質とその重要性、③何らかの特別の事情等である。

　バイルズ教授が報告書を準備していた当時、4人の受刑者が、長期が無期限の不定期刑の言渡しを受けたが、そのすべての者が性犯罪を犯したものであ

り、長期が無期限の不定期刑を受ける以前に、過去に性犯罪で有罪の宣告をされていた者であった。

2003（平成 15）年に制定されたクイーンズランド州の法律である、「危険な受刑者（性犯罪者）法」（Dangerous Prisoners [Sexual Offenders] Act）は、最高裁判所が、法務総裁（Attorney-General）の申立てによって、刑を満了した重大な性犯罪者に、「継続的拘禁」（Continuing Detention）若しくは「地域社会における継続的保護監督」（Continuing Supervision in the Community）のいずれかを、命令する規定を設けている。これらの命令は、少なくとも 12 か月ごとに、最高裁判所によって審査されなければならない。（この法律は、受刑者により憲法違反であるとして異議申立てがなされたが、最高裁判所は、その異議を退けた。「ディーキン・ロー・レビュー」（*Deakin Law Review*）に掲載されているアンソニー・グレイ（Anthony Gray）の論文では、クイーンズランド州の法律が憲法違反であることは明らかであると論じている[3]。この論文は、2004（平成 16）年に書かれたもので、最高裁判所の決定が一般に公開される以前のものである。）

バイルズ教授が報告書を準備していた段階では、その数だけに関していえば、2 つの継続拘禁命令、1 つの暫定的拘禁命令、5 つの継続的保護監督命令が、クイーンズランド州において下されているのである[4]。

2006（平成 18）年 4 月に、ニュー・サウス・ウェールズ州は、クイーンズランド州と同様の法律を可決した。その「ニュー・サウス・ウェールズ州犯罪（重大な性犯罪者）法」（NSW Crimes [Serious Sex Offenders] Act）は、危険性の高い犯罪者に、5 年までの期間、継続的拘禁若しくは継続的保護監督のいずれかを命令することを許可するものである。この法律の可決で、全オーストラリア人口の約 4 分の 3 を包み込む、オーストラリアの 3 つの最も人口過密な法域が、今や危険性の高い性犯罪者に対する特別法をもつに至ったのである[5]。

ほぼすべてのオーストラリアの法域で、何らかの犯罪者が、時として、危険な犯罪者若しくは常習犯罪者と宣告され、また、ヴィクトリア州においてみられたような、長期が無期限の不定期刑を宣告することが可能な、一般刑法の条項が存在するのである。この選択肢は、ACT 政府では利用可能ではない。ま

た、長期が無期限の不定期刑を宣告される危険性の高い性犯罪者の数は比較的少ないが、殺人者のような他の犯罪者が、一般的に終身刑若しくは長期が無期限の不定期刑を宣告されていると、正確にいうことは難しいのである。しかしながら、サウス・オーストラリア州では、この対策がどのくらいの割合で性犯罪者に適用されてきたかという範囲についてのデータを獲得することが可能である。サウス・オーストラリア州では、2002（平成14）年3月以降、公訴局（Department of Public Prosecutions）は、性犯罪者に長期が無期限の不定期刑が科されるようにするための13の申立てを行っている。これらのうち、4つの申立ては成功し、4つが係属中であり、2つが取り消され、3つが却下された。また、これらの数値は比較的少ないように思われるので、全オーストラリアの法域によって利用可能とされる、より正確な情報が必要なことは明らかである[6]。

Ⅳ　他の国の法と実務

　ニュージーランドの状況は、とりわけ危険性の高い性犯罪者の研究にとって興味深いものがある。特に2004（平成16）年にニュージーランドで可決された2つの法律は重要なものである。すなわち、その2つとは、「2002年仮釈放法」（Parole Act 2002）と、「2002年量刑法」（Sentencing Act 2002）をそれぞれ修正した、「仮釈放（長期的保護監督）修正法」（Parole [Extended Supervision] Amendment Act）と、「量刑修正法」（Sentencing Amendment Act）である。この新たな法律の下で、以下の者に対して矯正省（Department of Corrections）は、長期的保護監督命令の申立てをすることができ、そして裁判所はそれを承認するのである。すなわち、それは、①16歳以下の者に対する性犯罪で有罪を宣告され、定期の拘禁刑を言い渡された者、②16歳以下の者に対するさらなる性犯罪の現実的かつ現存する危険性のある者である。これらの性犯罪には、また、次の者を含む。すなわち、それは、①16歳以下の被害者を含む特定の性犯罪、②16歳以下の者を含むポルノ犯罪、③顕著な障害をもつ者に対する搾取的な性犯罪で

ある[7]。

　上記のような者は、現在、刑務所若しくは地域社会にいるか否かに拘わらず、また、仮釈放若しくは釈放の条件を備えているか否かに拘わらず、長期的保護監督の対象者となるのである。

　長期的保護監督の法律が2004（平成16）年7月に施行してから2005（平成17）年9月までに、32の命令が裁判所によって下されている。これらのうち、22の命令が、実際に開始されている。そして、これらの犯罪者のうち19人が、現在、長期的保護監督下での処遇がなされている。3つの長期的保護監督が、現在、さらなる犯罪により再拘禁若しくは身柄拘束されているために停止されているが、さらなる犯罪は、いずれも児童に対する性犯罪ではない。長期的保護監督命令は、最大10年間科すことができる。これまで25の命令において、10年間の長期的保護監督が認められ、残りの命令は、2年から8年半までに及んでいる。ニュージーランドの命令の数は明らかに高いものがあるが、この法律はヴィクトリア州の法律と同様であるように思われる。

　カナダにもニュージーランドとのいくつかの類似点がある。カナダでは、法律によって、ある特定の犯罪者を「長期犯罪者」(long-term offender) と名称づける規定を設けている。この長期犯罪者という選択肢は、1997（平成9）年に創設され、主として性犯罪者を対象とするものであった。重大な長期犯罪者であるとして、そのような名称が科されると、刑期が満了した後、最大10年間、地域社会において保護監督下に置かれることになるのである。裁判所は、「その犯罪者が再犯を行う実質的な危険性があり、かつ、地域社会における監視が、危険性の最終的な統制手段として合理的である」という条件を満たした場合には、長期保護監督命令 (long-term supervision order) を実行する可能性があるのである。カナダの裁判所は、また、長期が無期限の不定期刑が科される可能性がある事案において、その者を「危険な犯罪者」(dangerous offenders) と命名することができるのである。「終身刑」と同様に、「危険な犯罪者」と名称づけられた者は、刑務所に拘禁され、その後は、地域社会で生涯を通じて保護監督下に置かれることになるのである。2005（平成17）年6月26日現在にお

いて、カナダで長期保護監督命令に付された犯罪者は 318 人いる。これらのうち、191 人は拘禁されており、127 人は地域社会での保護監督下にある。この地域社会にいる 127 人のうち、103 人が期間満了事案（post-warrant expiry date cases）であった。換言すれば、これらの者は、裁判所によって言い渡された刑期を満了した者であり、その大多数は、性犯罪者であったのである[8]。

　バイルズ教授が報告書を作成中に、多くの情報が、イギリスから、特に、比較的新しい「2003 年性犯罪者法」（Sexual Offenders Act 2003）に関して得られたようであるが、継続的保護監督、継続的拘禁、長期が無期限の不定期刑等が、イギリスで採用可能であるかどうかについて、何ら明らかにするような資料はなかったということである。それゆえに、バイルズ教授は、このような選択肢はイギリスでは利用可能ではないと推察しなければならないと述べている[9]。

　他方、アメリカに関しては、ACT 矯正局の主任心理学者と、アメリカの多くの州の心理学者・性犯罪者治療者との間の非公式な通信を通じてではあるが、多くの情報が得られたようである。その情報の主なものは、性的暴力犯罪者（sexual predators）若しくは時として性的精神病質者と呼ばれる者の民事拘禁や、監視体制、あるいは拘禁中の処遇に関するものであった。情報は、また、民事拘禁に関する法律と実務に関する本からも得られたとバイルズ教授は述べている[10]。これらの情報源からすると、少なくともアメリカの 15 州では、重大な性犯罪者に対する民事拘禁に関する法律があり、これらの法律が適用される性犯罪者の数は非常に多く、おそらく、アメリカ全体で、数千人に達しているであろうということである[11]。

V　代　替　策

　以上において述べたようなオーストラリアと他の国の法域における「法と実務の調査」で明らかとなった量刑と釈放の選択肢の長所と短所を明確にするために、バイルズ教授は、以下のような、代替策についての検討を試みている。まず断っておかなければならないことは、以下で紹介する選択肢は、例えば、

同時に選択肢2と選択肢3、若しくは選択肢2と選択肢4を支持することができるというように、それぞれは、お互いに排他的なものではないということである。その上さらに、大部分の選択肢は、それぞれがかなり流動的なものでもあるのである。

1　選択肢1：何らの措置も取らない

　第1の選択肢は、2005（平成17）年に施行された新たなACT政府の量刑立法で利用可能な施策以外には、危険性の高い性犯罪者に対する特別条項を設けるといったような何らかの措置を取らないというものである。この見解を支持する場合、新たな法律は、特定の犯罪について刑罰を科す前に、考慮されるべき将来の危険性について、充分に斟酌するような規定を設けている、と述べなければならないことになる。再犯についての将来の危険性の決定は、現在では、10年若しくはそれ以上前のものよりも、ずっと洗練されており、正確であるとしても、刑罰が満了する前の重要な期間に行われる単独の決定に頼ることは、必ずしも適切ではないのである。とりわけ、危険性を刑の宣告前に決定することは、犯罪者が性犯罪者処遇プログラムに参加していたかどうか、もし仮に機会があれば、その者が再犯を行う可能性があるという何らかの言語上の兆候があるのかどうかといったような事情を、考慮に入れることはできないのである。

2　選択肢2：長期が無期限の不定期刑の条項を設ける

　上述したように、オーストラリアのいくつかの法域、例えば、ヴィクトリア州やサウス・オーストラリア州は、裁判所が、かなり限定的な状況下においてではあるが、ある特定の犯罪者に対して、量刑時に、「危険な犯罪者」あるいは「常習犯罪者」であると宣告することを認めている。そのような宣告がなされた場合には、当該犯罪者に対しては、一定の刑期が満了した後に、無期限に拘禁を継続することが認められ、若しくは、地域社会における保護監督に付すことが認められるのである。そのような事案では、釈放は、裁判所若しくは仮

釈放委員会の裁量によることになる。このような選択肢は、また、危険性の評価が、可能な限り釈放時期により近づけて行われるという利点があるが、こうした取組みは、濫用される危険性があるのである。このことは、心理学者によって「偽陽性」(false positive) の問題として述べられていることである。専門家である心理学者や精神科医が、重大な性犯罪者が、将来、再犯を行う可能性があるかどうかの臨床的評価を行うように求められたときに、過度に警告的になるのも無理はないのである。

3　選択肢3：地域社会における継続的保護監督

ヴィクトリア州やニュージーランドで展開されるモデルは、この選択肢の本質的な要素を説明するものであり、また、このタイプのいくつかの法律条項は、不可避にも激しい公衆の論議を誘発することを認識しなければならない。疑いなく、多くの公衆は、そのような条項は、被害を受けやすい人々、特に児童を恐ろしい犯罪の被害者となることから守るために必要であると論じるであろうが、他方で、疑いなく、他の公衆は、裁判所によって特定の犯罪で有罪とされるのでなければ、誰も自由を奪われることはないということが、自由主義かつ民主主義社会の基本的信条であると論じるであろう。

ヴィクトリア州とニュージーランドのモデルは、中心的な決定を行うのは行政府若しくは立法府というよりも、むしろ裁判所であり、その結果、適切な権力の均衡が保たれているということを保証することで、後者の批判を克服する努力をしてきているのである。このモデルの下では、継続的拘禁若しくは無期限の拘禁に関する条項はないけれども、地域社会内矯正職員と同行することなしには指定された住居を離れられないという要請に加えて、電子監視のために鍵のかかったアンクレットを着用するように要請されることを含む、極めて制限的とされる保護監督命令に服することになるのである。これらの要請は、定期的な報告が要求される一般的な保護観察若しくは仮釈放の条件に加えて、アルコールや薬物を使用しないこと、児童が集まるような場所を避けること、過去の被害者といったような予め指定された人物に接触しないこと等の要請と同

定されるのである。

4　選択肢4：刑務所若しくは他の施設における継続的拘禁

　最後のモデルは、継続的保護監督若しくは継続的拘禁のいずれかの規定を設けているクイーンズランド州やニュー・サウス・ウェールズ州の法律に例証されているものである。同様の条項は、その手続が民事拘禁として知られている多くのアメリカの諸州やカナダでみられるものである。これらの条項の下での無期限の拘禁若しくは自由刑の展開は、残忍なものとして考えられているようであるが、先にも論じたように、地域社会における非常に制限的な保護監督は、命令の対象となる者に、同水準の自由の喪失をもたらしている可能性が高いのである。それにも拘わらず、国民の認識の問題として、拘禁は保護監督よりもずっと負担が重いと考えられているがために、より強い反対が沸き起こることが予想されるのである。そのために、もし他にこうした政策を採用する積極的な理由がないのであるならば、この方向性で何らかの対策が立てられる前に、そうした政策を見直すことが勧められるであろう。

VI　治療的考慮

　ACT矯正局の主任心理学者による報告書への寄稿では、再犯の危険性と過去の犯罪の重大性は、同義語ではないと主張している。事実、利用可能な証拠によれば、これらの2つの概念の間には、わずかではあるが重要な消極的相関関係があるようである。換言すれば、重大な性犯罪者は、公然わいせつのような非接触犯罪を犯す軽微な性犯罪者よりも、再犯を行うことが少ないようである。また、性犯罪者は、同質的な集団ではなく、重大な小児性愛者や残虐な強姦者のような非常に重大な犯罪者に加えて、比較的軽微な犯罪者をも含んでいるのである。さらに、重大な性犯罪者であるかどうかに拘わらず、再犯の危険性は、個人間でかなりの相違があるのである。

　再犯予測は、有効な性犯罪者の管理と処遇に関する本質的な要素である。予

測には3つの異なる取組みがある。第1の取組みは、臨床的なものである。この取組みは、犯罪者の再犯の確率に関する臨床医の意見である。こうした取組みは広く用いられているが、保健統計上のものとされている第2の取組みとは、あからさまに対照的な関係に立つものである。この第2の取組みとは、犯罪者の不変的な側面に基づく「静的なもの」（static）と、徐々に変化する可能性のある犯罪者の評価に関する「動的なもの」の2つである。ACT矯正局は、現在、すべての犯罪者についての一般的な犯罪の危険性予測に関して、「改訂サービス・レベル目録」（Level of Service Inventory-Revised : LSI-R）として知られている保健統計上の概念を用いている。危険性予測の第3のタイプは、臨床的に調整した保健統計上の予測である。何年にもわたる研究から得られた証拠は、保健統計上の予測は、他の2つの取組みのいずれかよりも、よりずっと正確であることを証明している。

　すべての予測は、ある程度の誤りを含み、その誤りは2つの異なるタイプからなるといわれている。ある者が再犯を行うと不正確に予測すること（偽陽性）、若しくはある者が再犯を行わないと不正確に予測すること（偽陰性）、という両者の危険性が存在するのである。しかしながら、いくつかの明らかに偽陽性であった事案は、犯罪が報告されていないか、または、犯罪者が確認されていないかのいずれかである場合には、正確な予測であるといえるのかもしれない。この可能性は、とりわけ、報告可能性の割合があまりにも低い性犯罪と関連があるのかもしれないのである。

　この研究の中心的な関心事から生じる2つの課題は、性犯罪者の再犯に関する全般的な可能性と、性犯罪者処遇の有効性である。概して、重大な性犯罪者は、約15％という比較的低い再犯の可能性を示すが、そこで重要なのは、再犯を行いやすい者とそうではない者を特定することである。性犯罪者処遇の有効性に関しては、専門家の間でも、もし処遇が有効であるとすれば、それは何であるかについて、未だ論争のあるところである。北米の全体としては約2,000人の犯罪者を対象とする43の研究結果を要約している広範なメタ分析の結果によると、性犯罪者処遇プログラムに参加した犯罪者の再犯率は、処遇を

受けなかった犯罪者の16.8%の再犯率と比べて、12.3%であったことをみいだしている。この差自体はさほど大きなものではないかもしれないが、犯罪の減少から得られる社会的利益を考慮せずに、処遇を実施して費用をかけるよりも、再犯のわずかな減少でも、より多くの財政を節約することができるということを、われわれは、認識しなければならないのである。

　こうした積極的な態度表明にも拘わらず、精神病質者として特定される犯罪者の再犯の可能性は、処遇プログラムによっては減少されないかもしれないという証拠が存在するのである。いくつかの研究では、処遇プログラムでよく振る舞う精神病質的逸脱者は、新たに重大な犯罪を行うことがかなり多いということを示している。それゆえに、精神病質の特定は、重大な性犯罪の審査手続の本質的な部分であるといえるかもしれないのである。

Ⅶ　人権への配慮

　ACT司法・地域社会安全省（ACT Department of Justice and Community Safety）の人権に関する報告書への寄稿では、「2004年ACT人権法」（ACT Human Rights Act 2004）について論述している。この法律は、行動に関する新たなあるいは別個の権利を創設するものではないが、この法律は、人権の原理はすべての新たな法律で考慮されていると保証する基盤を提供していると考えられているのである。「市民的及び政治的権利に関する国際規約」（International Covenant on Civil and Political Rights）から引き出される普遍的な基準で一貫した解釈をすることを促進するために、ACT政府の法律は、「人権と関連性がある国際法や、外国の裁判所あるいは国際裁判所や国際法廷での解釈は、人権の解釈において斟酌することができる」と規定している。それゆえに、「国連人権委員会」（United Nations Human Rights Committee）、「ヨーロッパ人権裁判所」（European Court of Human Rights）、多くの国の上級裁判所の判断からなる基本的見解は、高度に適切なものであるとするのである。

　拷問の禁止のように、いくつかの権利は絶対的なものであり、釣り合いのと

れた競合する利益のために制限することはできない。しかし、人権法は、一般的に、人間の権利は、他者の権利を犠牲にして享受することはできないと認めている。この目的を成し遂げるために、ACT 政府の法律は、「人権は自由主義かつ民主主義社会で明らかに正当化することができる特別区の法律（Territory Laws）によって置かれた、合理的な制限のみを受けることができる」と明記している。「合理的であること」とは、立法目的を成し遂げるために必要なことと、釣り合いがとれているかどうかによるのである。

　長期が無期限の不定期刑や条件付釈放プログラムは、犯罪と犯罪者の状況を考え、裁判所による定期的な審査を含む最も厳格な手続上の保護を受けると規定された、ACT 政府の法律と必ずしも矛盾しているわけではないと主張することができるであろう。同様に、国連人権委員会（UN Human Rights Committee）は、刑期を務めた後に続く予防拘禁は、やむにやまれない拘禁の根拠と、独立した組織による定期的な審査についての充分な配慮がなされるべきであるという条項がある場合、国際規約と矛盾するものではないと考えられるのである。こうした文献の検証からすれば、適正手続が保障され、充分な保護手続が適切に配置されているのであれば、上述した選択肢(2)、(3)、(4)の政策は合法であると考えられるであろう。換言すれば、決定は、行政職員ではなく裁判所によって行われなければならず、法律上の代理権や上訴権が保障され、独立した権限による定期的な審査が担保されなければならないということになるのである。

Ⅷ　論議と結論

　この論文の基礎となった報告書は、権限条項と、仮に選択肢(2)から(4)のどれかが追求された場合には、ACT 政府によって注意深い考慮が要求されるであろう一連の議論で締め括られている。蓋然的な将来の行動という基盤に基づいて、個人の生活に制限を科すことが受け入れられるかどうかの倫理的問題は別として、強い関心を抱かせる実際的な問題は、刑罰後の継続的保護監督若しくは継続的拘禁のいずれかの規定を設ける法律によって、影響を及ぼす犯罪者の

潜在的な数である。アメリカ、カナダ、そして、ニュージーランドで特定されたような多くの数値が、データ数が比較的少ないオーストラリアでも適切であると考えられるかどうかは疑問である。ここで論じられるべきその他の問題としては、付加的介入のきっかけとなる合理的な再犯の可能性の水準と、その可能性を確立するのに必要とされる専門的技術である。介入を正当化する蓋然性の水準は、少なくとも「より多くの蓋然性」若しくは、それほど正確ではないかもしれないが、より要求の厳しい「高度の蓋然性の水準」といったような高度のものを要求すべきであり、専門的技術は、性犯罪者の処遇において、幅広い経験をもった少なくとも1人の精神科医と1人の心理学者を関与させることが必要であり、そして、彼らがお互いに独立して評価を行うことが推奨されるべきである。

　裁判所に提出する事案についても、それなりの考慮が、適切な機関でなされるべきである。ACT矯正局は、そうした意味では、適切な機関といえるであろうが、ATC政府では、事案は、公訴局長官によって裁判所に提出されるものと提案されている。性犯罪の前科者に対する監視と保護監督の国家的取組みに関する調査報告書の提出も提案されており、性犯罪に関しての非常に高い未報告の結果についても、その調査の必要性が論じられている。このことは、どの種類の処遇が、どの種類の犯罪者に機能するのかといった問題についてのオーストラリアにおける研究の必要性に加えて、さらなる研究対象が要求される事態となっているのである。

　被害者に対する公的に管理された釈放情報の提供の問題や、知的障害をもった性犯罪者によって引き起こされる問題といったような課題も検討されるべきであろう。報告書は、これらの問題については何らの特別の勧告を行わなかったが、政治的決定がなされるに足る情報を供給することが必要であるということが示唆されている。しかしながら、こうした論題については、関連する職業集団や政治的集団、あるいは一般公衆における幅広い論議が必要とされるであろう。

Ⅸ　おわりに

　以上がバイルズ教授の報告書の概要である。この報告書は、現時点での危険性の高い性犯罪者に対する法制度についての英語圏での現状が要領よく紹介されていると思う。我が国が、こうした保安処分や予防拘禁に等しい政策を、早急に採用するとは思われないが、危険な性犯罪者に対しては、国際的なレベルでは、長期の隔離政策が展開されているという事実を認識しておくことは必要であろうと思う。

　我が国で 2006（平成 18）年度から実施された性犯罪者処遇プログラムは、プログラムの受講者が 1,000 人（2009（平成 21）年 3 月末現在で、プログラムの受講者 1,087 人、出所者 393 人、再犯者 8 人）を超え、高密度、中密度、低密度の 3 コースに分かれた処遇プログラムは、それなりの成果を上げているようである。現在我が国で展開されている、性犯罪を防ぐための自己統制力を身に付けさせ、性犯罪の背景となっている認知のゆがみを修正し、円滑な対人関係を築くスキルを習得し、他人に対する共感性や被害者に対する理解を高めることを目的としている「認知行動療法」は、世界標準の性犯罪者プログラムである。

　しかしながら、これらの認知行動療法は、小児性愛者のような危険な性犯罪者に対するプログラムとしては、その有効性が立証されていないのである。我が国でも、犯罪傾向の進んだ者に対する指導の充実や標準プログラムの受講になじまない能力の低い者に対する調整プログラムの開発等は行われているようであるが、それらは必ずしも危険な性犯罪者を対象としたプログラムではない。アメリカの 9 州では、これらの危険な性犯罪者に対しては薬物療法を展開している[12]。

　長期の隔離政策か薬物療法の採用か、そのいずれの選択肢も、現在の我が国では採用できないように著者は思われる。そうだとするならば、我が国は、危険な性犯罪者に対してどう対応すればよいのであろうか。バイルズ教授の報告書は、われわれに、こうした難問を投げかけているのではないだろうか。

1) 報告書の完全版は、以下にて利用可能である。http://www.jcs.act.gov.au/eLibrary/OtherReports/Biles%20Report.pdf
2) 「オーストラリアにおける性犯罪者処遇プログラム」『比較法雑誌』42巻1号 (2008年) 1-25頁。特に、11-16頁参照。
3) Gray, Anthony, "Detaining Future Dangerous Offenders : Dangerous Law," *Deakin Law Review*, 2004, pp. 1-16.
4) クイーンズランド州における性犯罪については、Smallbone, S. and R. Wortley, *Child Sexual Abuse in Queensland : Offender Characteristics and Modus Operandi*. Brisbane : Queensland Crime Commission and Queensland Police Service, 2000. を参照。
5) ニュー・サウス・ウェールズ州の性犯罪については、Smallbone, S. and J. Ransley, "Legal and Psychological Controversies in the Preventive Incapacitation of Sex Offenders," *University of New South Wales Law Journal : Forum : Sexual Assault and Law*, Vol. 11, No. 1, 2005, p. 33 ; Lievore, D., "Thoughts on Recidivism and Rehabilitation of Rapists," *University of New South Wales Law Journal : Forum : Sexual Assault and the Law*, Vol. 11, No. 1, 2005, 293-298 ; Fitzgerald, J., "The Attrition of Sexual Offences from the New South Wales Criminal Justice System," *Crime and Justice Bulletin*, No. 92. Sidney : NSW Bureau of Crime Statistics and Research, 2006.
6) オーストラリアの性犯罪に関する情報として、拙稿「オーストラリアの青少年性犯罪者に対する処遇の歴史的展開」『白門』58巻4号 (2006年) 1-16頁参照。
7) ニュージーランドにおける性犯罪については、Bakker, L., D. Riley, et al., *Risk of Reconviction : Statistical Models which Predict Four Types of Re-Offending*. Christchurch, New Zealand : Department of Corrections, 1999 ; Bakker, L., S. Hudson, et al., *And There was Light : Evaluating the Kia Marama Treatment Programme for New Zealand Sex Offenders Against Children*. Christchurch : New Zealand : Department of Corrections, 2002 ; Lambie, I. and M. Stewart, *Community Solutions for the Community's Problem : An Outcome Evaluation of Three New Zealand Community Child Sex Offender Treatment Programmes*. Auckland : Department of Corrections New Zealand, 2003.
8) カナダにおける性犯罪については、とりあえず、Wilson, J. and P. Picheca and M. Prizo, *Circles of Support and Accountability : An Evaluation of the Pilot Project in South-Central Ontario*. Ottawa : Correctional Service of Canada, 2005. カナダの性犯罪者対策については、拙著『性犯罪研究』中央大学出版部 (2008年) 39頁以下参照。
9) イギリスにおいては、2003年11月23日「2003年性犯罪者法」(Sexual Offences Act 2003) が制定され、2004年5月1日に施行された。詳しくは、横山潔「イギリ

ス『2003年性犯罪法』の成立—旧性犯罪法律の包括的整備—」『比較法雑誌』38巻2号、3号、4号（2004年）325-375、191-224、229-294頁参照。
10) Doran, D. M., *Evaluating Sex Offenders: A Manual for Civil Commitment and Beyond.* Sage Publications, 2002.
11) アメリカの危険な性犯罪については、拙稿「危険な性的暴力犯罪者に対するサンディエゴ・プログラム」『法学新報』113巻1・2号（2006年）49-78頁。
12) 法務省法務総合研究所『平成19年版　犯罪白書』太平印刷社（2007年）264-265頁。

第9章
アメリカにおける児童強姦死刑法の変遷

I　はじめに

　1977（昭和52）年の連邦最高裁判所の判決であるコーカー対ジョージア州（Coker v. Georgia）事件[1]で、強姦罪に死刑を適用することは憲法違反であることが明らかにされたにもかかわらず、死刑を児童強姦罪に用いることを可能とする州法が、最近急激に増加している。多数の論文が、児童強姦罪に死刑を適用することが、コーカー事件の判旨に合致するかどうかを検証しようとしてきたが、「児童強姦死刑法」（Capital Child Rape Statute）の憲法的分析を提示している論文において、社会政治的な意義づけに焦点をあてている論文は皆無であるように思われる。本章で紹介するモニカ・C. ベル（Monica C. Bell）の論文は、その点、社会運動という枠組内で児童強姦死刑法を位置づけた最初の論文であると思う[2]。
　論点を明確にするために要約的に述べれば、以下で紹介するベルの論文においては、児童強姦死刑法は3つの運動に帰結することが可能であると論じている。それは、①性犯罪者に恥をかかせ、恐怖を抱かしめ、孤立させる「民衆運動」、②性的暴力、家庭内暴力に、より厳格な刑罰を求める「フェミニスト運動」、③脆弱な被害者に対する攻撃を、死刑でもって罰する「法的・政治的運動」である。児童強姦死刑法をベルのように、より的確な方法で分析・検討することは、最終的には、児童強姦死刑法に横たわる憲法問題に光をあてることになるであろうと、著者には思われるのである。

II　分析枠組としての社会政治的アプローチ

　アメリカにおいては、「ポリティックス」(politics) つまり「政治性」が、死刑法の適用や法的思考を形成することは広く認められているところである。死刑の政治性に関して言及する注釈者たちは、主として、「選挙的ポリティックス」(electoral politics)、とりわけ司法権の独立、恩赦 (clemency)、検察官の裁量等に焦点を合わせる傾向がある。ここでいう「選挙的ポリティックス」は、いつ、どのようにして凶悪な犯罪法案が可決され、なぜ一方の犯罪者が死刑を宣告されるのに、他方の犯罪者は終身刑を宣告されるのか、なぜ死刑囚監房 (Death Row) にいる一方の者には恩赦が認められ、他方の者には恩赦が認められないのかということの背後にある原動力に関して焦点をあてるものである[3]。

　また一方では、死刑法によって形成しあるいは形成される、非選挙的な「社会政治的運動」(Socio-Political Movement) が存在することも確かである。ディーン・ラリー・クレイマー (Dean Larry Kramer) の死刑に関する民衆の立憲主義についての2004 (平成16) 年の著書『民衆自身：民衆の立憲主義と司法審査』(The People Themselves: Popular Constitutionalism and Judicial Review) からの用語を借りるならば、死刑に関する憲法上の教義は、「民衆自身」によって輪郭が作られ、統制されることになるのである[4]。政治活動を通じて憲法を解釈し、それに影響を与える非司法関係者の関与については、とりわけアファーマティブ・アクション（少数民族優遇措置）の議論、労働運動、女性の平等運動においてすでに分析されてきているが、民衆の合衆国憲法修正第8条の再解釈を通じての死刑法の拡大は、キャンペーン戦術としては退けられてきており、それゆえに、充分な分析がなされていないというのが現状である。本章においては、社会運動というレンズを通して、今日、死刑法における最も重大な政治的変革の1つである児童強姦に対する各州の死刑適用の動向について検討したいと思う。

Ⅲ　コーカー判決後の最初の児童強姦死刑法の内容

1　ビリー・ピットマンによるサラ・カシマノに対する強姦・殺人未遂事件

　ビリー・ピットマン（Billy Pittman）によるサラ・カシマノ（Sara Cusimano）の強姦・殺人未遂事件は、児童強姦死刑法の社会政治的な背景について論じる場合において、きわめて教訓的なものがある。1994（平成6）年7月12日、ビリー・ピットマンは精神医学的支援を求めていた。彼は事件直前に恋人と別れ、即席料理専門のコックとして働いていた職場から解雇され、気分を抑制できなくなっていた。彼が自分の感情をコントロールできなくなることは、今回が初めてではなかった。ある心理学者によると、7歳若しくは8歳に始まった物質乱用に加えて、児童期の身体的・心理的虐待は、「熱狂、怒り、暴力、他者との交流ができなくなることによってもたらされる様々な問題で埋め尽くされた生活」の一因となるとのことであり、これらの問題の中には2つの重罪判決とその他数多くの逮捕歴が含まれていたのである。ピットマンは、ニューオーリンズ近郊にある、ルイジアナ州メタリーの「イースト・ジェファソン精神医療センター」（East Jefferson Mental Health Center）に入院する予定であった。しかしながら、利用可能なベッドがないために、精神医療センターの職員は、ピットマンのケースは緊急事態ではないと結論づけたのである。

　8月18日、コカインの影響下にあったピットマンは、車を盗む目的で、ケナーにあるタイムセーバー・コンビニエンス・ストアに行っている。彼は約1週間前にも他のコンビニエンス・ストアで車窃盗事件を起こしていたようである。ちょうど同じ頃、ジェファソン・パリッシュ校の教師であるアンドレー・ダイグア（Andree Daigre）は、彼女の13歳の娘であるサラ・カシマノを友人の家に迎えに行き、車のガソリンを入れるためにタイムセーバー・コンビニエンス・ストアに立ち寄った。カシマノは、母親がお金を支払うために店内に入っている間、車の中に座っていた。そのとき、突然にピットマンが車に飛び込

み、携帯用自動拳銃を振り回し、カシマノを連れて逃走したのである。どれぐらいの時間が経ったかは定かではないが、ピットマンは遠く離れた場所まで車で行き、そこでカシマノを強姦し、彼女の額の中央を拳銃で一撃したのである。彼女は、翌朝、人里離れた道端の傍らに積まれていた雑草の中から発見された。カシマノは、奇跡的にも、まだ生きていたのである。それというのも、弾丸が脳に入る前に、粉々に砕け散っていたからである[5]。

ケナーの地域社会の反応は、素早く、力強いものであった。人々はカシマノとその両親の支援のために参集し、医療費を賄えるよう援助する「ケナー被害信託基金」(Kenner Victim Trust Fund) を設立したのである。ジェファソン・パリッシュ校地区の教員一同は、まだ使っていないそれぞれの有給休暇をダイグアに寄付したのである。地域社会の憤慨は、激しいものであった。警察署長であるニック・コンゲミ (Nick Congemi) は、この事件を「ケナーの歴史上最も恐ろしいエピソードの1つ」と呼び、ピットマンを「これまでにこの地上を歩いた最も卑劣な人間の1人」と評したのである[6]。

ピットマンは、精神異常を理由に、第一級謀殺未遂、加重強姦、第二級誘拐、カージャックについて、無罪の抗弁をした。彼がすべての訴因について有罪を宣告された後、事件に密着した幾人かの者は、「ピットマンの刑罰はもっと厳格なものであるべきであった」と失望の念を明らかにしている。カシマノ本人は「彼は人間の屑であり、どんなに悪い奴であるか分かって欲しい」という非難の言葉を投げかけながら、「私は、彼が刑務所で処刑されたという知らせを受けたいだけ」と述べている。メルビン・ゼーノ (Melvin Zeno) 裁判官は、ピットマンに対して終身刑に加えて160年の拘禁刑を宣告し、「(ピットマンが) 刑務所を出所する唯一の方法は『遺体袋』の中に入ることだけである。」という意見を表明している[7]。検察官であるウォルター・ロスチャイルド (Walter Rothchild) は、もっと直接的であり、「この男が13歳の少女にしでかしたことを考えれば、刑罰は死刑であるべきだ」と述べている[8]。銃撃によってカシマノが殺害されていれば、ピットマンは、ほぼ確実に、死刑に処せられていたであろうと思われる。カシマノとピットマンの2人は、ある意味で、幸運であっ

たともいえるのである。

　ルイジアナ州は、より厳格な刑罰を求める抗議運動の影響を受けて、1995（平成7）年に、死刑に値する加重児童強姦条項を可決し、本児童強姦事件はセンセーショナルなものとなった。ルイジアナ州は、今や、殺人ではない犯罪で死刑囚監房にいる被収容者をもつ、唯一の州なのである。同様の法律は、他の州にも現れてきている。フロリダ州とミシシッピ州は児童強姦死刑法をもっていたが、それぞれの州最高裁判所が1980年代に無効としている[9]。現在、フロリダ、ジョージア、ルイジアナ、サウス・カロライナ、オクラホマ、モンタナの6州が、児童強姦に対して死刑を適用させることができる法をもっているのである。テキサス、テネシー、アラバマの3州は、現在、児童強姦死刑法を検討中である。ユタ、ミシシッピ、カリフォルニア、マサチューセッツ、ペンシルベニアを含むいくつかの州と他の州でも、児童強姦死刑法の制定を考慮中であるが、未だに可決するに至っていない。これらの児童強姦死刑法が、合衆国憲法修正第8条の精査に耐え得るかどうかは、現在のところ不明である。

Ⅳ　児童強姦死刑法の歴史

　以上のように、児童強姦死刑法は、サラ・カシマノ事件とその結果として生じた地域社会の怒りによって拍車がかかったものであるが、実は、児童強姦死刑法は、より微妙なニュアンスのある法的歴史に基づく成果なのである。以下においては、「強姦死刑法」（Capital Rape Statutes）を禁じた1977（昭和52）年の連邦最高裁判所の事例である、コーカー対ジョージア州事件の検討を通して、児童強姦死刑法の法的歴史を探求してみたいと思う。そしてその後、州裁判所や法律家が、コーカー判決をどのように解釈してきたかを検討することにしたい。

1　コーカー対ジョージア州事件

　1977（昭和52）年のコーカー対ジョージア州事件では、連邦最高裁判所は、

死刑を成人女性の強姦の罪に適用するジョージア州法を無効とし、その刑罰を「甚だしく不均衡で、かつ過度なもの」とし、それゆえに、合衆国憲法修正第8条違反であると裁定した。上訴人であるエールリッヒ・アンソニー・コーカー（Erlich Anthony Coker）は、強姦、殺人、誘拐、加重暴行の罪で刑期を務めていた。ところが、コーカーは、刑務所を脱走し、アレン・カーター（Allen Carter）とエルニータ・カーター（Elnita Carter）の家に進入し、そこでアレンを縛って強盗に及び、エルニータを強姦し誘拐した。正式事実審理の事実認定の段階では、陪審員はコーカーの精神異常の抗弁（Insanity Plea）を却下し、逃亡、持凶器強盗、自動車窃盗、誘拐、強姦の罪で有罪の評決を下した。量刑段階においては、陪審員は、コーカーに「注釈付ジョージア州法典」（Georgia Code Annotated）第 26-2001 条の下で死刑を言い渡したのであるが、この法典は「強姦の罪で有罪を宣告された者は、死刑又は終身刑若しくは1年以上20年以下の拘禁刑に処せられる」と規定している。陪審員は、責任加重事由として、死刑を科し得る重罪の前科と、強姦がもう1つの死刑を科し得る重罪である持凶器強盗の最中に行われたという事実を考慮した上で、上訴人は、「成人女性」に対する強姦を行ったとして死刑を宣告されたのである[10]。

　連邦最高裁判所の合衆国憲法修正第8条の分析は、ウィームス対合衆国（Weems v. United States）事件の「司法規範」に起源を有する「罪刑均衡の法理」に集中し、犯罪に対する刑罰は、その犯罪に対して等級づけられ、均衡が保たれるべきであるとしたのである。ホワイト（Edward D. White）、スチュワート（Potter Stewart）、ブラックマン（Harold A. Blackman）、スティーブンス（John P. Stevens）裁判官らによる連邦最高裁判所の多数意見は、強姦に適用可能な死刑判決に対する州の伝統的な取組み、量刑陪審員の行動、あるいは強姦に死刑を認めている州の数といったような、歴史的かつ国家の現在の判断基準といった客観的な証拠から指針を導き出しているのである。同時に、ジョージア州は、死刑を強姦罪に適用可能とした唯一の州であり、大多数の州が強姦に対して死刑を許したことは、歴史上どの時点でも存在しなかったと判示した。その上さらに、量刑陪審員は、強姦罪に対して希にしか死刑を科さず、死刑を宣告した

ケースは、州最高裁判所レベルの 63 事件のうち、たったの 6 事件であったとしたのである。

ジョージア州最高裁判所は、結局のところ、6 事件のうちの 1 つを破棄し、強姦事件における死刑判決は稀なケースであることを強調している。ジョージア州最高裁判所は、また、その審査においての主観的な構成要素である、強姦を抑止するための死刑の有効性についても検討しているのである[11]。

連邦最高裁判所のブレナン（William J. Brennan, Jr.）とマーシャル（Thurgood Marshall）裁判官は、死刑そのものに対して全面的に反対するという点で意見の一致をみている。パウエル（Lewis F. Powell, Jr.）裁判官は、一部に同意して、一部に反対し、裁判所が死刑はこの事件において不均衡な刑罰であるとする点においては正しいとする一方で、裁判所は、死刑が成人強姦事件において不均衡な刑罰であるとの結論づけを広げ過ぎていると論じた。もちろん、パウエル裁判官は、死刑は加重強姦に対してまでも不均衡な刑罰であるとは結論づけてはいないようである。最終的に、首席裁判官であるバーガー（Warren E. Burger）と、レーンキスト（William H. Rehnquist）裁判官は、いくつかの根拠によって異議を唱えている。第 1 に、これは連邦主義の問題であり、首席裁判官は、本決定は累犯者を処罰する州議会の権限を侵害していると主張した。第 2 に、首席裁判官は、強姦は死刑が正当化され得るに足る充分な損害をもたらす極悪な犯罪であると論じた。第 3 に、首席裁判官は、強姦事件における死刑の抑止効果に関する多数意見の評価に同意しなかったのである[12]。

コーカー判決の注釈者は、コーカー判決が児童強姦に対して死刑を用いることを妨げるものかどうかについては、意見の一致をみていないとする。また、一般的な知見においても、死刑は殺人事件以外のすべての事件では禁じられているが、その点については、語句の上でも意見の形勢においても、実は、決定的なものではないとしているのである。つまり、多数意見は、「殺人事件ではない事件に対するすべての死刑判決は、憲法違反であることを意味する」と、推察して述べることで、いささか乱雑に取り扱われている嫌いがあるとするのである。ところが、多数意見は、実は、かなり率直に以下のように述べている

のである。

「死刑の宣告は、強姦罪に対しては、甚だしく不均衡で過度な刑罰であり、それゆえに、残虐かつ異常な刑罰として合衆国憲法修正第8条によって許されないと、われわれは結論づけるのである[13]」。

より明確に表現すれば、パウエル裁判官の同意意見は、判決が全強姦事件に適用することにあると推察して、以下の根拠により、一部に反対しているのである。

「強姦の残忍性の程度若しくは被害者への影響如何にかかわらず、多数意見は、謀殺とすべての強姦との間に明らかな線を引いている[14]」。

しかしながら、それに対抗する意見は、連邦最高裁判所の「成人女性への強姦」という言い回しの度重なる使用は、「判示を限定する試み」ではなかったかとするのである。例え法律の規定そのものにはなかったとしても、上訴人の上訴趣意書ではこの用語を持ち出し、連邦最高裁判所は、この年齢に基づく区別を受け入れたとするのである。それゆえに、多数意見は、判示事項の抜け道を広げ、児童強姦や他の加重強姦のような、より「残虐な」強姦に対する死刑は、合衆国憲法修正第8条に違反しないかもしれないとして、死刑適用可能性を残したのである。1994（平成6）年に拡大された連邦の死刑法は、反逆罪、スパイ行為、大規模の薬物不正取引といった殺人ではない事件と、若しくは「継続的犯罪事業」に関する事件（例えばマフィア）に関係した陪審員、証人、若しくはその他の役人の殺人未遂への関与のような事件において、死刑を認めているのである。1990年代に可決した連邦法は、連邦最高裁判所が1970年代に判示したことを不毛にすることを表わすものであるかもしれないが、連邦法を通じての死刑適用可能性は、コーカー判決が死刑は事実上すべての非殺人事件において残虐で異常であるということを意味するとは考えない人々の、議論

を高めるかもしれないのである。法律家や他の注釈者は、コーカー判決で残された、「成人女性」という用語の抜け道を特定してきているようである。ユージーン・ボロク（Eugene Volokh）は、非殺人事件への死刑の適用をめぐる議論を、以下のように、要約している。

「死刑は、児童強姦、反逆罪、スパイ行為等のようなすべての重大な国家の安全に関する犯罪に対して、なお利用可能であるということは確かである。しかし、連邦最高裁判所は、コーカー判決を、ほとんど殺人の訴追のみに排他的に死刑を適用するように実務上の制限を課するものとして理解しなければならないものとしており、それは実際に実務において採用されている方法なのである[15]」。

合憲性に関する議論は、一部の州では沈静化しているが、他の州では激化しているようである。ユタ州では、警察官であり、共和党の州の代表者でもあるカール・ウィマー（Carl Wimmer）は、当初から、委員会において、児童強姦の累犯に対しては、ユタ州版ジェシカ法（Jessica's Law）によって死刑判決で処罰できるようにすべきであると主張してきた。しかしながら、彼はその試みを断念した。それは、そのような立法が合衆国憲法修正第8条に違反するという懸念があったからである[16]。逆に、サウス・カロライナ州では、議会は、一部の議員を動揺させるおそれのある合憲性に関する議論を沈静化するために、州司法長官からの証言を聴取している。司法長官は、アメリカ人はコーカー判決時代よりも反犯罪的であり、また死刑に賛成であるから、判決は変更されないであろうと議員たちを説得したのである[17]。注釈者の一人は、地方新聞記事の特集記事面で、サウス・カロライナ州の一部の支持者は、裁判所の審判に先立って、聴聞会を開くように求めていることについて言及した。これらの活動家は、コーカー判決の抜け道を利用することを望んでいるのである。なぜならば、彼らは、連邦最高裁判所が、児童強姦に対する死刑判決を支持するほど充分に保守的であると信じているからである。これらの法律を可決する議員は、

単に民衆の意見に対応するだけではなく、より深いレベルで、死刑は強姦の一部の形態に対しては適切な刑罰であるという、民衆の憲法的な考えを擁護してもいるのである。これらの者は、コーカー判決におけるパウエル裁判官の意見を間接的に受け入れているともいえるであろう[18]。

2　州裁判所におけるコーカー判決の抜け道

今日まで、連邦最高裁判所は、コーカー判決の抜け道については何も言及していない。ベスレー対ルイジアナ州（Bethley v. Louisiana）事件では、連邦最高裁判所に、その抜け道について言及するように求めたが、連邦最高裁判所は裁量上訴（certiorari）を退けた。ベスレー事件は、ルイジアナ州法に異議を唱えた最初の事件である、州対ウィルソン（State v. Wilson）事件の裁量上訴であった[19]。ウィルソン事件の被告人であるアンソニー・ウィルソン（Anthony Wilson）は、5歳の少女を強姦した罪で起訴されていた。一方、ベスレー事件の被告人であるパトリック・デュワニー・ベスレー（Patrick Dewayne Bethley）は、5歳、7歳、9歳の3人の少女を強姦した罪で起訴されていた。ベスレー事件の被害者の1人は、実の娘であり、困ったことには、ベスレーはHIV陽性であった。州は、ベスレーが少女らを強姦したとき、自分の置かれている立場を充分に認識していたと主張している。ウィルソンとベスレーは、2人とも、加重強姦の罪で起訴されたが、正式起訴を破棄しようと企て、加重強姦に対する死刑は憲法違反であると主張したのである。州は、結局のところ、両事件を上訴している。

ルイジアナ州最高裁判所は、児童強姦死刑法を是認した。そこではコーカー判決の均衡性の法理を用いたが、12歳未満の児童に対する強姦は、他の犯罪とは異なるものであり、児童は特別な保護を必要とする者であるため、児童強姦に対して死刑を科することは、均衡のとれた刑罰であるといえるほど充分に凶悪な犯罪である。」と結論づけたのである。ルイジアナ州最高裁判所は、また、謀殺は、すべての犯罪の中でより重大な犯罪であり、そしてそれは成人強姦罪と同等の罪であるかどうかといった、より広い問題についても言及し、

「いくつかの事件では、女性は強姦されることよりもむしろ殺されることを望み、強姦された後では、生き続けることを望まないものである。」と主張している。州最高裁判所は、また、児童強姦者が与える民衆の権利侵害にも焦点をあてている。ウィルソン法廷は、コーカー法廷が、被害者への権利侵害の重大性と民衆への侵害の存在を認識し、児童強姦は、死刑が正当な刑罰であるといえるほど充分に、社会にとって有害なものであると結論づけたことについても、言及しているのである。ウィルソン法廷は、児童が強姦された場合の社会に対して行われた侵害についてとりわけ列挙しなかったが、これまでになされた一般的な分析資料に基づいて結論づけられているのである[20]。

州最高裁判所がベスレーの裁量上訴の訴状を却下したとき、スティーブンス、ギンスバーグ（Ruth. J. B. Ginsburg）、ブレヤー（Stephen G. Breyer）裁判官らは、裁量上訴を却下する州最高裁判所の決定は、訴訟の実体的事項に関する決定を構成していないと再び主張するための追加的（addendum）事項を提出すべきであるとしたのである。スティーブンス裁判官は、当該事件においては、裁判権に関しての欠陥がみられる可能性があると主張した。すなわち、ベスレーは刑の言渡しを受けていないし、犯罪についての有罪宣告も受けていないために、州最高裁判所の決定は、技術的に「最終的なもの」ではない可能性があるとしたのである。おそらくこの3人の裁判官は、被告人が事実上児童強姦の罪で有罪宣告をされかつ死刑の宣告をされた事件においては、裁量上訴を認めるであろうと思われる[21]。

児童強姦死刑法を巡る論争は、実のところ、ここ数年の間、あまり活発なものではなかった。この問題が取り上げられたのは、2003（平成15）年になってからのことである。すなわち、それは、1998（平成10）年に発生した事件で、パトリック・ケネディ（Patric Kennedy）が8歳の継子を強姦した罪で有罪を宣告されたときのことである。少女はあまりにも残忍な手口で強姦されていたために、その分野の専門家である証人は、少女の傷害の程度は自分が今までに見てきた中で最もひどいものであったと証言している。少女を保護するための救急車を呼ぶ前に、ケネディは、友人に電話をかけ、白いカーペットに付いた血

痕の染みを取り除く方法を聞いた後で、継子が「初潮を迎えた」と主張しているのである。当初、少女は、犯人は 2 人の 10 代の少年であり、自分がガレージでガール・スカウトのクッキーを売っていたときに、少年たちが自分を攻撃したと主張したが、しかし、身体的外傷や物的証拠は、この主張と一致しなかった。いったん少女が母親の看護から離れると、少女はケネディが犯人であると非難したのである[22]。

　ケネディは、謀殺の罪以外で死刑を宣告され死刑囚監房にいる、アメリカ合衆国で唯一の人物となった。彼の死刑判決は、ジェシカ法を採用するために大騒ぎをしたわずか 2、3 年前のことであったのである。ケネディ事件は、ウィルソン事件において最初に提起された問題を再び論争の場にもってくるためのよい機会であった。結局のところ、2007（平成 19）年 5 月 12 日、ルイジアナ州最高裁判所は、州対ケネディ事件において、州の児童強姦死刑法を再び正当なものとして支持したのである[23]。ルイジアナ州最高裁判所の分析は、広範なものであった。ルイジアナ州最高裁判所は、コーカー判決の罪刑均衡の法理に基づいて、ウィルソン判決で行われた議論を再び展開し、そして、アトキンス対バージニア州 (Atkins v. Virginia) 事件、ローパー対シモンズ (Roper v. Simmons) 事件から生じた新たな法理学の知識に基づいた法律の分析へと移り、客観的な「進展してゆく礼節の基準」(evolving standards of decency) の枠組みを用いているのである[24]。ルイジアナ州最高裁判所は、死刑を存置している 38 州の調査を行い、14 州では殺人ではない犯罪に死刑を認めていることをみいだしている。児童強姦に対する死刑を認める州に加えて、5 つの州が反逆罪、スパイ行為、航空機略奪のような政府に対する犯罪について死刑を認めている。そして、4 州が「加重誘拐死刑法」(Capital Aggravated Kidnapping Law) をもっているのである[25]。ルイジアナ州最高裁判所は、いくつかの殺人ではない死刑を科し得る犯罪の存在を持ち出して、児童強姦に対する死刑は残忍で異常であるとする国民的合意がないと論じた。ルイジアナ州最高裁判所がその決定を言い渡した直後、ルイジアナ州死刑上訴計画 (Louisiana's Capital Appeals Project) の弁護士であるジェルピ・ピコウ (Jelpi Picou) は、再度の審理と、そ

れが拒絶された場合には、連邦最高裁判所に裁量上訴を求める訴状を提出する計画を発表した。児童強姦死刑法における最近の関心の高まりと、この事件における手続的姿勢が、この事件が上訴された場合に審理する裁判所に影響を与えることは確かであろうと思われる[26]。

3 児童強姦死刑法に対する学問的議論とコーカー判決の抜け道

これまで、児童強姦死刑法についての学問的議論は、主に憲法上の教義に関する事項に焦点をあててきた。論者の大多数は、コーカー判決で提起された罪刑均衡の法理に焦点をあて、ウィルソン判決の欠点を指摘したものであった。すなわち、多くの注釈者が、コーカー判決の「成人女性に対する強姦」という用語の解釈を、児童強姦死刑法の適用を制限するものとして異議を唱えたのである。ある論者は、ウィルソン法廷は、罪刑均衡の法理の適用を誤り、重要な客観的要素を無視したと論じている。彼の見解では、州最高裁判所は、ルイジアナ州の他の犯罪に対する刑罰と、児童強姦罪に対する刑罰の厳格性とを、比較するという視点を怠ったとするのである。彼は、また、州最高裁判所は、事件の90％において、児童強姦犯人に対して死刑を言い渡すことを選択しない量刑陪審員の行動を考慮に入れることを怠ったとする[27]。他の論者は、多くの争点がある中でも、ウィルソン事件担当裁判所の恣意性と気まぐれ性について批判をしている。つまり、ウィルソン事件は、どの犯罪が死刑適用可能な犯罪であるかを限定するために使用される責任減軽事由の目録が、謀殺罪にのみ適用されると書かれている事実を無視し、陪審員は、児童強姦事件において、いかなる要素が死刑を適用することに反対する要素となるのかを見極めることには必ずしも適していないということをも無視しているとするのである[28]。さらに、他の論者は、ウィルソン判決の理由づけそれ自体の批判にはあまり焦点をあててはおらず、その代わり、殺人のみが死刑が正当な刑罰であるということを、より広範囲に論じているのである[29]。

最も新しい論文は、アトキンス対バージニア州事件[30]、ローパー対シモンズ事件[31]の判決、なかんずく、児童強姦の最悪の事例を、死刑によって処罰す

ることを支持する「国民的合意」があるのかどうか、若しくは、それに反対する「国民的合意」があるかどうかを追究している両判決のレンズを通して、「進化してゆく基準」(evolving standard) を取り上げて論じているのである。論者たちは、様々な結論に達しているようである。ある論者は、死刑をもつ38州のうち、たった12州しか殺人以外の犯罪に死刑を認めていないため、児童強姦罪への死刑を含む、殺人ではないすべての犯罪へ死刑を適応することに反対する国民的合意があると主張している[32]。他の論者は、それとは反対の立場を採り、児童強姦死刑法は合憲性が保持されるべきだと主張しているのである[33]。論者は、単に児童強姦死刑法をもつ州の数だけではなく、児童強姦罪が死刑を正当化するのに充分に意味があるという、急速に発展しつつある国民的合意がある証拠として、そうした傾向をたどる方向性に注目するのである。しかしながら、裁判所の定義の下で国民的合意を形成するように、議会が児童強姦死刑法を可決してきているのかどうかという細かい問題を除いて、どの論者も、児童強姦死刑法の制定に直接には関与していないのである。これらの論文は、議会の行動を形成してきているこれらの法律を取り巻く状況、若しくは民衆の運動を検討していないという欠点があるといえるであろう。最終的に、ある論者は、他とは異なったアプローチを試み、児童強姦死刑法を擁護する男性の裁判官、論者、議員の言葉や取組みを分析することにより、フェミニストのレンズを通して批判的に分析し、これらの取組みは、家父長的原理を補強する傾向があると結論づけているのである[34]。

　これらの法律に関する学問的議論は、児童強姦死刑法が展開されてきた社会的・政治的文脈と、その文脈が、どのように児童強姦死刑法と憲法が相互作用しているのかを理解する上で重要なものであるという事実を無視しているのである。法律学における最近の傾向は、法律の社会的文脈を検討する純粋な教義の内容を理解していない、機械的な研究へと拡大してきているのである。それというのも、そこには、立法過程や憲法の理解を形成する社会――議員、草の根的な活動家、民衆の文化等――の存在があるからである。時として、裁判所には憲法の解釈を決定する「法とは何かを語る」権利はなく、その権利はむし

ろ市民と立法機関、あるいは行政機関との相互作用によるものなのである。レヴァ・シーゲル（Reva Siegel）が論じているように、「憲法的文化は、運動によって、法と政治の違いを議論し、憲法的伝統の代わりとなる理解を提案する（若しくはそれに抵抗する）ことを可能にする」ものなのである[35]。児童強姦死刑法の場合において、活動家と立法者は、児童強姦に焦点をあてる社会運動への参加を通して、コーカー判決の代替的な理解、すなわち、すべての強姦事件に死刑を拒絶する因襲的な見解に反論することを提案しているのである。

V 怒りの再燃——ジェシカ法に向けて

ウィルソン判決において、ルイジアナ州最高裁判所は、他の州も児童強姦死刑法条項を可決することによって、ルイジアナ州の先例に従うであろうと主張した。この予言は2005（平成17）年まで具体化しなかった。ジョージア州だけは1997（平成9）年に同様の法律を通過させることを試みたが、最終的には、州議会の上院において破棄された[36]。2005（平成17）年2月、ジョン・エヴァンダー・クーイー（John Evander Couey）が、フロリダ州ホモサッサに住んでいた、9歳のジェシカ・ランスフォード（Jessica Lunsford）を誘拐し、強姦し、殺害した。この話は、メーガン・カンカ（Megan Kanka）やポーリー・クラース（Polly Klaas）のような他の幼い白人少女の犠牲者のケースとほぼ同様に、全米を揺るがすものとなった。ランスフォードの死は、メーガン・カンカのケースと同様に、性犯罪者の法的地位について、全米に怒りの渦を巻き起こさせ、最終的には、彼女の名前を冠した法律が至る所で制定されるに至ったのである。フロリダ州の当時の知事である、ジェブ・ブッシュ（Jeb Bush）は、2005（平成17）年5月2日に、「ジェシカ・ランスフォード法」（Jessica Lunsford Law）に署名した。この法律は、12歳未満の児童に対する犯罪に対して25年の最低拘禁期間を設けたものであり、性犯罪に対する人工衛星追跡システムを設けたのである[37]。そして、ジェシカの父親によって設立された、「ジェシカ・マリー・ランスフォード基金」（Jessica Marie Lunsford Foundation）により、全米に同

様の法律を作るためのロビー活動が開始されたのである[38]。

　州議会は、草の根運動やメディアによって拍車をかけられ、州独自のジェシカ法を制定することを模索し始めた。大部分の州のジェシカ法はフロリダ州と同様の統制内容を含んだものであったが、他の州の法律は、最近の各州の犯罪に対応したものであった。例えば、サウス・カロライナ州議会が児童強姦条項を議論し始める直前に、州の主要な新聞は、2人の10代の女性が誘拐され、地下の燃料庫に連れ込まれて強姦された事件を報道している。被告人であるケネス・グレン・ヒンソン（Kenneth Glenn Hinson）は、かつて幼い少女を強姦して有罪を宣告されていた。州の政治記者は、「地下室の強姦」の話を、児童強姦死刑法の議論と直接的に関連づけたのである。被告人ヒンソンは、当該容疑事件の被害者の話とかなりの齟齬がみられたために、最終的には無罪とされたが、この事件は、強硬なサウス・カロライナ州版ジェシカ法の制定のための道を切り開くこととなったのである[39]。

　テキサス州においては児童強姦死刑法はまだ成立していないが、州は、下院法案8（「テキサス州児童優先条項」：Texas Children First）の激しい議論のまっただ中にある。本法は一部延期の後、州下院と上院で可決され、現在は特別委員会を設定して議論しているところである[40]。全米的規模のメディアの大物であるビル・オライリー（Bill O'Reilly）が、「テキサス州の性犯罪者量刑法はあまりにも寛大である。」と喧伝することによってかけた圧力が、知事であるリック・ペリー（Rick Perry）に、児童強姦死刑法の制定を強力に押し進めさせる要因となっているのである。

　性的暴行を巡る全米の激昂は決して新しいものではなく、また、地域社会の憤慨を抑えることを妨害するものでもない。前司法長官であるアルバート・ゴンザレス（Alberto Gonzales）は、アメリカにおける児童の性的搾取の「流行」について言及し、また児童強姦それ自体だけでなく、児童ポルノにも言及している。ポップ・カルチャーは、また、性犯罪者についてのより広範囲にわたる関心に拍車をかけた。例えば、デートラインのNBCの人気のあるゴールデン・タイム番組である、「性的暴力犯罪者を捕まえる」（To Catch a Predator）は、

「潜在的な児童性愛者」(Potential Child Predator) に関する隠しカメラによる調査を特集し、インターネットのチャット・ルームに児童の名前を掲載することで、調査員が様々な場所に彼らをおびき寄せている。NBCによると、そのおとり捜査で、200人以上の「潜在的な児童性愛者」が発覚している。「性的暴力犯罪者を捕まえる」という番組の司会者である、クリス・ハンセン (Chris Hansen) は、ある意味で、民衆のヒーローとなり、彼の著書『性的暴力者を捕まえる：すでにあなたの家庭にいる敵から、子どもを守る』(To Catch a Predator : Protecting Your Kids from Enemies Already in Your Home) は、かなりよく売れている本として名声を集めている[41]。

性犯罪者を恐れるあまり、より重大な法的反応もみられる。釈放後の性犯罪者の居住制限とは、通常、性犯罪者が学校、デイケア・センター、公園、図書館、バス停等から一定の範囲内に居住することを禁じるものであるが、そのことが、地方自治体に対して物議を醸している。アラバマ、アーカンソー、カリフォルニア、ジョージア、アイオワ、ケンタッキー、ルイジアナ、オクラホマ、オレゴン、テネシー州を含む13州は、過去5年にわたって、そのような法律を可決しており、また、それらの州の多くのカウンティや地方自治体は、同様の条例を持っているのである。こうした条例が拡大した結果として、「ニューヨーク・タイムズ紙」(New York Times) は、性犯罪者がマイアミの橋の下でしか生活する場所がないという現実を報道している[42]。

各州が性犯罪者に対して終身刑や死刑について検討することは、性犯罪者の釈放後の一般社会への再入 (reentry) に対する民衆の異議を考慮すれば理解できないわけではない。例えば、オクラホマ州は、性犯罪者のためのグループ・ホームにいた5人のうち1人が、近隣男性の集団によって襲撃を受けた事件の後で、児童強姦死刑法を可決している。学校から一定の距離を置くことを要求する条例があるために、性犯罪者のためのグループ・ホームを見つけるのに数か月かかったと、ホームの所有者は報告しているのである。当然のことながら、地域社会は冷淡である。ある女性は、「グループ・ホームがあるために子どもを施錠した家に置かざるを得ない。グループ・ホームの者は『処罰されて

当然の者』である」と述べている。釈放された性犯罪者は、また、自警団の「正義」という名の制裁によってより重大な被害を受けやすいのである。おそらく、このことは、メイン州の性犯罪者ウェブサイトの登録者である、ウィリアム・エリオット（Willian Elliott）とジョセフ・L. グレイ（Joseph L. Gray）の身に起こった、2006年の謀殺事件が、より良く実態を説明しているのではないかと思われる。カナダ人の男性が、性犯罪者登録簿から彼ら両名の実名と住所を手に入れ、自ら自殺を試みる前に、彼らを殺害しているのである。性犯罪者に対する報復の危険性にもかかわらず、メイン州の議員は性犯罪者登録簿を維持することを支持し続けている。全米の州政府は、釈放された性犯罪者、とりわけ未成年者に対して性犯罪を行った者を識別することに奮闘している。児童強姦死刑法で具体化された、仮釈放なしの終身刑という選択肢は、性犯罪者を二度と社会に釈放しないということを意味するのである。

　地域社会と大衆文化に加えて、活動家たちは、児童強姦死刑法を正当化する方法で、性犯罪に対するより厳格な刑罰を強要してきている。とりわけ、一部のフェミニストは、繰り返し、強姦と配偶者暴力の悪辣さを社会的に認識させることに焦点をあてることによって、これらの法律が支持されることを望んでいるのである。

Ⅵ　性的暴力に対するフェミニズムと法的介入

　ある主要な的確に文書化されたフェミニズム運動、それも特に配偶者暴力の被害女性運動の功績は、「個人的なこと」と「政治的なこと」の線引きを批判し、それを徐々に弱体化させることにあったといえるであろう。そうした区別を破壊することは、女性や児童を、家庭内における身体的・性的暴行からより広く法的に保護することを可能にしつつあるのである。換言すれば、法制度は、「法律は家庭に入らず、秘密裏に事を行う」という実践から、配偶者暴力、児童虐待、夫婦間強姦、近親相姦に対する法的保護を提供するという実践へと移ってきているのである。配偶者暴力を受けた女性を擁護する者は、保守主義

者を含む自分の味方でないような者と活動することによって、この法的変化を明らかにしてきているのである。ウェイン・ローガン（Wayne Logan）は、とりわけ配偶者暴力防止法は、左翼と右翼が共になった活動をもたらしたという歴史的事実を指摘する。すなわち、「女性の問題といえども、左翼と右翼は、『犯罪に対する強硬策』という感情の訴えを、進歩主義者も保守主義者も互いに、『女性を殴ることは悪いことである』ということに同意することができるという点で一体化した」とするのである。

「女性に対する暴力法」（Violence Against Women Act：VAWA）の制定は、おそらく、配偶者暴力防止政策上、フェミニストの影響力が最もよく表れた結果である。「全米女性組織」（National Organization for Women：NOW）と、NOWの「法的弁護基金」（NOW Legal Defense Fund）は、VAWAの議会通過を要請した主要な基幹組織であり、これらの組織が法律を起草し、ロビー活動をする活動グループを形成し、法案の成立へと導いたのである。全米女性組織と法的弁護基金の連携は、「女性に対する性的暴力と配偶者暴力を終わらせるための全米特別専門委員会」（National Task Force End Sexual and Domestic Violence Against Women）として知られるようになり、VAWAのロビー活動で始まったその活動は、今日も続いているのである。

この全米特別専門委員会は、また、州法や地方の条例で、配偶者暴力の申立てに対応する際の警察官と検察官の裁量を制限するように強く求めることにおいても、驚くべき成果をもたらしたのである。例えば、大部分の州は、警察官に、相当な理由があるときはいつでも配偶者暴力の容疑者を逮捕するように要求している。一部のフェミニストは、「妻を殴ることは許される」という社会的に構築された古い考えに影響されて、警察官が虐待者である夫を家から追い出すことができない事例や、どちらの当事者が攻撃者であり暴力を振るったのかを確かめることができないという理由で、警察官が両当事者を逮捕したという事例を引用しながら、法律の背後にあるもめ事について言及しているのである。第2の例は、一部の都市や州における「ノー・ドロップ政策」（No-Drop Policy）であり、これは、被害者は告訴をする気持ちが変わることがあるため

に、検察官は配偶者暴力事件の告訴を取り下げてはいけないということを確立したものである。フェミニストの積極的行動主義者たちは、これらの法の形成に極めて重要な役割を果たしたのである。一部のフェミニストは、こうした政策は、告訴をするかどうかを決定する女性の自由を侵害するものであるがために問題があると主張する一方で、多くのフェミニストの配偶者暴力の防止を願う活動家や論者は、これらの法律を支持することを表明しているのである。フェミニストの運動家は、広範でかつ裁量権を行使しない保護命令の使用から、専門的な配偶者暴力裁判所や、新たな連邦証拠規則までの、配偶者暴力の起訴に関わる広範囲な政策変更を提起してきているのである。

　配偶者暴力を受けた女性を支援する運動や反強姦運動の内部で研究する多くのフェミニストの擁護者は、州が、女性や児童に対する犯罪の社会的憤慨を表に出すことにおいて充分ではなく、それゆえに、これら犯罪の犠牲者の生活に配慮することに欠けていると論じている。エリザベス・ラパポート（Elizabeth Rapaport）は、なかんずく、それが配偶者殺人と関係しているという問題について論述しているのである。ラパポートは、女性や児童を殺害する「家庭軽視」（Domestic Discount）の存在について言及し、配偶者殺人は、「単に配偶者暴力の最悪な表現であるだけでなく、致死的暴力の最悪な形態である」と論じている。彼女は、また、「女性——若しくは女性と児童——が制定する刑法の世界においては、配偶者殺人は死刑執行の可能性を確実なものにするに違いない。」と述べており、女性や児童に危害を加えることは真に重大な犯罪であると認識することが、女性や児童の権利を侵害したことに対して厳しい刑罰を求める結果となること、また、女性や児童に対する犯罪の多くが家庭内で起きているという事実が、死刑を含む厳しい刑罰に反対する理由にはならないことを確認している。ラパポートは、強姦ではなく殺人について論じる一方で、彼女の研究が、いかに一部のフェミニスト運動が、刑法の発展を通じて平等を要求してきたかについての付加的な論証を行っているかを強調するのである。一部のフェミニスト活動家は、親密な家庭内における暴力に反対する一部の主張者の保護論者的価値観や誇張表現を、女性の平等に対する家父長的・騎士道的な

取組みの永続化として理解しているが、多くのフェミニスト、とりわけ刑法分野で研究調査している者は、ラパポートの見解により近い考え方を共有しているのである。

　死刑事件の弁護士であるフィリス・L. クロッカー（Phyllis L. Crocker）は、その論文「フェミニズムと死刑囚の弁護」（Feminism and Defending Men on Death Row）において、フェミニズムと刑法の主張の絡み合いについて述べている。クロッカーは、彼女が最初に死刑囚を弁護した強姦殺人事件について述べ、強姦殺人罪を行った死刑囚を代理することと、女性と児童の生命について州の証明によって「潔白が証明された」と感じることの「フェミニストとしての不調和」について言及している。すなわち、配偶者殺人についてのより厳格な法律と同様に、児童強姦死刑法は、フェミニストの反配偶者暴力の主張者と反性的暴行の主張者との間に内的闘争を生み出すに違いないというのである。通常、児童強姦犯罪者に占める比率が高いのは、被害者の父親や継父、若しくは他の近親者であることを考えるならば、児童強姦死刑法は、ある意味で、家庭内暴力に対する対抗手段であると考えることができる。もちろん、死刑法そのものは、犯罪に対する効果的な介入であるとはいえ、また実際にも、報告されている近親相姦罪の被害者が低い割合となっていることを考慮すれば、逆効果を招くかもしれないというのである。

　性的暴力、家庭内暴力に対する女性の平等に関する活発化した感性は、現存する法制度の根本的改善を促進しているといえるであろう。しかしながら、フェミニズムの一部の行動は、児童強姦死刑法に抵抗する革新的運動の動向に対して萎縮効果をもたらすかもしれないのである。女性や児童に対する暴力を、男性に対する暴力と同様の重大性でもって取り扱うことを保証する試みが、家庭内問題に関する刑法のますますの発展、特に、性犯罪と家庭内犯罪に対する死刑の適用可能性の歯止めとなっているのである。

Ⅶ　加重事由と脆弱な被害者

　1972（昭和49）年の画期的な決定である、ファーマン対ジョージア州（Furman v. Georgia）事件において、連邦最高裁判所は、当時、規定が設けられていたすべての州において適用されていた死刑は、恣意性と一貫性を欠くということを理由として、合衆国憲法修正第8条と第14条に違反すると判示した。ファーマン判決は、すべて死刑に帰着する3つの事件を結合したものであった。これら3つの事件のうち、1人の被告人は謀殺で、2人は強姦で有罪が宣告されたケースである。連邦最高裁判所は、陪審員が、どの犯罪が死刑を正当化するほどに極悪なものであるかを決定する完全に自由な裁量権をもっているがために、そうした刑罰の適用は、「残虐で異常なものとなる」と結論づけたのである。なぜならば、陪審員は、死刑適用適格のある犯罪を構成する法的基準によって導かれていないために、死刑判決を安易に適用する可能性のある、あまりにも多くの不合理な偏見が入る余地があるとしたのである。
　ファーマン判決後、大多数の州、少なくとも35州は、陪審員の裁量を制限する方法をみいだし、それによって恣意性の問題を是正するために、死刑法を改正した。州は、異なる陪審員を用いて、死刑事件の正式事実審理では、事実認定段階と量刑段階を分け始めた。また州は、どの種類の事件が死刑の適用適格があり、また、陪審員が死刑を科さないために考慮すべき被告人に関する情報とはどのような種類のものかといった法的制限を課し始めたのである。グレッグ対ジョージア州（Gregg v. Georgia）事件では、ファーマン判決による死刑執行の一時停止を破棄し、前者の死刑の法的制限を、全米レベルで、「責任を加重する状況」（若しくは責任加重事由）とし、後者を「責任を減軽する状況」（若しくは責任減軽事由）と名づけたのである。
　責任加重事由と責任減軽事由は、陪審員に、犯罪と犯罪者の双方の個人的属性を考慮するように要求するものである。責任加重事由と責任減軽事由の法理が未だ初期の段階にあったとき、責任加重事由の目的は、死刑適用適格のある

犯罪を最も極悪な行為へと制限することであった。それゆえに、初期の責任加重事由は、過去に重罪の有罪宣告があったこと、あるいは複数の被害者の存在を組み込む可能性があったのである。当初は、州は、地位若しくは財産に対する何らかの暴力が必要とされる、凶悪な犯罪が対象であると考えた。刑法は、概して、犯罪が冷酷若しくは感情的に行われたかどうか、すなわち、犯罪を行った者が、感情的若しくは計画的であったかどうかを考慮していたのである。大部分の州におけるグレッグ判決後の死刑法にみられる責任加重事由は、この視座を反映したものであり、連邦最高裁判所は、明確な責任加重事由を強く要求したのである。ゴッドフリー対ジョージア州（Godfrey v. Georgia）事件では、例えば、連邦最高裁判所は、ジョージア州の責任加重事由である、犯罪が「拷問、精神の堕落、あるいは被害者に対する残虐な暴行を含む、犯罪が極端にまたは理不尽なまでに極悪で残酷で冷酷であった」という要件を、あまりにも主観的であるという理由で破棄したのである。同様に、メイナード対カートライト（Maynard v. Cartwright）事件において、連邦最高裁判所は、陪審員が刑の宣告を、犯罪が「特別に憎むべき、残虐で残酷なもの」であったとの認定に基づいたものであったがために、オクラホマ州の被告人の死刑判決を破棄しているのである。

連邦最高裁判所が、ウォルトン対アリゾナ州（Walton v. Arizona）事件で、アリゾナ州の「特別に憎むべき残虐若しくは悪質な方法」という責任加重事由は、憲法違反の不明瞭なものではないと判示したとき、判例に変化の兆しがみえ始めた。この事件は、ジェフリー・アラン・ウォルトン（Jeffrey Alan Walton）と2人の友人が、酒場で出会った非番の海兵隊員トーマス・パウエル（Thomas Powell）の謀殺のかどで有罪を宣告されたものである。ウォルトンらはパウエルを襲撃し、そして、パウエルに銃口を突き付けて車に乗るように強要し、人里離れた場所に連れていった。そこで、被告人のウォルトンがパウエルを銃撃したが、パウエルはすぐに死亡しなかったのである。検死官が推測するところによると、パウエルは、脱水症状、飢え、そして肺炎を併発し、銃撃後6日経って死亡したとのことである。陪審員は、ウォルトンに第一級謀殺で有罪を宣

告し、事実審裁判官は、量刑審問手続 (Sentencing Hearing) を行い、そこでウォルトンの犯罪は、2つのアリゾナ州法の責任加重事由、すなわち、殺人が「金銭的利得目的」で行われたこと、また「特別に憎むべき残虐若しくは悪質な方法」で行われたこと、の2つの要件を満たしていると裁定した。州は死刑法を制定するときには、潜在的な恣意性を最小化しなければならないというグレッグ判決の注意勧告があったにもかかわらず、裁判所は当該法律を支持したのである。

連邦最高裁判所は、アリゾナ州の量刑計画の2つの根拠と、初期に禁止したものとを区別した。第1に、アリゾナ州では、すべての事実認定と意思決定手続は、事実審裁判官によって行われる。最終判断をもたらす裁判所は、恣意性を排除するように調整することが期待されている。なぜならば、裁判官は、個人的見解よりも、法律に従うことが多いと思料されるからである。しかしながら、司法上の量刑がもはや合憲的とはいえないために、この事由は、適用できないということになる。第2に、「特別に憎むべき残虐若しくは悪質な方法」という事由を付け加えた後の判例法は、直接的に主観的な基準の法的内容を充分に明らかにしているために、それは恣意的ではあり得ないという事実が存在することである。裁判所は制限的解釈を行うことを条件として、同様の責任加重事由を支持し続けてきているのである。

連邦最高裁判所は、また、アレイヴ対クリーチ (Arave v. Creech) 事件において、被告人が「人間の生命を完全に軽視している」という主観的事由を支持した。クリーチ判決は、少なくとも26人の殺人と、殺人幇助を含めた大量殺人に関するものであった。クリーチは、残りの人生において、完全に隔離されない限り、殺人を止めることができないであろうと主張し、彼の最新の犯罪である、被収容者の殺人で有罪を認めたのである。当時のアイダホ州の他の裁判官と同様に、当該裁判官は、制定法上の責任加重事由によって死刑を執行したのである。法律の用語それ自体は曖昧であったが、裁判所は、アイダホ州最高裁判所の制限解釈である、「人間の生命の完全な軽視は、人間の生命の最も高度で最大かつ無情な軽視、すなわち、被害者への冷淡さと無慈悲を表す犯罪行為

若しくは犯罪を取り巻く状況を意味する」という要件にあてはまるものと裁定したのである。

　同様の事由は他の州にも存在するようである。例えば、ジョージア州は、現在、ゴッドフリー判決で違憲とされた用語である、「ひどく理不尽若しくは卑劣」である殺人犯人に死刑を認めている。なぜならば、当該事由が、殺人は「拷問、精神の堕落あるいは被害者に対する残虐な暴行を含む」という制限的用語に調整されると、合憲基準に達するからである。

　より主観的になっている責任加重事由に加えて、直接的かつ間接的に、性的あるいは家庭的犯罪を組み込む傾向が徐々に増加してきている。ジェフリー・キルヒマイヤー（Jeffrey Kirchmeier）教授は、死刑の有効性についての関心が増大する限り、責任加重事由は急速に拡大するであろうと論述している。責任加重事由は、現在、被告人が配偶者暴力の保護命令下にある場合、被害者が児童である場合、被害者が高齢者若しくは障害者である場合、被害者が家族の構成員である場合、被害者が胎児である場合の児童虐待、ネグレクト、性的虐待、搾取をも組み込んでいるのである。

　ある一定のレベルにおいて、政府は、もはや女性や児童に対する犯罪を、かつて行われたのと同様の程度にまで価値を下げないように奨励しているが、これらの事由の類型は、特定の人種、ジェンダー、性的志向、その他の偏見にまで門戸を開放しているのである。最も脆弱かつ同情的なものを評価するように企図された責任加重事由を付け加える政治的風潮においては、児童強姦死刑法は、非道ではないようにみえる。事実、児童強姦死刑法は、ほとんど刑法や家族法の理論的延長線上にあるように思われるのである。しかしながら、これらの法律は、憲法違反の恣意性に門戸を開く感情的かつ主観論者の政治的風潮の堕落した結果であるという根拠も存在するのである。

Ⅷ　お わ り に

　以上において考察したごとく、本章において展開された社会的動向に機軸を

置く説明方法は、法律問題に別の視点を提供するものであるといえるであろう。児童強姦死刑法の採用に影響を与える要因を理解することは、われわれに、児童強姦死刑法の合憲性をより詳細に分析することを要求することとなることはいうまでもない。コーカー判決を契機として生起する関心の1つは、偏見と関連性のある潜在的な恣意性についての検討である。コーカー法廷が成人女性に対する強姦に死刑を適用することは憲法違反であると判断したとき、単に不均衡性の問題についてばかりでなく、裁判所の決定を基礎づける児童強姦死刑法についての国民的合意が欠如しているのではないかとの批判が台頭したのである。コーカー判決は大衆の脅威、激しい人種的偏見、性犯罪に対してより厳しい刑罰を求めるロビー活動、死刑の論議についての実験的修正といった状況下で、議論が展開されたのである。

これまでにみてきたように、豊富な証拠が、人種と強姦との関連性を支持している。アフリカ系アメリカ人を、強姦者（とりわけ白人女性を強姦する者）として認識することは、学校の統合の問題から刑事司法改革に至るまで、有色人種についての一般民衆の偏見が存在する何よりの証拠である。この時代におさまりを見せ始めたリンチの流行が、黒人男性の地位を強姦者として認識する動きと結びつけられたのかもしれない。犯人の人種と年齢との関連性が重要であることは、コーカー判決の上訴趣意書においても明らかである。法廷意見で強姦に対する死刑の歴史的・人種的文脈について連邦最高裁判所が沈黙している（コーカー判決の被告人は、白人であるという事実がある）にもかかわらず、上訴趣意書では、中心的な問題として、人種差別の問題を提起しているからである。より多くの一般的な強姦法と同じような人種的な偏見はみられないのであるが、児童強姦死刑法は、未だに人種差別的であるといえるかもしれない。「小児性愛者」(Child Molester)のイメージは、特に、ラテン系男性に敵対する何者かによって、それも、猛烈な移民反対の考えをもつ世代の厄介な固定観念に基づいて展開されているようである。小児性愛者のイメージは、また、「エル・ジー・ビー・ティー」(Lesbian, Gay, Bisexuality, Transgender: LGBT)の地域社会を、ゲイの結婚や養子縁組に反対する武器として利用しているのである。

コーカー判決で採用された法律は、また、「女性解放運動」(Women's Liberation Movement) の考えとも合致し、ある地方では、強姦に対するより厳格な刑罰を求めるロビー活動となって現れてきているようである。コーカー判決で却下された児童強姦死刑法は、フェミニストの懇願で採用されたのではないのかもしれない。実際のところ、児童強姦死刑法は保護論者的取組みを理由として、多くのフェミニストによって反対されているのである。つまり、フェミニズムのある種の絆と死刑反対の主張との間の潜在的緊張が、児童強姦事件に存在しているかもしれないのである。

その上さらに、1977（昭和52）年頃と同様に、現在も、刑罰としての死刑の地位は変動的である。一部の州は児童強姦死刑法を採択し、責任加重事由の目録を拡大するのと並行して、州議会は、死刑の一時停止を決定しているのである。民衆の死刑の支持が存続している一方で、連邦最高裁判所は、ローパー対アトキンス事件で、少年犯罪者と精神障害者への死刑を廃止している。どの要因も児童強姦死刑法の支持者の主張をある程度終わらせることにはなっていないけれども、コーカー判決と同様の社会的・憲法的環境を反映しているようである。

本章は、すでに論じてきたように、いかに長期間の社会運動と短期間の憤慨の爆発が、児童強姦死刑法の政治的環境と相互作用しているかを簡潔に記述するよう試みてきた。この説明は、なぜ児童強姦死刑法が、コーカー判決における成人強姦法とまさに同様の憲法問題があるのかを正確に理解することを試みている。リンチ時代が教えたように、民衆の憤慨は大衆暴力を導くことがあるため、民衆の反応は、これらの法律が憲法違反であると述べる強い根拠を供給するかもしれないのである。法律が、概して行為者に可能な限り冷静であることを求めるのに対して、その一方で、この憤慨を正当化するために州の支持を得ることが浸透している。児童強姦死刑法の広範囲にわたる適用に存在する主観と感情が、多くの被告人に極端な恣意性と不適切な過程を確実にもたらすおそれがあるのである。

法律が憲法上の権利を侵害するとき、とりわけ社会で危険にさらされている

者が最も追放されやすく、若しくは最も絶滅されやすいとき、裁判所は、これらの法律に動機を与える社会的力を理解し、評価しなければならないのである。今日、児童強姦は、コーカー判決時代に行われた強姦と同様の、地域社会での孤立と自警精神の衝動の火付け役となっている。児童強姦死刑法の多層からなる政治的文脈の分析は、新たな法律の周囲にある社会的力が、あまりにも激しく、逆上的で、感情的で、人種的にも階級的にも差別的であるため、恣意性や気まぐれを避けることはできないことを示しているのである。

結論としていえることは、ベルの論文は、全体としてみるとき、規範的結論を導く方向へと論理を展開しており、新しい児童強姦死刑法は、合憲性に関する重大な問題を提起すると指摘しているのである。そのために、社会運動の基本的流れを、連邦最高裁判所の判例を中心として検討し、どのようにしたら、児童強姦死刑法が、「恣意性、差別、気まぐれ、誤り」を許し、奨励するのか、その実態を見極めることに焦点を合わせているのである。

こうしたアメリカの児童強姦死刑法制定の動きが、我が国の幼児に対する性犯罪や死刑制度の在り方そのものに与える影響のほどは定かではないが、我が国においても、13歳未満の児童に対する性犯罪の問題点とその対策、そして刑罰の在り方そのものを真剣に検討するべき時期にきているのではあるまいか。

1) 1971年に、エールリッヒ・コーカーは女性を強姦し刺殺した。逮捕されないまま8か月後に、2人目の女性を誘拐し強姦している。逮捕されたコーカーは終身刑を宣告され刑務所に収容されたが、1年半後に脱獄し、16歳の女性を彼女の夫の前で強姦し、強盗の罪も犯している。結局のところ、最後の強姦と強盗に関して有罪とされ、死刑を宣告されている。ヨシュア・ドレスラー著・星周一郎訳『アメリカ刑法』雄松堂（2008年）83-85頁参照。
2) Bell, M. C., "Grassroots Death Sentences? : The Social Movement for Capital Child Rape Laws," *The Journal of Criminal Law & Criminology,* Vol. 98, No. 1, Fall 2007, pp. 1-29.
3) 各州の死刑の執行は、知事選挙の周期内においてより多く行われる傾向があるという実証研究がある。例えば、Bright, S. B. and Keenan, P. J., "Judges and Politics of

Death : Deciding between the Bill of Rights and the Next Election in Capital and the Cases," *Boston University Law Review,* Vol. 75, 1995, p. 759, pp. 776-792.
4) Kramer, L. D., *The People Themselves : Popular Consitutionalism and Judicial Review.* New York, NY : Oxford University Press, 2004, pp. 1-352.
5) Darby, J., "Pittman Sought Psychiatric Help," *Times-Picayune,* New Orleans, Feb. 8, 1995, at B1.
6) Varney, J., "Kidnap Suspect Has a Record : Victim Listed as Stable," *Times-Picayune,* New Orleans, Aug. 21, 1994, at B1.
7) Darby, J., "Rapist Sentenced to Life for Trying to Kill Girl," *Times-Picayune,* New Orleans Mar. 16, 1995, at B1. しかしながら、州上訴裁判所は、終身刑と120年の拘禁刑に減軽している。Darby, J., "Kenner Rapist's Kidnap Charge Dropped," *Times-Picayune,* New Orleans, Oct. 4, 1996, at B2 参照。
8) *Ibid.*
9) Buford v. State, 403 So. 2d 943 (Fla. 1981) ; Leatherwood v. State, 548 So. 2s 389 (Miss. 1989) 参照。
10) 前掲注 1) ・83-85 頁参照。
11) Norwood, R., "None Dare Call It Treason : The Consitutionality of the Death Penalty for Peacetime Espionage," *Cornell Law Review,* Vol. 87, 2002, p. 820, pp. 827-833.
12) Coker, 433 U. S. at 604 (1977).
13) *Ibid.,* at 592.
14) *Ibid.,* at 603.
15) Volokh, E., "Crime Severity and Constitutional Line-Drawing, *"Virginia Law Review,* Vol. 90, 2004, p.1957, p. 1968.
16) Canham, M., "Stern Sex-Offenders Penalty Bill Advances," *Salt Lake Tribune,* Feb. 3, 2007, at B6.
17) Kropf, S., "Senate OKs Death for Repeat Child-Rape Offenders," *Post & Courier* (Charleston, S.C.), Mar. 30, 2006, at B1.
18) Op-Ed., "Punishing Child Molesters, *"Rock Hill Herald,* Mar. 29, 2006, at A6.
19) 685 So. 2d 1063 (La. 1996).
20) Bell, R., "Rape Suspect Not Ready for Trial," *Times-Picayune* (New Orleans), Dec. 16, 1999, at B1.
21) Bethley v. Louisiana, 520 U. S. 1259, 1259 (1997).
22) State v. Kennedy, 957 So. 2d 757, 761 (La. 2007).
23) 本件に関しては、手続的誤りや被告人が黒人であったがために人種差別の主張が被告側弁護士によって展開された。詳しくは、Purpura, P., "Child Rapist Contests

Death Penalty," *Times-Picayune* (New Orleans), Mar. 1, 2007, at 1. さらには、Southern, B., "A Cruel and Unusual Punishment," *Nation*, Apr. 24, 2007. http://www/thenation.com/doc/20070507/sothern.

24) D'Avella, J. H., "Note, Death Row for Child Rape? : Cruel and Unusual Punishment under the Roper-Atkins 'Evolving Standards of Decency' Framework," *Cornell Law Review,* Vol. 92, 2006, p. 129, pp. 144-155. なお、早稲田大学英米法刑事法研究会「英米刑事法研究 (8) アメリカ連邦最高裁判所刑事判例研究・杉本一敏「少年に対する死刑と合衆国憲法修正 8 条の『残虐で異常な刑罰』の禁止── Roper v. Simmons, 543 U. S. 551 (2005) ──」『比較法学』40 巻 3 号 (2007 年) 152-166 参照。

25) Kennedy, 957 So. 2d at 793.

26) Associated Press, "Louisiana Supreme Court : Death Penalty OK for Child Rapist," May 23, 2007.

27) Bailey, C., "Death is Different, Even on the Bayou : The Disproportionality of Crime and Punishment in Louisiana's Capital Child Rape Statute," *Washington & Lee Law Review,* Vol. 55, 1998, p. 1335.

28) Lormand, P. J., "Proportionate Sentencing for Rape of a Minor : The Death Penalty Dilemma," *Tulane Law Review,* Vol. 73, 1999, p. 981.

29) Zambrano, P., "Comment : The Death Penalty Is Cruel and Unusual Punishment for the Crime of Rape ─ Even the Rape od a Child," *Santa Clara Law Review,* Vol. 39, 1999, p. 1267.

30) 536 U. S. 304 (2002). 岩田太「アメリカ新判例を読む：精神遅滞者に対する死刑の合憲性──合衆国における死刑制度の揺れ」『ジュリスト』1237 号 (2003 年) 233-236 参照。

31) 543 U. S. 551 (2005). 前掲注 24) の日本語文献も参照のこと。

32) 前掲注 24) 参照。

33) Kearns, A. M., "Note : South Carolina's Evolving Standards of Decency," *South Carolina Law Review,* Vol. 58, 2007, p. 509.

34) Rayburn, C., "Better Dead Than Raped? : The Patriarchal Rhetoric Driving Capital Rape Statutes," *St. John's Law Review,* Vol. 78, 2004, p. 1119, pp. 1143-1148.

35) Siegel, R. B., "Constitutional Culture, Social Movement Conflict and Consitutional Change : The Case of the de facto ERA," *California Law Review,* Vol. 94, 2006, p. 1323, p. 1329.

36) Scruggs, K., "Ruling on Sexual Predators," *Atlanta Journal & Constitution,* June 28, 1997, at 5D.

37) Luscombe, R., "Florida's Tough Stand Against Child Molesters," *Christian Science Monitor,* May 4, 2005, at 2.

38) The Jessica Lunsford Foundation, http://www.jmlfoundation.org.
39) K Innard, M., "Man Acquitted in 'Dungeon' Rapes," *Association Press,* Apr. 23, 2007.
40) Ramshaw, E., "Bill on Sex Offenders Delayed : Concerns Indicated over Measure That Would Allow Death Penalty" *Dallas Morning News,* Mar. 1, 2007, at 7A.
41) Hansen, C., *To Catch a Predator : Protecting Your Kids from Enemies Already in Your Home,* Old Saybrook, CT : Tantor Media Inc., 2007.
42) Associated Press, "Sex Offenders Living Under Miami Bridge," *New York Times,* Apr. 8, 2007, at 22.「元性犯罪者、家は橋の下」『朝日新聞』2009 年 9 月 7 日参照。

第 10 章
諸外国における PFI 刑務所について

I はじめに

　PFI（Private Finance Initiative）とは、公共施設等の建設、維持管理、運営等を民間の資金、経営能力及び技術的能力を活用して行う新たな手法であり、効率的かつ効果的な社会資本を整備することを目的に、1999（平成 11）年に制定された、いわゆる「PFI 法」（「民間資金等の活用による公共施設等の整備等の促進に関する法律」平成 11 年法律第 117 号）により推進されている制度である。

　そして、我が国においては、この PFI 法に基づいた刑務所の整備・運営事業が行われており、2007（平成 19）年 4 月に「美祢社会復帰促進センター」が、同年 10 月に「喜連川社会復帰促進センター」と「播磨社会復帰促進センター」が運営を開始し、さらには、2008（平成 20）年 10 月には「島根あさひ社会復帰促進センター」が開所されている[1]。

　諸外国においては、このような刑務所の建設・運営について民間の資金等を活用することがすでに広く採り入れられており、その事業内容や仕組みは、我が国における PFI 刑務所事業モデルを創設するにあたり、参考となっているところである。

　そこで、以下においては、諸外国において展開されている PFI 刑務所事業の発展過程とその事業形態について検討してみることにしたい。

II　PFI刑務所の発展過程

　矯正の分野に民間企業が参入するということ自体は、それほど新しいことではない。なぜなら、民間企業は、長年、釈放前プログラムを運営し、官営刑務所内の受刑者に食事や医療やその他のサービスを供与する契約を締結していたからである。また、刑務所の民営化そのものは、アメリカにおいては、すでに19世紀において試みられていたところである。南北戦争末期の南部諸州等においては、民間事業者が政府の委託を受けて受刑者を私有の施設に収容して衣類や食事を提供する代わりに、刑務作業に従事させて収益を上げることが行われており、従来の奴隷に代わる労働力として、鉄道、鉱山、農場の建設や運営に利用されていた。例えば、テネシー州においては、受刑者はもちろん職員をも含めて、刑務所全体が私企業の中でも最も高い値をつけた企業に対して貸し出されていたことが報告されているのである[2]。

　しかしながら、こうした「囚人賃貸制度」(Convict Lease System) は、1923 (大正12) 年頃に終わりを遂げたのであり、アメリカにおいて現在展開されているような民営拘禁産業の出発点は、1850年代のカリフォルニア州サンクエンティン刑務所にあるともいわれている。サンクエンティン刑務所は、アメリカにおける民間事業者により建設・運営された最初の刑務所である。そして、19世紀終わり頃までに、ケンタッキー州及びテキサス州では、すべての刑務所を民間委託することが行われていたのである。

　その後、1975 (昭和50) 年には、ペンシルバニア州で、民間委託された少年処遇施設が存在しており、また1982 (昭和57) 年からフロリダ州で大規模な少年処遇施設が、非営利団体によって管理されるようになったのである。さらには、移民帰化サービス局 (U.S. Immigration and Nationalization Service : INS) も、民間委託を始めるようになり、INSは、1979 (昭和54) 年から聴聞会や国外追放を待っている不法入国者の拘置について、民間企業との契約を開始している。そして、1988 (昭和63) 年の終わりまでには、民営の拘置施設の数は7か

所に増え、そこでは、INSの管轄下において拘置されていた、およそ2,700人の外国人のうち約800人が収容されたのである。これは民営拘禁産業にとって重要な市場の1つであり、現在、アメリカで民営刑務所の運営において活躍している幾つかの著名な企業にとっては、その企業活動の最初の場となったものである。そして、実は、こうした企業の1つにかの有名なアメリカ矯正会社（Corrections Corporation of America：CCA）が含まれるのである[3]。

このCCAは、1983（昭和58）年に株式会社となり、その翌年、会社として初めての拘置センターをテキサス州ヒューストンに開設し、以来、この分野で支配的な勢力の1つとして成長している。本社は、テネシー州ナッシュビルにあり、拘禁施設の設計、施行、賃貸並びに運営を行っているが、最近においては、CCAはその運営基盤を拡大し、イギリスやオーストラリアへも進出している。

また、アメリカでもう1つの大企業として著名なのが、ワッケンハット矯正会社（Wackenhut Corrections Corporation：WCC）である。この会社は昔からある民間警備会社であるが、コロラド州デンバーにINS用の拘置施設を建設・運営する契約を結ぶことにより、民間拘禁産業に参入したものである。

この他にも、初期のINSとの契約を獲得することによって注目を浴びたテッド・ニッセン行動システム・サウスウエスト社（Ted Nissen's Behavioral Systems Southwest）のような小規模の企業が幾つかあったが、これらは大資本の出現と共にその地歩を失っていったのである[4]。

そして、INSの政府当局者等は、民間企業の方が連邦政府よりもはるかに迅速に拘置施設を作ることができたため、次第に民営化へと傾いていったのである。例えば、ワッケンハット矯正会社は、契約書に署名してから90日という驚くべき速さで、150床の施設を建設・開所することができた。さらに、好都合なことに、このような形で新たな収容施設を建設するコストは、施設建設のために予算の割当てを要求するという、官僚的に厄介な手続を経ることなく、政府の施設運営予算以外から支払うことができたのである。

このような民営化の発展は、ほとんど何等の論争も起こさず、注目もされな

かったため、1985（昭和60）年末の数か月の間に、CCAは、フロリダ州ベイ・カウンティと、カウンティ・ジェイルを運営する契約を締結することとなり、これと同様の契約が、1986（昭和61）年8月に、ニューメキシコ州サンタフェ・カウンティと締結されている。また、1986（昭和61）年1月には、合衆国矯正会社（US Corrections Corp.）が、ケンタッキー州セントメリーに、350床の刑務所（マリアン適応センター：Marian Adjustment Center）を開設し、当州の矯正局と契約を交わしているのである[5]。

　しかしながら、ちょうどこの頃、民営刑務所の問題に人々の関心を引き付けずにはおかないような出来事が2件発生しているのである。その出来事の1つは、CCAが、テネシー州が深刻な刑務所問題を抱えているのを知り、当州から99年間25億ドルの賃貸契約で刑務所運営のすべてを引き受けようという申し出を行ったことである。CCAは、ある一定の取り決めに基づいて、1日当たりいくらといった割合で当州の受刑者を収容し、かつて当州の刑務所システム全体が不適切な拘禁環境のために合衆国憲法に違反していると判示した、連邦刑務所の設けた基準に、当州の刑務所システムを適合させることを保証すると述べたのである。テネシー州は、数か月間の熟慮の末、結局のところ、この申し出を断ったのであるが、この出来事は、当時、全米を賑わすニュースとなった[6]。

　もう1つの出来事はより深刻なものであり、ペンシルバニア州コワンスビル郊外に、フィリップ・E. タック（Phillip E. Tack）という人物が、268センター（268 Center）と呼ばれる小規模な民営施設を開設したことが、そもそもの問題の発端となっている。タックは、コロンビア特別区の当局者と協定して、コロンビア特別区の過剰拘禁緩和のために、当特別区内のジェイルから55人の受刑者の移送を受けた。だが、コロンビア特別区から送られてきた受刑者は全員が黒人で、コワンスビルの住民は、全員が白人であったため、このことに対して、コワンスビルの住民たちは露骨に不快の念を表したのである。当地の住民たちは、受刑者の逃亡を恐れて自衛の組織を作り、ショットガンを手に街路を見回り、このことが刑務所改革グループの注目をひき、このグループが反対運

動を展開したことによって、結局のところ、ペンシルバニア州の立法者は、この民営刑務所の計画を中止すると宣言せざるを得なかったのである[7]。

このような出来事の結果として、拘禁業務の民営化ということが、矯正の分野において最も重要な課題の1つとして登場することになった。全米司法研究所（National Institute of Justice）は、会議を開いて拘禁業務の民営化手続に関するレポートを回覧し、連邦議会は公聴会を開催した。そして、刑事司法の分野における団体組織のほとんどが、この民営化問題について、自己の見解を明らかにし始めたのである。州・カウンティ・自治都市労働者アメリカ連合（American Federation of State, County, and Municipal Workers）と全米シェリフ協会（National Sheriffs' Association）は、民営の拘禁契約について反対の意思を表明したが、アメリカ矯正協会（American Correctional Association）は、民営の拘禁契約について、慎重にではあるが支持を表明している。

このようにして台頭した民営刑務所は、今日では19世紀頃の事情とは違って、現在危機に瀕している官営刑務所の過剰収容問題を緩和するための1つの手段として、考えられている。すなわち、官営刑務所の過剰収容状態により、所内のサービスが悪化し、それと比例するかのように、受刑者収容に必要な政府の支出も急激に増加しており、現在では、年間約350億ドルが費やされているといわれている。こうした折柄、民間企業の経営者は、自分たちが刑務所を運営するならば、連邦あるいは州政府のお役所仕事を放逐し、公務員ではない民間人を雇用することによって、受刑者の収容にかかる経費を削減することができると主張しているのである。実際に、そのように経費をうまく節減することができるかどうかは疑問であるが、刑務所の運営について民間企業と契約を結び委託することで、政府の経費を多少なりとも節減していることだけは確かであり、また、民間の経営する施設に受刑者を収容することによって、連邦や州レベルで、刑務所やジェイルの過剰収容の緩和が促進されていることも事実なのである。

III 諸外国における刑務所 PFI 事業

　諸外国における刑務所 PFI 事業の事業内容については、大きく 2 つの潮流があり、一方は、アメリカ、イギリス等の英米法系諸国のように運営業務のすべてを包括的に民間に委託するいわゆる「民営刑務所型」であり、他方は、フランス、ドイツ等の大陸法系諸国のように、保安業務等はこれまで通り政府が行うこととし、施設の設計・建設や維持管理の他、給食、洗濯、清掃、職業訓練等のサービス業務を民間に委託する「混合運営施設型」である。

　もう少し細かく分類するのであれば、①施設・管理運営全体の民営化（アメリカ、イギリス、オーストラリア）、②施設は国、管理運営は民間（イギリスの 2 施設、カナダ、ニュージーランド）、③施設は民間、管理運営は国（アメリカのコロラド州、オーストラリアのビクトリア州、ウエスタン・オーストラリア州）、④施設は民間、管理運営は官民協働（ドイツ、フランス、美祢社会復帰促進センター、島根あさひ社会復帰促進センター）、⑤施設は国、管理運営は官民協働（喜連川社会復帰促進センター、播磨社会復帰促進センター）に細分化することも可能である。

　もちろん、そうはいっても、アメリカのような完全民営化の形態を採るものであっても、連邦あるいは州政府に一定の役割と責任を負わせているのであるから、このような区別は、政府の関与が最も少ないものから多いものへという段階的な差別があるだけであって、完全な民営刑務所など存在しないとすることもできる。

　とはいえ、英米法系の国では、権限の委任の理論により、すべての権限は、それが正当に行使される限りにおいて私人にも委任できると整理されており、経験的・実務的に適切ではないと判断されるものを除き、様々な行政分野で民間委託が行われている。

　これに対して、大陸法系の国では、刑罰権の行使は国家の排他的専権事項と考えられ、国民の権利・自由に関わる権限の行使は、争議行為や信用失墜行為が禁止されており職務専念義務を負う官吏に留保されることにより、国民の権

利・自由が保護されるとの考え方が採られている[8]。そのため、保安業務等については政府が行い、部分的に業務を民間に委託することで、官民協働による混合運営施設が整備されているところである。

以下においては、こうした諸外国の事情について、もう少し具体的に考察することとしたい。

1 アメリカ

表 2 に示されているごとく、アメリカは PFI 手法を活用して刑務所の整備等を行っている先進国の 1 つであり、連邦、30 州及びコロンビア特別区において、2010（平成 22）年現在、約 12 万 8,195 人が民営刑務所に収容されており、これは州刑務所及び連邦刑務所に収容されている被収容者の 8 ％の割合である。1999（平成 11）年から 2010（平成 22）年にかけて、民営刑務所に収容されている被収容者の数は 80％増大しており、とりわけ連邦刑務所の民営化の割合は、劇的に増大している状況にある。すなわち、州の民営刑務所の被収容者数は、1999（平成 11）年から 2010（平成 22）年にかけて、6 万 7,380 人から 9 万 4,365 人となっており、40％増大しているのに対して、連邦の民営刑務所の被収容者数は、3,828 人から 3 万 3,830 人となっており、784％増大しているのである。

そして、1999（平成 11）年時点では、31 州が民営刑務所の契約を締結してお

表 2　アメリカにおける民営刑務所の被収容者数

	1999 年	2010 年	1999 年から 2010 年までの割合の変化
全刑務所	1,366,721	1,612,395	＋ 18％
全民営刑務所	71,208	128,195	＋ 80％
民営刑務所（連邦刑務所）	3,828	33,830	＋ 784％
民営刑務所（州刑務所）	67,380	94,365	＋ 40％

資料源：Mason, C., *Too Good to be True Private Prisons in America*. Washington, D.C.：The Sentencing Project, 2012, p. 1.

り、2004（平成16）年には33州へと若干の増大を示したのであるが、2010（平成22）年現在においては30州へと減少している。具体的には、1999（平成11）年から2010（平成22）年までの間に、バーモント州、アラバマ州、オハイオ州、コネティカット州、ペンシルバニア州、サウスカロライナ州の6州は、新たに民営刑務所を用い始めている。しかしながら、アーカンソー州、メイン州、ミシガン州、ミネソタ州、ネヴァダ州、ユタ州、ワシントン特別区の6州及び特別区は、民営刑務所に依存することを完全に止めた。一方、デラウェア州、イリノイ州、アイオワ州、カンザス州、マサチューセッツ州、ミズーリ州、ネブラスカ州、ニューハンプシャー州、ニューヨーク州、ノースダコタ州、オレゴン州、ロードアイランド州、ウエストヴァージニア州の13州は、この期間、民営刑務所が全く存在していない状況にある。

また、民営刑務所が存在している30州のうち、被収容者数が一番少ないのはサウスダコタ州の5人であり、一番多いのはテキサス州の1万9,155人である。各州の民営刑務所の被収容者数の現状は、表3の通りである。

アメリカは、特にレーガン政権以降の厳罰化政策により、連邦及び州の刑務所に収容されている被収容者の数が20年で約4倍となり、爆発的に増加するなどしたことにより、財政負担が著しく増加し、施設の整備を民間資本等に頼らざるを得なかった事情があったのである。特に、いわゆる三振法[9]が連邦及び各州で制定されて以降、過剰収容の傾向が強まることとなった。

諸外国のPFI刑務所では、様々な形で民間のノウハウが活用されているが、アメリカの大手民営刑務所運営会社による施設整備の例をみると、プレキャスト法（工場でパネルを作成して現場に持ち込んで組み立てる工法）を活用しており、約1,000人収容する刑務所が約12か月で整備可能であるとのことである。

また、アメリカにおける二大矯正施設民営企業は、アメリカ矯正会社とワッケンハット矯正会社であるが、この2社だけでアメリカにおける全民営刑務所の80％の被収容者を管理するまでに急成長を遂げているのである。

民営刑務所の運営の内容については、各州によって異なるが、例えばテキサス州やフロリダ州では、州法上、民間企業との契約締結は、州政府の管理運営

第 10 章 諸外国における PFI 刑務所について　269

表3　1999 年から 2010 年までの民営刑務所の被収容者数の変化

管轄	民営刑務所における被収容者数 1999 年	2010 年	1999 年から 2010 年までの割合の変化
アラバマ	0	1,024	―
アラスカ	1,387	1,873	＋ 35％
アリゾナ	1,392	5,356	＋ 285％
アーカンソー	1,224	0	－ 100％
カリフォルニア	4,621	2,170	－ 53％
コロラド	0	4,498	―
コネティカット	0	883	―
デラウェア	0	0	―
フロリダ	3,773	11,796	＋ 213％
ジョージア	3,001	5,223	＋ 74％
ハワイ	1,168	1,931	＋ 65％
アイダホ	400	2,236	＋ 459％
イリノイ	0	0	―
インディアナ	936	2,817	＋ 201％
アイオワ	0	0	―
カンザス	0	0	―
ケンタッキー	1,700	2,127	＋ 25％
ルイジアナ	3,080	2,921	－ 5％
メイン	22	0	－ 100％
メリーランド	131	70	－ 47％
マサチューセッツ	0	0	―
ミシガン	301	0	－ 100％
ミネソタ	80	0	－ 100％
ミシシッピ	3,429	5,241	＋ 53％
ミズーリ	0	0	―
モンタナ	726	1,502	＋ 107％
ネブラスカ	0	0	―
ネヴァダ	561	0	－ 100％
ニューハンプシャー	0	0	―
ニュージャージー	2,517	2,841	＋ 13％
ニューメキシコ	1,873	2,905	＋ 55％
ニューヨーク	0	0	―
ノースカロライナ	1,395	208	－ 85％
ノースダコタ	0	0	―
オハイオ	0	3,038	―
オクラホマ	6,228	6,019	－ 3％
オレゴン	0	0	―
ペンシルバニア	0	1,015	―
ロードアイランド	0	0	―
サウスカロライナ	0	17	―
サウスダコタ	46	5	－ 89％
テネシー	3,476	5,120	＋ 47％
テキサス	11,653	19,155	＋ 64％
ユタ	248	0	－ 100％
バーモント	0	562	―
ヴァージニア	1,542	1,560	＋ 1％
ワシントン D.C.	331	0	－ 100％
ウエストヴァージニア	0	0	―
ウィスコンシン	3,421	25	－ 99％
ワイオミング	281	217	－ 23％
連邦	3,828	33,830	＋ 784％
州	67,380	94,365	＋ 40％
合計	71,208	128,195	＋ 80％

資料源：Mason, C., *Too Good to be True Prisons in America*. Washington, D.C.: The Sentencing Project, 2012, pp. 4-5. に基づき筆者が修正を加えた。

する同等の施設より、7％から10％の経費削減を条件としており、州の施設と同等以上の待遇や処遇を行う責務も定めているのである。

2　イギリス

イギリスのPFI刑務所では、基本的には、民間人の刑務所長（Director）と職員（Prisoner Custody Officer：戒護員）により、刑務所運営が行われているが、規律違反を行った受刑者に対する取調べや懲罰の執行、手錠等の戒具の使用等については、公務員である監督官（Controller）と数名のスタッフの判断の下で実施される。

監督官は、毎日、施設内を巡回するとともに、民間事業者から報告を受け、刑務所運営のモニタリングを行っている。なお、民間人の刑務所長が施設の充分な管理能力を有しないと認められる事態が発生したときには、内務大臣により公務員の刑務所長（Governor）が任命され、施設は政府の管理下に置かれることとなる[10]。

イギリスにおけるPFIは、公営企業の民営化を推進していた保守党政権下で、官民の役割分担の明確化による公共サービスの効率化を図ろうと考えて導入したものといわれているが、刑務所へのPFI導入については、効率的かつ効果的に社会資本の整備を図ることに加えて、受刑者処遇の質を上げるという特有の事情があったとされている。

イギリスでは、1980（昭和55）年以降、過剰収容状態が深刻となり、19世紀に建設されたビクトリア朝様式の古い施設においては、受刑者の増加と職員の不足から、自殺事故や暴動、職員のストライキ等が頻発し、劣悪な処遇環境の改善が課題とされていた。しかしながら、当時、政府の財政状況は悪化しており、新たな公共投資は困難であったことから、PFI手法に着目したとされている[11]。加えて、保守党政権の眼目は、強力な労働組合であった「刑務所職員組合」（Prison Officers Association）を衰退させることにあったともいわれている[12]。

イギリスの民営化に関する規定は、「1991年刑事司法法」（Criminal Justice Act

1991）第 84 条以下にあるが、本法により、民間事業者に対して刑務所の管理・運営及び被収容者の護送を委託することが認められ、「1994 年刑事司法及び公共秩序法」（Criminal Justice and Public Order Act 1994）において、民間事業者に刑務所の設計及び建設を委託することが認められた。

　PFI の職員は、公務員である刑務官とほぼ同様の権限を有するが、しかし、施設内における警察官としての権限を有しないために、被収容者の逃走を防止する義務は負うものの、逃走後に追跡して逮捕する権限を有せず、また、施設内で発生した刑法犯も警察が捜査の権限をもつのである。

　また、PFI 刑務所の職員は、被収容者の暴行が発生した場合に制止することはできても、被収容者を連行して懲罰房へ収容することはできない。そうした場合には、公務員である監督官に報告して、その判断に従うことになる。所長は、内務大臣の承認を受けた者であるが、被収容者の規律違反行為を調査し、懲罰を科すことができない。また、緊急の場合を除いて、他の被収容者からの隔離、特別房への一時拘禁、戒具の使用を命ずることもできないのである[13]。

　PFI 刑務所の運営については、約 30 から 40 項目の業務指標があり、それらの違反が一定量に達した場合は、ペナルティとして契約金が減給される。この基準は、概して官営刑務所よりもはるかに良い運営基準であるといわれている[14]。

3　フランス

　フランスでは、刑務所業務のうち、管理、名籍、保安業務は、国王大権（Regalien：本来的に国家が行使すべき権限）であるとの整理がなされ、これらの業務の民間委託は憲法に違反すると考えられている。

　1986（昭和 61）年当時に、アメリカをモデルに刑務所の運営すべてを包括的に民間委託することが議論されたが、違憲であるとの国務院（Conseil d'État）の見解に基づき、結果として、部分的に刑務所業務を民間委託する法律が成立したという経緯がある。具体的には、1986（昭和 61）年にアメリカのアメリカ矯正会社と全米矯正建築会社の代表が来仏し、ボワ・ダルシー拘置所の共同参

観を行い、その結果を受けて法相は、年間8,000人にも及び得る被収容者の増加に対して、民間企業の建設管理への導入が実現すれば、2、3年の間に2万床の増設が可能であるとしたのである。そして、その後、関連法案が幾つかの修正を加えられながらも可決され、1988（昭和63）年、過剰収容対策としての収容能力増強を目的とした「1万3,000人計画」に基づき、官民協働による混合運営施設21施設とその比較のため国営の4施設の整備が進められた。これは、フランス全土を4つの地区に分けて、10年契約で4グループに委託されたものであり、1992（平成4）年10月までにすべての施設での収容が開始されている。2002（平成14）年には、新たに「4,000人計画」に基づき建設された6施設と併せて合計27施設の運営が5つの地区に分けられ、スエズ運河を整備したスエズ社（SUEZ）や大手ケータリング会社のソデクソ社（sodexso）等の関連会社3グループに委託されている。

　この民間参入によって、建設費は以前の3分の1に抑えられ、刑務官の人員も削減され、職業訓練等において、従来の刑事施設よりも優れたサービスを提供することが可能となったのである[15]。

　また、フランスにおいても、官民協働の形式において、どの程度の民間の参入が可能であるかが問題となった。計画当初は、施設の指揮及び記録管理のみを政府の業務としていたが、結局のところ、監視、社会教育活動をも政府の業務として譲ることとなり、そのため民間は、施設建設、宿泊設備、給食業務、職業訓練等を担当することとなったようである。

　さらに、2001（平成13）年には、フランス政府は、29か所の施設をさらに建設することとなったがために、民間事業者はさらに多くの業務を受託することとなり、30年間の契約期間で、設計、建設、資金調達、施設の維持管理を行うこととなった。委託業務には、洗濯、給食、保守点検、護送、職業訓練等が含まれ、第1区画の契約は、2005（平成17）年3月に締結されている。

　総じて、フランスでは、保安業務については民間事業者が一切担当することができない部門であり、民間に委託するのは、施設の建設、維持管理、給食、洗濯、清掃、職業訓練等であり、職業訓練以外の教育部門については、政府か

ら派遣される教育省の職員が担当している[16]。なお、民間職員の業務のモニタリングについては、公務員である副所長が行うこととなる。そして、我が国は、このフランス型の官民協働による混合運営施設を採用しているのであるが、我が国においては、施設の警備、収容監視、所持品や居室の検査、刑務作業、職業訓練、受刑者の改善更生のための教育プログラムについても、法律によるコントロールがあれば、民間事業者に委託することは可能であると考えられており、これらの点につき、フランスとの相違があると考えられる。

4 ド イ ツ

ドイツでは、2005(平成17)年にヘッセン州フュンフェルト市に、収容定員500人の混合運営施設1か所が運営されている。しかしながら、ドイツ連邦共和国基本法第33条第4項において、高権的権限の行使は官吏に留保される旨規定されていることから、基本法や行刑法に抵触しない範囲で民間委託する業務の範囲を定めることとし、受刑者の権利・義務に直接かかわる保安業務は対象としないこととされている[17]。そのため、同州では、基本法や行刑法に抵触しない範囲で民間委託する業務の範囲を定め、受刑者の権利・義務に直接かかわる保安業務は対象としていないのである。すなわち、行刑法は第155条第1項に「行刑施設の任務は、執行官吏によって遂行される。特別な理由があれば、この任務を他の行刑施設職員、兼業として義務を負った者及び契約上の義務を負った者に委ねることも可能である」と規定している。この「契約上の義務を負った者」には私人も含まれるところから、この条文をもとに、民営化を試みたのである。そしてその上で、この条文から導き出される民間が、いかなる程度の業務を行うことが可能であるかが考えられたのである[18]。

ヘッセン州司法省によって出された1999(平成11)年12月の「行刑における民営化のモデルプロジェクト」作業班報告書を参考にすると、民間が行うことが可能な業務としては、建物管理業務、料理、洗濯、健康管理、被収容者の物品購入、作業、教育、余暇利用、助言、社会福祉等の世話業務、管理業務の一部である技術的・機械的な保安システムの管理や備品の保護、被収容者の移

動についての統制、施設内での同行等の人的統制、被収容者の輸送の際の運転業務である。そして、民間が行うことが不可能な業務としては、全体統制と職務実習の監督という組織高権にかかわる業務、被収容者の受け入れ及び釈放、刑の執行の計画策定、拘禁緩和の決定、懲罰措置等の被収容者の身分にかかわる処遇業務、監視業務のうち強制措置や人格権への介入権限と関係する外部交通の管理や直接強制の実施にかかわるものであるとされている[19]。また、これらの業務を行う民間職員は、行政補助者として位置づけられている。

5 韓　　　国

韓国において、民営刑務所の設置に関する議論が活発になったのは、1997（平成9）年頃からである。1997（平成9）年12月の外貨危機による国際通貨基金（IMF）の韓国経済への介入は、韓国の政治、経済、社会、文化等の分野に大きな影響を与えた。また、急激な景気の悪化と失業率の増加に伴い、財産犯罪が増加することになり、実刑率が急増した。その結果として、韓国全土の矯正施設は、過剰収容の問題に直面することとなったのである。

このように、韓国においては、我が国と同様、犯罪の増加に伴う矯正施設における過剰収容の問題が大きな社会問題となり、過剰収容問題を解消するために、①仮釈放の大幅な拡大策の実施、②矯正施設の新築、③労役場留置刑受刑者の釈放、④身柄拘束を伴わない捜査及び令状実質捜査制（拘束令状の請求を受けた判事が、被疑者を直接審問して拘束の要否を判断する制度）の強化、⑤執行猶予、社会奉仕命令制度の拡大等の対策を講じる一方、⑥民営刑務所制度の導入が議論されるようになったのである。

その結果、2000（平成12）年1月28日に「民営刑務所等の設置・運営に関する法律」（法律第6206号）、同年11月9日に「民営刑務所等の設置・運営に関する法律施行令」（大統領令第16,996号）、2001（平成13）年5月22日に「民営刑務所等の設置・運営に関する施行規則」（法務部令第506号）が制定・公布され、2001（平成13）年7月1日から施行されたのである。

その後、法律第3条第1項に定められている「法務部長官は、必要と認めら

れたときには矯正業務を公共団体以外の法人及び団体又はその機関ないし個人に委託することができる」との規定により、2001（平成13）年8月24日に「民営刑務所の設置・運営に関する提案要請」を一般に公告（法務部公告第200、122号）し、民営刑務所の事業者を募集することとなった。

この公告により、建設・警備・保安との関係が深い一般企業と、キリスト教・仏教等の宗教団体、あるいは社会福祉法人等が民営刑務所の設置・運営に興味を示し、その一部は、民営刑務所の設置のための準備を進めたが、結局のところ、韓国キリスト教総連合会の「韓国キリスト教刑務所設立推進委員会」によって設立された財団法人「アガペ」（Agape）が、法務部に民営刑務所の設立・運営の提案書を提出したのである。

これに対して、法務部は、受託者選定委員会を構成し、「アガペ」から提出された民営刑務所の設置・運営に関する企画書と、諸般の事情を審査・評価した結果、2003（平成15）年2月12日、「アガペ」に対して、民営刑務所の設置・運営に関する委託契約を締結する運びとなったのである。

2004（平成16）年11月、「アガペ」の提出した民営刑務所基本設計案を確定したのであるが、その後、地域住民の反対に加えて、幾人かの国会議員が反対していたため、施設建設が大幅に遅れることとなった。また、近時、未決拘禁者の削減により、過剰収容が解消されたこともあって、民営刑務所の必要性は少なくなったようにも思われたが、2008（平成20）年3月には工事に着工し、著者が2009（平成21）年3月に視察したときには基礎工事の段階であったが、2010（平成22）年12月1日に開所した。

6 カナダ

カナダでは、連邦政府が管轄する刑期2年以上の受刑者を収容する施設については、民間委託は行われていないものの、オンタリオ州において、州政府が管轄する短期受刑者及び未決拘禁者を収容するセントラル・ノース矯正施設の運営が、アメリカの刑務所運営会社に委託された。

このカナダで唯一の民営刑務所の場合、運営は民間が行うが、施設そのもの

は引き続きオンタリオ州が所有するものである。オンタリオ州では、1990年代初頭の経済状況の悪化によって、州の公的サービスの見直しを余儀なくされた。また、1993（平成5）年の州会計検査官の年次報告では、1991（平成3）年度のオンタリオ州の被収容者1人当たりの1日のコストが、カナダ全州で2番目に高いことが明らかとなり、そのことがオンタリオ州の刑務所の民営化に拍車をかけたようである。

この頃、「2000年矯正説明責任法」（Correctional Accountability Act 2000）が制定され、「矯正省サービス法」（Ministry of Correctional Services Act）の一部が改正されたことにより、矯正省は、矯正サービスの運営を契約によって民間に委託することが可能になったのである。

改正された矯正省サービス法第8条では、矯正大臣は、すべての矯正サービスについて民間事業者との間で契約を結ぶことができるとし、契約者及び契約者によって雇用された者は、矯正説明責任法の目的上、同法の施行に係る業務に従事する者であり、国によって雇用された者ではないことになっている。

矯正大臣は、民営刑務所の所長を任命し、それと同時に、契約者による矯正サービスを監督するための契約履行管理者をも任命する。契約者若しくは契約者によって雇用されるものが施設の査察を妨害した場合には、5,000カナダドル以下の罰金という処罰の対象となるのである[20]。

2001（平成13）年5月、オンタリオ州矯正大臣は、セントラル・ノース矯正施設の運営について、マネージメント・アンド・トレーニング・コーポレーション（Management & Training Corporation：MTC）との間で契約を結んだ。MTCは、アメリカのユタ州に本拠をもつ刑務所運営に幅広い知識と経験をもつ会社であり、契約期間は5年であった。

しかし、残念ながら、2004（平成16）年5月5日に発生した受刑者殺害事件を契機として、民営刑務所反対運動が高まり、2006（平成18）年11月には、契約期間満了により、その運営権は州政府へと移行している[21]。

7　ニュージーランド

　オークランド中央拘置所は、ニュージーランドにおける最初の民営刑務所であり、オーストラレーシアン矯正運営会社（Australasion Correctional Management Limited）によって運営されている。オーストラレーシアン矯正運営会社は、この中央拘置所を運営するために、矯正局と5年契約をしており、契約金は1億200万ニュージーランドドルである。

　この中央拘置所は、2000（平成12）年7月13日に運営を開始した施設であり、ノースランドとオークランド地域から新たに拘禁された男子被収容者のための主要な行刑施設として建設された。

　ここに拘禁された犯罪者は、平均して14日から16日の短期間を施設で過ごすため、被収容者の回転率は比較的高いものがある。それゆえに、この中央拘置所の構造は、これらの必要性を反映したものとなっているのである。例えば、収容棟は、被収容者を掌握しやすい小集団に分離することを可能とする構造となっている。

　この施設は、拘禁された被収容者のうち、異なる幾つかの警備等級の者を引き受けているが、同時に32人の既決囚を収容している。中央拘置所は、著者が2003（平成15）年7月に訪問した際には、299人を収容しており、必要ならば、最大限360人を収容することが可能とのことであった。そして、これらの数値の中には、最大限22人の危険な犯罪者を収容する能力も含まれているのである。言うまでもないことであるが、ニュージーランド矯正局は、制定法上の権限をもった監視人を通じて、この民営拘置所の運営を監視することができることとなっている。

　建物は、ニュージーランドの刑事施設では初めてのデザインとなる幾つかの特徴のある構造を保持している。半分近くの独房にはシャワーがあり、アメリカ建築家協会は、新しい司法施設についての2000（平成12）年度の審査において、オークランド中央拘置所のデザインを、最高の技術水準にある司法施設であると評価している。そうした意味では、オークランド中央拘置所は、国際的

なレベルで2000（平成12）年の国際標準化機構9001の品質保証基準を満たしている、ニュージーランド唯一の刑事施設といってもよいであろう。

しかし、残念ながら、このオークランド中央拘置所は、政権交代による法改正により、刑務所業務の民間委託ができなくなり、2005（平成17）年7月の契約期間満了と共に、一旦委託を終了したのであるが、その後、再び刑事施設の民間委託運営がなされているようである[22]。

8　その他の国

この他にも、2004（平成16）年にブラジル政府は、3か所の施設において、フランス方式により民間委託契約を締結しており、また、2007（平成19）年3月、イスラエル政府は、アフリカ・イスラエル投資会社（Africa-Israel Investments Ltd.）とミンラブ・ホールディングス社（Minrav Holdings Ltd.）との間で、イスラエル最初の民営刑務所の建設・運営契約を締結している。ハンガリーにおいても、また、ハンガリー初となる混合運営施設の契約が締結されているのであり、オランダ、デンマーク、チェコ共和国、香港等も混合運営施設導入の検討を行っているとのことである。

Ⅳ　民営刑務所の効果

政府や矯正機関が、民営刑務所の設立に向けて突き動かされる要因のうち、最も強力な要因は、刑務所人口の問題であることは前述した通りであり、民営刑務所の実現により、過剰収容と老朽化した居室内に居住する受刑者を管理することの問題性を解消することができるとされている。

また、それと同時に、民間事業者との契約は、政府による直接的なサービスの供与よりも、あまりコストがかからず、効率的な刑務所運営が実現可能であるといったことも、民営刑務所の設立の重大な動機である。これらは、まさに民間事業者のノウハウによって実現されることであり、このような形で民間事業者との契約を行うのであれば、刑務所建設のための公的負債が増大すること

を、選挙民に要求し説明することもなくなると考えられる。

　さらには、民営刑務所が競争市場を提供することによって、公的セクターがこれまで打ち建ててきた労働規則について再考させられることとなり、変革を迫られることで、公務員のインセンティブが増大することも指摘されているところである。

　しかしながら、このような民営刑務所のメリットに対しては、問題点が示されていることも否めない事実である。例えば、民営刑務所の運営企業は、適切な警備の実施といった側面において問題があることが指摘されている。アメリカにおいては、1999（平成11）年に、アメリカ矯正会社が運営する成人刑務所において、4人の受刑者が外囲いを壊して警備の厳重な施設から逃亡するという事件が3件起こっており、また、アメリカ矯正会社とその子会社であるトランスコー社（TransCor America）においても、同様に、被収容者を医療処置のために病院へ移送しているとき、あるいは刑務所に移送しているときに、逃走事故が起きているのである。さらには、施設によっては、暴動事件が発生したケースもあるようであり、それらの施設では、被収容者の制圧のために化学薬品を用いざるを得なかったがために、職員に負傷を負わせる結果となった事例も報告されている。

　また、民営刑務所における拘禁担当職員の離職率は、官営刑務所よりも高いことも指摘されており、アメリカにおける官営刑務所の6か月間の平均離職率は4.4％であり、9％を超える官営刑務所は存在しなかったのに対して、95％の民営刑務所では、10％かあるいはそれ以上の離職率であったことが報告されている[23]。

　この他にも、民間事業者は刑務所運営によって利益を上げるために、収容人口を増大させるのではないか、あるいは、利潤のために、被収容者の権利を侵害するおそれがあるのではないかといった懸念も存在するようである。

　前者の問題は、利潤を追求することは資本主義の原理からもたらされる当然の摂理であるといってしまえばそれまでのことであるが、過剰収容を避けるための民営化が、新たな過剰収容を招く結果となったとしたら、これほど皮肉な

ことはない。

　しかしながら、現在までのところ、これらの事実を裏づける統一的なデータは存在していないのであり、また、将来的に、民営刑務所の創設により、被収容者数が劇的に増大することはないであろうと推測されている。そして、後者の問題についても、民営刑務所においては、官営刑務所が行っている初歩的な小火器訓練や小火器についての補充訓練、さらには集団統制の訓練や拘禁に関する初歩的な訓練、拘禁の方法や基準等についても官営刑務所と同一のものを用いて運用がなされているとのことであり[24]、また、諸外国で展開されている民営刑務所においては、被収容者の処遇状況を監視するために何らかの監視システムが整備されているために、人権侵害の事態が発生した場合には、契約違反として契約を取り消されることになっていることにも留意すべきであろう。

　さらには、受刑者に対して良質な民営刑務所システムを創設する一方で、官営刑務所のシステム基準が民営刑務所の基準とかけ離れてしまうことで、結果として、官営刑務所の衰退を招いてしまうのではないかという懸念も表明されている。こうした論旨の主張者は、とりわけ、人種的な少数者集団、精神的に不安定な者、暴力犯罪者、薬物依存者、エイズのような伝染病患者等に対する民営刑務所と官営刑務所のサービスの格差を懸念しているようである。しかしながら、それとは反対に、むしろ、民営刑務所の創設により、官営刑務所の改善を促進させているとする見解も存在するのであり、この見解の主張者によると、民営刑務所で生じている問題点を喚起することで、戦略的に、官営刑務所システムに改善する手段を提供している側面があると評価するのである。

　このように、民営刑務所に対しては賛否両論、様々な見解が存在しているが、一般的には、官営刑務所と民営刑務所を相互補完的な関係で捉える見解が妥当なのではないかと考えられる。そして、いずれの国かを問わず、それぞれの国の民営刑務所が、現在抱えている問題点を真摯に受け止めており、それを解消するための施策に苦心惨憺しているというのが、諸外国のPFI民営刑務所の実情ではなかろうかと思われるのである。

V　お わ り に

　我が国のPFI刑務所は、ドイツ・フランス方式の官民協働運営方式を採用しており、アメリカ、イギリス、オーストラリア等のように完全民営化方式を採用したものではないため、上述のような諸問題が、我が国でも発生する可能性があるとは考えられないであろう。しかしながら、今後のPFI刑務所の運営を考える上で他国の実情を参考にすることは重要であり、本章がそうした意味において、何らかの示唆を与える契機となれば、これに過ぎる喜びはない。

　ここであえて我が国のPFI刑務所の今後の課題について言及するとすれば、我が国のような官民協働の混合運営施設においては、官民それぞれが役割分担を明確に認識し業務遂行を図ることが肝心であることはいうまでもないが、そのためには、官と民のコミュニケーションをより一層充実させることが重要となるのであり、PFI刑務所に勤務する職員に対して、研修の充実化を図ることが第1の課題となるであろう。

　第2に、モニタリングについても、民間事業者の業務遂行の「あら探し」に終始することなく、民間事業者側に事業継続のインセンティブを失わせることがないような配慮をしつつ、かつ要求水準を満たす業務を遂行させることのできるモニタリング体制を確立することが必要となるであろう。

　我が国のPFI刑務所は、運営が開始されてからまもなく5年が経過するところであるが、美祢社会復帰促進センターにおいては、2011（平成23）年10月に女性受刑者300人を新たに収容可能とする施設の増設を行ったことで、我が国最大の女性受刑者の収容定員を有する施設となった。このような施策が実現可能なのは、地元の地域住民の理解があったからこそであると思われる。今後とも、「地域との共生」に向けて一層の努力を続けていかなければならないことを関係者は肝に銘じて欲しいと思う。また、改めて指摘することでもないが、受刑者の改善更生・社会復帰のための教育や刑務作業・職業訓練についても、民間のノウハウやネットワーク、地域資源を活用した特色あるプログラム

が展開されているところが、諸外国の PFI 刑務所との大きな違いである。

　このように、設立当初の課題を着実に実現させるよう努力することで、今後、我が国の PFI 刑務所は、将来的にアジアのモデル刑務所、そして、できることならば、世界のモデル刑務所と呼ばれるような実績を上げてもらいたいと思うし、PFI 刑務所事業に最初から携わってきた者の一人として、今後とも支援をし、その発展を見守っていきたいと思っている。

1) PFI 刑務所については、藤本哲也「PFI 刑務所の将来について考えよう」『罪と罰』45 巻 2 号（2008 年）28-35 頁、同「我が国の新しい PFI 刑務所の試み」『法学新報』115 巻 1・2 号（2008 年）1-46 頁、同「諸外国における PFI（民営）刑務所の試み」『刑政』119 巻 10 号（2008 年）2-11 頁参照。
2) Cody, W.J.M. and A.D. Bnnett, "The Privatization of corrctional Institutions : The Tennessee Experience," *Vanderbilt Law Review*, Vol. 40, No. 4, 1987, pp. 829-849.
3) McDonald, D.C., "The Cost of Operating Public and Private Correctional Facilities," in McDonald, D.C. (ed.), *Private Prisons and the Public Interest*. New Brunswick, NJ : Rutgers University Press, 1990, p. 94.
4) 藤本哲也「アメリカ合衆国、イギリス、及びオーストラリアにおける刑務所の民営化」『比較法雑誌』31 巻 2 号（1997 年）54-55 頁。
5) Press, A., "The Good, the Bad, and the Ugly : Private Prisons in the 1980s'," in McDonald, D.C. (ed.), *Private Prisons and the Public Interest*. New Brunswick, NJ : Rutgers University Press, 1990, p. 94.
6) Tolchin, M., "Prisons for Profits : Nashville's CCA Claims Operations Aid Government," *The Tennessean*, 24, February 1985 : Tolchin, M., "Private Concern Makes Offer to Run Tennessee's Prisons," *New York Times*, 13, September, 1985.
7) Bivens, T., "Can Prisons for Profit Work?," *Philadelphia Inquirer Magazine*, 3, August, 1986.
8) 柳本正春「刑事施設民営化の問題点」『刑政』106 巻 9 号（1995 年）29 頁。
9) 三振法については、藤本哲也『犯罪学研究』中央大学出版部（2006 年）95 頁以下参照。
10) 吉野智「英国における刑務所 PFI 事業について」『捜査研究』607 号（2002 年）8 頁。
11) 吉野智「英国における刑務所 PFI 事業について（前）」『刑政』113 巻 7 号（2002 年）64 頁。
12) 柳本正春「刑事施設の民営化—イギリスの場合—」『犯罪と非行』104 号（1995

年）119-120 頁。
13) 吉野・前掲注 11)・64-66 頁。
14) 笹倉香奈「イギリスにおける民営刑務所の現状」『龍谷大学矯正・保護研究センター研究年報』1 号（2004 年）154-155 頁。
15) 赤池一将「フランスにおける官民協働刑事施設の提起する課題」『龍谷大学矯正・保護研究センター研究年報』2 号（2005 年）43 頁。
16) 「国際シンポジウム　刑務所の民営化にいかに向き合うか」『龍谷大学矯正・保護研究センター研究年報』6 号（2009 年）23 頁。
17) 本庄武「ドイツにおける刑事施設民営化の法的許容性」『龍谷大学矯正・保護研究センター研究年報』2 号（2005 年）55-68 頁。
18) 戸部真澄「日独における刑務所民営化政策の法的検証」『山形大学法政論叢』35 号（2006 年）127 頁。
19) 本庄・前掲注 17)・62 頁。
20) 内田雅人「カナダ・オンタリオ州矯正省における官民協力— Public Private Partnerships —」『犯罪と非行』133 号（2002 年）142-180 頁。
21) *The Mirror*, November 8, 2006.
22) 藤本哲也『犯罪学の窓』中央大学出版部（2004 年）150-157 頁。
23) 藤本・前掲注 9)・212 頁。
24) 藤本・前掲注 9)・214 頁。

第11章
ハワード・ゼアの修復的司法の手引き

I はじめに

　最近、我が国においても、修復的司法に関する文献が、数多くみられるようになった。この修復的司法の分野において、著者が最初に注目したのは、ニュージーランドであり、世界で初めて修復的司法を法制化したといわれるニュージーランドの「児童、青少年及び家族法」(Children, Young Persons and Their Family Act 1989) であった[1]。2003 (平成15) 年7月には、ニュージーランドを訪問して、修復的司法の実態調査を行った。そのときにお世話になったのが、ニュージーランドの修復的司法の指導者、マッカレー (F. W. M. McElrea) 裁判官である。そのときの成果は『諸外国の修復的司法』として公刊している[2]。

　また、2007 (平成19) 年1月から3か月間、超短期在外研究でオーストラリア国立大学に滞在した折に、オーストラリアの修復的司法について意見交換をしたのは、オーストラリアの修復的司法の指導者ジョン・ブレイスウェイト (John Braithwaite) 教授であった。ブレイスウェイト教授の著書は『修復的司法の世界』という表題で訳出・出版されている[3]。

　2009 (平成21) 年2月、ノルウェーのオスロ大学で開催された国際セミナーにゲスト・スピーカーとして招待された折に、ノルウェーの修復的司法について親しく説明していただいたのは、「ヨーロッパの修復的司法の父」といわれている、ニルス・クリスティ (Nils Christie) 教授である。クリスティ教授の著書も『人が人を裁くとき：裁判員のための修復的司法入門』として、日本語で利用可能である[4]。

しかしながら、何といっても、「修復的司法の父」といわれるのは、ハワード・ゼア（Howard Zehr）教授であり、ゼアの著作も『修復的司法とは何か』という表題で訳出・出版されている[5]。

　このように、我が国は、新しい学術上の文献が即座に翻訳出版され、多くの研究者が同時に同じテーマで研究を競い合うという、良き学問的伝統が存在する。これこそが、我が国の学問が、世界的レベルを維持している重要なファクターではないかと思われるのである。

　今回ここに、ゼアのもう1つの重要な文献である『修復的司法の手引き』（The Little Book of Restorative Justice）に接する機会を得た。この著書は、著者が前述の『諸外国の修復的司法』を編著者として出版した折に、著者の指導教授であるポール・タカギ（Paul T. Takagi）、カリフォルニア大学名誉教授が引用し紹介したものである。その後、大学院の犯罪学講義の外書購読でテキストとして使用したのであるが、改めて読んでみると、修復的司法の概念が分かりやすく説明されていると思う。そこで、本章において、その全貌を、『ハワード・ゼアの修復的司法の手引き』と題して、紹介したいと思う[6]。

II　修復的司法の概観

　社会の一員としてのわれわれは、どのようにして不法行為（wrongdoing）と対応すべきであろうか。犯罪が発生し不正義が行われたとき、いったい必要なものとは何なのであろうか。はたまた、司法が要求するものは何なのであろうか。

　北米人にとって、これらの問題の緊急性が、2001（平成13）年9月11日のトラウマとなったテロ事件によって増大された。「犯罪にどう対処するか」という問題そのものは、歴史的にみれば古いテーマであるが、近年において、この問題は、その広がりにおいて国際的なレベルのものとなっている。

　われわれが犯罪に関心をもとうがもつまいが、他者の加害行為に関心をもとうがもつまいが、西洋の法制度は、これらの犯罪問題——それは、西洋の世界

だけではなく、世界の他の多くの国々における問題でもあろうが——に関する多くの思想を形成してきた。

　正義に対する西洋の法制度若しくは刑事司法制度の取組みは、極めて重要な力をもっている。そして、この制度の限界や失敗に関しても、多くの蓄積があるのである。被害者、加害者、地域社会の構成員は、司法は、しばしば、充分に、それらの者の要求を満たしていないと感じている。刑事司法の専門家——裁判官、検察官、弁護士、プロベーション・オフィサー、パロール・オフィサー、刑務所職員等——は、同様に、欲求不満の意識を頻繁に公にするのである。多くの者が、司法過程は、癒し若しくは平和へと貢献することよりも、むしろ、社会の傷や闘争を深めていると感じているのである。

　本章で論じようとしている修復的司法は、いわば、これらのいくつかの必要性や限界について言及するための試みである。1970年代から、様々なプログラムや取組みが、世界中の何千もの地域社会や多くの国々において誕生してきた。しばしば、これらの修復的司法は、現存の法制度の内部で行うか、それとも、それと並行して行うかの選択肢として提供されることが多かった。しかしながら、修復的司法の実践を1989（平成元）年に開始したニュージーランドでは、修復的司法を、少年司法全体の中核に置いているのである[7]。

　今日、多くの国において、修復的司法は、「期待のしるし」であるとか「将来の方向性」だと考えられている。しかしながら、著者にとって、修復的司法が、この期待に応えるかどうかは、いまだに未知数である。

　修復的司法は、通常、比較的軽微な犯罪と考えられている、不法目的侵入や他の財産犯罪を取り扱うための試みとして始まった。しかしながら、今日、修復的な取組みは、暴力犯罪としての最も重大な形態、すなわち、危険運転致死（death from drunken driving）、単純暴行（assault）、強姦、殺人等に対しても、いくつかの地域社会において、活用されているのである。南アフリカにおける「真実・和解委員会」（Truth and Reconciliation Commission）の経験を基にしながら、いくつかの実践的な試みが、また、集団暴力（mass violence）事件に対して、修復的司法の枠組みを適用することが検討されている[8]。

これらの取組みや実務は、刑事司法制度を超えて、学校、職場、宗教的機関にまでも広がっている。ある者は、闘争を乗り越え、解決し、転換させるための方法として「サークル」（カナダにおける「ファースト・ネーション」(First Nation：カナダ先住民族）の地域社会から誕生した特別の実践、通常、量刑サークルと呼ばれている）のような修復的な取組みを利用することを支持しているのである。また、ある者は、地域社会を構築し、癒すための方法としての「サークル」若しくは「カンファレンス」(Conference：協議会）（ニュージーランドとオーストラリアの両国における、仲裁による被害者・加害者協議会に起源をもつ試み）を追い求めている。また、著名な修復的司法の支持者であるケイ・プラニス（Kay Pranis）は、「サークル」を、単なる多数決を超えて進行する、参加型民主主義の形態と呼んでいるのである[9]。

　西洋の法制度が、伝統的な司法や紛争解決の過程に取って代わり、あるいは、それを抑圧する社会においては、修復的司法は、これらの伝統を再検討し、そして時として、それを復活させるための枠組みを提供しているのである。

　「修復的司法」という用語は、様々なプログラムや実務を包含しているが、その核心にあるものは、一連の原理、哲学、指導的問題への代替的形態である。最終的に、修復的司法は、違法行為について考える代替的枠組みを提供するのである。そこで、以下においては、ゼアの見解に基づいて、その枠組みとはどういうものであるのかを探求し、しかる後、どのようにしてその枠組みが利用可能となるかについて、検討してみることにしたいと思う。

Ⅲ　なぜ今更手引き書なのか

　まず、お断りしておきたいが、ゼアは、その著書『修復的司法の手引き』において、修復的司法の具体的な事例を紹介しようとしているわけではない。あるいはまた、ゼアは、この著作において、修復的司法のもつ多くの含意を探求し、明らかにしようと試みているわけでもない。むしろ、ゼアは、この小冊子

を簡潔な説明書若しくは概説書、すなわち、北米流の独特な表現を用いれば、修復的司法の「クリフ・ノーツ」（Cliff Notes：虎の巻）とするのが本来の意図であるように思われる。もちろん、ゼアは、本小冊子において、修復的司法のプログラムや実務のいくつかを概説してはいるが、この小冊子における焦点的関心は、あくまでも、修復的司法の原理若しくは哲学なのである。

　それゆえ、ここで紹介する『修復的司法の手引き』は、修復的司法という言葉は聞いたことがあるが、いまだにその内容が不確かであり、不確かでありながら、それでもなお修復的司法に興味を抱いている人々に対する小冊子であるといえる。そして、この小冊子は、また、修復的司法の分野にかかわってはいるが、自分たちが行おうとしていることが不明瞭であり、あるいはその本来の目的を見失っている人々に対する啓蒙書でもある。本書は、修復的司法という「列車」がどこに向かっているかを明らかにするための手助けをし、そして、いくつかの事案においては、元の線路に戻るように、その列車をやんわりと押し戻すことを試みているといっても過言ではないであろう。

　考えてみれば、このような試みは、現時点では極めて重要である。物事の変化の時に生じるすべての試みと同じように、修復的司法も、発展し拡大するに際して、時として、その道に迷っているのである。ますます多くのプログラムが「修復的司法」と名づけられるのに伴って、「修復的」の意味は、時には薄められ、若しくは混同されている。現実世界において機能しなければならないという必然的な圧力の下で、修復的司法は、時折、微妙に収斂され、その原理から外れてきてさえいるのである。

　被害者擁護を重視する地域社会は、特に修復的司法に関心をもち続けている。修復的司法は被害者志向であるかのように主張されているが、しかし、それは本当に正しいのであろうか。あまりにも頻繁に、被害者集団は、修復的司法の試みが、主として、より積極的な方法で、加害者と共に活動するという欲求によって動機づけられていることをおそれるのである。改善し、社会に復帰（replace）させることを志向する刑事司法制度のように、修復的司法は、第一義的に犯罪者を取り扱うための方法となるかもしれないのである。

また、ある者は、修復的司法が、犯罪者の必要性に適切に対応し、そして、充分に修復的な試みを行ったかどうかに疑問をもっている。修復的司法プログラムは、加害者の義務を遂行し、行動パターンを変化させるために、加害者に対する充分な支援を与え得るのであろうか。そのプログラムは、加害者を加害者となるように導いたかもしれない侵害に、適切に対応し得るのであろうか。そのようなプログラムは、新たな装いの下で、加害者を処罰するための、まさに、もう1つの方法となっているのではなかろうか。そして、全体として、地域社会についてはどうであろうか。地域社会は、修復的司法の中に包摂され、被害者、加害者、そして地域社会の構成員に対する義務を負うように奨励されているのであろうか。

　司法領域における変化の試みに伴う、われわれの過去の経験が、ダイバージョンは、われわれの最善の意図にもかかわらず、必然的に生じることをわれわれに警告するのである。仮に変化を唱える支持者が、これらのダイバージョンを認め、そして、それに言及することに気が進まないのであれば、それらの試みは、最後には、意図したものよりもずっと異なったものになるかもしれないのである。事実、改善は、それらの者が改革若しくは社会復帰させるために立案された状況よりも悪いことが、時として判明することもあるのである。

　それゆえに、われわれがそのような脇道にそれることに対して発揮することができる最も重要な保護装置の1つは、中核となる原理に注意をはらうことである。仮にわれわれが原理に関して明晰であり、そして、プログラムを、原理に横たわる精神で立案するならば、そしてさらに、これらの原理によって評価されることを快く受け入れるならば、われわれは、よりずっと正しい路線に留まり易いようになるはずである。

　このことを、もう1つ別の方法で表現するならば、修復的司法の分野はあまりにも急速に、そしてあまりにも多くの方向性をもって成長したので、完全性や創造性で、将来進むべき方法を知ることは難しいということであろう。われわれが、必然的に、曲がりくねった不明瞭な道に沿って方法をみいだすとき、原理や目標の明確な未来像だけが、われわれが求めるコンパス（羅針盤）を提

供することができるのである。
　ゼアの『修復的司法の手引き』は、率直な用語で、修復的司法の概念を、はっきりと表現するための試みをしている。しかしながら、ここで設定されている枠組みに対しては、一定の限界を認めなければならないであろうと思う。ゼアは、しばしば、修復的司法の分野での創設者であり、提唱者の１人であると考えられている。したがって、例えゼアが批判的かつ寛容な態度でいたとしても、ゼアは、あくまでも自分独自の修復的司法の理念に固執するといった形での、先入観が生じるおそれがあるとみる人もいるのである。その上さらに、そうしたことは意図していないにもかかわらず、ゼアは、ゼア自身の「レンズ」から、修復的司法を著述することになるかもしれない。そしてその際、その「レンズ」は、白人であり、ヨーロッパ系の中層階級出身の男性であり、メノー派のキリスト教徒である、ゼア自身によって形作られたものであるとの評価を受けることにもなるのである。つまり、こうした経歴や関心事が、必然的にゼアの『修復的司法の手引き』の視野を形成する要素となるおそれがあることに、われわれは、留意しなければならないのである。
　また、例え修復的司法の原理の広範な分野で、いくらかの合意があったとしても、ゼアが支持するすべてのものが、議論の余地がないわけではないということにも注意しなければならない。また、われわれがゼアの叙述によって知ることのできる内容は、修復的司法のゼアの経験と理解の１部であるということにも留意しなければならないであろう。換言すれば、ゼアの見解は、他の修復的司法の論者の考え方と比較して、試されなければならない運命にあるのである。
　最後に、ゼアの『修復的司法の手引き』は、北米という限られた文脈内において書かれているという点である。用語の用い方、提起される問題、概念の公式化の方法までもが、ある程度、ゼアの置かれている諸々の環境を反映したものであるということに留意すべきである。したがって、ゼアの見解が、日本や他の国においても役立ち得る内容を含んでいることはいうまでもないが、しかし、内容の１部は、その内容を他の文脈へと移行する場合には、何らかの置き

換えを必要とするかもしれないということに留意しなければならない。

　以上のような背景と条件とを加味しながら、改めて、それでは、「修復的司法」とは何であるか、という命題について考えなければならない。近年、あまりにも多くの誤解が、修復的司法という用語の使い方において生じているので、まず、ゼアの行った「修復的司法は……ではない」という、諸々の定義を検討する作業から始めたいと思う。

Ⅳ　「修復的司法は……ではない」もの

1　修復的司法は「許し」あるいは「和解」を第一義とするものではない

　幾人かの被害者や被害者の擁護者は、修復的司法に対して消極的に反応する。なぜならば、彼らは、修復的司法プログラムの目標は、被害者に加害者を許すように、あるいは和解するように奨励し、強要することにあると考えるからである。

　このことについては、後に明らかにするように、許し（forgiveness）あるいは和解（reconciliation）は、修復的司法の主要な原理若しくは焦点的関心ではない。しかしながら、修復的司法は、そのいずれか若しくは双方が実現するような用意をすることは事実である。確かに、ある程度の許し若しくは和解が、修復的司法の場合には、刑事司法制度における当事者主義的な局面においてよりも、ずっと頻繁に生じているといえる。しかし、それらは、専ら当事者次第の選択肢である。修復的司法においては、「許し」を選択するように、若しくは「和解」を要求するように、何らかの圧力をかけるべきではないのである。

2　修復的司法は「調停」ではない

　多くの修復的司法プログラムは、調停プログラムのように、被害者、加害者、そして地域社会の構成員の間において開催される「仲裁会議」若しくは「対話」の可能性に基づいて立案される。しかしながら、「対話」は、必ずしも

選択されなければならないというわけでもなければ、適切なものであるというわけでもない。その上さらに、修復的な取組みは、加害者がいまだに逮捕されていない段階でも、当事者が会うことを好まず、また、会うことができないときでさえも、重要なのである。そのため、修復的な取組みは、「対話」には限定されないのである。

また、対話が生じるときでさえも、「調停」(mediation) という用語は、起こり得る事態の適切な描写ではない。闘争若しくは紛争が調停される場合においては、当事者は、道徳的に公平な競争の場にあり、しばしば、すべての側に分担される必要がある責任を伴っていると仮定されるのである。この責任や非難を分かち合うという感覚は、いくつかの刑事事件においては真実であるかもしれないが、多くの事件では必ずしも真実であるというわけではない。強姦の被害者若しくは不法目的侵入の被害者までもが、「当事者」(disputants) であることを知られたくないのである。事実、彼らは、自分自身を非難する感情に打ち勝つために、もがき苦しんでいるのである。

ともあれ、修復的司法の対話の会に参加するためには、不法行為者は、犯罪に対する責任を認めなければならない。そして、この修復的プログラムの重要な構成要素は、不法行為を明らかにし、そして、それを不法行為者が認めることである。それゆえに、調停という中立的な言語は、誤解を招きやすく、多くの事案では、不快にさえも感じるかもしれないのである。

「調停」という用語は修復的司法の分野において、早くから採用されていた言葉であるが、それは上述したような理由で、「協議」(conferencing) 若しくは「対話」(dialogue) といったような用語に置き換えられつつあるのである。

3 修復的司法は、「常習犯罪」(recidivism) 若しくは「累犯」(repeating offences) を減少するようにデザインされているものではない

受け入れられることを目的として、修復的司法プログラムは、しばしば、累犯を減少させる方法として推奨され、評価されている。事実、修復的司法プログラムが、犯罪を減少させるであろうと信じるに足る、もっともな根拠はあ

る。これまでにおいて、主に少年犯罪に集中してはいるが、実証研究において、かなりの効果がみられることが例証されている。しかしながら、そのことをもってして、常習犯罪を減少させることが、修復的司法プログラムを採用する根拠であるとはいえないのである。常習犯罪が減少するとしたら、それは、あくまでも副産物としてであり、修復的司法が行われるのは、それが正しいことだからである。そこにおいては、むしろ、被害者の必要性について言及されるべきであり、加害者は、責任を引き受けるように奨励されるべきである。犯罪によって影響される人々は、加害者が犯罪で捕まったかどうか、あるいはプログラムが犯罪を減少させたかどうかにかかわらず、そのプロセスに包含されるべきなのである。

4　修復的司法は、特別の「プログラム」あるいは「青写真」ではない

　様々なプログラムは、修復的司法を、部分的に若しくは全面的に有形化する。しかしながら、理想的と考えられる、若しくは単に、いくつかの地域社会において実行されることが可能な、純粋な修復的司法モデルは存在しないのである。われわれは、いまだにこの分野において、険しい学習過程にあるといえる。過去数年間において現れた最も刺激的な実践例は、最初のプログラムを始めた人々によってさえも想像だにされなかったものであり、今後とも、多くのより新しい考えが、対話や経験を通じて出現することは確かである。

　また、すべてのモデルは、ある程度、文化拘束的 (culture-bound) である。そのため、修復的司法は、ボトム・アップから、すなわち、必要性や資源を評価し、原理・原則を独自の状況に適用するような対話に関与することのできる地域社会によって、構築されるべきである。

　修復的司法は、地図ではないが、修復的司法の原理は、方向性を指し示すコンパスとして考えることができる。最小限度に見積もっても、修復的司法は、対話や探求へとわれわれを導く、道標である。

5 　修復的司法は、比較的「軽微な犯罪」（minor offence）若しくは「初犯者」のために第一義的に意図されたものではない

　いわゆる「軽微な」事案を対象とするプログラムのために、地域社会の支援を得ることは容易なことかもしれない。しかしながら、これまでの経験は、修復的な取組みは、より重大な事案において、最も大きな効果があることを示している。その上さらに、仮に修復的司法の原理が真剣に受け入れられるのであれば、修復的な取組みの必要性は、重大な事案において特に明確なものとなるであろう。修復的司法の実践に伴う主要な問題は、非常に困難な状況において、司法の対応に合わせるのに役立つかもしれないのである。配偶者暴力は、おそらくその適用に関して最も問題のある領域であるがために、慎重な対応が望まれる。

6 　修復的司法は、「新しい」ものではなく、また、「北米」において発展したものでもない

　修復的司法の近代的展開は、1970年代に、かなりの数のメノー派教徒の人口で占められる、いくつかの地域社会の事例的試みの中から発展してきたものである。刑事司法の厳格な世界に対応する平和的視座に加えて、メノー派教徒の信仰を反映しようと試みて、カナダのオンタリオ州や、後には北米のインディアナ州における、メノー派教徒とその関係者は、これらの地域社会におけるプログラムを指導し、後には、世界中のプログラムのモデルとなった、「被害者・加害者和解プログラム」による対話を実践したのである。修復的司法の理論は、最初、これらの特定の試みから発展したものである。

　しかしながら、修復的司法運動は、その原初的な運動や様々な文化的、宗教的伝統の恩恵を被っている。また、その運動は、北米やニュージーランドにおける先住民に特別の恩恵を被っているのである。修復的司法の先例や起源は、1970年代のメノー派教徒によって導かれた当初のものよりも、より広く、そしてより深いものである。それどころか、それらは人類の歴史と同じくらい古

いものであるともいえよう。

7 修復的司法は、「万能薬」ではなく、必ずしも「法制度に代わり得るもの」でもない

　修復的司法は、決して、すべての状況に対する答えとはならないであろう。また、理念的な世界においてさえも、修復的司法が、法制度に取って代わるかどうかも明らかではない。多くの者は、例え修復的司法が広く実施されたとしても、西洋の法制度のいくつかの形態——理想的には修復的司法に基本的志向が置かれた形態——が、基本的人権を支持するものとして、あるいはまた、後見するものとして、必要とされるであろうと感じているのである。まさに、それは、青少年裁判所が、ニュージーランドの修復的少年司法で果たしている機能なのである。

　大部分の修復的司法の主張者は、犯罪は公的側面と私的側面の両面をもつという点で意見が一致する。より正確にいえば、犯罪は、より場所的かつ個人的側面に加えて、社会的側面をもつのである。法制度は、公的側面に焦点を合わせる。すなわち、法制度は、国家によって表されるところの社会の関心や義務に焦点を合わせるのである。しかしながら、このように強調することは、犯罪の個人的かつ個人間の局面を軽視し、若しくは無視するものである。犯罪の私的側面にスポットライトをあて、そしてそれを強調することによって、修復的司法は、われわれが司法を経験する方法において、より良いバランスを提供しようと努めるのである。

8 修復的司法は、必ずしも「刑務所収容の代替策」とはならない

　西洋社会、特に北米は、過剰に刑務所を使用しすぎている。修復的司法が採用されるならば、われわれの刑務所に対する信頼は弱められるであろうし、しかも、刑務所の本質はかなり変化するであろうと思われる。しかしながら、修復的司法の取組みも、刑務所収容の言い渡しと同時に、若しくはそれと並行して用いられるかもしれない。それらは、必ずしも拘禁の代替策ではないのであ

る。

 9　修復的司法は、必ずしも「応報とは反対のもの」ではない

　ゼアの初期の著作『レンズを変えて：犯罪と司法のための新しい焦点』に反して、もはや修復を、応報の正反対のものとして考えることはできない。このことに関しては、後述するところである[10]。

V　修復的司法は、必要性（needs）や役割（roles）と関係がある

　修復的司法運動は、元来、犯罪に潜在する「役割」に加えて、犯罪がもたらす「必要性」を再考する試みとして始まったものである。修復的司法の主張者は、通常の司法過程で満たされていなかった必要性について関心をもった。これらの者は、また、司法における正当な参加者若しくは利害関係者に関する現行の理解は、あまりにも制限的であると信じていた。

　修復的司法は、単なる政府や加害者を超えて、被害者や地域社会の構成員をも組み込むために、利害関係者——事件あるいは訴訟において、利害関係若しくは訴えの利益をもつ人々——の輪を拡大するのである。

　役割や必要性に関するこうした考えがその運動の起源であり、そして、役割・必要性の枠組みが、まさにその概念の基礎にあるということを考えれば、役割や必要性から議論を始めることが重要である。つまり、この分野の研究が著しく発展した結果、利害関係者の分析が、より複雑で、より重要になったのである。以下の議論は、運動の始まりに存在し、そして、その運動の中心的役割を演じ続ける、いくつかの核心的な関心事に限定されるということを、まず最初に言及しておかなければならないであろう。それはまた、「司法上の」必要性——司法制度を通じて、少なくとも部分的に満たされるに違いない被害者、加害者、地域社会の構成員の必要性——に限定されるのである。

1 被害者

　修復的司法における特別の関心事の第1のものは、刑事司法制度によっては充分に満たされない犯罪被害者についての必要性である。被害者は、しばしば司法過程によって無視され、放置され、虐待されたとさえ感じている。このことは、部分的には、被害者を組み込まない犯罪の法的定義から生じているといえる。犯罪は、国家に対抗するものとして定義されるので、国家が、被害者に取って代わるのである。しかし、被害者は、しばしば国家によってはなし得ない、司法過程から生じる多くの特別の必要性をもっているのである。

　犯罪の法的定義と刑事司法過程の性質に起因して、必要性に関する、以下の4つのタイプが、特に無視されているように思われる。

(1) 情　　報

　被害者は、自分が犯罪に関して抱いている問題——なぜ犯罪は発生したのか、そしてそれ以降何が起こったのか——に対する答えを必要としている。被害者は、推測 (speculation)、正式事実審理、または答弁についての合意 (plea agreement) から生じる、法的に強制された情報ではなく、本当の情報を必要とするのである。真の情報を獲得するためには、通常、これらの情報を握る加害者に、直接的若しくは間接的に接近をすることが要求されるのである。

(2) 真実を述べること

　癒し若しくは犯罪の経験を超越することにおいて重要な要素は、発生したことについて話をする機会の確保である。しばしば、被害者にとって、その出来事を、多くの機会を通じて話すことができることは、極めて重要なことである。そうすることは、治療的根拠からしても良いことである。犯罪のトラウマの部分は、われわれの自分自身に関する見解、われわれの世界、そしてまた、われわれの生活史をひっくり返す方法となるのである。

　これらの経験の超越は、しばしば公的な承認を受けることができる重要な場

において、被害者が話をすることによって、われわれの生活を「再び物語化すること」を意味するのである。できるだけ多く侵害を引き起こした者について話をし、そして、それらの者の行動の影響を理解してもらうようにすることは、被害者にとって重要なことなのである。

(3) 権限付与

　被害者は、しばしば、支配力、すなわち、被害者の財産、身体、感情、夢に対する支配力が、経験した犯罪によって持ち去られたように感じている。司法過程を通じて進行する被害者自身の事案への関与は、被害者に権限付与の意識を取り戻す重要な方法となり得るのである。

(4) 被害弁償若しくは弁明

　加害者による被害弁償は、現実の損害の回復のために、被害者にとって重要であるが、しかし、本当の意味で、それが重要なのは、被害弁償が暗示する象徴的な意味である。加害者が侵害を正そうと努力するとき、例えそれが部分的に正そうとするものであったとしても、被害弁償は、「私が責任を引き受けるのであり、あなたが責めを負うのではない」ということを暗示する重要な手段となるのである。

　被害弁償は、事実、より基本的な必要性、すなわち、弁明の必要性の兆候若しくはサインとなるものである。弁明という概念は、ここで簡単に説明することは容易ではないが、弁明とは、不公平に扱われるときに、われわれすべての者が抱く基本的な必要性であるといえるであろう。被害弁償は、いわば、こうした必要性を満たすための、多くの方法の中の1つである。謝罪も、また、そうした意味からは、その者の侵害を認識させるための必要性に貢献するものであるといえよう。

　修復的司法の理論や実務は、被害者のこれらの必要性を真剣に受け入れる試みから現れ、そして、それによって深化してきたのである。

2 加害者

　修復的司法における関心事としての第2に主要な領域は、加害者の説明責任である。刑事司法制度は、加害者に責任をとらせることに関心があるが、そこでの関心は、加害者にふさわしい刑罰を確保することを意味するのである。刑事司法過程におけるほとんどの手続が、加害者に、自分の行動の結果を理解するように、あるいは被害者の立場を強調するようには、できていないのである。当事者主義的な司法の場においては、加害者に、自分自身に注目するように要求するが、加害者は、責任を認めることを思い止めさせられ、そして具体的な方法で、この責任に従って行動するための機会をほとんど与えられないのである。

　中和化した戦略——加害者が、しばしば、傷つけた人々から距離を置くために用いる固定観念や合理化——は決して異議を唱えられることはない。そして、不運にも、加害者の社会からの疎外化の意識が、法的過程や刑務所の経験によって高められるだけである。様々な理由によって、法的過程は、加害者側の責任や共感を思い止まらせる傾向があるのである。

　修復的司法は、刑罰の限界や刑罰の否定的な副産物を認識する結果をもたらした。しかしながら、それらを超えて、修復的司法は、刑罰は真の説明責任ではないと論じたのである。真の説明責任とは、ある者が行った結果を直視することを意味する。それは、加害者に、自分の行動の影響——加害者が行った侵害——を理解するように奨励すること、そして可能な限り、物事を正すために行動を起こすように促すことを意味するのである。ここで論じられているその説明責任は、被害者にとって、社会にとって、そして加害者にとっても良いものなのである。

　加害者は、被害者や地域社会に対する責任を超えた、より以上の説明責任をもつ。仮にわれわれが、加害者に対して責任を引き受けさせ、その行動を変容し、われわれの地域社会の貢献的な構成員となるように、加害者に期待するとするならば、同時に、修復的司法が要求するところの、加害者の必要性につい

て、言及されなければならないであろう。
　この点については、さらに詳しい検討が必要であろうが、以下においては、修復的司法において最小限要求されるものについて、箇条書き的にまとめておきたいと思う。

　すなわち、司法が加害者に要求するものは、
① 説　明　責　任
　(a) 結果となる侵害について言及すること
　(b) 共感や責任を奨励すること
　(c) 恥辱感（shame）を転換すること[11]
② 以下のことを含む個人的な変容を経験することの奨励
　(a) 加害者の犯罪行動の一因となった侵害を癒すこと
　(b) 中毒若しくは他の問題を治療する機会
　(c) 個人的能力を高めること
③ 地域社会への統合のための奨励や支援
④ 加害者によっては、少なくとも一時的な拘束
等である[12]。

3　地　域　社　会

　地域社会の構成員も、犯罪から生じた結果の修復の必要性をもつのであり、果たすべき役割があるのである。バリー・スチュアート（Barry Stuart）やケイ・プラニス（Kay Pranis）のような修復的司法の主張者は、国家がわれわれ国民に代わって支配するとき、国家はわれわれの地域社会の意識をも浸食すると論じている[13]。地域社会は、犯罪によって衝撃を加えられ、そして、多くの事案においては、第2の被害者として利害関係者と考えられるのである。地域社会の構成員は、果たすべき重要な役割があり、また、被害者、加害者、地域社会の構成員自体に対しても責任があるのである。
　地域社会が事件の当事者として包摂されるとき、これらの問題に取り組むた

めの討論の場を提供することができるのであり、それと同時に、地域社会自体を強化することができるのである。この問題も、また、議論を要するものである。以下の項目は、そうしたいくつかの関心領域を示したものであるとゼアは述べている。

地域社会が司法に要求するものは、
① 被害者としての地域社会に注意を払うこと、
② 地域社会の意識と相互の説明責任を構築する機会を提供すること、
③ 被害者と加害者を含む地域社会の構成員の福祉に関する義務を引き受けるように、そして、健全な地域社会を促進する諸条件を助長するように奨励すること、
である[14]。

このように、ゼアばかりでなく、多くの修復的司法の研究者によって、より多くのことが、犯罪において利害関係をもつ者について、そして、それらの者の役割や必要性について論じられてきた。しかしながら、上述した被害者、加害者、地域社会の構成員の役割や必要性についての基本的関心は、修復的司法の理論と実務において、現在に至るまで、焦点となり続けているのである。

要するに、従来の法制度や刑事司法制度は、加害者や加害者に対する応報——加害者がその犯罪にふさわしい刑罰を受けることを確実にすること——に集中する嫌いがあるのである。しかるに、修復的司法は、「必要性」、すなわち、被害者、地域社会、加害者の必要性に、より焦点をあてるのである。

VI 修復的原理

修復的司法は、古来の、不法行為の理解についての常識に基づくものである。その常識は、様々な文化において、様々に表現されていると思われるが、取組みそのものは、おそらく、おおかたの伝統的社会にとって共通のものであ

る。ヨーロッパ文化を背景とする北米社会にとって、その取組みは、多くの祖先が、不法行為を理解した方法なのである。つまり、それは、①犯罪とは、人々の対人関係の侵害である、②侵害は、義務をもたらす、③中心的な義務は、不法を正すことである、という三段論法である。

　このような不法行為の理解の基礎となっているのは、社会についての仮説であろう。つまり、われわれは皆、基本的に相互に関連しているということである。ヘブライ聖書において、このことは、平和（shalom）という概念に埋め込まれているが、その平和とは、お互いとの、造物主との、そして環境との「円満（all-rightness）」な関係という意味での、生活の理想像を意味する概念である。多くの文化には、このような、「関係こそ中心である」という考えを表す言葉がある。具体的にいえば、マオリ族にとってそのような考えは、「ワカパパ」（Whakapapa）という言葉によって表されている。また、ナバホ族にとっては、「ホジョ」（hozho）がそれにあたる。さらに、多くのアフリカ人にとっては、バントゥー族の言葉である「ウブンツ」（ubuntu）がそれにあたるのである。これらの言葉は、それぞれ特定の意味そのものは変化するかもしれないけれども、それらの言葉は、類似のメッセージを伝えているのである。そのメッセージとは、森羅万象、お互いに関係網でつながっているというものである。

　犯罪に関する問題は、こうした世界観においては、地域社会における「傷」、関係網における「涙」を表すものであるとゼアはいう。犯罪は損害のある関係を表すのである。そして、損害のある関係とは、犯罪の原因と結果の双方においてのことである。多くの伝統文化において、諺に、「1人に対する侵害は、すべての者の侵害である」というのがある。犯罪のような侵害は、さざ波を立てて全体網を分裂させてしまうのである。その上さらに、不法行為は、しばしば、何かがその全体網の均衡から離脱しているという徴候でもある。

　相互関係は、相互の義務と責任を意味する。当然、次には、不法行為に関するこのような視点が、「償いをすること」あるいは「正すこと」の重要性を強調する、ということになるのである。まさに、不法行為を償うことは、義務なのである。最初の力点は加害者が負う義務に置かれるかもしれないが、相互関

連性についての焦点は、加害者以外の者——とりわけより広い地域社会——もまた同様に、義務があるかもしれないという可能性を提示するのである。

さらに、より基本的には、不法行為に関するこのような見解が暗示するものは、関係当事者——被害者のみならず、加害者や地域社会——の「癒し」に対する関心である。

どのようにして、このような理解の仕方を、犯罪の法的理解若しくは刑事司法の理解と比較し、対照させ得るのであろうか。

これらの2つの取組みにおける違いは、詰まるところ、司法の探求において提起される3つの中心的問題と重なるのであろうか。

キリスト教聖典やユダヤ教経典からしばしば引用される一節において、預言者ミカ（Micah）が「主は何をお望みですか」と尋ねている。そして、その答えは、「正義を行うこと」（to do justice）という文句で始まるのである。しかし、正義は何を要求するのであろうか。われわれがこれまで考えてきたように、西洋社会の答えは、加害者にふさわしい罰を受けることを確実にすることであり、また、実際に長い間われわれはそのことに焦点をあててきた。修復的司法は、それとは異なり、まず第1に、必要性やそれと関連する義務に焦点をあてるのである。

多くの修復的司法の概念は、上述したような不法行為の概念に直接的に基盤を置いた修復的司法の原理や、それらの含意に関するより様々な議論を提供している。しかしながら、ここでのわれわれの目的にとって重要なのは、相互関連性の概念は、なぜ必要性、役割、義務の三者が、修復的司法にとって本質的なものであるということを理解するにあたって、基本的なものとなるのかということである。

以下においては、修復的司法の3つの柱について、検討してみることにしよう。

1　修復的司法の3つの柱

修復的司法の3つの中心的概念若しくは柱は、より緻密な分析をするに値す

表4　2つの異なる見解

刑 事 司 法	修復的司法
・犯罪は法や国家に対する侵害である。 ・侵害は罪をもたらす。 ・司法は国家に非難（罪）を明らかにし、苦痛（刑罰）を負わせることを要求する。 ・中心となる焦点：当然の報いを受ける加害者	・犯罪は人々と関係性に対する侵害である。 ・侵害は義務をもたらす。 ・司法は物事を正そうと努力して、被害者、加害者、地域社会の構成員を巻き込む。 ・中心となる焦点：被害者の必要性、侵害を修復する加害者の責任

資料源：Zehr, H., *The Little Book of Restorative Justice*. Intercourse, PA : Good Books, 2002, p. 21.

表5　3つの異なる問題

刑 事 司 法	修復的司法
・どの法律が破られたのか。 ・誰がそれを行ったのか。 ・彼らが受けるに値するものは何か。	・誰が傷つけられたのか。 ・彼らの必要性とは何か。 ・それは誰の義務か。

資料源：Zehr, H., *The Little Book of Restorative Justice*. Intercourse, PA : Good Books, 2002, p. 21.

るものである。その3つとは、侵害と必要性、義務、関与である。

(1)　修復的司法は、「侵害」に焦点をあてる

　修復的司法は、犯罪を、まず、人々や地域社会に対して行われる「侵害」として理解する。規則や法に焦点をあて、国家は被害者であるという見解をもつわれわれの法制度は、しばしばこの現実を見失うと指摘するのである。
　つまり、現行法制度は、加害者がふさわしい刑罰を受けることを確実にすることに関心があるので、被害者を司法の二次的な関心事として捉えるのである。これに反して、修復的司法が侵害に焦点をあてるということは、被害者の必要性や役割に対する固有の関心を示していることを意味するのである。

修復的司法では、それゆえ、司法は被害者とその必要性に対する関心で始まることになる。修復的司法は、可能な限り、具体的かつ象徴的に侵害を修復しようと努力する。この被害者に志向の中心が置かれる取組みは、特定された、若しくは逮捕された犯罪者が1人もいないときでさえも、司法は、被害者の必要性に関心を置くことを要求するのである。

修復的司法の第1の関心は、被害者によって経験される侵害でなければならないが、侵害への焦点は、われわれが加害者や地域社会によって経験される侵害についても関心をもつ必要性があることを暗示するのである。このことは、われわれに、犯罪の根本原因について言及することを要求するかもしれない。結局のところ、修復的司法の目標は、関係者全員に癒しの経験を提供することにあるのである。

(2) 不法行為若しくは侵害は「義務」をもたらす

それゆえ、修復的司法は、加害者に説明責任（accountability）と責任（responsibility）を強調する。

それに反して、現行法制度は、説明責任を、加害者が処罰されることを確実にすることと定義する。しかしながら、仮に犯罪が本質的に侵害の存在であるとするならば、説明責任は、加害者がその侵害を理解するように努めなければならないことを意味するのである。加害者は、自分の行動の結果を理解することから始めなければならない。その上さらに、そのことは、加害者には可能な限り、具体的かつ象徴的に物事を正すための責任があるということを意味するのである。

われわれがこれから検討するように、もちろん最初の義務は、加害者の義務であるが、しかし、地域社会や全体社会も、また同様に、義務があるのである。

(3) 修復的司法は、「関与」（engagement）または「参加」することを促進する

修復的司法における関与の原理は、犯罪によって影響を受けた当事者——被害者、加害者、地域社会の構成員——は、司法過程において、重要な役割を与

えられるべきだということを提唱するのである。これらの「利害関係者」は、お互いに関する情報を与えられる必要があり、そして、司法がその事案において要求するところの決定に、かかわる必要があるというのである。

　ある事案においては、このことは、被害者・加害者協議会で生じる、これらの当事者間の実際的な対話（dialogue）を意味するかもしれない。当事者は、それぞれの話の内容を共有し、そして、何がなされるべきかに関して合意をもたらす必要があるのである。他の事案においては、このことは、代理人を用いる間接的な対話（exchange）、若しくは他の形態の関与を伴うかもしれないのである。

　このように、関与の原理は、伝統的な司法過程と比べると、拡大した当事者の範囲において関与することを意味するのである。

　そのために、ゼアは、修復的司法は、3つの単純な要素若しくは柱で構成されるという。

　すなわち、それは、まず第1に被害者、そして地域社会や加害者の「侵害」やそれと関係する「必要性」、加害者だけでなく、地域社会のこの侵害から生じた、そして侵害を引き起こす基となった「義務」、犯罪における正当な関心、若しくは利害関係をもち、そして被害者、加害者、地域社会の構成員の紛争を解決することを志す人々の「関与」である[15]。

　簡単にいえば、これらは、修復的司法の骨組みとなる概念である。それらは不充分なものであるかもしれないが、より充分な理解が得られる枠組みを提供することが肝要である。

　修復的司法は、われわれが被害者の侵害と必要性について言及し、加害者にそれらの侵害を正すための責任をとらせ、そしてその過程において、被害者、加害者、地域社会を取り込むことを最小限の必要性として要求するのである。

2　人と方法が重要である

　司法過程に包含される人、そしてその人が包含される方法は、修復的司法の重要な部分である。

(1) プロセス（過程）：方法

われわれの現行法制度は、加害者や国家の代役をする専門家によって導かれ、そして裁判官によって導かれる当事者主義的プロセスである。結果は、紛争の外側にいる権威者——法、裁判官、陪審員——によって強制される。被害者、地域社会の構成員、そして加害者さえもが、何らかの実質的な方法でこの過程に参加することはめったにないのである。

修復的司法は、通常、紛争の外側にいる権威者や、ある種の事案においては、強制される結果の必要性を認識してはいるが、協働的かつ包含的であるプロセス、そしてできる限り、強制されるよりもむしろ相互に一致する結果を好むのである。

修復的司法は、当事者主義的な取組みの場や専門家の役割を認め、国家の重要な役割を認識している[16]。しかしながら、修復的司法は、事件若しくは犯罪において直接的な利害関係のある人々、すなわち、犯罪に巻き込まれ、衝撃を与えられる人々、またはそれとは別な方法で、犯罪における正当な利益をもつ者による、参加の重要性を強調するのである。

充分な審査や準備、護衛者を伴う直接的な、仲裁による、顔を突き合わせての対話は、しばしば、特定の利害関係者からなる、理想的な関与の場とさえなるのである。われわれがこれから考察するように、このことは、様々な形態、すなわち、被害者と加害者間の対話、家族集団協議会、サークル（量刑サークル）等のプロセスを採ることができるのである。

「対話」は、被害者と加害者に対して、お互いに顔を向き合わせること、お互いの問題を直接尋ねること、物事を正す方法を共に考えることを可能にする。そして対話は、被害者が、加害者に、犯罪の影響を直接告げ、若しくは問題点を尋ねる機会を提供するのである。また、こうした対話は、加害者に対して、自分の行動の結末を聞き、そして、それを理解し始めることを可能にする。さらに、対話は、責任と謝罪の受け入れの可能性を提供するのである。多くの被害者は、事実、加害者と同様に、力強い、積極的な経験ができることを、そのような対話の中にみいだしているのである。

直接的若しくは間接的な対話は、必ずしも可能ではなく、ある種の事案においては、望ましくないかもしれない。ある種の文化においては、直接的な対話は、不適当であるかもしれないのである。かなり効果的である間接的な対話としては、手紙、ビデオ交換、被害者の代理人によるという方法もある。すべての事案において、利害関係者間の最大限の情報交換や、すべての利害関係者が関与するような努力がはらわれるべきである。

(2) 利害関係者：人

鍵となる利害関係者は、当然のごとく、直接的な被害者と加害者である。また、地域社会の構成員は、直接的に影響されるかもしれないので、直接的な利害関係者と考えられるべきである。このサークルに加えて、状況次第では、様々な程度の利害関係をもつ他者が存在する。そうした広い範囲の利害関係者としては、家族の構成員、友人、その他の「二次的な被害者」、すなわち、加害者の家族若しくは友人、地域社会の他の構成員をも含むのである。

(3) 地域社会とは誰なのか

地域社会の意味について、そして実際に、修復的司法過程において地域社会をどのように関与させるかについて、修復的司法の内部において論争が生じている。この問題は、特に、北米の多くの地域社会でみられるように、伝統的な地域社会がむしばまれている文化国家において、特に問題である。その上さらに、「地域社会」という用語は、あまりにも抽象的すぎて、しばしば有用ではないこともあるのである。しかも、地域社会という言葉は、あまりにも濫用されているという嫌いもある。

実際には、修復的司法は、「保護可能な地域社会」若しくは「小規模な地域社会」に焦点をあてる傾向があった。そこは、人々が近くに住み、お互いに相互作用する場という意味での地域社会であるが、しかし、地理学的に定義されていない関係網を含んだものである。それゆえに、修復的司法にとって鍵となる問題は、第1に、地域社会における誰が、これらの人々、若しくは、当該犯

罪に関心をもつのか、そして第2に、どのようにしてわれわれは、これらの人々を修復的司法のプロセスに取り込むことができるのか、という点である。

この問題に関しては、「地域社会」(community) と「全体社会」(society) とを区別することが役に立つかもしれない。修復的司法は、犯罪によって直接的に影響されるが、しばしば国家司法によっては無視される、小規模な地域社会の場、若しくはその関係性に焦点をあてるのである。しかしながら、特定の事件においては、直接的な利害関係がある人々を超えた、全体社会（society）に属する、より大きな関心や義務もあるのである。それらは、安全や人権に対する社会の関心、そして、社会の構成員の一般的な福利を伴う場合が多い。多くの者が、政府は、そのような社会的関心を保護する上で、重要かつ正当な役割をもっていると論じているのである。

3　修復的司法は、物事を正すことを目標とする

われわれは、これまで、利害関係者の役割や必要性について論じてきた。しかしながら、さらにここでは、司法の目標に関して検討する必要があろう。

(1) 侵害について言及すること

修復的司法の中心は、「物事を正しくすること」(making things right)、若しくは、しばしばイギリスで用いられる、より積極的な言い回しを用いるならば、「正すこと、あるいは直すこと」(putting right) にある。すでに述べたように、このことは、できる限り、被害者、そしておそらくは衝撃を与えられた地域社会に対して、侵害を修復するような積極的な措置を取るための、加害者側の責任を意味するのである。殺人のような事案においては、侵害は明らかに修復され得ないであろう。しかしながら、責任、若しくは被害弁償を認めることを含む象徴的な措置は、被害者にとって有用であり、また、それらの措置は、加害者側の責任でもある。

「正す」というのは、ここでは、賠償（reparation）若しくは修復（restoration）、または回復（recovery）を意味するであろうが、これらの「再び（re-）」を意味

する言葉は、しばしば不適当であるようにも思われる。重大な不法がなされたとき、侵害を修復すること、若しくは以前存在していた状態に戻すことは、不可能である。2人の殺害された子どもの母親である、リン・シナー（Lynn Shiner）は、「あなたは、新たな生活を構築し作り出すことができるかもしれない。しかしながら、私には、私が今まで適合していた過去の生活から1つのものを選ぶしかないのです」と述べている。

　加害者が、実際的であるか象徴的であるかを問わず、物事を正すために努力するとき、被害者は、癒しに向けて動き出すことが可能である。しかしながら、ほとんどの被害者は、「癒し」という用語に相反する感情を抱いている。それは、「癒し」という用語が内包する最終的な状態若しくは終結の意識のためである。そして、このプロセスは、あくまでも、被害者に属するものである。被害者に代わってそのプロセスを認知することができる者は、他に誰もいないのである。正すための試みは、被害者・加害者関係を、決して充分に修復することはできないとはいえ、そのプロセスを援助することはできるのである。

　「正す」ことの義務は、まず第1には加害者の義務であるが、地域社会も同様に、被害者に対する、そしておそらくは加害者に対する責任があるかもしれない。また、首尾よく義務を遂行する加害者に対しては、より広い地域社会からの支援や励ましを必要とするかもしれないのである。その上さらに、地域社会は、犯罪の原因となり、あるいは犯罪を奨励するような状況に対して責任があることになる。理念的には、修復的司法の過程は、これらの必要性、責任、期待等を探求し、そしてそれらを割り当てる触媒の役目や対話の場を提供することである。

(2) 原因について言及すること

　「正すこと」は、われわれに侵害だけでなく、犯罪の原因についても言及することを要求する。大部分の被害者は、このことを望んでいる。被害者は、自分自身や他者に対するそのような侵害を減らすために、何らかの措置が取られ

図4 正すこと

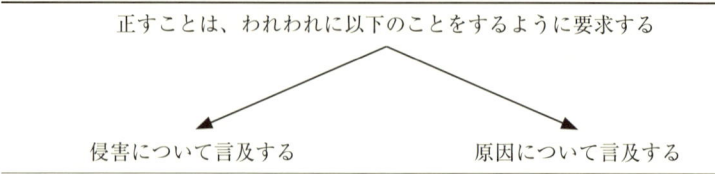

正すことは、われわれに以下のことをするように要求する

　　　　侵害について言及する　　　　原因について言及する

資料源：Zehr, H., *The Little Book of Restorative Justice.* Intercourse, PA : Good Books, 2002, p. 30.

ていることを知りたいのである。

　修復的司法が基準である、ニュージーランドの家族集団協議会では、賠償と予防の要素を含んだ合意でもって支援される計画を展開することが期待されている。これらの計画では、被害者の必要性や、それらの必要性に対峙する加害者の義務を話さなくてはならない。しかし、その計画では、自分の行動を変化させるために加害者が必要とすることにも言及されなければならないのである。

　加害者は、自分の行動の原因について言及する義務があるが、しかし加害者は、通常、これを1人で行うことはできない。そこには、加害者の義務を超えた、より広い義務があるかもしれないのである。例えば、それは、犯罪をもたらし、若しくは非安全的な状況を作り出す社会的不正義や、他の状況などである。多くの場合、加害者に加えて他の者、すなわち家族、より広い地域社会、あるいは社会全体も同様に、責任があるのである。

(3)　被害者としての加害者

　仮にわれわれが侵害と原因について言及する必要があるとするならば、われわれは加害者自身が経験した侵害を探求しなければならないであろう。

　多くの研究は、ほとんどの加害者が、様々な方法で被害やトラウマを与えられたことを示している。ほとんどの加害者は、被害を与えられた自分自身を理解しているのである。これらの侵害や侵害に対する理解は、重要な犯罪の一因

であるかもしれない。事実、ハーバード大学の教授であり、以前、刑務所の精神科医であったジェームズ・ギリガン（James Gilligan）は、すべての暴力は、正義を成し遂げるための、若しくは不正義を正すための試みであると論じている。換言すれば、多くの犯罪は、被害の意識に対する応答——それは正すための試み——であるかもしれないとするのである[17]。

　もちろん、自分自身が被害者であるという認識は、犯罪行動に対する責任を免除するものではない。しかしながら、仮にギリガンが正しいとするならば、われわれは、この被害の意識に言及することなく、犯罪行動を止めるように期待することはできないのである。事実、刑罰は、しばしば、被害の意識を強化する。ときには、加害者は、被害者であるという意識が認められると、それに満足することさえあるのである。とはいえ、被害者であるという加害者の認識は、挑戦されなければならない課題であろう。さらに、加害者が自分の行動を変えるように期待される以前に、もたらされる損害は、すぐにでも修復されなければならないのである。

　このことは、論争的な課題であるが、特に、多くの被害者にとっては理解することが難しいテーマである。しばしば、これらの理由づけは、言い訳のように聞こえるからである。その上さらに、なぜ被害者とされる幾人かの人々が犯罪に着手するのに対して、その他の人々は犯罪に着手しないのであろうか。このことが証明されなければならない。それにもかかわらず、われわれは、犯罪の原因を減らす何らかの試みが、われわれに加害者の被害経験を探求するように要求していると確信しているのである。

　この探求においては、「被害」という含みのある用語を用いる代わりに、「トラウマ」という表現を用いる方が、より有用であるかもしれない。精神科医であるサンドラ・ブルーム（Sandra Bloom）の著書である、『聖域を作ること』（Creating Sanctuary）において、彼女は、解決されないトラウマは、再現される傾向があるという主張を貫いている。仮に適切にトラウマが取り扱われないならば、トラウマはそれを経験する者たちの生活、そしてそれらの者の家族、さらに将来の世代においてさえも再現されるのである[18]。

トラウマは、被害者だけでなく、多くの加害者の中核となる経験なのである。多くの暴力が、実際に、早期に経験されたが充分に対応されなかった、トラウマの再現であるのかもしれないのである。社会は、拘禁形態において、より多くのトラウマを伝えることによって、対応する傾向がある。トラウマの現実が、言い訳に用いられてはいけないけれども、それらは理解され、そして常に言及されなければならないのである。

要約すれば、不法行為を正すための試みは、修復的司法の車輪の中心部若しくは中核的な部分である。「正すこと」には、2つの側面がある。すなわち、1つ目は、行われてきた侵害について言及すること、2つ目は、原因となっている侵害を含む、それらの侵害の原因について言及することである。

司法は「正すこと」に努めるべきであり、しかも、被害者は侵害されているという実態があるのであるから、修復的司法は、被害者から始めなければならないであろう。

しかしながら、修復的司法は、最終的に、被害者と加害者の修復と再統合、そして、それに加えて地域社会全体の福利に関心をもつのである。修復的司法は、全当事者の関心のバランスを保つことにその意味があるといえよう。

4　修復的レンズ

ゼアによれば、修復的司法は、犯罪や司法に関する従来の伝統的な考えに対して、代わりとなる枠組み若しくはレンズを提供しようとするものであるという。以下において、その主張内容をみてみよう。

(1)　原　　理

この修復的レンズ若しくは修復的哲学とは、ゼアによれば、以下の5つの鍵となる原理若しくは行動であるという。

① 　地域社会・加害者の侵害や、その結果として起こる必要性に加えて、被害者の侵害やその結果として起こる必要性に焦点を合わせる。

② 　それらの侵害から生じる義務（地域社会や全体社会の義務に加えて、加害者

の義務）について言及する。
③　包含的、協働的過程を用いる。
④　その過程に、被害者、加害者、地域社会の構成員、全体社会を含む、正当な利害関係者を巻き込む。
⑤　不法行為を正すように努める。

　具体的には、修復的司法を、4つの本質的な要素である、①侵害や必要性に焦点をあてること、②義務について言及すること、③利害関係者（被害者、加害者、地域社会）を巻き込むこと、④できる限りの範囲内において、協働的、包括的過程を用いること、で実現することを試みるのである。このことは、今更改めていうまでもなく、関係する全員に対して敬意をはらった態度で行われる必要があるのである。

　(2)　価　　値
　修復的司法の原理は、それらがたくさんの基礎をなす価値に根付いている場合にのみ、有益なものとなる。あまりにもしばしば、これらの価値は明言されず、そして当然のことだと思われてきた。しかしながら、修復的司法の原理の精神や意図に誠実であるような方法において、修復的司法を適用するためには、われわれは、これらの価値について明白にしなければならないのである。そうでないと、例え、われわれが、修復的司法に基盤が置かれたプロセスを用いたとしても、修復的ではない結果に到達することになるのである。
　修復的司法の原理は、それが適切に機能するためには、価値に根付いていなければならないのである。修復的司法の基礎となるのは、いうまでもなく、相互関連性の構想である。われわれはすべて、関係網を通じて、お互いに、より広い世界と結合している。この関係網が分断されたならば、われわれはすべて、その影響を受けることになるのである。修復的司法の主要な要素——侵害、必要性、義務、参加など——は、この構想に起源をもつのである。
　しかし、この相互関連性の価値は、特殊性として認識することによって、バランスが保たれなければならない。われわれは結合しているが、同一ではない

からである。特殊性は、多様性を是認する。そして特殊性は、それぞれの人間の個性や価値を尊重するのである。さらに特殊性は、特定の文脈や状況を真剣に受け入れるという機能性をもつのである[19]。

司法は、われわれの相互関連性と個性の双方を認めなければならない。特殊性の価値は、われわれに、文脈、文化、人格は、すべて重要なものであると気づかせるのである。このように、より多くのことが、修復的司法の基礎をなす価値に関して言及されるべきである。事実、修復的司法の最も重要な属性の１つは、われわれの価値を共に探求するように、われわれに奨励することなのである。

しかしながら、最終的に、１つの基本的価値が最も重要なものである。すなわち、それは「敬意」である。われわれが修復的司法を１つの言葉に表現しなければならないとすれば、それは「敬意」ということになろう。敬意は、われわれと異なる人々やわれわれの敵となるような人々でさえも対象とするのであり、それは、すべての者に対して敬意をはらうということを意味するのである。敬意は、われわれの相互関連性ばかりではなく、相違点をもわれわれに気づかせる。敬意は、われわれが全当事者の関心のバランスを保つことを要求するのである。

仮にわれわれが司法を敬意をはらうものとして位置づけることができるとするならば、われわれは司法を「修復的に」行うことになるのである。

仮にわれわれが他者に敬意をはらわないとすれば、われわれが例えどう真剣に修復的原理を採用したとしても、司法を修復的に行うことにはならないのである。

敬意という価値は、修復的司法原理の基礎をなし、そして修復的司法原理の適用を導き、それを形成することの要素となるのである。

(3) 修復的司法を定義すること

それでは、どのように修復的司法は定義づけられるのであろうか。修復的司法の基本的概要に関しては一般的な合意があるけれども、その分野における基

本的概要は、特定の意味では合意をもたらすことができなくなってきている。われわれの中には、そのような定義の意義若しくは有益性に異議を唱える者がいる。われわれは、原理の必要性や基準を認識する一方で、厳格な意味を確立することの横柄さや最終的な状態を心配するのである。これらの関心を心に留めながら、ゼアは、修復的司法の操作上の定義（working definition）として、次のような提案をしている。すなわち、「修復的司法は、できる限りの範囲において、特定の犯罪に利害関係がある人々を包含させ、そして、できる限り、癒し、物事を正すための侵害、必要性、義務を、集団的に特定するための過程である」[20]。

5　修復的司法の目標

スーザン・シャープ（Susan Sharpe）の卓越した手引書である、『修復的司法：癒しと変化の未来像』（*Restorative Justice : A Vision for Healing and Change*）において、彼女は、以下のような方法で、修復的司法の目標や任務を要約している。

修復的司法は、①鍵となる決定を、犯罪によって最も影響を受けた人々に預ける、②司法を、より癒し的、理想的には、より転換可能なものにする、③将来の犯罪の見込みを減らすように努める。

そして、これらの目標を成し遂げるためには、①被害者は、プロセスに包摂され、そして、満たされた結果を得られるようにする、②加害者は、いかに自分の行動が他の人々に影響を与えたかを理解し、そして、その行動の責任をとる、③結果は、行われた侵害を修復し、そして犯罪の理由について言及するのに役立つ（特定の計画は、被害者や加害者の必要性に合わせられる）、④被害者と加害者の双方は、「終結」（closure）の意識を獲得することができ、双方とも地域社会に再統合される[21]。

6　修復的司法の主導的疑問

最終的に、修復的司法は、犯罪が生じたときにわれわれが尋ねる必要がある一連の主導的疑問に集約されるのである。これらの主導的疑問は、実際に、修

復的司法の本質となるものである。例えば、①誰が傷つけられたか、②それらの者の必要性とは何か、③その必要性は、誰の義務か、④誰がその状況において利害関係があるか、⑤物事を正そうと努力して、利害関係者を取り込むための適切な過程とは何か、などがそれである。

　仮にわれわれが、修復的司法を特別のプログラム、若しくは一連のプログラムとして考えるならば、われわれは、それらのプログラムを様々な状況に適用することが困難であることをすぐにみいだすであろう。例えば、一般的な犯罪に用いられている被害者・加害者協議会の形態は、集団暴力（mass violence）や社会的暴力の場合に、直接的に適用されることはほとんどないかもしれない。また、注意深い防御策を講じることなく、修復的司法モデルが、配偶者暴力のような状況に適用されるならば、それは、明らかに危険なものとなるかもしれないのである。

　その代わりに、仮にわれわれが、修復的司法を形成する主導的疑問を採用するとするならば、われわれは、修復的司法は、広範囲の状況に適用可能であることをみいだすのであろう。修復的司法の主導的疑問は、われわれに疑問を再び枠組化し、法的正義が社会のために作った境界を超えて、考える手助けをすることができるのである。

　これらの主導的疑問が、死刑事案における弁護士の役割や義務を再考する機会を、北米の弁護士たちにもたらしており、この死刑事案における「被害者に基盤を置いた弁護活動の拡大」が、検察当局と同様に、被害者に被告人への面会の機会を提供することによって、正式事実審理における被害者の必要性、被害者の利益と正式事実審理の結果とを結合させる試みとして現れているのである。この取組みは、また、被告人に対して、これらの事案における適切な責任をとることをも奨励している。多くの答弁についての合意（plea agreement）が、被害者の必要性に基づくことによって、そしてまた、加害者に責任を受諾させることによって達せられるのである。

　もう１つの事例においては、被害者の弁護士は、配偶者暴力における被害者・加害者の対話の危険性について強い関心をもっているが、これらの関心

は、正当なものである。すなわち、暴力の傾向が継続し、若しくは、事案が配偶者暴力で、訓練されている人々によって注意深く監視されていない対話においては、深刻な危険性が発生することがあるのである。ある者は、対話は絶対に適切ではあり得ないと論じ、また、幾人かの配偶者暴力の被害者を含むある者は、対話が正しい状況においてなされる場合、そして適切な擁護者がいる場合には、修復関係は重要かつ力強いものになると論じている。

しかし、対話が配偶者暴力において適切なものであろうとなかろうと、修復的司法の主導的疑問は、われわれにとって、その問題、例えば、何が加害者にふさわしいのか等について本気で取り組み、そうした問題にとらわれずに行われる必要があるものを、選別するのに役立つかどうかである。修復的司法の主導的疑問は、実際のところ、簡単にいってしまえば、修復的司法を導くものとみなされるかもしれないのである。

7　修復的司法の道標

ゼアによれば、われわれが修復的司法の実務的取組みを考えるとき、もう1つの指針が、以下の10の原理若しくは道標によって与えられるという。これらの原理は、プログラムを企画し、若しくはそれを評価する上で役に立つということである。主導的疑問のように、これらの原理は、特定の事案若しくは状況への対応策を精巧に作るために有益となるかもしれないのである。

以下が、修復的司法の道標である。

① 破られた規則よりも、むしろ、犯罪の侵害に焦点をあてる。
② 被害者と加害者への対等な関心や関与を示し、両者を司法過程に包含させる。
③ 被害者の修復を達成するために努力し、被害者に権限を付与し、そして、それらの者にとって考えられる限りの必要性に対応する。
④ 加害者に義務を理解し、受諾し、遂行するように奨励する一方で、それらの者を支援する。
⑤ 義務は加害者にとって困難であるかもしれないが、加害者の義務は侵害

として意図されるべきではなく、それらは達成されなければならないと認識させる。
⑥ 適切な被害者と加害者の間の直接的若しくは間接的な対話の機会を設ける。
⑦ 地域社会を包含し、犯罪の本拠地である地域社会に対応するための有意義な方法をみいだす。
⑧ 強制や孤立よりも、むしろ、被害者と加害者の間の協働や再統合を奨励する。
⑨ 当事者の行動やプログラムの意図しない結果に注意を与える。
⑩ 全当事者──被害者、加害者、司法関係者──に敬意を示す。

Ⅶ 修復的司法の実務

　修復的司法の概念や哲学は、1970年代や1980年代の間に、北米やカナダにおいて、その当時、被害者・加害者和解プログラム（VORP）と呼ばれた実務と共に現れた。それ以来、VORPはかなりの修正がなされたために、実務の新たな形態が現れることとなり、結果として、より古いプログラムが修復的に作り直されて、「修復的司法」と新たに命名されたのである。現在、西洋の刑事司法制度の分野において用いられている主な取組み、若しくは実務とは何であろうか。ここでゼアが引用している刑事司法の領域における適用の実際は、決して、修復的司法の全体像ではないことに注意しておく必要があろう。
　近年、学校は、修復的司法実務の重要な場所となった。刑事事件に対する修復的司法プログラムといくつかの類似点はあるが、教育的な場で用いられる取組みは、その文脈に合うように形成されなければならない。また、以下で概要を述べるモデルには類似点があるが、当然そこには、重要な相違点もあるのである。そして、その論議は、いまだに、しばしば実務的というよりも、より理論的であるように見受けられるが、修復的司法は、大規模な社会的闘争や不法行為の後で司法を行う際の、対話の一部となったようである。

例えば、アフリカ若しくは北米の先住民の地域社会における、時代や文化の点で、伝統的な手法に密接な社会の出身者である人々にとって、修復的司法は、しばしばより古い慣習的な取組みを再評価し、よみがえらせ、正当化し、採用するための触媒として奉仕するのである。植民地時代の間、西洋の法モデルは、しばしば完全ではないが、その社会にとって高度に機能的であった司法の伝統的形態を、厳しく非難し、抑圧したのである。

修復的司法は、それらの伝統について良いものを確認し、正当化し、そしていくつかの事案においては、近代の法制度内で採り入れることができる、適用モデルを展開するための概念枠組みを、提供することができたのである。事実、2つの最も重要な修復的司法の形態である、家族集団協議会と平和構築サークル（peacemaking circles）が、これらの伝統的手法の（複製ではない）適用事例なのである。

修復的司法は、また、闘争転換と平和構築（peacebuilding）の理論や実務において、司法そのものを考えるための具体的な方法をも提供する。多くの闘争は、不正義の感覚を循環させるか、若しくは少なくともそれを包含するのである。闘争解決若しくは闘争転換の分野は、このことをいくらか認めているのであるが、この領域における司法の概念や実務は、かなり曖昧であった。修復的司法の原理は、闘争内部の司法問題に言及するための具体的な枠組みを提供することができるのである。

例えば、バージニア州ハリソンバーグにある、イースタン・メノナイト大学の闘争転換プログラムにおける修復的司法講座を履修した後、幾人かのアフリカ人の実務家が、現地での長引いた闘争に取り組むためにガーナに戻っていったのである。修復的司法の枠組みを引き出す際に、それらの者は、伝統的な地域社会の司法過程を用いながらも、闘争における司法問題について的確なアドバイスをすることができたのである。結果として、平和構築（peacemaking）の試みは、滞ることなく、前進することができた。

修復的司法の分野は、このように、あまりにも様々なものが混在するようになり、何らかの単純な方法で、修復的司法を捉えることができなくなってきて

いるようである。以下で紹介するものは、西洋の刑事司法制度の領域内で、現在行われているいくつかの実務を簡潔に概観したものである。

1 対話を伴う核心的取組み

現在においては、3つのモデルが、修復的司法の実務を支配しているようである。つまり、被害者・加害者協議会、家族集団協議会、サークルの3つの取組みである。しかしながら、これらのモデルは、混合されている状態にある。家族集団協議会も、サークルを利用している場合がある。そして、それぞれの要素を持ち合わせた新たな形態が、特定の状況下において展開されつつあるのである。いくつかの事案においては、数個のモデルが、たった1つの事案あるいは特定の状況において、利用されているのである。例えば、被害者・加害者の対話は、量刑サークルよりも先に、あるいは、その準備段階において用いられている場合もあるのである。

しかしながら、これらのモデルすべてには、共通した重要な要素がある。これらのモデルの類似性のために、それらは、時折、様々な形態の修復的協議会として、ひとまとめにされて説明されているのである。

これらのモデルのそれぞれは、鍵となる利害関係者との対話を包含しており、その利害関係者とは、少なくとも、被害者と加害者であり、そしてそれに加えて、それ以外の地域社会や司法関係者である。時として、対等の被害者と加害者、特定の加害者につき特定の被害者の対話が不可能であるか、あるいは不適当である場合には、代理人あるいは代位者が使用される場合もあるのである。そして時折、書簡あるいはビデオが、直接的な面会の準備段階において、あるいはその代わりとして、使用されている。しかしながら、すべてのこれらのモデルが包含しているのは、直接的な面会を前提とした、ある形態の対話であるといえよう。

これらの対話は、ファシリテータによって導かれており、そのファシリテータは、包含される全当事者の利益を考量するプロセスを監督し、指導しているのである。仲裁人とは異なり、協議会あるいはサークルのファシリテータは、

調停を強要することはない。それぞれのモデルは、参加者に、事実、感情、解決策を探求する機会を与えているのである。参加者は、自分たちの物語について話し、質問を行い、感情を表現し、そして相互に受容可能な結果を目指して進むように奨励されるのである。

　長年の修復的司法の実践家であるロン・クラッセン（Ron Claassen）は、そのことを以下のように述べている。あらゆるタイプの不法行為の問題を解決するためには、3つのことが発生しなくてはならない。すなわち、①不法あるいは不正義が認容されなくてはならない、②公平さが修復されることを必要とする、③将来の目的が提示される必要があるのである[22]。

　対話は、不法行為が被害者によって表現され、そして、加害者によって認められる機会を提供する。被害弁償あるいは謝罪のような結果は、対等にすること、すなわち公平さを修復することを助けるのである。

　将来についての問題は、絶えず、議論される必要がある。加害者は再び犯罪を行うであろうか。いかにしてわれわれは、同じ地域社会で共に生きていけるのか。いかにしてわれわれは、人生を前進させていくのか。すべての修復的協議会のモデルは、ファシリテータによる対話を通じて、そのような問題について言及することが要求されるのである。

　これらのモデルそれぞれにおいて、被害者の参加は、完全に自発的なものでなくてはならない。また、これらのモデルそれぞれにおいて先行条件を伴うが、それは加害者が少なくともある程度まで、責任を認識していることである。通常、協議会は、加害者が有罪あるいは責任を否認する場合には、開かれない。同様に、加害者の自発的な参加を最大限にするための努力がなされる。確かに、協議会は、加害者が望まない場合には、開かれるべきではない。事実、加害者がより軽い害悪を選択するような、ある種の圧力がしばしば存在するのである。インタビューにおいて、加害者がしばしば示唆していることは、自分たちが害を与えてしまった人と面と向かい合うことは極めて困難であり、そして恐ろしいことである、ということである。確かに、われわれのうちの大多数の者は、できることならば、そのような義務は避けようとするであろう。

ニュージーランドの家族集団協議会を除いて、以下に述べられているようなモデルは、通常、任意的仲裁人（referral）を基本的に使用している。より軽い犯罪に対しては、仲裁人は、時として、その地域社会の出身者であり、おそらくは学校あるいは宗教機関の出身者である。また、時として、仲裁人は、当事者双方の関係者によって補充されているのである。

しかしながら、ほとんどの仲裁人は、事案や地域社会によって変化する仲裁のポイントを的確に把握できる、司法制度内部の出身者である。事案の仲裁は、警察、検察官、プロベーション・オフィサー、裁判所、そして刑務所によってもなされるかもしれない。裁判所の仲裁事案においては、その仲裁は、判決後になろうが、それは量刑前になされるのである。そのような例においては、裁判官は、協議会の結果を量刑において考慮することになる。いくつかの事案あるいは法域において、裁判官は、被害弁償を命令し、そしてその総額が修復的司法協議会によって確定されたかどうかを尋ねている。そしてその合意が、量刑とプロベーション命令、またはそのどちらかとなるのである。

重大な暴力の事案における、近年の被害者・加害者対話プログラムは、しばしば正式な司法制度の外にあり、また、そのプログラムは、当事者自身によって、そして最も一般的には、被害者によって開始されるように計画されているのである。

2　モデルは「人」と「方法」において異なる

基本的概観においては同じであるが、修復的司法の実践モデルは、参加者の数、参加者の範疇において、そしていくつかの場合では、仲裁（facilitation）の様式において異なるのである。

(1)　被害者・加害者協議会

被害者・加害者協議会（VOC）は、主として、被害者と加害者を包含するものである。仲裁人については、被害者と加害者は、個々別々の仲裁人によって導かれる。そして、なされるべき合意については、被害者と加害者が、会議あ

るいは協議会において協働して行うことになるのである。会議は、釣り合いのとれた方法でプロセスを進行する、訓練されたファシリテータによって導かれ、まとめられるのである。

署名付きの被害弁償への合意が、結果としてもたらされることになるが、これは、重大な暴力事案においては、必ずしも実現されるとは限らないものである。被害者若しくは加害者の家族構成員も参加するかもしれないが、これらの者は、通常、二次的な支援的役割を果たす者と考えられている。地域社会を代表する者たちは、ファシリテータや若しくはプログラム監督者として関与するかもしれないが、それらの者は、常に会議に参加するわけではないのである。

(2) 家族集団協議会

家族集団協議会（FGC）は、家族の構成員若しくは直接的に包含される当事者にとって重要な人物を含むために、主要な参加者の輪が拡大する。このモデルは、加害者に責任をとらせ、自分の行動を変化させるように支援することに焦点をあてる傾向があるので、加害者の家族や地域社会の他の関連のある人々の参加が、特に重要なのである。しかしながら、被害者の家族も、同様に招かれるのである。いくつかの状況下においては、特にFGCが事案の法的結果に影響を与える権限が付与されるときには、警察官のような関係者が、出席することになるかもしれないのである。

家族集団協議会の2つの基本的形態が、現在では重要性を増している。北米で顕著なかなりの注目を受けたモデルの1つは、部分的にはニュージーランドのシステムに基盤を置くもので、オーストラリア警察において、最初に展開されたものである。しばしばこの取組みにおいては、仲裁（facilitation）の標準化された、台本通りのモデルが用いられてきた。ファシリテータは、特別に訓練された警察官のような、刑事司法関係者によるのが通例である。この伝統若しくは取組みは、恥辱感（shame）の力学に注目するのであり、積極的な方法で、恥辱感を用いるように積極的に働きかけるのである。

より古いFGCモデルとして、著者自身がより親しみのあるものとしては、

ニュージーランドで最初に始まったものがあり、そして、今日、それは、ニュージーランドの少年司法の基盤となっている。このFGCについて、少し詳しく論述したいと思う[23]。

少年に対する福祉や司法制度における危機に対応して、そしてまた、無理強いされた外国の植民地制度を使用していることに対する、先住民であるマオリ族の批判に応える形で、ニュージーランドでは、1989（平成元）年に少年司法制度の革命が起こった。裁判制度は、支え（backup）として残す一方で、今日、ニュージーランドの最も重大な少年犯罪に対する標準的な対応は、FGCによるものである[24]。その結果、FGCは、ニュージーランドにおける司法制度と、対話様式の双方において存在することになったのである。

FGCは、青少年司法コーディネーター（Youth Justice Coordinators）と呼ばれる有給の、社会事業職員によって行われ、仲裁される。FGCに出席する者を決定するために家族を助け、参加者にとって適切であると考えられるプロセスを立案することが、青少年司法コーディネーターの仕事である。プロセスに関しての目標の1つは、文化的に適切であるということであり、FGCの形態は、出席する被害者と家族の必要性や、文化に適合するように構成される。

これは、いわば台本通りの仲裁モデルではない。FGCにおいては、共通した全体的な進行形態はあるが、それぞれのFGCごとに、特定の当事者の必要性に適合するように構成されるのである。ほとんどのFGCにおいて共通である要素は、FGCの間に開かれる「家族集会」である。この家族集会では、加害者や加害者の家族は別室へ退き、今起こっていることについて議論し、被害者やFGCに参加している者に対して何をすべきか、どのようにすれば元の状態に戻すことができるのか等について議論するのである。

VOCにおける調停者のように、FGCのコーディネーターは、被害者と加害者の両者の関心と利益の均衡を図りながら、公平であるように努めなければならない。しかしながら、FGCのコーディネーターは、賠償はもちろんのこととして、原因を究明し、加害者に充分に責任をとらせるように努め、しかも現実的であるように計画されたプランを明確にすることが求められているのであ

る。

　地域社会はもちろん包含されているが、これらのFGCは、VOCよりもより包括的である。加害者の家族の構成員はVOCの本質的な部分であり、非常に重要な役割を果たすのである。まさに、このFGCは、家族の権限付与モデルと考えられているのである。被害者は、家族の構成員若しくは被害者の支援者を連れてくるかもしれない。特別の弁護士若しくは青少年の支援者が出席し、そして、他の世話人も出席するかもしれない。それに加えて、ニュージーランドにおいては、警察が訴追官の役割を果たすので、警察も出席するのである。

　ニュージーランド方式であるFGCは、事実や感情の表現を許すために、そしてまた、被害弁償の合意を進展させるためにのみ立案されたものではない。FGCは、通常、裁判所の代わりとなるので、賠償に加えて、予防や刑罰の要素までをも組み込んだ、加害者に対する全体計画を展開することが義務づけられている。実際の起訴でさえも、この会議で交渉することができるのである。興味深いことに、その全体計画は、FGCの全員の合意が実現されるように企図されている。被害者、加害者、若しくは警察は、仮にそれらのうちの1人でも不服があるならば、彼らは、結果を拒否することができるのである。

　このように、FGCは、家族の構成員若しくはその他の重要な人々、それに司法関係者をも含むために、FGCへの参加者の輪を拡大することになるのである。少なくとも、ニュージーランド方式においては、FGCは、家族集会を包含するのであり、そして、ファシリテータは、拡大した役割をもち、おそらくVOCのファシリテータと比べて、中立的ではないかもしれない。FGCは、時として、地域社会協議会（Community Conference）若しくは説明責任協議会（Accountability Conference）とも呼ばれ、多くの国で実験的に試みられ、採用されているのである。

(3)　サークル

　サークルの取組みは、最初、カナダにおけるファースト・ネーション（First Nation：カナダの先住民族）の地域社会から現れたものである。バリー・スチュ

アート（Barry Stuart）判事は、サークルが、法的決定で最初に認められた裁判所における、この種のサークルについて言及するにあたって、「平和構築量刑サークル」(Peacemaking Circle) という用語を用いている[25]。しかしながら、今日では、サークルは、多くの目的で用いられている。刑事事件において量刑を決定する際に用いられる「量刑サークル」に加えて、量刑サークルの準備として用いられる「癒しサークル」(healing circle) や、職場での争いごとを取り扱うためのサークル、地域社会の対話（dialogue）の形態として立案されたサークルもあるのである。

サークルのプロセスでは、参加者は、サークルにおいて参加者自身で調整をすることが要求される。参加者は、サークルに座った座席の順番で、一度ずつ、それぞれの者が話をしたことを確かめ、サークル全体で、穏やかに語りながら過ごすのである。

一連の価値あるいは哲学でさえも、しばしば、プロセスの一部として述べられるのである。すなわち、ここでの価値とは、敬意を強調する価値、それぞれの参加者の価値、心から話すことの誠実さや重要性などである。

1人若しくは2人の「サークル監督者」(circle keepers) が、サークルのファシリテータを務める。先住民の地域社会においては、エルダー（elder：長老）が、サークルを導き、若しくは助言や識見を提供する重要な役割を果たすのである。

サークルは、意識的に参加者の輪を拡大する。被害者、加害者、家族の構成員、それに、司法関係者が組み込まれるが、地域社会の構成員は、いうまでもなく、重要な参加者である。時として、これらの地域社会の構成員は、特定の犯罪との、若しくは被害者やまたは加害者との関連性や利益のために、招かれるのである。そこでの地域社会の構成員は、地域社会からのボランティアからなる、進行中のサークルにかかわることになる。

地域社会が包含されるので、サークルでの論議は、しばしば、他の修復的司法モデルよりも、より広範囲なものになる。参加者は、犯罪が発生した地域社会の状況、被害者と加害者の支援の必要性、地域社会がもつ義務、地域社会の

規範、若しくはその他の関連した問題に言及するかもしれないのである。

サークルは、最初に、小さな、同質的な地域社会で現れたのであるが、サークルは、今日では、大都市の区域を含む様々な地域社会において用いられ、そして、犯罪事案とはかけ離れたいろいろな状況に対して用いられている。

ここでは、それぞれの修復的司法モデルの形態やその相対的な価値について論じる場でないことはいうまでもない。ここで指摘しておかなければならないことは、上述したすべてのものが、対話の形態であるということである。しかしながら、それらは、組み込まれる利害関係者の数や範疇、そして、仲裁（facilitation）のいくらか異なる形態によって、区別することができるのである。また、これらのモデル間の相違点が、以前よりもあまり重要ではなくなってきているようなので、これらの形態は、ますます混ぜ合わされているようである。

すべての修復的司法の取組みが、直接的な対話を包含するものではないこと、そして、すべての必要性が、対話を通じて満たされるわけではないことに注意しなければならない。被害者は、加害者を取り込む必要性をもつ一方で、加害者を取り込まない必要性ももつのである。同様に、加害者は、被害者とは関係のない必要性や義務をもつ。それゆえに、以下で紹介する類型は、対話と対話を伴わないプログラムの両方を組み込むものである。

3　モデルは目標において異なる

これら様々な取組みの相違点を理解するもう1つの方法は、目標を検証することである。ゼアによると、これらは、3つのカテゴリーに分けることができるという。

(1)　代替的若しくはダイバージョン的プログラム

これらのプログラムは、通常、事案を刑事司法過程若しくは量刑判断からダイバートすること、若しくは、代替案を提供することを目的としている。検察官は、事案が満足のいくように解決されるならば、訴追を延期し、最終的に

は、起訴を取り下げることになるかもしれない。裁判官は、事案を、被害弁償のような方法で解決することを模索するために、修復的司法協議会に問い合わせるかもしれない。いくつかのサークルにおいては、検察官や裁判官は、被害者、加害者、地域社会の必要性に合わせられるような解決策を立案することができるようなサークルがある場合には、そうした地域社会のプログラムに参加するかもしれない。ニューヨーク州バタビアにおいては、長年にわたる修復的司法プログラムが、初めて、重大な犯罪の被害者や加害者に関与しながら、代替的な答弁や判決、そして、保釈の合意を得るために、展開されている。ニュージーランドでは、当然のごとく、修復的司法協議会が基本であり、裁判所は代替的なものとなっているのである。

(2) 癒し若しくは治療的プログラム

近年において、協議会のような修復的司法プログラムが、重大な暴行や強姦、あるいは殺人までも含む、最も重大な犯罪に対して展開されつつある。こうした状況下においては、加害者は、刑務所に収容されるのが一般的である。したがって、このような対話プログラムにおいては、通常、事案の結果に直接影響を与えるようには立案がなされないようである。事実、加害者は、しばしば、パロール若しくは減刑嘆願の役割を担って、こうしたプロセスへ被害者を用いないように、はっきりと同意するのである。適切な準備若しくは構造を伴っている場合には、そのような対話は、対話に着手する者はともかくとして、被害者と加害者の両者にとって、力強く、積極的な経験をもたらすことがみいだされてきたのである。

この範疇にあるすべてのプログラムが、対等な被害者と加害者との直接的な対話を包含するわけではない。むしろ、いくつかのプログラムでは、被害者志向の、加害者の社会復帰を中心とした形態のプログラムとして、機能しているのである。処遇過程の一部として、加害者は、自分の行ったことを理解し、責任をとるように奨励される。被害者の集団が、加害者に話をする機会を与えられる、被害状況報告委員会 (Victim Impact Panel) は、この過程の一部であるか

もしれないのである。その他のプログラムは、関係する全員の利益のための様々な話題や課題を探求するために、被害者、加害者、そして、地域社会の構成員を抱きこんだ、複合的な集会や刑務所内セミナーを提供するのである。

(3) 移行プログラム

修復的司法プログラムの作成に関する比較的新しい領域は、刑務所出所後の加害者の地域社会への移行プログラムをどうするかという点である。ハーフウェイ・ハウスと刑務所の両方において、プログラムは、加害者が地域社会に戻るときに、被害者と加害者を助けるための、被害者の侵害と加害者の説明責任を中心として立案されている。

最も興味のあるモデルの1つは、釈放された性犯罪者に働きかけるために、カナダで展開された、「支援と説明責任に関するサークル」(Circle of Support and Accountability：CSA) である。北米やカナダの多くの州で、刑期を務めた性犯罪者は、加害者のためのわずかな支援と、地域社会と被害者の恐怖感を残したままで、地域社会に釈放されることになる。これらの加害者（前科者）は、しばしば、自分を最もよく知っている地域社会によって追放され、それゆえにまた、加害者は、他の地域社会へと移動することを余儀なくされるのである。こうしたことを考慮すれば、常習犯罪の比率が高くなるのは当然である。

「支援と説明責任に関するサークル」は、これらの加害者を支援するためだけでなく、責任をとらせるために、前科者、地域社会の構成員、類似の犯罪の被害者をも含む、人々の輪を広げるのである。最初に、地域社会内における相互作用は、加害者が行うことができることや、加害者が行くことができる場所に関して、日々の出入りの手続や厳格な指針を設定することによって、激しいものとなることは確かである。自分の行動の責任をとらせるために、前科者に働きかけながらも、同時に、適切な場所に必要な支援を置くことで、これらのサークルは、地域社会の恐怖を和らげる一方で、前科者を再統合することに成功したのである。

4 修復的連続体

　上述した対話モデルの多くは、完全に修復的なものであると考えられる。それらは、ゼアが概説した、修復的司法の指針のすべての基準を満たしているからである。しかし、修復的であると主張する他の取組みは、どうであろうか。修復的な枠組みの中で、他の選択肢はあるのであろうか。

　修復的司法モデルを、中間にいくつかの範疇がある、完全に修復的であるものから修復的でないものまでの連続体に沿って考えることは重要である[26]。

　6つの鍵となる疑問が、特定の状況に対する修復的司法モデルの有効性と範囲を分析するのに役立つのである。①そのモデルは、侵害、必要性、原因について言及しているか、②そのモデルは、適切に被害者志向であるか、③加害者は、責任をとるように奨励されているか、④すべての関連のある利害関係者が包含されているか、⑤対話や参加の意思決定の機会があるか、⑥そのモデルは、全当事者に敬意をはらっているか、がそれである。

　協議若しくは対話プログラムは完全に修復的であるかもしれないが、これらのモデルが完全に、若しくは部分的にしか、適合しない状況がある。加害者が逮捕されず、若しくは責任をとる気がない事案での被害者はどうであろうか。

　修復的制度においては、サービスが、加害者が逮捕されるかどうかにかかわらず、被害者の必要性について言及するために、そしてまた、被害者を包含するために、犯罪後、すぐに開始されるのである。このような被害者支援は、完

図5　修復的司法の連続体

修復的司法の実践の程度：連続体

| 完全に修復的 | ほとんど修復的 | 部分的に修復的 | 潜在的に修復的 | 擬似的に修復的あるいは修復的ではない |

資料源：Zehr, H., *The Little Book of Restorative Justice*. Intercourse, PA : Good Books, 2002, p. 30.

全に修復的なものと考えることはできないが、修復的司法の重要な構成要素であり、それは、少なくとも、部分的に修復的なものとして考えられるべきである。

　被害状況報告委員会は、特別な事案の被害者と加害者を対等とすることをせずに、被害者に話をさせ、加害者に自分の行ったことを理解するように奨励する。こうしたことは、修復的取組みの重要な部分であるから、少なくとも部分的には、ほとんど修復的なものとして考えることができるのである。

　同様に、加害者が進んで理解するような行動を起こし、責任をとるような行動をとるときに、被害者が面会できないか、若しくは気が進まないとしたならば、何ができるであろうか。そのような状況に対して、被害者から学び、被害弁償といった象徴的な行為を行うための機会を提供することができるように展開してきたプログラムも少しはあるが、できれば、より多くのプログラムが利用できるようにするべきである。これらのプログラムは、おそらく完全に修復的なものではないが、それらは、司法の全制度において、本質的な役割を果たすのである。

　加害者の処遇若しくは社会復帰プログラムは、修復的司法の実務として評価し得るであろうか。加害者の処遇は、予防の一部と考えられるのであり、そして、加害者の再統合とともに、それは、修復的司法と何らかの関係があると思料されるのである。しかしながら、因襲的に実践される限りでは、処遇若しくは社会復帰における多くの試みは、明らかに修復的であるとは言い難い側面もあるのである。しかしながら、それらの試みは、修復的に機能することはできるのであり、実際に、いくつかのプログラムでは、侵害の責任をとり、それに加えて、できるだけ被害者の必要性に配慮することによって、加害者を中心にした処遇を組織化することによって、修復的司法の試みを実現しているのである。

　実行方法次第で、加害者の処遇は、潜在的に修復的若しくはほとんど修復的範疇に区分され得るのである。

　もちろん、加害者の支援、受刑者の再入プログラム、刑務所における宗教教誨それ自体は、修復的ではない。しかしながら、特にそれらが、修復的な枠組

みを組み込むように再構成されるのであれば、修復的司法において重要な役割を果たすかもしれない。

　ゼアの見解においては、地域社会内サービス（community service）は、潜在的に修復的な範疇に区分されている。現在実践されている限りのプログラムでは、地域社会内サービスは、よくてもせいぜい刑罰の代替的手段であり、修復的制度ではないのである。しかしながら、ニュージーランドでは、地域社会内サービスは、しばしば、家族集団協議会の結果である。その集団におけるすべての者が、計画を展開することに加わり、その活動ができる限り犯罪と連結され、そしてその計画の中では、どのようにして地域社会や家族が、合意を支援し、監視するかについて、明確にしているのである。ここでは、地域社会内サービスは、全参加者によって相互に合意される、地域社会に対する賠償（repayment）若しくは貢献と考えられ得る可能性がある。このように再枠組化するならば、地域社会内サービスは、修復的取組みにおいて重要な位置を占めるようになるかもしれないのである。

　このように、いわゆる「擬似の」若しくは「修復的ではない」範疇が存在するのである。「修復的」とは、多くの行動や試みが「修復的」とラベルづけされている、一般的な用語のようになってきているが、実際には、それらは「修復的」ではないのである。それらのうちのあるものは、救済されるかもしれないが、他のものは、救済することができないであろう。付加的侵害や回復できない侵害をもたらす死刑事案は、後者のものである。

Ⅷ　2つの取組み——どちらを取るか

　ゼアの初期の著作においては、しばしば、法制度若しくは刑事司法制度の応報的枠組みと、司法に対するより修復的な取組みの間における、はっきりした対照概念を導き出していた。しかしながら、より最近の著作では、この二極分化が、誤解を招きやすいかもしれないと論じている。対照的な特徴を強調することは、2つの取組みを区別する何らかの重要な要素を明確化するが、そのこ

とは、同時に、2つの取組みの重要な類似点と協働の領域を、誤った方向に導きやすいし、また、覆い隠すことにもなるとするのである。

1 応報的司法か修復的司法か

例えば、法哲学者のコンラド・ブルンク（Conrad Brunk）は、理論的若しくは哲学的レベルにおいて、応報と修復は、われわれがしばしば仮定する二極分化的なものではないと論じている[27]。事実、応報と修復には、多くの共通点がある。応報的理論と修復的理論の主たる目標は、その力点を対等にすることによって相互性を通じ、正しさを立証することである。応報と修復の異なる点は、提唱するそれぞれの者が、効果的に均衡を正すことにあるといえるであろう。

司法に関する応報的理論と修復的理論は、均衡が、不法行為によって破壊されているという、基本的な道徳的直感を認めるのである。その結果として、被害者は、何かを受けるに値し、加害者は、何かの義務を負うということになる。この2つの取組みは、共に、そこには、行為と反応の間の釣り合いのとれた関係性がなければならないと論じているのである。しかしながら、これら2つの取組みは、義務を遂行し、均衡を正すことを認容するという点で、異なるのである。

応報的理論は、苦痛は正しさを立証するものであると信じているが、実際には、そのことは、被害者と加害者にとって、しばしば逆効果を招いている。他方で、修復的司法理論は、真に正しさを立証することは、加害者に、責任をとり、不法を正し、自分の行動の原因に向かい合うように奨励するための、活動的な試みと結合された、被害者の侵害と必要性を認めることであると論じている。積極的な方法での名誉回復の必要性に言及することによって、修復的司法は、被害者と加害者の両者を肯定することになり、それらの者の生活を転換させるための手助けをする可能性をもつことになるのである。

2 刑事司法か修復的司法か

修復的司法の支持者は、司法が充分に修復的である日を夢見るが、このこと

が現実的であるかどうかは、少なくとも近い将来においては、議論の余地のあるところである。おそらく、より達成可能であるのは、法制度若しくは刑事司法制度のいくつかの形態が、支え（backup）若しくは代替策を提供する一方で、修復的司法が基準である場合である。それよりも、より可能であるのは、おそらく、司法に対するわれわれのすべての取組みが、修復的に志向されるときであるといえよう。

　人々が責任を否定するとき、社会は、できる限り「真実」を選別するための制度をもたなければならない。いくつかの事案では、あまりにも困難で、恐ろしいために、犯罪について直接的な利害関係をもつ人々によっては、容易に解決することができない場合がある。われわれは、直接的な利害関係者によって保持されるものを超えた、社会的必要性や義務を考慮するプロセスをもたなければならないのである。われわれは、また、法制度が表す最高の特質、すなわち、法の支配、デュー・プロセス、人権の尊重、法の秩序ある発展等を失ってはならないのである。

　現実世界の司法も、また、連続体とみなされるかもしれない。一方の側は、西洋の法制度あるいは刑事司法制度モデルである。人権の奨励といったような決断力は、実体的なものである。しかし、それらには、いくつかの明白な弱点がある。もう一方の側は、修復的な代替策である。これも、また、重要な統率力をもつ。しかしながら、これもまた、少なくとも、現在において考えられ、実践される限りでは、限界があるのである。

　おそらく、現実的な目標は、修復的であるプロセスへとできる限り進むことである。ある種の事案若しくは状況においては、われわれは、限界を超えて進むことができないかもしれない。もう一方の事案若しくは状況においては、真に修復的であるプロセスや結果を成し遂げ得るかもしれない。それらの中間には、両システムが利用されなければならず、そして、司法が単に部分的に修復的である、多くの事案や状況があるだけである。

Ⅸ　おわりに——修復的司法は川である

　最後に、ゼアは、現代の修復的司法は、1980年代のごく小さな、正義をそれぞれに実現することを夢見る、一握りの人々によって始まったものであると述べている。それは、抽象的な分野においてよりも、むしろ、実務や実践の分野において始まったとするのである。確かに、理論や概念は、後に思考されたものである。しかし、近代の修復的司法の流れの直接的起源は最近のものであり、概念や実務は、人間の歴史と同じくらいに深遠で、世界の地域社会と同じくらいに広範な伝統から引き出されるものなのである。

　しばらくの間は、修復的司法の流れは、われわれの近代の法制度によって地下に押し流された感があった。しかしながら、20世紀最後の四半世紀において、その流れは浮上し、広大な川へと成長したというのである。修復的司法は、今日、犯罪にかかわる政府や地域社会によって、世界的に認められている。世界中の多くの人々が、経験や専門的技術を、修復的司法という川にもたらしている。この修復的司法の川は、すべての自然の川のように事実として存在するものである。なぜなら、この川は、世界中から流入する莫大な支流によって、1つの大きな川を形成しているからである。

　いくつかの支流は、世界中の多くの国々で成し遂げられているような、実践的プログラムであろうとゼアはいう。この川もまた、様々な先住民の伝統や、それらの伝統を引き出す近年の修復的プログラムによって、1つの川となっているというのである。例えば、具体的には、ニュージーランドのマオリ族の伝統から転用された「家族集団協議会」、カナダ北部の先住民の地域社会から現れた「量刑サークル」、アフリカの慣習法であるナバホ族の「平和構築裁判所」（peacemaking courts）、アフガニスタンの実務である「ジルガ」等がそれであるという。調停や紛争解決の分野においても、また、被害者の権利運動や、過去10年間にわたる刑務所の代替策に関する施策の展開が、修復的司法の川に流れ込んでいる。様々な宗教的伝統も、また、この修復的司法の川に流れ込んで

いるとするのである。

　多くの地域社会や文化からの経験、実務、慣習は教訓的なものであるが、そのいずれもが、複製されて、容易に地域社会若しくは全体社会に適用されることはできないし、またそうすべきでもないであろうとゼアはいう。むしろ、それらは、どのようにして異なる地域社会や全体社会が、不法行為に対する反応として、正義を実現する独自の適切な方法をみいだしたかという具体的例として、捉えられるべきであろうとするのである。これらの取組みは、ひらめきと、どこで修復を始めるべきかということを、われわれに示唆するかもしれない。これらの事例や伝統は、青写真を提供するものではないかもしれないが、それらは、思考や方向性を形成するための触媒として奉仕するかもしれないとゼアはいうのである。

　この文脈に重点を置いた修復的司法の取組みは、真の正義は対話から生まれ、そして、地方の必要性や伝統を考慮することの大切さをわれわれに気づかせるであろう。そのことは、同時に、なぜわれわれが修復的司法を成し遂げるためには、トップダウン戦略に注意しなければならないのかという理由の1つであるとゼアは指摘するのである。

　ここでゼアによって提示されている論議は、かなり単純なものである。すなわち、仮にわれわれが、近年の刑事司法制度に随伴する問題である、「どの法が破られたのか」、「誰が法を破ったのか」、「それらの者はどういう制裁を受けることがふさわしいのか」、という問題に対して、排他的な観点のみを維持するならば、正義は達成できないであろう。その代わりに、真の正義とは、われわれに次のような質問をすることを要求する。つまり、「誰が傷つけられたのか」、「それらの者は何を必要としているのか」、「それらは誰の義務であり、誰の責任であるのか」、「誰がその状況において利害関係をもつのか」、「解決策をみいだす点で、利害関係者を包含することができるプロセスとは何か」等である。

　このように、修復的司法は、単なるわれわれのレンズだけではなく、われわれの質問をも変化させることをわれわれに要求するとするゼアの指摘は重要である。

ゼアのいうごとく、修復的司法は、われわれがお互いに支援し、お互いから学習することができるように、「対話」に参加することへの招待状なのである。修復的司法は、われわれのすべてが、まさに相互関連しているということを思い出させる重要な思考枠組みを提供するものであるといえるであろう。
　これがゼアの修復的司法の手引きの結論である。

1) 藤本哲也「ニュージーランドの青少年法と青少年司法システムの現状」『法学新報』103巻4・5号（1997年）163-203頁。
2) 藤本哲也編著『諸外国の修復的司法』中央大学出版部（2004年）。
3) ジョン・ブレイスウェイト著（細井洋子・染田惠・前原宏・鴨志田康弘共訳）『修復的司法の世界』成文堂（2008年）。
4) ニルス・クリスティ著（平松毅・寺澤比奈子訳）『人が人を裁くとき』有信堂（2007年）。
5) ハワード・ゼア著（西村春夫・細井洋子・高橋則夫共訳）『修復的司法とは何か』神泉社（2003年）。
6) Zehr, Howard, *The Little Book of Restorative Justice*. Intercourse, PA : Good Books, 2002.
7) 藤本・前掲注2)・1-42頁参照。
8) Zehr, *op. cit.*, p. 4.
9) Pranis, K., "Restorative Justice, Social Justice, and the Empowerment of Marginalized Populations," in Bazemore, G. and M. Schiff (Ed.), *Restorative Community Justice*. Cincinati, OH : Anderson Publishing Co., 2001, pp. 287-306.
10) Zehr, H., *Changing Lenses*. Waterloo, Ontario : Herald Press, 1990.
11) Braithwaite, J., *Crime, Shame and Reintegration*. New York : Cambridge University Press, 1989.
12) Zehr, *op. cit.*, 2002, p. 17.
13) Stuart, B. and K. Pranis, *Restorative Community Justice : Repairing Harm and Transforming Communities. Cinncinati*. OH : Anderson Publishing Co., 2001.
14) Zehr, *op. cit.*, 2002, p. 18.
15) Zehr, *op. cit.*, p. 23.
16) 国家の役割は、マイノリティの集団が、例えば、北アイルランドにおける政府によって制度的に抑圧されていると感じた状況において、もしくは国家がトップ・ダウンから修復的司法を実施する一方で、国家が修復的司法に収斂されていったとみなされている状況において、最も議論されている。後者は、例えば、ニュージーラ

ンドやカナダにおける地域社会や先住民の集団の特定の関心にあったものである。
17) Gilligan, J., *Violence ; Reflections on a National Epidemic.* New York : Random House, 1996.
18) Bloom, S., *Creating Sanctuary : Toward the Evolution of Sane Societies.* New York : Routledge, 1997.
19) 修復的司法の基礎にある価値に関する研究として、Sawatsky, J., "A Shared Just Peace Ethic : Uncovering Restorative Values," *Restorative Quarterly,* Vol. 20, No. 3, March 2002. を参照。
20) Marshall, T., "Results From British Experiments in Restorative Justice," in Galaway, B. and J. Hudson (Ed.), *Criminal Justice, Restitution and Reconciliation.* New York : Willow Tree Press, 1990. マーシャルは、修復的司法は、特定の犯罪において利害関係がある全当事者が、共に、犯罪の余波やその将来への含みを取り扱う方法を、集団的に解決するための過程である、としている。
21) Sharpe, S., *Restorative Justice : A Vision for Healing and Change.* Edmonton, Canada : Mediation and Restorative Justice Centre, 1998.
22) Claussen, R., *Restorative Justice-Fundamental Principles.* New York : The Working Party on Restorative Justice (established by the United Nations Alliance of NGO's on Crime Prevention and Criminal Justice), 1996.
23) 藤本・前掲注2)・1-42頁、117-140頁参照。
24) ニュージーランドにおける青少年司法制度は、重大でない事案における犯罪者を制度の外側にダイバートするように立案されている。このことは、時折、非公式の被害者・加害者協議会と共に行われる。
25) Pranis, K., Wedge. M, and B. Stuart, *Peacemaking Circles : From Crime to Community.* St. Paul, MN : Living Justice Press, 2003.
26) 定義的問題や修復的司法の基準に関する議論については、McCold, P., "Toward a Holistic Vision of Restorative Justice : A Reply to the Maximalist Model," *Contemporary Justice Review,* Vol. 3, No.4, pp. 357-414. を参照。マッコールドの見解は、マーシャルの定義に基づいている。
27) Brunk, C., "Restorative Justice and the Philosophical Theories of Criminal Punishment," in Handley, M. (Ed.), *The Spiritual Roots of Restorative Justice.* Albany, New York : State University of New York Press, 2001.

第 12 章
ノルウェーにおける修復的司法の起源

I　被害者・加害者和解制度設立の背景

　ノルウェーにおける被害者・加害者和解制度の設立の背景は、1970年代の2つの中心的な出来事にまで遡ることができる。ノルウェーにおける議論は、1976 (昭和 51) 年にオスロ大学の犯罪学教授であるニルス・クリスティによって書かれた「(社会の共有) 財産としての紛争」(Conflict as Property) という論文から始まったことはよく知られているところである[1]。もう1つの出来事は、当時の司法長官であったインガー・ルイーズ・ヴァーレ (Inger Louise Valle) による 1978 (昭和 53) 年の刑事司法に関する政府報告書である[2]。

　「紛争は、活動、学習及び参加への潜在能力を活性化する」(Conflicts Represent a Potential for Activity, Learning and Participation) という文脈において、クリスティは、刑罰制度に代わるもの、法律家や心理学者のような紛争に携わる専門家に代わるものを創造することの必要性について論じている。犯罪は、本来、被害者と加害者の間の紛争を意味するものである。これらの紛争は、今日、主に法律家やヘルスケアワーカーやその他の専門家によって、当事者から略奪されているというのである。

　つまり、クリスティは、当事者が、彼ら自身の問題への解決策をみいだす過程において主導権を握る代替手段について論じているのである。クリスティは、紛争について、「……それらは、紛争に巻き込まれた当事者のために使用され、役に立たせるべきである」としている。そして、代替的な紛争解決手段として、クリスティは、タンザニアの村での「出来事」(happening) について

言及しているのである。

　かつて婚約していた若いカップルが、彼らの紛争を解決しようとしていた。男性は、この関係に投資したものをすべて取り返したいと願っていた。2人は村での会合、若しくはこの論文の中で使われている「出来事」(happening) において、村人の関心の中心に居た。友人や家族も参加していたが、彼らは主導権を握ってはいなかった。出席していた3人の裁判官はきわめて消極的であった。裁判官以外の者が、その場では専門家であったのである。

　タンザニアの事例は、裁判所で起きていることと全く反対の紛争解決の過程を提示している。裁判では、法律家によって紛争が解決される。紛争当事者は、この過程で小さな役割しか受け持たず、結果に対して、ほんの少ししか影響力をもたないのである。当事者の役割は専門家によって代行され、その結果は、当事者による真の紛争解決とは程遠いものとなる。つまり、その結果は、一般社会のみならず、加害者に対する国家の道徳的規範の提示や復讐の象徴的行為でしかないのである。

　犯罪に対処する既存の制度の代替策に関するもう1つの論点は、被害者や被害者のニーズ、あるいは被害者の希望を中心とした制度を発見することである。既存の裁判では、被害者や加害者は、国家に彼らの事件を委ねる。ヘルスケア制度内の手続によって、二者間の紛争は不可視化し、片方の当事者の個人的な問題として定義されることになるのである。

　「紛争は、今日、当事者より剥奪され、目に見えないものとなっている」という文言で、クリスティは、近代西洋社会を、お互いについてほとんど知らない社会であると表現した。このことは、われわれの社会的役割の多さと社会内の高い流動性に原因があるとも考えられる。われわれは、しばしば、仕事や家族、近隣付き合いといった、お互いの数ある社会的役割のうち、1つのみを知っているだけかもしれない。われわれはお互いについてよく知らないために、お互いの行動について理解し予測することができないのである。われわれは、われわれ自身の紛争をうまく取り扱うことが以前よりも難しくなっており、他者にこの責任を押し付けたいと願っているのかもしれないのである。それゆ

え、犯罪防止に関連する仕事では、人々の間に、紛争を可視化し、第三者と共に紛争を解決したいと願うような状況を作り出すことが重要となるのである。

　クリスティの論文「財産としての紛争」は、紛争解決の代替手段を通して、近代社会において地域社会を活性化し、強化するという願いを意味するものである。この主題に関するクリスティの思考モデルは、その例として取り上げられているタンザニアの近隣法廷（neighborhood court）にあるといえるであろう。クリスティの考えは、紛争を解決することの責任と、紛争それ自体から被害者が常に疎外されていることは、すべての地域社会にとっての大きな損失であるというものである。それは、被害者はもちろん、加害者、そして一般社会にとっても同様である。このことは、被害者の怒りと大きな誤解、そして、加害者が被害を償い、許しを得る機会を失うという事態を考えるとき、大きな損失であるように思われる。このことは、また、社会における規範や価値、あるいは法律について議論をする機会について考えるとき、明らかな損失となるのである。

　クリスティは、刑罰制度の代替物と、紛争解決への自治制市民フォーラムの創設というアイディアを提示している。クリスティは、紛争解決の代替手段というアイディアは、犯罪予防の観点からではなく、被害者と加害者の対話の重要性という観点からきたものであることを強調している。自身の紛争から疎外されているという人々の感情を抑える方法として、クリスティは、当事者を取り巻く地域社会だけでなく、当事者自身の関与を増大させるための代替制度の創出を提案しているのである。そして、それは、仲介者の役割という点では非専門家による制度であるべきだとするのである。そうすれば、紛争は、それ自身の最も適切な所有者の元に戻され、二者間の損害回復と和解が可能となるとするのである[3]。

1　犯罪予防と人道的な制裁

1978（昭和53）年の刑事司法に関する報告書においては、刑事責任年齢の14歳から15歳への引き上げが検討された。それと同時に、最も若い犯罪者に対

する代替措置が望まれていることが示唆された。報告書では、非行少年が罪を犯す理由と、とりわけ拘禁刑による統制手段についての広範な見解が提示されている。

司法省は、当該報告書の中で、非行少年の拘禁は非人道的であり、彼らの人生に深刻なダメージを及ぼすとしている。しかしながら、刑事責任年齢の引き上げの前に、社会での非行少年に対する援助に向けた努力が強化されなければならない。司法省は、それゆえに、法的な改革が実施される前に、3年から5年の試行計画の必要性を提案しているのである。

2 先駆的事例

最初の和解プロジェクトは、「少年に対する拘禁の代替措置」というプロジェクトの一部として、ライア市で実施された。ブスカルー郡が行動障害をもつ少年のための、ある種の「段階的支援」制度の本拠地として選出された。仲介和解サービス (mediation and reconciliation service) は、この制度の第1段階及び、少年の家族及び地域社会への援助として認識されている。このプロジェクトは、この仲介サービスを児童保護 (child care) への貢献であると捉えている社会問題省 (Ministry of Social Affairs) によって統率されている。これは、何よりも、いわゆる「ノーマルな」行動障害をもつ初犯の少年に対する代替策を意図していたのである。

このような少年に対する拘禁の代替的措置がプロジェクト化された背景には、①ノルウェーには少年裁判所制度がなく、少年犯罪者も成人犯罪者と同様に刑事訴訟手続によって処理されていたこと、②犯罪被害者関連施策が充実しているところから、解決可能な事例は、社会全体で対処しようとするコミュニティ・メンタルヘルスが醸成されていたこと、③刑事司法の過大な業務負担を軽減するため、軽い犯罪については代替措置を求める要請が高かったことが考えられる[4]。

試行プロジェクトは2年間継続し、穏やかな形態の制裁及び犯罪防止の手段として導入された。その目的は、最初の罪を犯した少年に対する迅速かつ現実

的かつ理解可能な対応策を見つけることであった。プロジェクトは警察や検察当局、及び児童保護ワーカーと密接に関係していた。しかしながら、同時に、紛争の対応に際する地域社会の関与という意向も汲み取ることができるのである。最初の年には17の事例が取り扱われ、次の年には14の事例が取り扱われた。低い再犯率だけでなく、和解に至った事例の数に関する結果は良好なものであった。地域社会の関与に関しても同様であった。

　1983（昭和58）年に、社会問題省は、ノルウェー国内の全自治体に同様のプログラムを創設することを勧告した。検事総長は1983（昭和58）年と1985（昭和60）年に回状を出し、警察官が自治体による和解機関の設立に協力し、事件を同機関に付託することを奨励した。後の回状では、警察は同様に和解機関に意見を付託することに積極的になることが奨励されたのである[5]。

　1980年代を通して、和解機関が数か所設立されたが、活動量と成功の程度にばらつきがあった。いくつかの機関は、和解機関を管理するための適切な措置が存在しない自治体の「書類上の解決法」以外の何物でもなかった。多くの和解機関は、余分な義務としてすでに存在するポストに付け加えられただけであった。しかし、正反対の事例もある。クリスチャンサンドでは、自治体は初期の段階から積極的な関心を示し、1986（昭和61）年に和解活動のコーディネーターを指名し、それを1987（昭和62）年にはフルタイムに、1989（平成元）年からは終身雇用とした。

　1987（昭和62）年には、435のうち63の自治体がこのプログラムを開始した。1989（平成元）年末までに81の和解仲裁機関が85の自治体を統括していた。しかしながら、56％の機関は事例を扱ったことがなかった。1989（平成元）年に和解機関は全体で268の事例を請け負ったが、この数には14歳から17歳までの424の少年事件が含まれていた。10のうち9の事件が警察から送致されたものであり、約3分の2の取り扱い事件が、強盗、暴力行為若しくは車両盗であった。

　1987（昭和62）年には、教育センターが設立された。同機関は、当初オスロ大学の犯罪学及び刑事法研究所内に設置された。後に、センターは応用社会学

学部の科学科に移された。センターの職務は、和解機関を設立した自治体にガイダンスとトレーニングを提供し、プログラムを評価することである。センターはその存続期間に1人から2人のフルタイムの職員を雇用していた。

1988（昭和63）年に、検事総長は、和解機関を通して和解に関する法律を制定することを提案した。彼の目標は、刑事事件における和解に関するいくつかの見解を明らかにすることであり、国内の和解活動に対する組織と政策に関し、共通の実践目標を確立することであった。もう1つの回状が、1989（平成元）年に、検事総長によって配布され、その中には2つの重要な変更が含まれていた。加害者に対する18歳までの年齢制限は撤廃され、和解はもはや初犯者に対してのみ適用されるものではなくなった。その上、緊急保護（immediate custodial）に該当する事例は、一般的に和解機関によって処理されることがなくなったのである。

先駆的な事例の評価は、先に述べた教育センターの研究員によって1990（平成2）年に成し遂げられた。センターは、司法省の下に新しい機関が設立されることになったため、1990（平成2）年に閉鎖された。1990（平成2）年には、また、刑事責任年齢は14歳から15歳に引き上げられ、和解に関する法律の制定に関する提案が和解機関を通してなされたのである。

3 立法とさらなる発展について

1991（平成3）年3月15日、議会は満場一致で、「紛争解決に関する法律」（Act on Mediation）を可決した。同法によって、和解プログラムは、以後、技術的に司法省の民事部門によって主導されることが示されたのである。この和解プログラムは、1992（平成4）年から1994（平成6）年にかけて段階的な拡大によって実施され現在に至っている[6]。

1993（平成5）年には、検事総長による最後の回状が発出され、1991（平成3）年の法律に準じて検察官が和解プログラムに送致する際のガイドラインが発表された。

国家レベルでは、ノルウェーにおける和解サービスの発展は、継続的に実現

したということが可能である。和解サービスの発展の主な障害は、地方レベルで和解機関を認知させ広めることと、検察官による異なる警察管轄区域内での和解機関の利用を達成することにあった。どちらかといえば、警察と検察当局は、和解機関の利用に対し懐疑的であった。とりわけ最初の年には、送致される事件は、回状の中で検事総長が記述した事件よりも軽微なものであった。数年を経て、和解機関は、警察と検察の信用を獲得したようである。結果として、取り扱い事例数とその範囲は拡大している。それでもなお、地域によるばらつきは受け入れがたいほどに大きかったのである。

被害者・加害者間の和解機関による和解の発展は、家族カウンセリング機関や調停裁判所（Court of Conciliation）などの近隣プログラムとほとんど接触をもたなかった。

学校和解プロジェクトは、ノルウェーにおいて、和解機関の活動や、イギリス及びアメリカからの影響の結果として発展したのである。司法省は、「教育・研究及び教会問題省」（Ministry of Education, Research and Church Affairs）と協力し、13の和解機関と45の学校が全国から参加した、1995（平成7）年から1997（平成9）年の試行プロジェクトを統括した。いくつかのプロジェクトは継続し、2年後に7歳から18歳の生徒の取り扱いを含むプロジェクトが付け加えられている。和解機関にとって、学校和解プロジェクトの指導は、今や重要な任務となっている。また、和解機関にとって学校和解プロジェクトは、「マーケティング」と有能さの証明の両方の面で、肯定的な結果となった。そして、学校和解プロジェクトは、和解機関の地方における知名度を上げた。また、同プロジェクトは、調停者（mediator）としての有能さと多様な集団に対してコースやワークショップの需要性への認識を増大させたようである。しかしながら、一般的には、これらの新しい仕事をカバーするような新しい部署は設けられていないようである[7]。

4 　根底にある哲学と基本理念

仲介和解サービスの根底にある哲学と基本理念は、2つの主要な観点に集約

される。1つは、当事者と地域社会の積極的な参加による、地域レベルでの和解を通した刑事事件の解決による市民領域（civil sphere）の拡大と活性化である。もう1つの観点は、少年に対する拘禁といった厳格な制裁を回避する要求と犯罪防止の目的をそもそもの基盤とするものである。両方の観点は、代替措置は刑罰の使用を制限するため必要であるという人道主義的な理想に基づくものである。

概して、さらなる発展が、一般的に、若年の初犯者に焦点を当てた伝統的な犯罪防止概念を基礎としていると考えることは正しいであろう。また、被害者中心の理念と代替的な市民紛争処理フォーラムに関しては、未だ道は半ばであるが、それらの先行事例は和解サービスのうちにあるといっても過言ではないであろう。被害者・加害者和解の理念は、すでに指摘しておいたごとく、クリスティ教授の論文を通した学術的な分野からもたらされた。そしてその実現化は、当局、すなわち司法省と検事総長によってなされたのである。彼らはこれらの理念を利用することで、和解に権威と影響力をもたらしたのである。

II　法的な文脈

先に述べたように、仲介和解サービスは、和解に関する法律によって適切に規定されている。同法は、広範囲の事件と、すべての人が利用可能な和解サービスを許可している。プログラムの使用者の年齢制限はなく、和解は民事及び刑事事件とも取り扱いが可能である。刑事事件は、検察当局によって送致され、民事事件は当事者若しくは第三者によって送致される。民事事件の送致は、児童保護局、学校若しくはその他の公共機関によってなされる場合もある。和解は当事者の自発的な参加によって支えられ、調停者としての資質を有することで指名された一般人が運営するのである。和解サービスは無料である。

1991（平成3）年の法律によって規定されたものの他に、刑事事件を取り扱う被害者・加害者和解プログラムは存在しない。純粋な民事事件については、

裁判所内の和解に関する実験的なプログラムが1997（平成9）年に開始されている。しかしながら、このプログラムは、本質的に和解機関によって運営される和解とは異なるものである。

1991年法の第1条は、職務内容について、次のように定義している。

「和解サービスは、1人若しくはそれ以上の者が、損失若しくは被害あるいは第三者に対する犯罪を引き起こした結果として起こった紛争を、仲介するものである。」

事件の種類に関しての職務のこの広い定義が、プログラムの更なる発展の余地をもたらしている。法は明確に和解の基本理念を、和解のプロセスと結果に影響をもつ人々の自発的な参加として定義し、メディエーター（仲介者）の役割を、公平であり、いかなる法的権限ももたないものとして定義しているのである。

同法に加えて、1992（平成4）年8月13日に王法（Royal Decree）によって布告され、司法省によって公布された規定があるが、これは1991（平成3）年3月15日に制定された法律の第3条に準じたものである。通達の第1段落には、法の基本理念が記載されている。それは、刑罰の代替措置と紛争解決における地域参加の増大の要望についてである。

自治体の和解サービスの目的は、1人若しくはそれ以上の者が損失若しくは被害あるいは第三者に対する犯罪を引き起こした結果として起こった紛争を仲介することである。和解は、民事紛争だけでなく、通常の刑事手続の代替策となる。両者は解決策をみいだすために積極的に働きかける必要があり、被害者と加害者両方の状況が考慮される必要がある。和解サービスは、その存在と機能によって、地域が取り扱う事件をより少なくし、他の事件の取り扱いの余地をもたらすことで、犯罪防止に貢献するのである。

1　和解の前提条件

　事件が和解に適しているかどうかは、刑事事件に関しては検察が、民事事件に関しては和解サービスのコーディネーターが決定する。刑事事件では、警察は事件の捜査を終え、検察は有罪を認定する証拠を保持していなければならない。事件の概要が当事者に認識され、当事者は、それらの概要について本質的に同意していなければならないのである。和解への同意は、一般に、検察当局から和解サービスに事件が付託される以前に、明示される必要がある。事実、和解サービスは、ほとんどの事件において、同意を得るための働きかけを行っているからである。

　和解は、捜査終了後、判決と裁判手続の前に実施される。和解は、当事者に彼ら自身の問題を解決させる機会を与えることによって、刑事的制裁を回避する試みである。例え加害者が自らの責任を認めない場合でも、犯罪事実を認めていれば事件は和解機関に付託される。すべての事件に関して、1991年法の第5条は次のように述べているのである。

　「和解機関における和解は、両者の同意によってのみ実施される。一般的には、両者による紛争の性質に関する同意さえもが望まれる。」

2　和解後の法的地位

　和解機関を通して刑事事件が解決され、合意事項が実行されると、事件は通常の警察の犯罪歴から抹消される。合意事項が実施されなかった場合、再度和解が試みられ、失業等の状況の変化があれば、合意事項は再度交渉し直されることになる。合意事項が実施されなかったために刑事事件が解決できず、和解の会合が中断された場合は、検察当局は刑事手続を継続し刑事制裁を科すか、事件を裁判所に送致することになる。

　和解機関は捜査をしてはならず、同様にそうした目的のために使用されては

ならない。和解の場において明らかにされることについては守秘義務をもち、事件に関して知り得た情報を検察当局に報告する義務をもたない。児童虐待などの深刻な緊急事態に該当し、通常の業務から外れた特別な事件においては、他の公共機関同様に報告する義務がある。守秘義務を厳守することは、利用者の和解機関へのアクセスを容易にするためである。最終目標は、紛争の悪化を避けるために、人々が自分自身の紛争に関して、より早い段階で外部機関と関わり合いがもてるように勇気づけることである。

3　メディエーター（仲介者）

メディエーターとなるのは、日常の仕事に加えて引き受けることになる任務に適しているとみなされた、いろいろな専門と経験をもつ一般人である。自治体、検察当局及び和解機関のコーディネーターの代表からなる委員会は、4年の任期で彼らを任命することになる。1991年法の第4条は以下のように規定している。

> 「メディエーターとしての立場は自発的なものである。自治体における選挙において選挙権をもつ18歳以上の責任ある者が任命される。過去5年以内に拘禁刑の執行猶予判決を受けた者は資格がない。10年以内に刑務所から釈放された者又は保護観察を受けた者も同様に資格がない。」

1991年法では、和解の過程におけるメディエーターの役割についても言及されている。メディエーターは、判断を下す権限がなく、公平であることが義務づけられている。メディエーターは、合意事項を受け入れることもできれば許否することもできる。このことはしばしば、メディエーターが合意事項に第14条の内容が含まれていないと判断した場合に起きることがある。第14条の内容は以下の通りである。

> 「合意事項が一方にとって非合理的で望ましいものではなく、金額等のそ

の他の重要な理由で受け入れがたいものであれば、メディエーターは、合意事項を容認すべきではない。」

メディエーターは事件ごとに給金を受け取り、それは時間給で支払われる。金額が任務を引き受ける動機とならないよう、給金は多額ではない[8]。

4 当事者

和解の会合において、両当事者は、積極的でなければならない。両当事者は傍聴人を同伴することができるが、彼らは弁護士によって支援され、若しくは代理されてはならない。15歳（刑事責任年齢）以下の者は、両親が支援する必要がある。18歳以下の若者に関して、両親は和解の会合に出席する義務はないが、権利がある。しかしながら、合意事項が有効となるには、それが両親によって提示され署名される必要がある。

5 期間の制限

和解機関が事件を受理し、和解が実施されるまでの期間は、刑事事件に関しては2週間を超えてはならない。これは、法の規定の中に明示されており、和解機関が事件を受理する前に当事者が同意していることが前提条件とされている。和解機関が和解への同意を獲得しなければならないといったようなことは、ガイドラインの中では考慮されていない。それゆえに、問題が解決するまでにはしばしば時間がかかってしまうことになる。暴力犯罪や近隣紛争のような事件において、人々は、しばしば和解の必要性を決定する前に、熟考し、相談するための多くの時間を必要とするのである。

III 政策と実施

議会、司法省及び検事総長は、被害者・加害者和解に関して積極的である。これらの当局は、被害者・加害者和解に関する明確な政策を、ガイドラインや

回状等を通して表明している。議会に対する年次予算案の中で、司法省は、次年度に和解機関の活動のどの部分が優先されるのかに関するガイドラインを作成している。司法省の民事部門においては、1人の職員が、定期的にフルタイムで和解機関の仕事に携わることになっている。現在では、2つの職がこのフィールドワークで占められている。加えて、司法省内部の専門家が、定期的に特別な調査を必要とする、特定の分野で仕事をしている。

1　1993（平成5）年の検事総長回状から

法で定められた和解機関に付託可能な刑事事件の種類は数多くある。

> 「和解に関する法律は、それ自体では、この新しい制裁の検察当局による利用の範囲を限定していない。限界と可能性の範囲は、和解それ自体の性質による」（1993（平成5）年の検事総長回状による）。

検事総長は、和解は、伝統的な刑事的制裁に対する素晴らしい代替策であると述べている。目的は、犯罪防止であり、それは加害者が自身の行為の結果をより直接的に感じることができることに対する反応を通して得られるのである。加えて、和解は、伝統的な刑よりも、より少ないスティグマを付与するものと思われている。検事総長は、年長の加害者に対する和解の利用について、何の障害もないとみなしているものの、将来の犯罪予防という点からみると、若者に対するものの方が最良の効果を期待できるので、25歳までの年少者に対する利用を推奨している。和解は、特別予防の観点からそれが推奨され、一般予防の観点から、それが不利に作用しないような事件において利用することができるのである。常習犯罪事件（case of serial crimes）も、また、和解機関に付託することができるが、それにはやはり年少者に対する利用が推奨される。一般に和解は、被害者がなく、交通規則に関する違反など公共財に対する事件には推薦されない。さらに、判決の宣告猶予を可能にする和解の明文化に関する提案がなされたが、この提案を現実化するためには、被害者は、裁判所によ

って刑が言い渡される以前に和解に同意しなければならないことになる。

　事件は、主として、刑事手続の放棄や罰金、執行猶予といった制裁の代替策として、和解機関に送致される。緊急保護に該当する事件に関して和解は代替策とはならない。検事総長が推薦する典型的な事件は、窃盗、無謀運転（joy-riding）、暴力行為等に関するものである。和解は、被害者が重篤な怪我を負っていない軽微な暴力事案に関しても推薦される。当事者の同意を得ることによって、和解は、有罪が証明されておらず、加害者が刑事責任年齢に達していない事件に関しても実施される。検察は、その場合、当事者に、事件を民事事件として和解で終わらせる可能性を認識させる必要があるのである[9]。

2　地域による和解機関の受け入れ

　検事総長回状は、検察当局が和解制度を利用することを奨励している。和解のプロセスは、また、サービスの信頼性だけでなく、それが利用者に示した肯定的な機会への信頼にも基づいているのである。この信頼は、良好な結果によって段階的にもたらされたものである。検察当局は、以前より多くの、またより広い範囲の事件を和解機関に送致する傾向がある。事件の種類は地域によって異なり、それぞれの警察管轄区域と和解機関が、和解に何が適しているとみなしているのかを反映しているようである。オスロでは、重大な事件や複雑な事件が増加する傾向にある。したがって、現在では、より深刻な暴力犯罪、より複雑な近隣紛争、そしていくつかの男女間の紛争をも取り扱っているのである。しかし、また、万引きのような軽犯罪が、数多い送致件数を構成していることも事実である。

　最近では、検察による制裁が当事者によって主張され、検事総長まで上がってきたという事例が、結果として和解機関への送致へと変わったという興味深い例を見つけることができる。もちろん、こうした事例は例外的なものであるが、実践の場は徐々に変化しており、継続的に発展しているのである。

　警察と検察当局における和解サービスの知識とその利用は、未だに低いレベルに留まっている。このことの証拠として、警察学校の生徒が、教育カリキュ

ラムにおいて、和解についてたったの2頁しか学んでいないという事実がある。警察と、検察当局の法律家たちの間でのこのような大きな相違は、和解の機会を望むすべての人が、そのチャンスを獲得できるわけではないことを示している。また、和解機関に送致するに値する人々は誰かという点についても議論がなされている。このことは、和解サービスは、若者の初犯者に対する代替措置であるという伝統的な視点を反映するものである。どのような事件が被害者に対して和解にふさわしい代替策となるのかを見極めることは、検察当局にとっての課題である。

　法廷との満足できる協力関係に関する特定の政策は未だ開発されていない。和解機関が深刻な暴力事件の当事者に、裁判手続を考慮にいれず、自らのイニシアティブで和解を申し出た事例が一例ある。当事者とその友人、及び家族間の和解が、復讐を避けて和解を行うために、独自に開始されたのである。当事者はこれらの状況について充分に理解できていた。当事者間の和解のプロセスについて裁判所が後から知り得たことが、判決に何らかの影響があったのかどうかについては定かではない。

　最近の2年間で、新しい社会内量刑（community sentence）の1つとして、被害者・加害者和解が可能となったため、保護観察所との新しい協力関係が開始された。このことは、刑事事件の裁判が終結した後でも恩恵を受けることができる当事者と、被害者のための機会の提供としてみなすことができるのである。和解はこの状況において、暴行や暴力行為といったより深刻な犯罪において実施されているのである[10]。

　一般人は未だ和解サービスとその機能について、あまり知らないようである。そのため、和解機関のコーディネーターの重要な仕事は、地域社会に情報を伝えることであり、それは組織や学校や組合の会合、若しくは警察と検察当局との頻繁な会合によって実施されるべきである。情報は、公共の建物に掲示したポスターや報道機関の記事若しくはインタビューによって提供することも考えられる。

　いくつかの地域では、地方自治体が和解機関の活動に強い関心をもっている

ようである。彼らは、和解機関の可能性に注目し、活動を拡大するための財政的な支援をも行っている。その他の地域における地方自治体の関心は低く、それゆえ、ある人は、基礎的な経済的支出は国が行っているがゆえに、地方政府は、この新しい組織に何ら義務感を抱いていないと懸念するかもしれない。このことは、地方政府の予算と専門的な組織への影響力の欠如に問題があるのかもしれないのである。

Ⅳ 和解機関と組織数

現在、ノルウェーにおいては22の和解機関が存在し全土に及んでいる。ノルウェーにおいては、700人のメディエーターがいるが、彼らは地方で選出され、22の機関が存在する自治体に配属されている。このことは、当事者が、彼らの地域若しくは近隣地域出身のメディエーターとかかわることができるということを意味するのである。

和解機関は、コーディネーター、事務職員及びボランティアのメディエーターによって構成される。多くの機関ではたった1人のフルタイムの従業員（コーディネーター）がいるだけである。事件数が少ない、いくつかの過疎地域では、コーディネーターはパートタイムであり、秘書がつかないことがある。2004（平成16）年に実施された最近の改革では、こうした状況の改革を模索している。ノルウェーでは、3つの大都市に隣接する3か所の規模の大きな機関が存在するが、そこにはより多くの職員がいることはもちろんである[11]。

1 組　　織

和解機関は、公共の資金による独立の組織である。2004（平成16）年まで、地方自治体が和解機関を運営しており、職員の管理は自治体に係属していた。自治体は国によって実施状況を管理し、場所を提供し、全体的な支援を和解機関に提供するように求められていた。自治体は国によって和解機関に提供された資金を使用することができず、和解機関のコーディネーターに専門的な指示

を与えることもできないことになっている。つまり、司法省が専門的に和解機関を統括していたのである。和解機関の活動の監視は、行政庁長官（Countries' Chief Administrative Officer）の責務であり、彼らは、2年に1度同機関から統計と予算報告を収集している。

　自治体のみによって運営されるべきか、国の当局によってのみ運営されるべきかという和解機関に関する問題は、数年にわたって議論されており、評価に関する争点でもある。2003（平成15）年に、いくぶん変則的な組織を変化させる結論が導かれた。そして2004（平成16）年4月から、和解機関は、国によって組織され、司法省の下部組織に位置し、新しい事務局によって運営されることになったのである。

　2004（平成16）年時点での和解機関は39か所から22か所へと減少した。この新しい国家組織は、より明確な階層的運営制度による中央集権的な組織である。目的は、より効率的で、更なる発展と和解機関の使用の増大に貢献できる強力な組織を提供することである。しかしながら、場合によっては、極端に小さな運営組織を回避することでサービスを強化することを望み、国と自治体の間での早期の分裂を避けることで、運営の仕事をより簡略化することを望むことがあるかもしれないのである。

　長期的な視野に立つとき、この新しい中央集権的な組織の危険性は、地方ごとの多様性や、地域社会からの関心の喪失という結果を招くことになるかもしれないということである。また、メディエーターと運営側の距離が、あまりにも遠くなってしまったかもしれないという危惧もある。

2　目　　的

　司法省は、和解機関の5つの主要目的について、以下のように述べている。すなわち、①軽犯罪やその他の紛争に対応する地域社会の能力を強化すること。②刑事的制裁に対する代替措置を創設し、刑事的制裁の幅広い多様性を確立すること。③より迅速かつ複雑でない事件の取り扱い方法によって、少年による犯罪の統制をより効率的なものにすること。④結論を若者にとってより合

理的で理解しやすいものにすること。すなわち、これは、犯罪が惹起された直後に社会からの反応が起こり、それが直接的に行動や被害者の損失と直結した場合、加害者は、それらの反応（和解）をより論理的かつ理解しやすく、思慮深いものであると感じることができるからである。⑤合意事項への貢献に関して当事者が積極的に関与することで、被害者・加害者双方の状況が充分に考慮されるようにすること、がそれである。

現在、ノルウェーには、刑事事件における被害者・加害者調停は1つのモデルがあるのみである。それは、和解サービスである。しかし、そのモデルは多様な目的を含んでおり、すべての目的がプログラムの中で調和するかどうかは問題である。主な争点が、すべての年齢層に対する司法制度への徹底的な反発としての、代替的な市民フォーラムの創設にあるのか、それとも、犯罪と非行少年の削減にあるのかは、地域の問題であり、その歴史に依存するものである。コーディネーターの専門性と和解機関への「信念」の背景も、同様に、活動の焦点と選択に関して重要なものである。このような多様性は明らかに弱点ではあるが、一方で、いわゆる「プログラムの両端」（利害得失）を調べるためには、とりわけ早い段階において、それは有用であり、必要でさえあるのである。

V 和解の事例

和解機関による年次報告書が司法省によって発表されたが、表6は同報告書から抽出されたものである。

1 2003（平成16）年の統計について

和解機関は、全体で6,665件の事件を受託した。そのうち3,436件が民事事件であり、3,229件が刑事事件である。6,665件の事件のうち、4,520件が和解機関に送致されたもので、うち1,793件は送致されていない（いくつかの事件は更なる検討が必要とされ2004（平成16）年に持ち越された）[12]。

表6　1994年以降の年間送致件数

年	1994	1995	1996	1997	1998	1999	2000
刑事事件	1,963	2,964	3,178	2,795	3,025	3,002	2,840
民事事件	1,309	2,537	2,748	2,925	3,374	3,641	3,706
全体数	3,272	5,501	5,926	5,720	6,399	6,643	6,546
年	2001	2002	2003	2004	2005	2006	2007
刑事事件	2,922	2,174	3,229	3,937	4,264	5,421	4,513
民事事件	3,212	2,980	3,436	3,646	4,085	4,117	4,607
全体数	6,134	5,154	6,665	7,583	8,349	8,638	9,120

資料源：Karen, K. P., Victim-Offender Mediation in Norway, 2009.

　和解に達したすべての事件のうち（民事と刑事を含む）、約80％が警察と検察当局から送致されたものである。警察によって送致された事件の多くは起訴された犯罪であり、加害者は25歳以下である。民事事件に関しては、2つ目に大きなグループは当事者自身の告訴によるものである。これらの送致事例は、多くが近隣や家族に関する紛争である。

　上記事例のうち91％は合意に達し、80件若しくは50％で合意基準を満たし、4％では合意基準が満たされず、0.5％は再交渉となっている。15％が未だ合意基準達成の過程にある。合意事項は下記のグループに分類できる。経済的弁償37％、労働作業による被害回復16％、弁償と労働作業による被害回復5％、弁償を伴わない合意29％、その他の合意（象徴的なジェスチャー等）13％である。

　当事者の年齢は10歳から70歳までの範囲に及ぶ。25歳以上の人数が増えている。しかしながら、加害者の年齢の主要層は15歳から17歳の少年であり、第2の層は12歳から14歳である。現在の統計では、社会的背景、警察での過去の履歴、当事者がお互いに知り合いであるかどうか等については知ることができない。当事者が知人同士であるかどうかは、事件の種類によっては推測可能であろうかと思われる。被害者・告訴人（complainant）は、主として個人若しくは店舗など個人経営の会社である。

表7　2003年に和解が成立した事件の種類（2002年の事件のいくつかを含む）

事件の種類	和解件数
万引き（Shoplifting）	785（16.3％）
その他の軽い窃盗（Other Petty Theft）	287（ 6.0％）
加重窃盗（Aggravated Theft）	244（ 5.1％）
車両盗（Motor Vehicle Theft）	78（ 1.6％）
器物損壊（Vandalism）	879（18.2％）
不法目的侵入（Burglary）	79（ 1.6％）
脅迫・モビング（Threat/Mobbing）	516（10.7％）
暴力行為（Violence）	747（15.5％）
経済犯罪（Economic Offence）	257（ 5.3％）
常習犯罪（Serial Crimes）	54（ 1.1％）
近隣紛争（Neighbor Conflict）	219（ 4.5％）
家族問題（Family Dispute）	190（ 3.9％）
その他の紛争（Other Conflict）	229（ 4.8％）
その他の犯罪（Othero Offences）	257（ 5.3％）
総数（2003年の和解件数）	4,821

資料源：Karen, K. P., Victim-Offender Mediation in Norway, 2009.

　犯罪の種類は、未だ財産に対する損害と万引きによるものが大半を占めている。しかし、暴力犯罪の数は過去数年よりも増加しており、その値は2002（平成14）年の477件から2003（平成15）年の747件に増加し、脅迫・モビングにおいては2002（平成14）年の285件から2003（平成15）年の516件に増加している。

　和解機関に事件が送致されてから和解が成立するまでの平均的日数は36日である。メディエーターが各事件に費やす平均的時間は3時間である。メディエーターが事件を受託してから終結までの期間は約2週間である。和解の会合には多くの事件において1時間から2時間が費やされる。通常は、メディエーターが和解の会合がもたれる時間について、電話で当事者に接触する。時間と場所の確認が取られた後、当事者にその旨が通知される。

暴力行為や万引きのような事例では、特に、当事者とメディエーターとの接触は電話や手紙、そして会合のみで行われる。暴力犯罪や近隣紛争のような事例では、事実は全く異なる。当事者が和解を試みることを決意するまでに、幾度となく電話でやり取りが行われるのである。多くの事例では、コーディネーターと和解機関とのミーティングのみならず両方の当事者との打ち合わせにおいても、手続とお互いの事例について考慮すべき事柄について議論することが重要となる。当事者の人数や事件の複雑性によって、和解の会合はいくつかの会合に分けられる。当事者数が多く、兵役その他の理由で会合に出られないような事例においては、事件の係属日数が延長されることはいうまでもない。

VI おわりに

　以上、著者は、2009（平成21）年2月10日から14日まで、オスロ大学の招聘により国際セミナーに参加して得られた情報を下にして、ノルウェーにおける修復的司法の起源としての「被害者・加害者和解制度」について考察した。カナダ、オーストラリア、ニュージーランドよりも、刑事司法制度が修復的司法により取って代わられつつあるノルウェーの現状は、我々の刑事司法の将来像であるのかどうか即断はできないが、修復的司法という制度そのものが、被害者の地位の向上に果たした役割は過小評価できないであろう。

　応報的司法から社会復帰的司法へ、そして修復的司法へと、刑事司法のパラダイムが変遷していくという流れにおいて修復的司法を位置づけるのか、現在の刑事司法を補助するものとして修復的司法の役割を限定していくのか、はたまた、現在の刑事司法とパラレルな関係において修復的司法の地位の向上を図るのか、その刑事司法制度における修復的司法の体系的地位はまだ定かではないが、われわれ被害者学を専攻する者は、犯罪学や刑事政策、刑法や刑事訴訟法との共通分野として、修復的司法の今後の発展を注視していく必要があるであろう。

1) Christie, N. (1977). Conflict as property. *British Journal of Criminology,* 17 (1), 1-15.
2) 以下の叙述は、2009 年 2 月 10 日から 14 日まで、オスロ大学で開催された国際セミナー、Programme for February Conference between The Institute of Criminology and Sociology of Law, Norwegian Centre for Human Rights and the Vietnam Institute of State and Law で配布された資料に基づくものである。特に、Karen, K. P., Victim-offender mediation in Norway, The Seminar Paper, 2009. を参照した。
3) クリスティの著作の邦訳としては、以下のものがある。著書として、①ニルス・クリスティー著・立山龍彦訳『刑罰の限界』 新有堂（1989 年）。 ②ニルス・クリスティー著・立山竜彦訳『障害者に施設は必要か：特別な介護が必要な人々のための共同生活体』東海大学出版会（1994 年）。 ③ニルス・クリスティーエ著・寺澤比奈子＝平松毅＝長岡徹訳 『司法改革への警鐘　刑務所がビジネスに』 信山社出版（2002 年）。 ④ニルス・クリスティー著・平松毅＝寺澤比奈子訳『人が人を裁くとき：裁判員のための修復的司法入門』有信堂高文社（2006 年）。論文としては、①ニルス・クリスティー著・立山竜彦訳「ニルス・クリスティー［講演］ヨーロッパにおける犯罪学の動向」『比較法雑誌』 23 巻 2 号（1989 年）1-15 頁。②田口守一「『財産としての紛争』という考え方について」『愛知学院大学法学部同窓会・法学論集』 1 号（1991 年）93 頁以下。③ Nils Christie 著：平松毅＝寺澤比奈子訳「クリスティー・社会の共有財産としての紛争」『法と政治』54 巻 4 号（2003 年）629-649 頁。 ④平松毅＝寺澤比奈子「ニルス・クリスティー：テロリストにも修復的司法を試みよ」『法と政治』54 巻 1 号（2003 年）173-192 頁。
4) 小長井賀與「和解プログラムについての一考察――ノルウェーとフィンランドの経験に学ぶ――」『犯罪と非行』 128 号（2001 年）24 頁。
5) ノルウェーでは、和解プログラムの運用と結果について法的安定性と公平性を保証するために、特別法、規則、検事総長回状による指針が制定されている。詳しくは、小長井賀與「ノルウェーの修復的司法」『罪と罰』40 巻 3 号（2003 年）31-40 頁。
6) この法律の名称に関しては、英語表記で、The National Mediation Service Act とする場合もある。ノルウェー語から英語に翻訳するときの訳語の違いであるように思われる。矢部千尋「ノルウェーにおける修復的司法とその実際」『北ヨーロッパ研究』 6 号（2009 年）105-113 頁参照。
7) 学校和解プロジェクトについては、小長井賀與「第 33 章　ノルウェー」細井洋子・西村春夫・樫村志郎・辰野文理（共編） 『修復的司法の総合的研究』 風間書房（2006 年） 508 頁。
8) メディエーターないしメディエーションについては、矢部・前掲注 6)・109 頁以下参照。
9) ノルウェーの和解プログラムの法的枠組みについては、小長井・前掲注 4)・37 頁

以下参照。
10) 社会内量刑については、小長井・前掲注4)・37頁以下参照。小長井は社会内処分という訳語を用いている。
11) 矢部・前掲注6)・108-109頁参照。
12) 統計の取り方が違うので一律に論じ得ないが、著者がゲスト・スピーカーとして参加した、2009年10月10日の国際セミナーでは、刑事事件につき、2004年3,800件、2008年4,366件という報告がなされた。

初出一覧

第1章 「刑事政策の過去・現在・未来」『罪と罰』49巻2号（2012年）9-48頁。
第2章 「犯罪者のための社会再統合要因強化策に関する一考察」『法学新報』117巻3・4号（2010年）87-119頁。
第3章 「刑事司法各段階における非拘禁措置に関する制度の特徴と課題」『法学新報』116巻1・2号（2009年）1-40頁。
第4章 「アメリカにおける警察段階での触法障害者に対するダイバージョン」『法学新報』119巻1・2号（2012年）73-125頁。
第5章 「ニュージーランドにおける精神障害者の刑事手続に関する裁判官マニュアル」『白門』62巻5号（2010年）1-13頁。
第6章 「諸外国の薬物犯罪者の処遇モデル」『法学新報』118巻7・8号（2011年）33-63頁。
第7章 「薬物犯罪対策としてのドラッグ・コートと治療共同体」『比較法雑誌』45巻3号（2011年）37-69頁。
第8章 「危険性の高い性犯罪者に対する隔離政策」『比較法雑誌』44巻2号（2010年）19-37頁。
第9章 「アメリカにおける児童強姦死刑法の変遷」川端博・椎橋隆幸・甲斐克則編『立石二六先生古稀祝賀論文集』成文堂（2010年）951-983頁。
第10章 「諸外国におけるPFI刑務所について」『犯罪と非行』172号（2012年）37-60頁。
第11章 「ハワード・ゼアの修復的司法の手引き」『法学新報』116巻5・6号（2009年）1-69頁。
第12章 「ノルウェーにおける修復的司法の起源」『常磐大学大学院人間科学研究科人間科学論究』20号（2012年）27-39頁。

索　引

事項索引

ア　行

アパリ　　160, 161, 194, 195
あへん法　　155, 174
アミティ　　199-201, 207
医療モデル　　37
ウィーン宣言　　64, 92
応報的司法　　1, 16, 17, 31, 361

カ　行

外泊制　　55, 82
外部通勤作業　　54, 81
覚せい剤取締法　　155, 157
家族集団協議会（FGC）　　308, 312,
　　317, 321, 322, 324-327, 334, 337
仮釈放　　3, 8, 54, 56, 73, 74, 76, 80, 81,
　　83, 88, 89, 92, 212, 216, 219, 246, 274
感化院　　3, 17
監獄則　　2-4
監獄法　　4, 9, 14
カンファレンス　　288
議員立法　　13
危機介入チーム（CIT）　　99-104, 106,
　　110, 112, 120, 130, 131, 134, 135, 137
起訴猶予　　66-68, 75, 76, 89, 92, 142
行刑累進処遇令　　5, 8, 9, 17
協力雇用主　　57-59
緊急保護　　346, 354
──命令　　116
刑事責任年齢　　343, 344, 346, 352, 354
刑事和解　　13, 72, 73
刑務作業　　10, 262, 273, 281
現場出動危機介入チーム　　98, 99,
　　102, 106, 114, 128
現場出動危機対応チーム　　104, 113

拘禁命令　　150-152
更生緊急保護　　47, 50
更生保護法　　14
公正モデル　　37, 38

サ　行

サークル　　288, 308, 309, 322, 323,
　　328-331
在宅拘禁　　40, 41, 78
サンフランシスコ講和条約　　9
ジェイル（拘置所）　　77, 95, 97, 124,
　　127, 172, 179, 184, 186, 264, 265
ジェシカ法　　237, 240, 244
試行雇用奨励金制度　　47, 50, 51
施設内処遇　　17, 18, 33, 78, 84, 142,
　　167, 170, 196
示談　　31, 73, 88, 89, 92
執行猶予　　70-72, 75, 76, 78, 83, 92,
　　157, 158, 161, 191, 194, 274, 354
児童虐待防止法　　5, 6, 13
児童強姦罪　　229, 241, 243
児童強姦死刑法　　229, 231, 233,
　　239-246, 249, 253-256
社会内処遇　　11, 18-20, 33, 37, 38, 46,
　　63, 69, 84, 92, 167, 169, 170
社会復帰の司法　　1, 18, 20, 31, 361
社会復帰プログラム　　15
社会奉仕命令　　41, 70, 76-78
修復的司法　　1, 20-22, 24, 26-29,
　　31-33, 89, 90, 92, 285-302, 304-310,
　　312, 314-324, 329, 332-334, 336-
　　339, 361
週末拘禁　　43, 87
受刑者処遇制度　　5
少年院　　15, 28, 29, 52, 56, 73

少年非行　　10
昭和少年法　　6
職場体験講習　　47, 50, 51, 93
自立更生促進センター　　59, 83
親告罪　　13
ストーカー規制法　　13
精神科緊急対応チーム（PERT）　　98, 103, 105, 107-109, 112, 114-116, 118, 120, 122, 126, 128, 130-131, 133, 135
精神障害犯罪者　　96, 123
精神保健アセスメント　　107, 113, 123
性犯罪者処遇プログラム　　222
責任加重事由　　250-253, 255
全国就労支援事業者機構　　58
全国被害者支援ネットワーク　　12
宣告猶予　　75, 355
善時制　　85
損害賠償命令制度　　15

タ 行

大正少年法　　5, 6
ダイバージョン（猶予制度）　　18, 66, 69, 83, 104, 124, 127, 128, 138, 165, 170, 178, 186, 206, 290
大麻取締法　　155
ダルク　　160-162, 193, 194, 205, 206
短期自由刑　　67, 69, 72, 77, 87
地域生活定着支援センター　　60, 141
知的障害犯罪者　　141, 142, 153
仲介和解サービス　　344, 347, 348
中間処遇制度　　14, 83
懲治場　　3, 17
治療共同体　　175, 178, 179, 181, 182, 195-199, 201-203, 205-207
治療共同体プログラム　　166, 168, 176, 201, 203
デイトップ・ビレッジ　　201, 202, 207
電子監視システム　　90, 91

東京・強姦救援センター　　10, 19
東京ルールズ　　11, 37, 63, 64, 92
トラウマ　　313, 314
ドラッグ・コート　　40, 42, 171-174, 181, 182, 184-190, 193, 194, 206, 208

ナ 行

日米安全保障条約　　9
NOVA　　20

ハ 行

ハーフウェイ・ハウス　　43, 44, 84, 331
配偶者暴力防止法　　13, 247
パロール　　40, 56, 73, 78, 85, 87, 91, 330
犯罪者モデル　　156-158, 167, 170, 178, 181, 182
犯罪被害者等基本法　　14, 20
犯罪被害者等給付金支給法　　9, 19
犯罪被害者保護二法　　13

PFI 刑務所　　14, 15, 53, 268, 270, 271, 274, 281
PFI 法　　261
被害者・加害者協議会（VOC）　　318, 322, 324-327
被害者・加害者和解プログラム（VORP）　　19, 89, 295, 320, 348
被害者参加制度　　15
被害者支援員　　13
被害者支援連絡協議会　　12
被害者等通知制度　　12
被害弁償　　25, 41, 73, 78, 88-90, 299, 311, 323-325, 327, 330, 333
────プログラム　　19
非拘禁措置　　63, 64
非行少年　　30, 48, 58, 73, 344, 358
微罪処分　　65, 66, 92, 142
病人モデル　　156, 158, 167, 175, 178,

179, 181, 182
ファシリテータ　323, 325, 327, 328
VS　20
VOCS　20
不起訴　142
不定期刑　85
プロジェクト・オンブレ　202, 203, 207
プロベーション　40-42, 44, 45, 50, 73, 78, 79, 86, 87, 91
紛争処理仲裁センター　23
平成少年法　13, 15
平和構築　321, 322
別房留置　3, 17
保護観察　8, 15, 50, 56, 73-75, 77, 80, 163, 166, 219
保護拘禁　113
保護司　7, 51, 74, 170
保釈　70, 71, 132, 143, 150, 160, 194,
332

　　　マ　行

麻薬及び向精神薬取締法　155
麻薬特例法　155
身元保証制度　47, 50, 51
民営刑務所　263-265, 267, 268, 274-276, 278-280
民営拘禁産業　262, 263
民事拘禁　110, 217, 220
メディエーター　349, 351, 356, 357, 360

　　　ヤ　行

薬物依存離脱指導　161, 162
薬物犯罪　155-157
幼年監　3, 17
予防拘禁　223, 225

人名索引

ア 行

アービター（N. Arbiter） *199*
井垣康弘　*27*
市瀬朝一　*10*
ウィマー（C. Wimmer）　*237*
ヴァーレ（I. L. Valle）　*341*
大塚喜一　*24*
小河滋次郎　*4*
オライリー（B. O'Reilly）　*244*

カ 行

カーター（A. Carter）　*234*
カーター（E. Carter）　*234*
カシマノ（S. Cusimano）　*231, 232*
カンカ（M. Kanka）　*243*
ギリガン（J. Gilligan）　*313*
キルヒマイヤー（J. Kirchmeier）　*253*
金原明善　*3, 4*
ギンスバーグ（R. J. B. Ginsburg）
　　239
クラース（P. Klaas）　*243*
クラッセン（R. Claassen）　*323*
グラボスキー（P. Grabosky）　*211*
クリスティ（N. Christie）　*285,*
　　341-343, 348
グレイ（A. Gray）　*214*
クレイマー（D. L. Kramer）　*230*
クロッカー（P. L. Crocker）　*249*
ゴフマン（E. Goffman）　*197*
コンゲミ（N. Congemi）　*232*
ゴンザレス（A. Gonzales）　*244*
近藤恒夫　*205, 207*

サ 行

シーゲル（R. Siegel）　*243*
シルバート（M. Silbert）　*45*
シャープ（S. Sharpe）　*317*
シュウィッツゲーベル
　　（R. Schwitzgebel）　*91*
ジョーンズ（M. Jones）　*197*
スチュアート（B. Stuart）　*301, 328*
スチュワート（P. Stewart）　*234*
スティードマン（H. J. Steadman）
　　106, 112, 118
スティーブンス（J. P. Stevens）　*234,*
　　239
ゼア（H. Zehr）　*286, 288, 291, 292,*
　　297, 302, 303, 307, 314, 317, 319,
　　320, 329, 332, 334, 337, 338
ゼーノ（M. Zeno）　*232*
ゼーバッハ（K. von Seebach）　*4*

タ 行

ダイグア（A. Daigre）　*231, 232*
タカギ（P. T. Takagi）　*286*
高原勝哉　*23*
タック（P. E. Tack）　*264*
ディーン（M. W. Deane）　*97*
デキュイール（W. DeCuir, Jr.）　*96*
デデリッチ（C. Dederich）　*199*

ナ 行

ニコルソン（J. Nicholson）　*145*

ハ 行

バーガー（W. E. Burger）　*235*
バイルズ（D. Biles）　*211, 213, 214,*

217, 225
パウエル（L. F. Powell, Jr.）　235, 236, 238
パウエル（T. Powell）　251
原胤昭　5
バラグワナス（J. Baragwanath）　148
ハンセン（C. Hansen）　245
ピコウ（J. picou）　240
ピットマン（B. Pittman）　231
フライ（E. G. Fry）　55
ブッシュ（J. Bush）　243
ブラックマン（H. A. Blackman）　234
プラニス（K. Pranis）　288, 301
ブルーム（S. Bloom）　313
ブルックバンクス（W. Brookbanks）　149
ブルンク（C. Brunk）　335
ブレイスウェイト（J. Braithwaite）　32, 211, 285
ブレナン（W. J. Brennan, Jr.）　235
ブレヤー（S. G. Breyer）　239
ペリー（R. Perry）　244
ベル（M. C. Bell）　229, 256
ボアソナード（G. E. Boissonde de Foutarabie）　2

ボーラム（R. Borum）　96
ポグレビン（M. R. Pogrebin）　96
ボロク（E. Volokh）　237
ホワイト（E. D. White）　234

マ 行

マーア（J. Maher）　45
マーシャル（T. Marshall）　235
マーフィー（G. H. Murphy）　156
マッカレー（F. W. M. McElrea）　142, 153, 285
ミラー（A. Miller）　200
メイン（T. F. Main）　197

ヤ 行

山室軍平　5

ラ 行

ラパポート（E. Rapaport）　248
ラム（H. R. Lamb）　96
ランスフォード（J. Lunsford）　243
ルイス（B. G. Lewis）　6
レーンキスト（W. H. Rehnquist）　235
ローガン（W. Logan）　247
ロスチャイルド（W. Rothchild）　232

藤本哲也
1940年12月18日　愛媛県に生まれる
1963年　中央大学法学部法律学科卒業
1965年　同大学院修士課程法学研究科刑事法専攻修了（法学修士号取得）
1969年　同大学院博士課程法学研究科刑事法専攻単位取得満期退学
1970年　フロリダ州立大学大学院修士課程犯罪学部修了（犯罪学修士号取得）
1975年　カリフォルニア大学大学院博士課程犯罪学部修了（犯罪学博士号取得）

現　在：中央大学名誉教授、日本更生保護学会会長

〈著　書〉
『Crime and Delinquency among the Japanese-Americans』中央大学出版部（1978年）／『犯罪学講義』八千代出版（1978年）／『新講犯罪学』（共編）青林書院新社（1978年）／『犯罪学入門』立花書房（1980年）／『新しい犯罪学』八千代出版（1982年）／『演習ノート刑事政策』（編著）法学書院（1982年）／『犯罪学緒論』成文堂（1984年）／『講義刑事政策』（共編）青林書院新社（1984年）／『刑事政策概論』青林書院（1984年）／『刑事政策』中央大学通信教育部（1984年）／『社会階級と犯罪』勁草書房（1986年）／『犯罪学要論』勁草書房（1988年）／『児童救済運動』（共訳）中央大学出版部（1989年）／『刑事政策あ・ら・かると』法学書院（1990年）／『刑事政策の新動向』青林書院（1991年）／『現代アメリカ犯罪学事典』（編）勁草書房（1991年）／『刑事政策20講』青林書院（1993年）／『うちの子だから危ない』集英社（1994年）／『Crime Problems in Japan』中央大学出版部（1994年）／『青林法学双書　犯罪学』（共編）青林書院（1995年）／『犯罪学の散歩道』日本加除出版（1996年）／『諸外国の刑事政策』中央大学出版部（1996年）／『続・犯罪学の散歩道』日本加除出版（1998年）／『ホワイトカラー犯罪の法律学—現代社会における信用ある人々の犯罪』（監訳）シュプリンガー・フェアラーク東京（1999年）／『民衆司法—アメリカ刑事司法の歴史』（監訳）中央大学出版部（1999年）／『刑事政策の諸問題』中央大学出版部（1999年）／『犯罪学者のひとりごと』日本加除出版（2001年）／『犯罪学者のアメリカ通信』日本加除出版（2002年）／『犯罪学原論』日本加除出版（2003年）／『犯罪学の窓』中央大学出版部（2004年）／『諸外国の修復的司法』（編著）中央大学出版部（2004年）／『犯罪学研究』中央大学出版部（2006年）／『犯罪学の森』中央大学出版部（2007年）／『性犯罪研究』中央大学出版部（2008年）／『刑事政策研究』中央大学出版部（2009年）／『アメリカ合衆国における組織犯罪百科事典』（監訳）中央大学出版部（2010年）／『よくわかる刑事政策』ミネルヴァ書房（2011年）

犯罪学・刑事政策の新しい動向　日本比較法研究所研究叢書（91）

2013年10月1日　初版第1刷発行

著者　藤本哲也
発行者　遠山　曉
発行所　中央大学出版部
〒192-0393
東京都八王子市東中野742-1
電話 042-674-2351・FAX 042-674-2354
http://www2.chuo-u.ac.jp/up/

© 2013 藤本哲也　　ISBN978-4-8057-0590-2　　㈱千秋社

日本比較法研究所研究叢書

1	小 島 武 司 著	法律扶助・弁護士保険の比較法的研究	A 5 判	2940円
2	藤 本 哲 也 著	CRIME AND DELINQUENCY AMONG THE JAPANESE-AMERICANS	菊 判	1680円
3	塚 本 重 頼 著	アメリカ刑事法研究	A 5 判	2940円
4	小 島 武 司 編 外 間 寛	オムブズマン制度の比較研究	A 5 判	3675円
5	田 村 五 郎 著	非嫡出子に対する親権の研究	A 5 判	3360円
6	小 島 武 司 編	各国法律扶助制度の比較研究	A 5 判	4725円
7	小 島 武 司 著	仲裁・苦情処理の比較法的研究	A 5 判	3990円
8	塚 本 重 頼 著	英 米 民 事 法 の 研 究	A 5 判	5040円
9	桑 田 三 郎 著	国 際 私 法 の 諸 相	A 5 判	5670円
10	山 内 惟 介 編	Beiträge zum japanischen und ausländischen Bank- und Finanzrecht	菊 判	3780円
11	木 内 宜 彦 編著 M・ルッター	日 独 会 社 法 の 展 開	A 5 判 (品切)	
12	山 内 惟 介 著	海事国際私法の研究	A 5 判	2940円
13	渥 美 東 洋 編	米国刑事判例の動向 I	A 5 判 (品切)	
14	小 島 武 司 編著	調 停 と 法	A 5 判 (品切)	
15	塚 本 重 頼 著	裁 判 制 度 の 国 際 比 較	A 5 判 (品切)	
16	渥 美 東 洋 編	米国刑事判例の動向 II	A 5 判	5040円
17	日本比較法研究所編	比較法の方法と今日的課題	A 5 判	3150円
18	小 島 武 司 編	Perspectives on Civil Justice and ADR : Japan and the U. S. A	菊 判	5250円
19	小島：渥美 編 清水：外間	フランスの裁判法制	A 5 判 (品切)	
20	小 杉 末 吉 著	ロシア革命と良心の自由	A 5 判	5145円
21	小島：渥美 編 清水：外間	アメリカの大司法システム(上)	A 5 判	3045円
22	小島：渥美 編 清水：外間	Système juridique français	菊 判	4200円

日本比較法研究所研究叢書

23	小島・渥美 清水・外間 編	アメリカの大司法システム(下)	A5判 1890円
24	小島武司・韓相範 編	韓 国 法 の 現 在 (上)	A5判 4620円
25	小島・渥美・川添 清水・外間 編	ヨーロッパ裁判制度の源流	A5判 2730円
26	塚本重頼 著	労使関係法制の比較法的研究	A5判 2310円
27	小島武司・韓相範 編	韓 国 法 の 現 在 (下)	A5判 5250円
28	渥美東洋 編	米国刑事判例の動向Ⅲ	A5判 (品切)
29	藤本哲也 著	Crime Problems in Japan	菊判 (品切)
30	小島・渥美 清水・外間 編	The Grand Design of America's Justice System	菊判 4725円
31	川村泰啓 著	個人史としての民法学	A5判 5040円
32	白羽祐三 著	民法起草者穂積陳重論	A5判 3465円
33	日本比較法研究所 編	国際社会における法の普遍性と固有性	A5判 3360円
34	丸山秀平 編著	ドイツ企業法判例の展開	A5判 2940円
35	白羽祐三 著	プロパティと現代的契約自由	A5判 13650円
36	藤本哲也 著	諸 外 国 の 刑 事 政 策	A5判 4200円
37	小島武司他 編	Europe's Judicial Systems	菊判 (品切)
38	伊従寛 著	独占禁止政策と独占禁止法	A5判 9450円
39	白羽祐三 著	「日本法理研究会」の分析	A5判 5985円
40	伊従・山内・ヘイリー 編	競争法の国際的調整と貿易問題	A5判 2940円
41	渥美・小島 編	日韓における立法の新展開	A5判 4515円
42	渥美東洋 編	組織・企業犯罪を考える	A5判 3990円
43	丸山秀平 編著	続ドイツ企業法判例の展開	A5判 2415円
44	住吉博 著	学生はいかにして法律家となるか	A5判 4410円

日本比較法研究所研究叢書

45	藤本哲也 著	刑事政策の諸問題	A5判 4620円
46	小島武司 編著	訴訟法における法族の再検討	A5判 7455円
47	桑田三郎 著	工業所有権法における国際的消耗論	A5判 5985円
48	多喜 寛 著	国際私法の基本的課題	A5判 5460円
49	多喜 寛 著	国際仲裁と国際取引法	A5判 6720円
50	眞田・松村 編著	イスラーム身分関係法	A5判 7875円
51	川添・小島 編	ドイツ法・ヨーロッパ法の展開と判例	A5判 1995円
52	西海・山野目 編	今日の家族をめぐる日仏の法的諸問題	A5判 2310円
53	加美和照 著	会社取締役法制度研究	A5判 7350円
54	植野妙実子 編著	21世紀の女性政策	A5判 (品切)
55	山内惟介 著	国際公序法の研究	A5判 4305円
56	山内惟介 著	国際私法・国際経済法論集	A5判 5670円
57	大内・西海 編	国連の紛争予防・解決機能	A5判 7350円
58	白羽祐三 著	日清・日露戦争と法律学	A5判 4200円
59	伊従・山内 ヘイリー・ネルソン 編	APEC諸国における競争政策と経済発展	A5判 4200円
60	工藤達朗 編	ドイツの憲法裁判	A5判 (品切)
61	白羽祐三 著	刑法学者牧野英一の民法論	A5判 2205円
62	小島武司 編	ADRの実際と理論 I	A5判 (品切)
63	大内・西海 編	United Nation's Contributions to the Prevention and Settlement of Conflicts	菊判 4725円
64	山内惟介 著	国際会社法研究 第一巻	A5判 5040円
65	小島武司 編	CIVIL PROCEDURE and ADR in JAPAN	菊判 (品切)
66	小堀憲助 著	「知的(発達)障害者」福祉思想とその潮流	A5判 3045円

日本比較法研究所研究叢書

67	藤本哲也 編著	諸外国の修復的司法	A5判 6300円
68	小島武司 編	ＡＤＲの実際と理論Ⅱ	A5判 5460円
69	吉田 豊 著	手付の研究	A5判 7875円
70	渥美東洋 編著	日韓比較刑事法シンポジウム	A5判 3780円
71	藤本哲也 著	犯罪学研究	A5判 4410円
72	多喜 寛 著	国家契約の法理論	A5判 3570円
73	石川・エーラース グロスフェルト・山内 編著	共演 ドイツ法と日本法	A5判 6825円
74	小島武司 編著	日本法制の改革：立法と実務の最前線	A5判 10500円
75	藤本哲也 著	性犯罪研究	A5判 3675円
76	奥田安弘 著	国際私法と隣接法分野の研究	A5判 7980円
77	只木 誠 著	刑事法学における現代的課題	A5判 2835円
78	藤本哲也 著	刑事政策研究	A5判 4620円
79	山内惟介 著	比較法研究第一巻	A5判 4200円
80	多喜 寛 編著	国際私法・国際取引法の諸問題	A5判 2310円
81	日本比較法研究所 編	Future of Comparative Study in Law	菊判 11760円
82	植野妙実子 編著	フランス憲法と統治構造	A5判 4200円
83	山内惟介 著	Japanisches Recht im Vergleich	菊判 7035円
84	渥美東洋 編	米国刑事判例の動向Ⅳ	A5判 9450円
85	多喜 寛 著	慣習法と法的確信	A5判 2940円
86	長尾一紘 著	基本権解釈と利益衡量の法理	A5判 2625円
87	植野妙実子 編著	法・制度・権利の今日的変容	A5判 6195円
88	畑尻 剛 工藤達朗 編	ドイツの憲法裁判第二版	A5判 8400円

日本比較法研究所研究叢書

89 大村雅彦 著　比較民事司法研究　A5判 3990円
90 中野目善則 編　国際刑事法　A5判 7035円

＊価格は消費税5％を含みます．